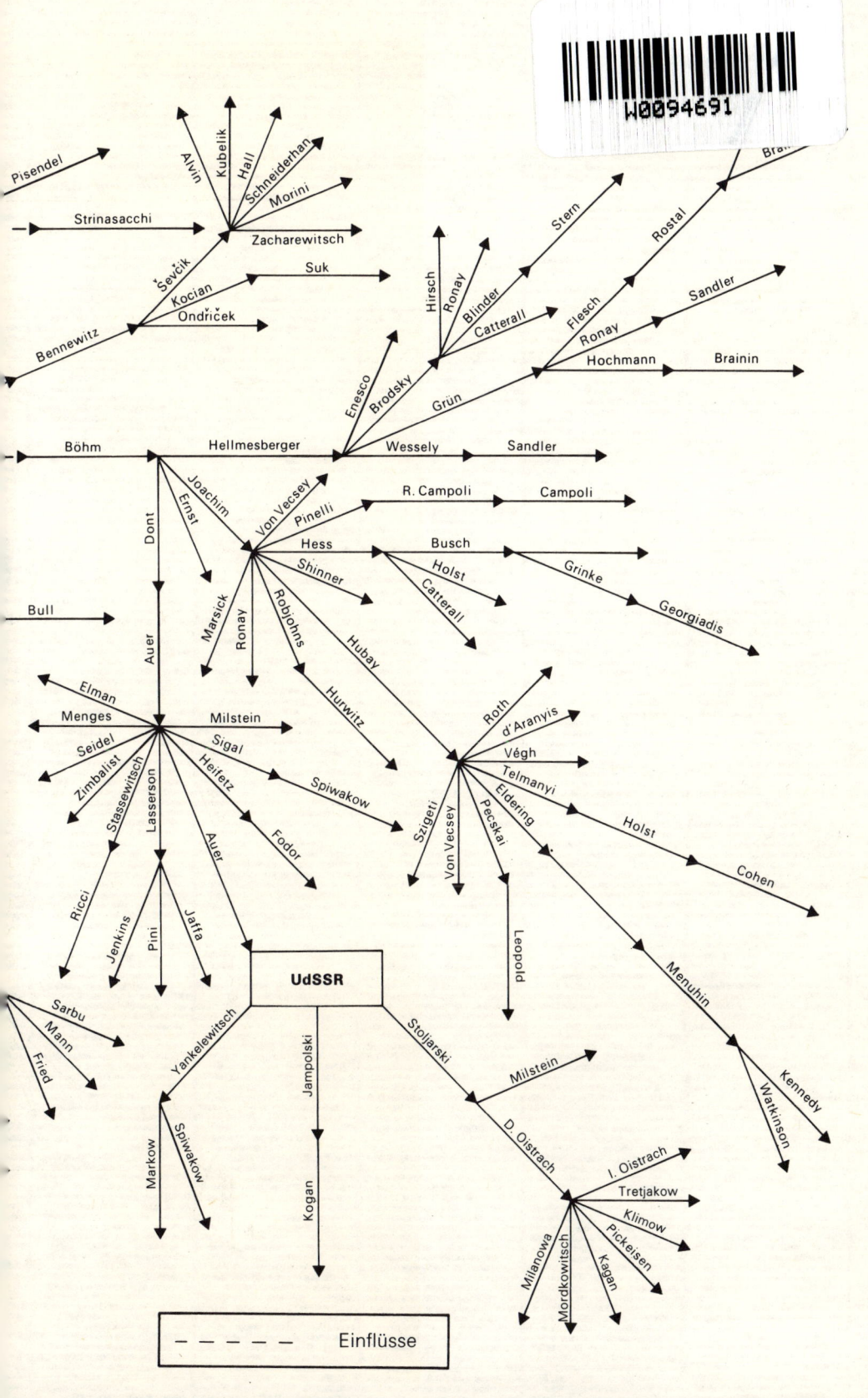

Pisendel

Strinasacchi

Alvin
Kubelik
Hall
Schneiderhan
Morini
Zacharewitsch

Ševčik
Kocian
Suk
Ondříček
Bennewitz

Hirsch
Ronay
Blinder
Catterall
Stern
Rostal
Bra...
Flesch
Ronay
Sandler
Hochmann
Brainin

Enesco
Brodsky
Grün

Böhm
Hellmesberger
Wessely
Sandler

Joachim
Ernst
Dont
Von Vecsey
Pinelli
R. Campoli
Campoli
Hess
Busch
Shinner
Holst
Grinke
Catterall
Georgiadis

Marsick
Ronay
Robjohns
Hubay
Hurwitz

Bull

Elman
Menges
Seidel
Zimbalist
Stassewitsch
Milstein
Sigal
Heifetz
Spiwakow
Auer
Lasserson

Roth
d'Aranyis
Végh
Telmanyi
Eldering
Szigeti
Von Vecsey
Pecskai
Holst
Cohen

Ricci
Jenkins
Pini
Jaffa
Auer
Fodor

Sarbu
Mann
Fried

Yankelewitsch
Markow
Spiwakow

UdSSR

Jampolski
Kogan

Stoljarski
Milstein
D. Oistrach
Leopold
Menuhin
Watkinson
Kennedy

I. Oistrach
Tretjakow
Klimow
Pickeisen
Kagan
Mordkowitsch
Milanowa

– – – – – Einflüsse

Margaret Campbell · Die großen Geiger

Margaret Campbell

Die großen Geiger

Eine Geschichte des Violinspiels
von Antonio Vivaldi bis Pinchas Zukerman

Athenäum

Aus dem Englischen von Isabella Nadolny, Jutta Kühn-Rechenmacher und Eleonore Meyer-Grünewald. Die Originalausgabe erschien 1980 unter dem Titel *The Great Violinists* im Verlag Granada Publishing Limited, London.
Die deutsche Ausgabe wurde um die von Albrecht Roeseler verfaßten Kapitel (S. 273 bis S. 299) erweitert (© Athenäum Verlag, Königstein/Ts. 1982).

CIP-Kurztitelaufnahme der Deutschen Bibliothek

Campbell, Margaret:
Die großen Geiger : e. Geschichte d. Violin-
spiels von Antonio Vivaldi bis Pinchas Zukerman
/ Margaret Campbell. [Aus d. Engl. von Isabella
Nadolny . . .]. – Dt. Erstausg. – Königstein/Ts. :
Athenäum, 1982.
    Einheitssacht.: The great violinists ⟨dt.⟩
    ISBN 3–7610–8182–0

Deutsche Erstausgabe
© 1982 Athenäum Verlag GmbH, Königstein/Ts.
© 1980 by Margaret Campbell
Alle Rechte vorbehalten
Ohne ausdrückliche Genehmigung des Verlages ist es auch nicht gestattet, das Buch oder Teile daraus auf fotomechanischem Wege (Fotokopie, Mikrokopie) zu vervielfältigen.
Umschlaggestaltung: Werner Rebhuhn, Hamburg
Gesamtherstellung: Friedrich Pustet, Regensburg
Printed in Germany
ISBN 3–7610–8182–0

Inhalt

Die Geige ist vermutlich die teuflischste Erfindung, auf die der Mensch je verfallen ist, eine herrliche, aber zugleich auch trügerische Schöpfung handwerklicher Kunst. Sie zu beherrschen gilt unser stetes Bemühen, und dennoch werden wir sie uns nie vollends gefügig machen. Wir müssen uns auf die unverwechselbaren Eigenschaften einer jeden Geige einlassen und können nur hoffen, daß sie so gnädig ist, uns wiederum in unserer eigenen Einzigartigkeit hinzunehmen. „Geh anständig mit ihr um, und sie wird auch dich anständig behandeln", sagte Jascha Heifetz einmal zu mir.

Die Anforderungen, die sie an uns stellt, sind enorm, selbst für die ganz großen Koryphäen. „Ich spielte Tonleitern, bis ich auf dem Kinnhalter einschlief", gestand mir David Oistrach, als wir über die Fron endlosen Übens sprachen. Und Joseph Szigeti fragte mich einmal: „Wie stellen Sie es an, daß Ihnen die Geige nicht unter dem Kinn wegrutscht, wenn Sie aus hohen Lagen wieder in die tieferen zurückwechseln?" Jeder von uns fürchtet jenen finsteren Kobold, der nur darauf wartet, uns in die Saiten zu greifen, während wir auf dem Podium stehen. „Schauen Sie bloß nicht auf meinen Fingersatz", bat mich Fritz Kreisler, „ich könnte nie in der ersten Lage spielen."

Warum, so frage ich, machen wir immer weiter? Die Genugtuung, die wir empfinden, wenn wir die Menschen in ihrem Innersten bewegen und zu Tränen rühren, wiegt die ungezählten Stunden auf, die wir damit hinbringen, Flageolett-Doppelgriffe zu üben und Pizzicati zu exerzieren, bis wir Blasen an den Fingern haben.

Viele Geiger unserer Tage neigen zu einem allzu süßen, gefühlsbetonten Spiel; manche unserer Vorgänger dagegen huldigten einem allzu trockenen Ton, allzu hörbaren Lagenwechseln und anderen Manieriertheiten. Jeder Geiger aber hält sich für den größten seiner Zunft – und zwar mit Recht: denn wenn er das nicht täte, könnte er seinen Beruf an den Nagel hängen.

Paganini, Wieniawski, Ysaye, Kreisler, Heifetz, Oistrach – sie alle waren groß, und sie alle waren anders. Jeder war eine eigene Geigerpersönlichkeit; wohl aber spiegelte er, wie wir in diesem Buch erfahren, in seinem Spiel den Einfluß seiner Vorgänger wider. Dieses Erbe verband sich mit seinem höchst persönlichen Stil und wird so, auf subtile Weise verwandelt, wiederum zum Vermächtnis für nachfolgende Generationen.

Der Zigeuner, der Jazzgeiger und der Hochschulprofessor – sie alle haben ihren Platz im Stammbaum der großen Geigerfamilie. Margaret Campbells fesselndes Buch zeichnet das Wachstum dieses Stammbaums mit allen seinen Verzweigungen nach.

Ruggiero Ricci

Vorwort

Dies ist ein Buch über die bedeutenden Geiger der letzten drei Jahrhunderte – und insofern auch eine Geschichte des Violinspiels. In meiner Schilderung des Werdegangs großer Geiger – vom trinkfreudigen Thomas Baltzar am Hof Karls' II. bis zur bezaubernden Kyung-Wha Chung und anderen Virtuosen der Gegenwart – habe ich die Linien nachgezeichnet, die durch drei Jahrhunderte die Meister mit ihren Schülern – die eine Geigergeneration mit der anderen – verbinden.

So entstand das Bild eines Stammbaums mit vielen Ästen und Zweigen, die ganz unterschiedliche Blüten trieben. Eine durchgehende Linie läßt sich von Corelli und Vivaldi bis zu Viotti ziehen, der den klassischen italienischen Stil nach Paris brachte und aus dessen Wirken sich alle modernen Richtungen entwickelten. Auf Viotti gehen die späteren französischen, belgischen, tschechischen, Wiener und russischen Schulen zurück, die so unterschiedliche Künstler hervorgebracht haben wie Heifetz, Kubelik, Kreisler, Sarasate, Huberman, Ysaye und Menuhin. Diese Geiger haben sich in verschiedenem Erdreich entwickelt, aber alle entstammen gewissermaßen derselben Urpflanze.

Das Wort „Schule", das ich in diesem Buch häufig benutze, hat mehrere Bedeutungen. Zum einen meint es ganz einfach eine Ausbildungsstätte. Der Ausdruck bezeichnet aber auch gewisse Grundregeln, technisch-stilistische Methoden oder Spielweisen, welche die Gründer der jeweiligen Schule oder deren Schüler entwickelt haben. So entstand beispielsweise vor der russischen Revolution die Auersche Schule am Petersburger Konservatorium. Auer floh 1917 ins Ausland und brachte so seine Methode nach Westeuropa, später nach Amerika. Als wiederum seine Adepten die Auerschen Prinzipien an ihre Schüler weitergaben, führten sie damit eine „Schule" fort, ob nun in einem Studio in New York, in einem belgischen Dorf oder, wie im Fall Sascha Lassersons, in einem bescheidenen Reihenhaus in North Kensington.

Auch das Wort „Klassik" oder „klassisch" gebrauche ich auf unterschiedliche Weise. Wenn ich mich auf die Werke der Klassik als einer Stilepoche beziehe, sage ich „klassisch", aber auch die traditionelle italienische, von Corelli, also aus dem Barock stammende Geigenmethode nenne ich „klassisch", so wie ich schließlich im Sinne eines Wertbegriffs die großen Werke der Musikliteratur, in diesem Fall speziell der Geigenliteratur, als „das klassische Repertoire" bezeichne.

Dieses Buch erzählt davon, wie sich der Geiger vom höfischen Lakaien zum Konzertvirtuosen, vom mißachteten Dienstboten zum Publikumsliebling entwickelt hat. Wer die großen Geigerpersönlichkeiten und ihr Spiel näher betrachtet, wird feststellen, wie stark sich Stil, Mode, Publikumsgeschmack, ja sogar das Instrument selbst während der Jahrhunderte verändert haben. Ich wollte zeigen, wie sehr diese Wandlungen die einzelnen Geiger beeinflußten, habe aber auch daneben ihr jeweils unverwechselbares Wesen zu schildern versucht. Keiner gleicht dem andern, und doch haben alle etwas gemeinsam: Technisches Können, Musikalität und persönliche Ausstrahlung, in immer neuer Zusammensetzung, sind jedem großen Geiger zu eigen, und es ist das Zusammentreffen dieser Dinge, das den Zuhörer verzaubert. Wie genau das vor sich geht, bleibt ein ebensolches Geheimnis wie die Geige selbst.

Margaret Campbell

Die Violine – das Handwerkszeug des Geigers

Die Entstehung der Geige ist lange Zeit von Mythen und Legenden umrankt gewesen, und das Geheimnis ihrer Herkunft haben die Forscher bis heute nicht lüften können. Die ersten primitiven Saiteninstrumente, die mit dem Bogen gestrichen wurden, kamen aus dem Nahen Osten und Arabien; die mit drei Saiten bespannte mittelalterliche *Rebecca* von der Form einer halben Birne ist wahrscheinlich der unmittelbare Vorläufer unserer Geige. Die Araber hatten sie mitgebracht, als sie im 9. Jahrhundert in Südeuropa eindrangen. Aus diesem Instrument entwickelte sich die Miniaturform der Geige – die Tanzmeistergeige, die bis zum Ende des 18. Jahrhunderts gebräuchlich war und in Frankreich *pochette* hieß; denn der Tanzmeister trug sie in seiner Fracktasche bei sich.

Aus dem Mittelalter kennen wir die Fiedel, sie begegnet uns als *fidula* oder *vythule* und unter einer Reihe verwandter Namen. Das wie die *Rebecca* dreisaitige Instrument wurde mit einem *fydelstyk* gespielt, was bedeutet, daß man es strich und nicht zupfte. Wer davon lebte, daß er zum Tanz, bei Festmählern oder anderen geselligen Anlässen aufspielte, galt – wie uns überliefert ist[1] – als ebensowenig ehrbar wie sein Instrument.

In der Renaissance entwickelte sich als unmittelbarer, wenn auch vergleichsweise kurzlebiger Abkömmling der Fiedel die *lira da braccio,* die sogenannte „Armleier", ein bereits wie eine Geige geformtes Streichinstrument mit sieben Saiten, das unterhalb der Schulter gegen den Körper gehalten wurde und – mit starker Neigung nach unten – auf dem Oberarm ruhte. Das unterschied sie von den *Violen,* die zwischen den Knien gehalten wurden.

Um die Mitte des 16. Jahrhunderts wurde den drei Saiten des mittelalterlichen Instruments eine vierte hinzugefügt. Die Saiten wurden im Quintenabstand gestimmt – vom g der kleinen Oktave über d und a bis zum eingestrichenen e. Damit war die heutige Geige entstanden. Gasparo da Salò (ca. 1540–1609) ist einer der ersten bekannten Geigenbauer. Er nannte sich nach seinem Geburtsort, einer kleinen Stadt am Gardasee; in Wahrheit hieß er mit Nachnamen Bertolotti und arbeitete in Brescia. Die von den Geigenmachern Brescias gebauten Violinen waren robuste, recht große und zumeist grob gefügte Instrumente von außergewöhnlich kräftigem Ton. Die Geigen von Gasparos berühmtestem Schüler Giovanni Paolo Maggini (1581 – ca. 1632), nach dessen Tod die Schule von Brescia rasch an Bedeutung verlor, sind zwar von feinerer Bauart, haben jedoch gleichfalls einen ausgesprochen vollen Ton. Der belgische Virtuose Charles de Bériot (1802–1870) besaß zwei Magginis.

Das bedeutendste Zentrum des Geigenbaus war die benachbarte Stadt Cremona; dort florierte diese Kunst seit Mitte des 16. Jahrhunderts. Der erste der berühmten Cremoneser Geigenbauer war Andrea Amati, der – wie man annimmt – bereits um 1550 dort wirkte und etwa 1580 gestorben ist. Ihm folgten die beiden Söhne Antonio und Hieronymus und diesen wiederum Nicola Amati (1596–1684), der bedeutendste aus der Familie, die zur mächtigsten Dynastie in der Geschichte des Geigenbaus aufstieg. In Cremona erreichte der Geigenbau den Gipfel der Vollendung.

In der zweiten Hälfte des 17. Jahrhunderts entstanden überall in Italien Musikschulen, an denen sowohl die Kunst des Komponierens wie das Geigenspiel gelehrt wurden. Zu den wichtigsten Zentren wurden Bologna, Venedig, Rom und Modena. Je beliebter die Geige wurde, um so mehr arbeitete man an ihrer Vervollkommnung. Nicola Amati bemühte sich jahrelang, die Süße des Tons mit jener Leuchtkraft zu vereinen, nach welcher der neue, sich rasch verbreitende Musikertypus – der „Solist" – verlangte. Amati hatte viele berühmte Schüler, einige von ihnen blieben in Cremona, andere gründeten Werkstätten in anderen Teilen Italiens und hatten ihrerseits Schüler. Francesco Ruggieri, Giovanni Battista Rogeri und Paolo Grancino waren Gesellen des „alten Amati" gewesen, ebenso Andrea Guarneri, der Begründer der zweiten großen Cremoneser Geigenbauerfamilie. Und schließlich ist noch Nicola Amatis berühmtester Schüler zu nennen: Antonio Stradivari (1644–1737).

Stradivari soll, bevor er in Amatis Werkstatt eintrat, Holzschnitzer gewesen sein. Nach Abschluß seiner Ausbildung wohnte und arbeitete er weiter bei seinem Meister. Seine erste Violine entstand in jener Zeit und trägt das Datum 1666. Ein Jahr später heiratete er, 1680 verließ er das Haus Amati und machte sich selbständig – an der Piazza San Domenico in Cremona, wo die Handwerksmeister des Geigenmacherviertels dicht beieinander wohnten. Die alten dreistöckigen Häuser besaßen einen „seccadour", einen offenen Raum im obersten Stock, der von allen Seiten trockene, sonnenwarme Luft hereinließ. Hier hängten die Frauen ihre Wäsche und das Dörrobst auf – neben den fertigen, aber vorerst unlackierten Geigen und ausgesuchten Hölzern, die noch ablagern mußten.

Eine Zeitlang baute Stradivari, mit gelegentlichen Abweichungen, seine Instrumente nach dem Modell der Amati-Geigen, doch nach dem Tod seines Meisters im Jahre 1684 begann er mit einer Reihe von Versuchen, um seinen Instrumenten einen noch volleren und edleren Ton zu geben. Um die Jahrhundertwende scheint er sein Ideal erreicht zu haben: Die zwischen 1700 und 1725 gebauten Instrumente gelten als seine besten. Sie können ein Pianissimo in herrlicher Klarheit erklingen lassen, aber auch mit machtvollem Ton sich gegen ein großes Orchester durchsetzen. Um diese Zeit vergrößerten die Orchester allmählich ihre Besetzung über die der barocken Kammermusikkapelle hinaus. Das große Violinkonzert des klassisch-romantischen Repertoires, wie wir es heute kennen, gab es jedoch damals noch nicht. Es sieht also fast so aus, als habe Stradivari geahnt, was hundert Jahre später von seinen Instrumenten verlangt werden würde.

Große Interpreten fühlen sich von jeher zu Stradivaris Geigen hingezogen. Mischa Elman spielte auf seiner Stradivari aus dem Jahre 1721, die einmal Joseph Joachim gehört hatte. David Oistrach besaß eine Stradivari des Jahres 1706, Milstein und Perlman bevorzugen gleichfalls Instrumente des großen Meisters.

Viele Stradivaris des „Goldenen Zeitalters" führen die Namen ihrer einstigen Besitzer. Die „Viotti" von 1709 zum Beispiel hat der italienische Virtuose bis zu seinem Tode im Jahre 1824 gespielt. Das berühmteste aller einen Namen tragenden Instrumente aber ist die „Messias", die ihren Namen einer sonderbaren Verkettung von Umständen verdankt.

Zu Beginn des 19. Jahrhunderts reiste ein junger Mailänder Zimmermann und Amateursammler namens Tarisio durch Italien und kaufte verborgene Schätze auf. Er besaß bereits eine wertvolle Sammlung von Meistergeigen, darunter ein herrliches Instrument aus dem Besitz des Conte di Salabue, eines bekannten Sammlers des 18. Jahrhunderts. Sie war 1775 in tadellosem Zustand bei Stradivaris Sohn Paolo gekauft worden. Tarisio reiste nach Paris, um einige weniger wertvolle Stücke abzustoßen, die ihm von den Händlern buchstäblich aus den Händen gerissen wurden. Schließlich nahm er Verbindung zu Vuillaume auf, dem bekanntesten französischen Händler und Geigenbauer des 19. Jahrhunderts, der ihm ein treuer Kunde wurde. Er machte Vuillaume den Mund wäßrig mit Schilderungen der Salabue-Stradivari, die „er das nächste Mal mitbringen" wollte. Tarisio kam noch oft, doch nie mit dem verheißenen Instrument. Bei einer dieser Gelegenheiten rief Vuillaumes Schwiegersohn, der Geiger Delphin Alard: „Wahrlich, Monsieur, Ihre Geige ist wie der Messias der Juden. Wir alle warten und warten, doch er kommt nie."

Als Tarisio gestorben war, reiste Vuillaume eiligst nach Italien und kaufte den ahnungslosen Erben die ganze Sammlung für einen Bruchteil ihres Wertes ab. Als er die „Messias" endlich sein eigen nannte, befiel ihn das gleiche „Leiden" wie Tarisio: Er vermochte sich nicht mehr von ihr zu trennen. Die Ironie des Schicksals wollte es, daß die „Messias" weiterhin als unerreichbar galt. Sie wechselte zwar im Laufe der Jahre mehrfach den Besitzer, wurde aber nie wirklich von einem Künstler benutzt; selbst als Alard sie besaß, immerhin ein Geiger, spielte dieser sie kaum. Schließlich erwarb sie die Firma Hills in London, die sie dem Ashmolean Museum in Oxford schenkte. Dort kann man die „Messias" noch heute besichtigen, unberührt in einem Glaskasten, noch immer so gut wie ungespielt.

Der Begabteste aus der jüngeren Generation der Cremoneser war Giuseppe Guarneri, 1683 geboren. Er wurde berühmt unter dem Namen „del Gesù", weil er seine Instrumente mit den Buchstaben IHS zeichnete (Jesus Hominum Salvator = Jesus, Erlöser der Menschen).

War Stradivari der noble Aristokrat seines Standes, so del Gesù das verkommene Genie, ein Trunkenbold, der nur unregelmäßig arbeitete, insbesondere gegen Ende seines kurzen Lebens. Del Gesùs Instrumente sind sehr unterschiedlicher Natur, wie es seinem unberechenbaren, eigenwilligen Talent entsprach. Er ist der einzige Geigenbauer, den man als Stradivari ebenbürtig bezeichnen kann; seine Instrumente werden gerühmt ob der bezaubernden Schönheit ihrer Form und ihres Klanges. Der von ihm verwendete dunkelgelbe Lack mit seinem durchsichtigen roten Überzug hat eine ganz besondere Leuchtkraft, die man mit »dem abendlichen Glanz der untergehenden Sonne auf Meereswellen« verglichen hat. Noch heute ziehen viele große Geiger eine Guarneri allen anderen Instrumenten vor, sie schätzen insbesondere ihr Klangvolumen. Fritz Kreisler besaß eine del Gesù von 1733, Heifetz spielte auf der „Ferdinand David" von 1742, Kyung-Wha Chung benutzt eine aus dem Jahr 1735. Paganini spielte ebenfalls eine Guarneri: Wegen ihres ungewöhnlich lauten Tons nannte er sie „die Kanone". Bei seinem Tode vermachte er sie seiner Heimatstadt Genua, und dort ruht sie bis heute in einem Glaskasten – stumm wie die „Messias".

Der einzige namhafte Geigenbauer deutscher Zunge in jener Zeit, Jakob Stainer (1621–1683), stammte aus Absam in Tirol. Er war von Beruf Holzschnitzer und ein erstklassiger Geiger. Stainers Arbeit verrät einen gewissen Einfluß Amatis, möglicherweise hat er in Cremona gelernt. Zeitgenössische Musiker waren begeistert vom „Stainer-Ton", und im Deutschland des 17. und 18. Jahrhunderts hielt man ihn für den größten Geigenbauer überhaupt. Seine Instrumente – sie zeichnen sich durch starke Wölbung aus – wurden zu weit höheren Preisen gehandelt als die Geigen Stradivaris. Im Jahre 1800 setzte der Conte di Salabue Stainers Namen an die Spitze einer Liste, die auch alle berühmten Cremoneser Meister verzeichnete. Bach und Mozart besaßen Stainer-Geigen. In seiner Violinschule erwähnt Mozarts Vater Leopold nicht einmal die Existenz italienischer Geigen.

Im Dreißigjährigen Krieg flüchteten zahlreiche böhmische Geigenbauer nach Sachsen, wo sie fortan in gemeinschaftlichen Werkstätten ihr Handwerk ausübten. Ähnlich wurde im oberbayerischen Mittenwald gearbeitet, das seinen Ruhm dem Wirken von Matthias Klotz (1653–1743) verdankt, der als junger Mann in Italien gelernt hatte.

Nicolas Lupot (1758–1824) aus Mirecourt war der erste bekannte Geigenbaumeister Frankreichs. Ihm folgte Jean-Baptiste Vuillaume (1798–1875), ebenfalls aus Mirecourt, der sich später in Paris niederließ und dort als Geigenbauer und Geigenhändler zu großem Ruhm gelangte. Seine Stärke war das Nachbauen, und so kopierte er erfolgreich die Instrumente der großen Meister. Als er die „Kanone" Guarneris für Paganini reparierte, fertigte er eine so vollkommene Kopie an, daß Paganini anfangs die beiden Instrumente nicht auseinanderhalten konnte. Der Italiener war tief beeindruckt und bot einen hohen Preis für die Kopie, doch der schlaue Vuillaume machte sie ihm zum Geschenk – allerdings unter einer Bedingung: Paganini mußte versprechen, sie in einem öffentlichen Konzert zu spielen.

Merkwürdigerweise blieb der Geigenbogen von den phänomenalen Fortschritten der Geigenbautechnik des 17. Jahrhunderts unberührt. Die ersten großen Solisten verwendeten noch immer einen Bogen, wie er im Prinzip seit dem Mittelalter unverändert schon für die Violen und Gamben in Gebrauch gewesen war. Es war eine nach außen gekrümmte Stange mit nicht sonderlich straffer Roßhaarbespannung und wurde – in leichter Abwandlung – nach dem italienischen Virtuosen und Komponisten Arcangelo Corelli (1653–1713) als „Corelli-Bogen" bekannt. Dieser Bogen, mit dem sich wohlklingend klare, kurze und nicht sonderlich akzentuierte Töne streichen ließen, eignete sich hervorragend für die Spielweise der Barockmusik. Mit der Entwicklung der Symphonie und des Solokonzerts der Klassik erhöhten sich die Anforderungen sowohl an den Interpreten wie an sein Instrument. Das Cantabile, der singende Ton – insbesondere beim langsamen Satz –, erforderte einen längeren und auch breiter bespannten Bogen; und das aufkommende scharf akzentuierte Martelé – das „Hämmern" – verlangte nach einer stärkeren Spannung des Bogens. Auch war mit der bis dahin ungenügend ausbalancierten Stange schwer ein Stakkato zu spielen.

Giuseppe Tartini hatte sich eingehend mit dem Bogen beschäftigt und bereits einige Verbesserungen eingeführt. Doch die endgültige Lösung der Probleme gelang erst der Familie Tourte in Paris. Es war vornehmlich François Tourte (1747–1835), der um 1780 mit seinem nach innen, das heißt zur Bespannung hin gekrümmten Bogen, der in einer feinen Spitze ausläuft, einen neuen, und zwar den bis heute gültigen Typ entwickelte, einen Bogen von richtiger Länge und Balance. Tourte trug seinen Titel „Stradivari des Bogens" zu Recht. Er hat nie einem Bogen seinen Namen aufgeprägt, doch der Kenner erkennt einen Tourte-Bogen sofort an der fein zulaufenden

Spitze. Häufig waren Tourtes Bögen am Frosch mit einer goldgefaßten Schildpattarbeit verziert.

Es lag in der Natur der Sache, daß der Bogen in Frankreich und nicht in Italien fortentwickelt wurde. Italien brachte den Geigenbau und die barocke Spieltechnik zu höchster Vollendung. Doch etwa um die Mitte des 18. Jahrhunderts, als Bach und Händel starben, hatte der barocke Stil bereits seinen Höhepunkt überschritten. Als Viotti 1782 nach Paris ging, bewirkte er mit diesem Schritt gewissermaßen eine Verbindung der technischen Leistungen der Vergangenheit mit dem Virtuosentum der Zukunft. Er gab seine Ideen an seine Schüler weiter, die später die neue französische Geigerschule anführten, eine Schule, die fast das ganze 19. Jahrhundert hindurch die europäische Geigerwelt beherrschen sollte.

DIE GROSSEN GEIGER

Erste Anfänge

Wenn von Geigern die Rede ist, fällt jedem – als das Urbild des Virtuosen – auf Anhieb Paganini ein. Doch schon mehr als hundert Jahre vor Paganinis Geburt gab es hervorragende, wenn auch nicht so berühmte Meister des Violinspiels. Das Wissen und die Erfahrung dieser ersten Geiger – die in der Regel zugleich Komponisten waren – sind die Grundlage, auf der die spieltechnischen Leistungen späterer Generationen aufbauten.

Der erste berühmte „Virtuose" scheint der Italiener *Carlo Farina* gewesen zu sein, der in der zweiten Hälfte des 16. Jahrhunderts geboren wurde. Wegen seiner Fertigkeit, auf der Geige allerlei Kunststücke vorzuführen, indem er etwa das Miauen einer Katze oder Trommler und Querpfeifer nachahmte, wurde er von seriösen Musikern verachtet. Es ist indes bemerkenswert, daß sein Spiel bereits Doppelgriffe und Pizzikati kannte.

John Evelyn stellt in seinem Tagebuch unter dem 4. März 1656 fest, daß ein gewisser *Thomas Baltzar* (1630–1663), gebürtiger Lübecker und vorübergehend am Hof der großen Musikliebhaberin Königin Christine von Schweden angestellt, „unvergleichlich" sei: „Seine Geschicklichkeit war überaus bewundernswert . . . was andere Künstler ihm brachten, mochte es noch so verzwickt und verquer sein, spielte er mit einer einen jeden entzükkenden Süße des Ausdrucks vom Blatt und brachte dabei noch Verbesserungen an, was unsere Meister in Erstaunen versetzte."

Der Erfolg trug Baltzar unter Karl II. von England die begehrte Stellung eines Konzertmeisters der „Vierundzwanzig Violinen des Königs" ein. Seine Beliebtheit verführte ihn jedoch dazu, „mehr als üblich zu trinken",[1] und das brachte ihn in ein frühes, wenn auch illustres Grab: Er wurde in der Westminster Abbey beigesetzt.

Während seines Exils am Hofe Ludwigs XIV. hatte Karl II. an allem Französischen Geschmack gefunden. Als er zur Zeit der Restauration 1660 wieder den Thron bestieg, versuchte er Ludwigs XIV. „grande bande" mit seinen „Vierundzwanzig Violinen" – von manchen respektlos seine „zwei Dutzend Fiedler" genannt – Konkurrenz zu machen. *John Banister* (1630–1679), Baltzars Nachfolger als Konzertmeister der Königlichen Kapelle, bekam den Auftrag, es Ludwigs XIV. aus Italien stammendem Musikdirektor Jean-Baptiste Lully nachzumachen und „aus Unseren vierundzwanzig Geigen zwölf auszuwählen und zu einer erlesenen Kapelle zu vereinen, die Uns aufwartet, wann immer Gelegenheit für Musik ist". Er wurde bevollmächtigt, die Musiker zum Zwecke besserer Leistung zu unterweisen und anzuleiten und sie nur dann im Verein mit den anderen Geigen spielen zu

lassen, wenn der König alle vierundzwanzig befiehlt. In Samuel Pepys'
„Tagebuch" wird Banister sowohl als Solist wie als Komponist lobend
erwähnt. Als ruchbar wurde, daß er ihm anvertrautes Geld, nämlich das
Gehalt der Musiker, veruntreut hatte, fiel er in Ungnade. John Banister war
es, der – in seinem Haus in White Friars nahe der Fleet Street – die ersten
öffentlichen Konzerte Londons gab.

Viele adlige Musikmäzene des 17. und der ersten Hälfte des 18. Jahrhunderts hatten ihr privates Orchester. Der Leiter eines solches Orchesters – er
spielte meist Geige, Cembalo oder Orgel – übte häufig noch ein zusätzliches
Amt aus, das des Haushofmeisters, des Sekretärs oder sogar Kammerdie-
ners. Die Musiker galten als Dienstboten, bestenfalls sah man in ihnen
Krämer oder Handwerker, Leute also, die Gegenstände des täglichen Ge-
brauchs zu liefern hatten, nämlich immer neue Kompositionen zur Zerstreu-
ung ihres Dienstherrn.

Es gab dafür besondere Anlässe geistlicher und weltlicher Art, zumeist
wurden die Stücke als Hintergrundmusik für die Tafel und das Kartenspiel
benötigt. Richard Wagner hat sie „das Klirren fürstlichen Geschirrs" genannt. Manch bedeutender Musiker wurde von seinem Brotherrn gerügt,
weil seine Musik das Ansagen der Karten übertönte.

Gegen Ende des 17. Jahrhunderts begannen einige deutsche Geiger-Komponisten zum erstenmal ernsthaft damit, die klanglichen und spieltechnischen Möglichkeiten der in Deutschland gebauten Instrumente zu erproben
und in ihrer Musik zur Geltung zu bringen. Der Bedeutendste unter ihnen
war *Heinrich Ignaz Franz von Biber* (1644–1704) aus Wartenberg in Böhmen
– einem Lande, in dem man von jeher eine besondere Beziehung zur Geige
hatte und heute noch hat. Er diente als Konzertmeister am Hof des Fürsterz-
bischofs von Salzburg. Charles Burney, ein reisender Musikhistoriker des
18. Jahrhunderts, schreibt: „Von den Geigern des vergangenen Jahrhunderts
scheint mir Biber der beste gewesen zu sein, seine Soli sind die schwierigsten
und phantasievollsten unter allen Musikstücken jener Zeit."[2]

Bibers technisches Können und seine Kenntnis geigerischer Möglichkeiten
müssen außergewöhnlich gewesen sein. Er machte weitgehend Gebrauch
von der Scordatura genannten Fehlstimmung, um besondere Wirkungen zu
erzielen. Dabei wurden die Saiten in Terzen und Quarten statt der üblichen
Quinten gestimmt, was einige Passagen leichter spielbar machte und die
Ausführung der Doppelgriffe erleichterte. Die damit veränderte Spannung
der Saiten erzeugte auch eine Änderung der Tonfarbe, ein Umstand, den
Biber weitgehend nutzte. In seinem Zyklus „Rosenkranz-Sonaten", einem
Werk „zur Verherrlichung von fünfzehn Mysterien aus dem Leben Mariae",
verwendet Biber beispielsweise für jede Sonate eine andere Stimmung. Es

gibt eine sehr schöne Aufnahme dieser Sonaten, in der Eduard Melkus eine historische Barockvioline spielt.

Unter denen, die die Technik der Scordatura verwendeten, war auch *Johann Jakob Walther* (1650–1717), erster Geiger und Kammermusiker am sächsischen Hof und berühmt für seine virtuosen Bravourstücke. So soll er eine Melodie mit dem Bogen zu spielen und sich dabei mit einem Pizzikato der linken Hand zu begleiten gewußt haben. Der Deutsche *Nikolaus Bruhns* (1665–1697) übertraf ihn noch: Seine Hörer, so heißt es, staunten über seine Improvisationen auf der Geige, zu denen er sich auf dem Pedalbaß einer Orgel mit den Füßen begleitete.

Nach England kam 1672 *Nicolo Matteis.* Als erster wurde John Evelyn auf ihn aufmerksam; unter dem 19. November 1674 notierte er in sein Tagebuch:

> „Hörte einen verblüffenden Geiger, Signor Nicholao, auf seinem Instrument wahre Wunderdinge vollbringen wie noch kein Sterblicher zuvor. Er hat einen überaus lieblichen Ton, den er gleich der menschlichen Stimme singen ließ und, wenn es ihm beikam, auch wie ein Konzert verschiedenartiger Instrumente. Er spielte wahrhaft zum Entzücken und versetzte uns alle in Erstaunen."

Roger North schreibt in seinen Memoiren, viele begabte Amateure hätten Matteis' Soli gehört, doch habe keiner

> „gewagt, es ihm nachzutun, denn keiner verfügte über die Tonfülle, Grazie und Reinheit, deren er Meister war. Seine Stakkati, Tremoli und Variationen, ja seine ganze Art waren erstaunlich und jeder Bogenstrich ein Ereignis".

Matteis, der arm nach England gekommen war, brachte es dort zu einem großen Vermögen, wohl durch Konzerte und Drucklegung seiner Kompositionen. North erzählt, er habe „ein großes Haus gemietet und nach Art seines Landes allzu üppig gelebt, was ihm Krankheiten zuzog, an denen er starb".[3]

Der Erzengel und der rote Priester

Arcangelo Corelli – Antonio Vivaldi

Der erste, der entscheidenden Einfluß auf die Fortentwicklung des Geigenspiels nahm, war der große Komponist *Arcangelo Corelli* (1653–1713). Geboren in Fusignano bei Imola, verbrachte er den größten Teil seines Lebens in Rom. Den ersten Musikunterricht bekam er von einem Geistlichen in Faenza. Im Alter von dreizehn Jahren zog er nach Bologna, einem der ältesten Zentren italienischer Gelehrsamkeit; dort erhielt er Geigenstunden bei den bekannten Lehrern Benvenuti und Brugnoli.

Viele Persönlichkeiten von Rang förderten Corelli, darunter die ehemalige schwedische Königin Christine. Am wichtigsten für ihn war die Protektion des Kardinals Pietro Ottoboni, der ihn als Kapellmeister seines privaten Orchesters einstellte und darüber hinaus sein persönlicher Freund wurde. Corelli lebte in einer eigenen Wohnung innerhalb des Kardinalspalastes, komponierte, gab Unterricht und dirigierte die Montagskonzerte, zu denen sich die Elite der römischen Gesellschaft einfand. Dennoch blieb er ein schlichter, bescheidener Mann. Händel erzählt, Corelli habe sich absichtlich schäbig gekleidet, und trotz guten Zuredens habe er sich nie einen Wagen geleistet. „Sein Lieblingszeitvertreib war das Betrachten von Bildern, denn das kostete ihn nichts."[1] Corelli erwarb im Laufe der Zeit eine umfangreiche Gemäldesammlung und galt als anerkannte Autorität in Fragen der Kunst. Aufgefordert, vor illustren Persönlichkeiten zu spielen, legte er Wert darauf, mit ihnen von gleich zu gleich zu verkehren. Als bei einem Hauskonzert im Palazzo Ottoboni einige der Anwesenden sich zu unterhalten begannen, legte Corelli die Geige weg, trat vom Podium und setzte sich zu ihnen. Er wolle, so erklärte er den verwunderten Gästen, durch sein Spiel ihr Gespräch nicht stören.

Zu Beginn des 18. Jahrhunderts gab es kaum einen Geiger, der nicht behauptete, bei Corelli studiert zu haben. (Am bekanntesten wurde wohl Pietro Locatelli, 1695–1764.) Durch seine Unterrichtstätigkeit und seine Kompositionen für Geige schuf Corelli die Grundlagen für eine neue Spieltechnik. Seine Stücke, die man ihm förmlich aus den Händen riß, haben bis heute ihren Einfluß auf die Violinliteratur nicht verloren. Er griff die besten Einfälle seiner Vorgänger auf, formte sie nach seinen Ideen um und schöpfte dabei alle Möglichkeiten der Geige aus – sowohl als eines Solo- wie auch als eines Orchesterinstruments. Corelli war es, der die Geige erstmals vorwiegend als melodisches, singendes Instrument verwendete. Noch in der ersten Hälfte des 17. Jahrhunderts war es den Komponisten eher darauf angekommen, Läufe, gebrochene Akkorde und sonstiges Passagenwerk meist mit zahlreichen Verzierungen und speziellen Klangeffekten für die Geige zu schreiben. Corelli erweiterte die kompositorischen Möglichkeiten des Streicherklangs, indem er kleine Sologruppen im Wechselspiel mit dem ganzen Orchester musizieren ließ, wofür seine zwölf Concerti grossi op. 6 ein schönes Beispiel sind. Am bekanntesten wurde er durch seine 23 Variationen über das beliebte Thema „La Follia di Spagna".

Worauf es Corelli beim Geigenspiel vor allem ankam, waren Tonschönheit, Vielfalt und Eleganz der Bogenführung, beseelter Ausdruck in den langsamen Sätzen und eine gut entwickelte Technik der linken Hand. Er war berüchtigt wegen der Strenge, mit der er seinen Schülern verbot, überhaupt mit der linken Hand Töne zu greifen, ehe sie nicht einen langsamen, sauberen Bogenstrich auf den leeren Saiten vollkommen beherrschten. Noch heute arbeiten viele gute Pädagogen nach dieser Methode. Im übrigen enthalten Corellis Sonaten einige der besten Bogenübungen, die man bis heute kennt.

Als Geiger soll Corelli ein ernster, würdiger Musiker gewesen sein, und nur in Momenten, in denen die Musik ihn mit sich fortriß, „bekam er etwas Verzerrtes, seine Augen röteten sich, und er verdrehte sie, als litte er Höllenqualen".[2] Sein Sinn für Humor und Wortwitz zeigte sich bei einer Begegnung mit dem deutschen Virtuosen *Nikolaus Strungk* (1640–1685), dessen Ruhm durch seine notorischen Aufschneidereien gelegentlich etwas getrübt wurde. Strungk soll Corelli einmal mühelos die schwierigsten Scordatura-Kunststückchen vorgeführt haben. Als er danach auf den Beifall des Meisters wartete, habe Corelli nur gelächelt und gesagt: „Mich nennt man den Erzengel, Euch aber sollte man füglich den Erzteufel heißen."[3]

Corelli hinterließ bei seinem Tode ein beträchtliches Vermögen und eine umfangreiche Sammlung von Meistergeigen. Die Gemäldesammlung erbte Kardinal Ottoboni, der seine Dankbarkeit dadurch bezeugte, daß er Corellis sterbliche Überreste im Pantheon beisetzen ließ, unweit von Raffaels Grab.

Arcangelo Corelli schuf die soliden Grundlagen des Geigenspiels – ein anderer aber verband die neuen Errungenschaften mit glänzenden Einfällen und einer solchen Phantasie, daß er über seine Schüler und Nachahmer das Repertoire für die Virtuosen des ganzen 18. Jahrhunderts schuf: *Antonio Vivaldi* (1678–1741). In Venedig geboren, als Sohn eines Geigers im Orchester der Basilika von San Marco, war Vivaldi von Anfang an in einer Stadt zu Hause, in der die Musik allgegenwärtig schien und das Hauptvergnügen aller Stände bildete. Als Antonio zehn Jahre zählte, hielt man sein Spiel bereits für gut genug, um ihn dem Vater in San Marco assistieren zu lassen. Mit fünfzehn wurde er zum Priester geweiht. Wegen seines brandroten Haares bekam er den Spitznamen „il prete rosso" („der rote Priester"). Nach damals üblichen Gepflogenheiten konnte er seine geistlichen Pflichten durchaus mit musikalischen Studien verbinden.

1703 wurde Vivaldi Geigenlehrer am Ospedale della Pietà und blieb dort, von vorübergehenden Beurlaubungen abgesehen, fast vierzig Jahre lang. Die Pietà war eine der vier im 14. Jahrhundert in Venedig gegründeten Anstalten für Waisen- und Findelkinder. Außer einer allgemeinen Schulbildung bekamen die Kinder – in der Pietà handelte es sich um Mädchen – eine gute

Musikerziehung, sie hatten ihren eigenen Chor und ein eigenes Orchester. Um das Geld für die Unterhaltskosten aufzubringen, wurden Konzerte gegeben. Während Vivaldis Tätigkeit war die Pietà in ganz Europa für das hohe Niveau ihrer Aufführungen bekannt. Viele der Mädchen wählten später die Musik als Beruf.

Vivaldi schrieb über vierzig Opern. Es gelang ihm, die meisten davon in den großen Städten Italiens aufführen zu lassen. Er war sein eigener Impresario und wählte die Sänger, Tänzer und Orchestermitglieder selbst aus. Gerade sein Interesse für die Oper war es, was ihn schließlich zu Fall brachte. Während er – von der Pietà beurlaubt – vorübergehend beim Markgrafen Philipp von Hessen-Darmstadt in Mantua in Diensten stand, lernte Vivaldi die Sängerin Anna Giraud kennen. Anfangs war sie seine Schülerin, später die bevorzugte Primadonna seiner Opern. Als schließlich Annas Schwester Paolina Vivaldis Haushälterin wurde, gestaltete sich die Beziehung enger, bis schließlich alle drei unter einem Dach wohnten. Vivaldis Verbindung zu den Schwestern Giraud gab Anlaß zu allerlei Klatsch, und bald schaltete sich die Kirche ein. Wegen seines Verhältnisses zu Anna, die als „Mätresse des roten Priesters" galt, erließ der päpstliche Nuntius in Ferrara ein Verbot, demzufolge Vivaldis Opern dort nicht mehr aufgeführt werden durften. Dieser Bann hatte Folgen über die Grenzen der Republik Ferrara hinaus: Auch in Venedig nahm Vivaldis Wertschätzung allmählich ab, und andere Komponisten wurden beauftragt, für das Ospedale della Pietà zu schreiben. Im Jahre 1740 ertrug Vivaldi diese Zurücksetzung nicht länger und ging nach Wien. Dort starb er, allein und unbekannt, in einem Gasthaus und wurde in einem Armengrab bestattet. So endete der große Vivaldi, der einst stolz gesagt hatte: „Ich habe die Ehre, mit neun Fürsten zu korrespondieren, und meine Briefe gehen durch ganz Europa."[4]

Vivaldis Ruhm und Einfluß als Violinvirtuose und Komponist waren zu seinen Lebzeiten bedeutend, doch da sein Stern in den letzten Lebensjahren gesunken war, geriet er nach seinem Tode für fast ein Jahrhundert in Vergessenheit. Sein Name kommt in den Lehrbüchern des 18. Jahrhunderts kaum vor. In Deutschland gab es vereinzelte Bemühungen, Vivaldis Musik zu spielen und zu drucken, während die großen Meister der französischen Violinschule um die Jahrhundertwende ihn vollständig ignorierten. Seine Ideen aber überdauerten in den Arbeiten seiner Schüler. Durch diese lieferte er den Geigern des 18. Jahrhunderts die Grundlagen ihrer Spieltechnik.

Obwohl uns Berichte von Schülern Vivaldis fehlen, kann man bei vielen zeitgenössischen Solisten und Ensemblespielern seinen Einfluß wahrnehmen. „La Chiaretta", eines der Mädchen, das Vivaldi an der Pietà unterrichtete, soll, wie der Musikhistoriker und Vivaldi-Biograph Marc Pincherle schreibt, zu den besten Geigerinnen im Italien der damaligen Zeit gehört haben. Ein Schüler aus seinen späteren Lebensjahren war der Virtuose Santa Tasca, der bei Kaiser Franz I. in Dienst stand. Deutsche, tschechische und französische Geiger kamen nach Venedig, um ihm ihre Aufwartung zu machen. Es ist wenig wahrscheinlich, daß sie wieder abreisten, ohne Ratschläge des Meisters mitzunehmen.

Vivaldis bedeutendster Schüler war der Deutsche *Johann Georg Pisendel* (1687–1755). Als dieser von seinem Dienstherrn, dem Kurfürsten von Sachsen, zu Vivaldi nach Venedig geschickt wurde, um dort Unterricht zu nehmen, war er bereits ein namhafter Berufsgeiger. Pincherle meint, seine Arbeit trage „ganz deutlich den Stempel von Vivaldis Lehren", und zwischen den beiden Persönlichkeiten habe eine „prästabilierte Harmonie"[5] bestanden. Pisendel und Vivaldi wurden intime Freunde, und der Komponist widmete seinem Schüler viele Violinkonzerte, von denen das bekannteste das A-Dur-Konzert (RV 29) ist.

Als Komponist war Vivaldi überaus fruchtbar und brachte seine Einfälle so rasch zu Papier, daß er behauptete, er könne ein Concerto mit sämtlichen Sätzen schneller komponieren, als der Kopist es abschreiben könne. Außer vierzig Opern schrieb er fast vierhundert Violinkonzerte. Pincherle schreibt, Vivaldi seien fast instinktiv „diejenigen Läufe eingefallen, die am besten unter den Fingern liegen, diejenigen Doppelgriffe, bei denen die leerbleibenden Saiten am vollsten mitschwingen und die das größte Obertonvolumen erzielen".[6]

Vivaldis Geigenstücke enthalten große Sprünge von einer Saite zur anderen, oft ist es ein Sprung von der tiefsten, der G-Saite, zur höchsten, der E-Saite, was eine gewandte Bogenführung verlangt. Seine Cantabilepassagen zeigen ein natürliches Verständnis für die besonderen geigerischen Möglichkeiten, und manchmal, wenn ein Legatothema der Violine von einem Pizzikato des Orchesters wie von einer Gitarre begleitet wird, erklingt die Geige, als wäre es eine menschliche Stimme.

Nur wenige Ohrenzeugenberichte über Vivaldis Spiel sind auf uns gekommen, doch läßt sich aus der Musik selbst und der Stellung, die Vivaldi innehatte, schließen, daß er seine eigenen Stücke auch spielen konnte. Stets wird von ihm als von einem Virtuosen gesprochen. Einer seiner deutschen Schüler, Uffenbach, notiert im Jahre 1715 nach einem Opernbesuch in seinem Tagebuch:

> „Gegen Schluß begleitete Vivaldi aufs staunenswerteste ein Gesangssolo, dem
> er am Ende eine freie Fantasie hinzufügte, die mich fürchten machte, denn es
> ist gewiß unmöglich, daß jemals einer so gespielt hat oder je wieder spielen
> wird: Er setzte die Finger um Haaresbreite neben dem Steg auf, so daß kaum

Raum für den Bogen blieb, und tat dies mit unglaublicher Schnelligkeit auf
allen vier Saiten. "

Uffenbach war selbst Geiger, und seine übrigen Tagebucheintragungen auf
musikalischem Gebiet gelten als zuverlässig. Selbst wenn das „um Haares-
breite" wohl etwas übertrieben ist, sagt es genug, Vivaldis Virtuosität zu
bezeugen, zu der auch ein selbst für Kenner ungewohntes Lagenspiel
gehörte. Interessant ist auch, daß Vivaldi, wenn dieser Bericht stimmt, in viel
höheren Lagen gespielt haben muß, als es auf dem kurzen Griffbrett der
damaligen Zeit möglich war. Die einzig plausible Erklärung ist wohl, daß er
für seinen eigenen Gebrauch sich ein längeres Griffbrett hatte bauen lassen.
    Johann Joachim Quantz (1697–1773), Flötist und Musiker am Hof Fried-
richs des Großen, sah in Vivaldi den Erfinder der Kadenz. In der Dresdner
Bibliothek befindet sich ein Manuskript Vivaldis, in das unmittelbar vor dem
Tutti-Einsatz des Finales eine originelle Kadenz von 39 Takten eingefügt ist.
Sie beginnt mit raschen chromatischen Läufen, ändert mehrmals die Tonart
und steigt dann zu hohen Lagen auf – man ahnt bereits die Kadenzen
Mozarts, Beethovens und späterer Komponisten.
    Antonio Vivaldi war ein Mensch voller Widersprüche: einerseits sehr
fromm – es hieß von ihm, er lege den Rosenkranz nur aus der Hand, um zur
Feder zu greifen –, andererseits jähzornig, leicht aufbrausend, aber ebenso
leicht wieder beruhigt. Diese Kontraste spiegeln sich aufs wunderbarste in
seiner Musik.
    Verglichen mit dem übrigen Europa steckte England im 18. Jahrhundert,
was die Geigenkunst betrifft, noch in den Anfängen. Der Lehrtätigkeit von
Italienern, etwa *Francesco Geminianis* (1687–1762), ist es zu danken, daß
sich darin einiges besserte. Geminiani war in Rom Schüler Corellis gewesen
und begann seine Laufbahn als Orchesterdirigent in Neapel. Doch wie
Busby, ein Schriftsteller des 18. Jahrhunderts, zu berichten weiß, waren
seine Tempi so unregelmäßig, daß er „die Bewegungen der Spielenden in
Unordnung brachte, ihren Vortrag behinderte, mit einem Wort, die ganze
Kapelle verwirrte".[7] Zur Strafe für dieses Vergehen wurde er unter die
Bratschen versetzt. Damals hieß es, niemand schreibe gute Bratschenmusik,
weil es keine guten Bratschisten gebe – und umgekehrt. Wenn auch Geminiani als Orchestermusiker ungeeignet gewesen sein mag, als Solist erwarb er
sich einen hervorragenden Ruf. Er soll schwierige Doppelgriffe und rasch
aufeinanderfolgende Lagenwechsel angewandt und darüber hinaus so glänzend gespielt haben, daß er alles bis dahin Gehörte hinter sich ließ.
    Das größte Geschenk jedoch, das Geminiani der geigespielenden Welt
hinterließ, war sein um 1745 erschienenes Lehrbuch „Die Kunst des Violin-

spiels". Es enthält den Extrakt von Corellis Unterrichtsmethoden und war eine der besten Unterweisungen in der Kunst des Violinspiels der damaligen Zeit. Geminiani empfahl als erster, die Geige so zu halten, wie man sie heute hält: das Kinn links vom Saitenhalter. Zu seinen Lebzeiten wurde das Instrument noch an den Hals gedrückt. Es war noch nicht das Kinn, womit man die Geige hielt (und die Erfindung des Kinnhalters sollte noch lange auf sich warten lassen), die wesentliche Stütze war vielmehr die linke Hand, die den damals ziemlich dicken Geigenhals umfaßte. Die Hand wurde viel tiefer gehalten als heute, und so lag auch der Geigenhals wesentlich tiefer als der Saitenhalter. Für einfache Tanzweisen genügte das, doch für anspruchsvollere Stücke, bei denen man das Griffbrett hinauf- und hinunterzugreifen hatte, mußten unweigerlich die Halsmuskeln angespannt und der Kopf geneigt werden, um die Geige mit der Wange gegen die Schulter zu pressen. Geminianis Variante erlaubte dem Spieler, den Kopf aufrecht zu halten, und gab der Hand eine größere Bewegungsfreiheit beim Lagenwechsel. Aber noch Leopold Mozart bleibt in seiner Violinschule bei der althergebrachten Praxis, bei der das Kinn rechts vom Saitenhalter ruhte.

Zwischen der „klassischen" und der „modernen" Violinschule steht der Italiener *Giovanni Battista Somis* (1683–1763), ein Schüler sowohl von Corelli als auch von Vivaldi. Aus den Erkenntnissen der beiden Großen entwickelte er seinen eigenen Stil, der die Technik des Geigens einen großen Schritt vorwärtsbrachte. Zu der Schule, die er in Turin gründete, drängten sich Schüler aus ganz Europa. Zu den bekanntesten gehörten *Jean Marie Leclair* (1697–1764), durch den Somis richtungweisenden Einfluß auf die französische Geigenschule ausübte, und *Gaetano Pugnani* (1731–1798). Ein zeitgenössischer Schriftsteller, Hubert Le Blanc, urteilt, Somis habe „den schönsten Bogenstrich ganz Europas gehabt" und auf der Geige „einen großen Sieg" errungen: „Er kann ein ganzes Stück mit einem einzigen Bogenstrich spielen, so daß es einem den Atem verschlägt, wenn man nur daran denkt."[8]

LEHRMEISTER DER NATIONEN

Giuseppe Tartini

Gegen Ende des 17. Jahrhunderts wurde die Geige immer ausdrucksstärker und wandlungsfähiger im Ton. Gleichzeitig mit der daraus folgenden wachsenden Beliebtheit des Instruments begannen sich ganz unterschiedliche Stilarten des Geigenspiels zu entwickeln. Das Niveau des zum Tanz aufspielenden Fiedlers war mit dem des Solisten nicht mehr vergleichbar. Schon etwa Mitte des 17. Jahrhunderts hatten sich außerdem gewisse nationale Eigenarten ausgebildet: Der Gegensatz zwischen der italienischen und französischen Schule trat deutlicher hervor. Andere Länder folgten weitgehend den Richtlinien dieser beiden Schulen. Die virtuose Technik der italienischen Schule paßte sich in der Entwicklung den neuesten musikalischen Formen an: der Sonate, dem Variationssatz und dem Solokonzert. Die Italiener bevorzugten das Cantabile, ganz natürlich für ein Land, dem von jeher Musik zunächst einmal der Gesang der menschlichen Stimme war.

Die Franzosen bildeten eine raffinierte Bogentechnik aus, die zu den stark rhythmisch akzentuierten Tanzweisen der damaligen Zeit paßte. Die Deutschen entwickelten einen virtuosen Stil nach italienischem Vorbild, der den erweiterten Tonumfang des Instruments, Doppelgriffe und die Technik des Scordatura nutzte. Auch ihre Bogentechnik war entsprechend fortschrittlich.

Dieser hohe Stand der Entwicklung zeigt sich in der Musik von Johann Sebastian Bach. Als Kapellmeister am Hofe des Fürsten Leopold von Anhalt-Köthen komponierte er seine Violinsonaten, zwei Violinkonzerte (in a-Moll und E-Dur) und das Doppelkonzert in d-Moll. Ebenfalls in Köthen schrieb er seine Sonaten und Partiten für Violine solo, die bis heute zu den anspruchsvollsten Werken der Geigenliteratur gehören. Über die Art, wie Bach selbst die Geige spielte, gibt es keine zeitgenössischen Berichte, doch in einem Brief aus dem Jahre 1774 an den deutschen Musikgelehrten Johann Forkel erwähnt Bachs Sohn Carl Philipp Emanuel das lebenslange Interesse seines Vaters für das Instrument:

> „In seiner Jugend bis zum ziemlich herannahenden Alter spielte er die Violine rein und durchdringend und hielt dadurch das Orchester in einer größeren Ordnung, als er mit dem Flügel hätte ausrichten können. Er verstand die Möglichkeiten aller Geigeninstrumente vollkommen. Dies zeugen seine Soli für die Violine und für das Violoncell ohne Baß."[1]

Anfang des 18. Jahrhunderts war die Geige bereits in allen Gesellschaftsschichten anzutreffen und hatte endlich den Beigeschmack eines Instruments für „Schelme und Vagabunden" verloren. Ihr neues Ansehen verdankte sie weitgehend dem Umstand, daß sie in zunehmendem Maße auch bei Dilettanten beliebt war.

Das bedeutendste Bindeglied zwischen Barock und Klassik ist *Giuseppe Tartini* (1692–1770). Sein Stil enthält Elemente beider Epochen. In ihm darf man „die wichtigste Persönlichkeit zwischen Vivaldi und Viotti sehen".[2]

Die Tartinis waren reiche Florentiner, die sich in Istrien niedergelassen hatten. Ein Großteil ihres Reichtums floß der Kirche zu, die dem jungen Tartini den ersten Musikunterricht und die ersten Geigenstunden zuteil werden ließ.

Als Tartini das siebzehnte Lebensjahr erreicht hatte, war sein Vater fest entschlossen, ihn Geistlicher werden zu lassen. Aber Tartini war ebenso fest entschlossen, nicht Theologie, sondern Jurisprudenz zu studieren. Trotz starken Drucks von seiten des Bischofs von Istrien, dessen Kloster man eine stattliche Zuwendung versprochen hatte, falls seine Überredungskünste Erfolg hätten, setzte Tartini seinen Willen durch. 1709 bezog er als Jurastudent die Universität Padua, doch ist es zweifelhaft, ob er bei seinen Studien den nötigen Eifer an den Tag legte: Fechten, Kunst und Musik beanspruchten ihn weit mehr. Zu dieser Zeit erwog er ernstlich, eine Fechtschule zu eröffnen, um damit seine Ausbildung zum Geiger zu finanzieren.

Doch es kam anders. In seinem letzten Studienjahr verliebte sich Tartini in die fünfzehnjährige Elisabetta Premazone, eine arme Verwandte eines einflußreichen Kardinals aus Padua. Die Flucht der jungen Liebesleute und ihre heimliche Eheschließung lösten einen gewaltigen Familienskandal aus. Tartinis Vater sperrte dem Sohn die Geldmittel, und der Kardinal erließ Haftbefehl gegen ihn. Tartini floh aus Padua und wanderte, als Mönch verkleidet, von Stadt zu Stadt, kam schließlich nach Assisi und blieb dort zwei Jahre lang unter dem Schutz der Franziskaner.

Während dieser Zeit unterrichtete ihn Bohuslav Černohorský (1684–1742), ein ausgezeichneter tschechischer Lehrer und Komponist, in Musiktheorie und Komposition. Zweifellos hat er Tartini auch bei seinen ersten eigenen Stücken geholfen. In den tschechischen Klöstern wurde die Geige sowohl im Streicherensemble wie auch als solistisches Instrument verwendet, und die für diese Zwecke geschriebene Musik setzte einen hohen Grad technischer Vollendung des Geigenspiels voraus.

Damals entdeckte Tartini durch wissenschaftliche Experimente mit der Geige das, was er die „terzi tuoni", die „dritten Töne", nannte. Der „dritte Ton" ist uns heute als das Phänomen des „Kombinationstons" bekannt, der von Physikern wie Hermann von Helmholtz untersucht und beschrieben wurde. Dieser Kombinationston ist als dritter, nicht gespielter Ton zu hören, wenn zwei Töne auf der Geige exakt gleichzeitig gegriffen werden. Tartini räumte ein, daß seine mathematischen Berechnungen Irrtümer enthielten, und konnte, obwohl er seine Erkenntnisse 1754 in seiner „Trattoria di Musica" veröffentlichte, seine Theorie nie wirklich wissenschaftlich beweisen. Musikhistoriker sind sich indes einig, daß er es war, der die Kombinationstöne entdeckt hat. Tartini war auch der erste, der, um einen volleren Ton zu erzielen, mit stärkeren Violinsaiten experimentierte, wie sie sich später allgemein durchsetzten.

In Assisi schrieb Tartini seine „Teufelstriller-Sonate". Es heißt, er habe im Traum seine Seele dem Teufel verkauft, woraufhin dieser seine Geige gepackt und ihm die herrlichste Sonate vorgespielt haben soll, die sich denken ließ. Wie ein Schriftsteller des 18. Jahrhunderts, ein gewisser Lalande, zu berichten weiß, hat Tartini ihm folgendes erzählt:

> „Ich war hingerissen, außer mir, mein Atem stockte ... Ich erwachte und versuchte, einige der gehörten Töne niederzuschreiben. Vergebens! Das Stück, das ich schließlich komponierte, die ‚Teufelssonate', war zwar das Beste, was ich jemals schrieb, blieb aber weit hinter dem zurück, was ich im Traum gehört hatte."[3]

Zum Dank für Kost und Logis lieferte Tartini den Klosterbrüdern eine zusätzliche Einkommensquelle: Sein Spiel in der Klosterkirche zog ein großes Publikum an. Allerdings mußte er sich dabei hinter einem Vorhang verstecken; man sprach von ihm als dem „geheimnisvollen Geiger von Assisi".

1715, beim alljährlichen Fest des heiligen Franziskus, als Pilger aus ganz Italien zusammenströmten, um an seinem Grab zu beten, zog ein Laienbruder versehentlich den Vorhang zur Seite und offenbarte die Identität des Geigers. Die Paduaner unter den Andächtigen erkannten Tartini sofort. Der Kardinal wurde verständigt, doch dieser zog seine Klage zurück – und so waren Tartini und Elisabetta wieder vereint. Nun stand Tartinis Karriere nichts mehr im Wege, und sein Ruhm verbreitete sich rasch in ganz Italien; gesellschaftlich verkehrte das Ehepaar Tartini ausschließlich in Adelskreisen. 1716 trat jedoch eine Veränderung in seinem Leben ein: Es erging eine Einladung an Tartini, mit dem großen Florentiner Geiger Francesco Maria Veracini in Venedig zu Ehren des Kurfürsten von Sachsen um die Wette zu spielen. Im 18. Jahrhundert war es gang und gäbe, angesehene Gäste dadurch zu unterhalten, daß man zwei Künstler miteinander wetteifern ließ. Tartini nahm die Herausforderung nicht an. Zufällig hatte er Veracini in Cremona spielen hören und war überzeugt, ihm nicht gewachsen zu sein.

Sich von einem anderen überflügelt zu sehen ging Tartini so nahe, daß er sich von Elisabetta trennte, nach Ancona ging und gelobte, so lange dort zu bleiben, bis er die gewünschte Vollendung seines Spiels erreicht hätte. Wie lange er sich tatsächlich in Ancona aufhielt, ist ungewiß, verbürgt ist nur, daß er 1721 als erster Geiger an die Cappella del Santo in Padua berufen wurde. Man nannte ihn allenthalben einen „außergewöhnlichen" Geiger, und sein Jahresgehalt betrug 150 Gulden, was damals eine erkleckliche Summe war.

Erlassen wurde ihm übrigens, sein Können regelmäßig unter Beweis zu stellen, eine seltene und hohe Ehre, da sonst jedes Mitglied von Chor und Kapelle sich alljährlich einer strengen Nachprüfung zu unterziehen hatte. Das größte Zugeständnis aber bestand darin, daß er auch außerhalb Paduas auftreten durfte, wovon er jedoch erst 1723 Gebrauch machte: Die Einladung des Grafen Kinsky, des Kanzlers von Böhmen, bei der Krönung Karls VI., eines leidenschaftlichen Musikfreundes, in Prag zu spielen, konnte er nicht ablehnen. Tartinis Auftritt in Prag machte derart Furore, daß er das Angebot des Grafen, zu bleiben und das gräfliche Privatorchester zu leiten, annahm. Doch es scheint Tartinis Schicksal gewesen zu sein, sich nie dauernden Wohlstandes zu erfreuen. Schon drei Jahre später, als sein Bruder in finanzielle Schwierigkeiten geriet, verließ er Prag wieder, mit der Begründung, daß ihm „die Haut näher sei als der Geldbeutel".[4]

Im Jahre 1728, im Alter von sechsunddreißig Jahren, gründete Tartini in Padua seine „Schule der Nationen" und durfte erleben, daß sie zur angesehensten ihrer Zeit wurde. Wegen des ausgezeichneten Unterrichts kamen Schüler aus allen Teilen Europas, und als „Lehrmeister der Nationen" erlangte Tartini noch größere Berühmtheit denn in seiner Eigenschaft als Geiger.

Viele große Geiger haben an der „Schule der Nationen" studiert, darunter Gaetano Pugnani, der außerdem Schüler von Somis war, und die legendäre Maddalena Lombardini, ein junges Mädchen, an das Tartini 1760 seinen Brief über die Kunst der Bogenführung schrieb. Dieser Brief ist in die Musikgeschichte eingegangen – als einziges und zugleich klassisches Beispiel für Tartinis genaue Anweisungen beim Unterrichten:

> „Ihre vornehmste Übung muß den Gebrauch des Bogens betreffen, Sie müssen darüber unumschränkter Meister werden sowohl in Passagen als im Kantabile. Das Aufsetzen des Bogens auf die Saite ist das erste. Es muß mit solcher Leichtigkeit geschehen, daß der erste Anfang des Tons, welcher herausgezogen wird, mehr einem Hauche auf die Saite, als einem Schlage ähnlich scheint. Nach diesem leichten Aufsatze des Bogens wird der Strich sogleich fortgesetzt, und nun können Sie den Ton verstärken, soviel Sie wollen, da nach dem leichten Aufsatze keine Gefahr mehr ist, daß der Ton kreischend oder kratzend werde."

Auch rät er seiner Schülerin, den Ton „auf der bloßen Saite von pianissimo bis fortissimo zu steigern" und dies täglich eine Stunde zu üben.

> „Wenn Sie damit zustande sind, dann wird Ihnen das mezza di voce nicht weiter Mühe machen, das mit einem und demselben Bogenstrich vom pp anfängt, bis zum ff steigt und wieder aufs pp zurückkommt."[5]

Giuseppe Tartini schrieb rund zweihundert Violinkonzerte und ebenso viele Sonaten, von denen heutzutage, mit Ausnahme der „Teufelstriller-Sonate" und „Didone abbandonata", nur wenige gespielt werden. Die fünfzig Variationen über ein Thema von Corelli, „Die Kunst der Bogenführung", sind eines der besten heute noch gültigen Übungsstücke für den rechten Arm im gesamten Violinrepertoire. Tartini hat sich intensiver als seine Vorgänger oder Zeitgenossen mit dem Bogen beschäftigt. Er hat die Stange schmaler gemacht und war der erste, der ihre Außenwölbung verminderte. Auch änderte er die Form des Bogenkopfes und ließ die Kehlung weg.

Tartini wurde zu seinen Lebzeiten als einer der größten Geigenkünstler angesehen, dem nur noch Veracini den Rang streitig machen konnte. Pierre Lahoussaye, ein bedeutender französischer Geiger und einst Schüler Tartinis in Padua, berichtet: „Nichts vermag mein Staunen und Ergötzen über die Perfektion und Reinheit seines Tons zu beschreiben, über dessen Beseeltheit, den Zauber des Bogenstrichs, sein in jeder Hinsicht vollkommenes Spiel."[6] Bloßes Virtuosentum bei Geigern war Tartini verhaßt. Die meisten zeitgenössischen Stimmen loben die Schönheit seiner Cantabilepassagen nicht nur wegen ihres tiefempfundenen Gefühls, sondern auch wegen einer gewissen Reserve, was schon an den Stil der viel späteren Spohr oder Joachim denken läßt.

Tartini besaß das Talent und die körperlichen Voraussetzungen des Virtuosen, war aber sonderbar ehrgeizlos, was gar nicht zum Bild eines Solisten auf dem Höhepunkt seiner Karriere paßte. Auf Geld legte er keinen großen Wert. Der Ruhm, den er zunächst durchaus genoß, hinterließ jedoch bei ihm keinen tieferen Eindruck. Zahllose Aufforderungen, im Ausland zu spielen, lehnte er ab. Sir Edward Walpole und Lord Middlesex taten ihr Möglichstes, um ihn zu einem Gastspiel in London zu bewegen, wobei ihm der Lord immerhin 3000 Lire bot. Und weder der Prinz von Condé noch der Marquis de Clermont konnten ihn zu einer Reise nach Paris überreden.

Elisabetta Tartini kommt bei keinem der Biographen Tartinis besonders gut weg. Man gewinnt den Eindruck, als habe sie sich seit der Übersiedlung nach Padua wie eine Klette an ihren Mann gehängt und ihn nicht mehr aus den Augen gelassen. Sie war launisch, nervös und klagte über irgendwelche kleinen eingebildeten Leiden. Es heißt, daß sie es gewesen sei, die Tartini von lohnenden Auftritten im Ausland abgehalten habe. Wie dem auch sei, er blieb ihr bis ans Ende seiner Tage auf das zärtlichste zugetan.

Viotti und das französische Dreigestirn

Giovanni Battista Viotti – Pierre Marie François Baillot de Sales –
Pierre Rode – Rodolphe Kreutzer

„Viotti versetzt seine Zuhörer in Erstaunen – das stimmt, doch er tut noch
unendlich viel mehr, er weckt Gefühle, gibt dem Ton Seele und nimmt die
Leidenschaften gefangen", schrieb ein Kritiker des *Morning Chronicle* am
10. März 1794 nach einem Konzert Viottis in London.

Giovanni Battista Viotti (1755–1824) war eine der ganz entscheidenden
Persönlichkeiten in der Geschichte des Geigenspiels. Durch ihn verkettete
sich die von Corelli über Locatelli kommende italienische Tradition mit der
von ihm gegründeten französischen Schule. Man hat ihn „den einflußreichsten Geiger zwischen Tartini und Paganini"[1] genannt. Sein Spiel und seine
Kompositionen hatten etwas Strahlendes, Romantisches, das bereits zum
Geist des 19. Jahrhunderts gehörte.

Viotti wurde in Fontanetto da Po bei Vercelli als Sohn eines Hufschmieds
und Amateurhornisten geboren. Die ersten Geigenstunden bekam er von
einem herumziehenden Flötisten, bald aber hatte er das Glück, noch als Kind
in dem Fürsten Alfonso dal Pozzo della Cisterna einen Gönner zu bekommen, der ihn zusammen mit seinem eigenen Sohn unterrichten ließ. Viotti
lebte im fürstlichen Haus, die beiden Jungen wurden Schüler von Pugnani,
der bei Somis studiert hatte und damit von Corelli herkam.

1775 wurde Viotti Mitglied der Königlichen Kapelle in Turin. Hier „saß er
fünf Jahre lang am letzten Pult der ersten Geigen und bezog eines der
niedrigsten Gehälter im Orchester".[2]

Nach Ablauf dieser Zeit nahm Pugnani Viotti mit auf Konzertreisen durch
Europa und stellte ihn überall als „seinen Schüler" vor. Zuerst besuchten sie
die Schweiz, dann Dresden und Berlin und dehnten schließlich, von den
Erfolgen ermutigt, ihre Tournee bis nach Warschau und St. Petersburg aus.
Katharina die Große, bekannt für ihre Schwäche für junge Männer, über-
schüttete Viotti mit Geschenken und versuchte ihn zu überreden, in ihr
Hoforchester einzutreten. Frauen spielten jedoch in Viottis Leben keine
große Rolle, und so lehnte er selbst das Angebot einer Zarin ab. Er tat dies
mit der Begründung, das russische Klima sage ihm nicht zu.

Von St. Petersburg aus reiste Viotti nach London. Dort wurde er sehr
wohlwollend aufgenommen; sein Spiel verglich man auf das schmeichelhaf-
teste mit dem Geminianis, den man damals für den besten Geiger hielt, der je
den Kanal überquert hatte. Doch den größten Triumph errang Viotti 1782

bei einem Konzert in Paris: Es sicherte ihm fortan den Ruf des führenden
Virtuosen in Europa. Fast zwei Jahre hindurch waren die Kritiker ebenso
begeistert wie das Publikum. Während dieser Zeit wohnte er bei dem
befreundeten Komponisten Luigi Cherubini. Ihre Soiréen wurden zu Höhepunkten des Pariser Musiklebens. Doch zog sich Viotti plötzlich ohne
Erklärung vom Konzertpodium zurück. Das Geheimnis dieses Verzichts auf
dem Höhepunkt des Erfolges ist bis heute ungelöst geblieben. Ein Jahr später
trat er in den Dienst Marie Antoinettes in Versailles, und im Jahre 1788
inszenierte er unter der Schirmherrschaft des Comte de Provence eine Reihe
glänzender Aufführungen italienischer Opern im Théâtre de Monsieur.
Doch auch dieses Unternehmen war kurzlebig: Die Revolution zerschlug
sämtliche Pläne Viottis für künftige Theatervorhaben.

In königlichen Diensten zu stehen änderte nichts an Viottis republikani-
scher Grundeinstellung. So spielte er einmal im Rahmen eines Privatkonzerts
in Versailles eine eigene Komposition; es entstand Unruhe, die Gäste
begannen zu tuscheln. Als das Gemurmel „Platz für den Herzog" den
verspätet eintreffenden Herzog von Artois ankündigte, brach Viotti ab,
klemmte die Geige unter den Arm und verließ den Salon. Und anders als sein
verehrter Vorgänger Corelli in ähnlicher Lage im Palazzo Ottoboni weigerte
er sich standhaft zurückzukehren.

Im Jahr 1790 sagte Viotti einem Freund zu, bei einem Wohltätigkeitskon-
zert aufzutreten. „Spielen werde ich", sagte Viotti, „doch nur unter der
Bedingung, daß die Zuhörer zu uns heraufkommen." Die Wohnung des
Freundes lag im fünften Stockwerk eines Bürgerhauses. „Lange genug sind
wir zu ihnen hinuntergestiegen. Die Zeiten haben sich geändert."[3] Als die
adligen Herrschaften die Treppe hinaufgeklettert waren, fanden sie oben nur
ein einziges Dekorstück vor: die Büste Jean-Jacques Rousseaus, dessen
demokratische Ideen so gefürchtet waren, daß man seine sterblichen Überreste zusammen mit denen Voltaires heimlich beiseite schaffte, als dreiundzwanzig Jahre später die Bourbonen wieder auf den Thron zurückkehrten.
Im Jahre 1792, an jenem Abend, an dem das Königspaar gefangengenommen
wurde, floh Viotti jedoch ohne einen Sou in der Tasche nach England.
Vielleicht fürchtete er, daß seine demokratische Gesinnung doch von manchen Leuten angezweifelt werden könnte.

Anders als in Frankreich verlief Viottis Leben in England recht geruhsam,
und er hatte angemessene Einkünfte. Seine Konzerte – insbesondere in den
Hanover Square Rooms – zogen einen wachsenden Kreis kultivierter und
einflußreicher Freunde an. Er hatte eine stattliche Anzahl von Schülern,
darunter viele aus den obersten Gesellschaftsschichten, wie den Herzog von
Cambridge. Durch einen seiner jungen Schüler, einen gewissen Walter

Chinnery, lernte Viotti die Familie kennen, die später zu seinen engsten Freunden gehören sollte. Chinnery war Angestellter des königlichen Schatzamtes und seine Frau Caroline eine begabte Pianistin. 1794 übernahm Viotti den Posten des Schauspieldirektors an der Italienischen Oper im Kings Theatre.

1798 geriet Viotti in den unbegründeten Verdacht, an einem umstürzlerischen Komplott beteiligt zu sein. Die englische Regierung verwies ihn des Landes. Als Refugium wurde ihm von einem Freund bei Hamburg ein Haus zur Verfügung gestellt. Dort verbrachte er seine Zeit mit Komponieren und dem Briefwechsel mit seiner geliebten Mrs. Chinnery. Hier schrieb er auch die Duette für zwei Violinen op. 5, die überschrieben sind: „Diese Arbeit ist die Frucht erzwungener Muße, die mir ein widriges Geschick bescherte. Einige der Stücke sind vom Schmerz diktiert, andere von der Hoffnung."

Nebenher unterrichtete Viotti. Zu seinen Schülern zählte der junge *Friedrich Wilhelm Pixis* (1786–1842) aus Mannheim, ein ausgezeichneter Geiger, der später an das Prager Konservatorium ging. Diese Ausbildungsstätte sollte in der Geschichte des Geigenspiels eine wichtige Rolle spielen, weil aus ihm viele einflußreiche Künstler hervorgingen: Antonín Bennewitz, Otakar Ševčík, Karel Ondříček und Jaroslav Kocían sind die bekanntesten.

Die Tschechen hatten von jeher eine große Begabung für die Musik. Als der Engländer Charles Burney 1773 Böhmen bereiste, war er überrascht, überall im Lande, sogar in Dorfschulen, Kinder beiderlei Geschlechts im Alter zwischen sechs und elf Jahren anzutreffen, die „lesen, schreiben, geigen und andere Instrumente spielen konnten".[4] Pixis brachte die Tradition der Mannheimer Schule mit nach Prag – und dazu die Lehren Viottis.

Eine Gruppe von Musikern, die unter Kurfürst Karl Theodor im dritten Viertel des 18. Jahrhunderts das Mannheimer Hoforchester bildeten, hatte den Stil der Mannheimer Frühklassik entwickelt. Begründer und Konzertmeister dieser Schule von Geigern und Dirigenten war der Böhme Johann Stamitz (1717–1757). Die hervorstechendsten Eigenarten des Mannheimer Orchesters, das Burney 1772 „eine Armee von lauter Generalen" genannt hatte, waren „perfektes Zusammenspiel, feurige und ausdrucksvolle Ausführung, einheitliche Bogentechnik, erregende dynamische Effekte und Genauigkeit bei der Phrasierung im Orchesterspiel".[5] Das war das Mannheimer Erbe, und bei Viotti wird Pixis gelernt haben, daß es beim Geigen nicht nur um technische Brillanz geht, sondern auch um Tonschönheit, Kraft und Ausdruck.

Da in Frankreich mittlerweile Napoleon an die Macht gelangt war, schien es den Engländern nicht mehr allzu riskant, Viotti 1801 die Rückkehr zu gestatten. Doch dieser hatte das Interesse am öffentlichen Musizieren verloren und eröffnete auf Mrs. Chinnereys Rat und mit ihrer finanziellen Unterstützung einen Weinhandel in London. Mit der Musik wurde man damals nicht reich. Nicht wenige von Viottis italienischen Musiker-Landsleuten hatten einen kaufmännischen Nebenerwerb. Geminiani handelte mit Bildern, und Clementi baute Klaviere – womit er ein Vermögen machte, auch wenn er auf Konzertreisen nach wie vor seine Sachen selber wusch.

Zu Anfang scheint Viotti von seinem Weinhandel ganz gut gelebt zu haben, denn er weigerte sich, Schüler anzunehmen, darunter Louis Spohr, für den Viotti seit langem das große Vorbild war. In seinen „Lebenserinnerungen" beklagt sich Spohr bitter darüber, daß er keine Gelegenheit bekam, bei Meister Viotti zu studieren.[6] Er war der Meinung, eine bessere Übung als dessen Sonaten und Konzerte könne es für einen guten Geiger nicht geben. Spohr erzählt die Anekdote, wie ein Freund von ihm ganz zufällig Viottis Laden betrat und zu seiner Überraschung den großen Mann hinter der Theke sitzen sah. Als er ihm vorhielt, er bringe das Publikum um einen großen Genuß, erwiderte Viotti: „Mein lieber Herr, ich tue das, weil ich feststellen mußte, daß die Engländer den Wein höher schätzen als die Musik."

Leider florierte der Weinhandel aber nicht so, daß Viotti finanzielle Sorgen erspart geblieben wären. Daher unternahm er Versuche, doch wieder im Musikleben Fuß zu fassen. 1802 reiste er nach Paris, um einige in Hamburg entstandene Stücke aufzuführen. Von diesem Konzert berichtet Viottis Schüler, der gefeierte Pierre Baillot: „Alles schien mühelos dahinzufließen, sanft aber kraftvoll. Mit großem Schwung erklomm er die höchsten Höhen der Inspiration. Sein Ton war herrlich: lieblich und metallisch zugleich, als werde der zarte Bogen vom Arm eines Herkules geführt."[7]

Später wurde Viotti zum Operndirektor in Paris ernannt, doch blieb er wie in der Vergangenheit trotz eines hohen Gehalts in finanziellen Dingen ohne Fortüne, und so kehrte er 1822 nach London zurück. Ein ergreifendes Dokument ist sein Testament, aus dem jene traurige Stimmung spricht, die über seinem äußerlich so vielversprechenden Leben lag: „Wenn ich sterbe, ehe ich diese Schule abgezahlt habe" – er schuldete Mrs. Chinnery 24 000 Francs, die sie ihm für die Finanzierung seiner Weinhandlung geliehen hatte – „so bitte ich, daß meine gesamte irdische Habe zu Geld gemacht und Madame Chinnery oder deren Erben überwiesen werde . . ."[8]

Er starb 1824 im Haus der Chinnerys in der Berkeley Street am Portman Square.

Viotti scheint ein überaus empfindsamer Mensch gewesen zu sein, wohl zu verletzlich für eine Künstlerlaufbahn. Seine Zeitgenossen mochten ihn gern. Die Dekadenz des französischen Hofes hatte ihn nicht verdorben, und nach Meinung eines Freundes „wußte keiner die simplen Freuden der Natur so

sehr zu schätzen . . . Alles regte seine Phantasie an, alles redete zu seiner
Seele, und sein Herz floß über von warmen, liebevollen Gefühlen."⁹

Einig waren sich die Kritiker in ihrem Lob, was Viottis Bogenarbeit betraf.
Die *Allgemeine Musikalische Zeitung* vom 3. Juli 1811 zählt die Grundsätze
der Viottischen Schule auf:

„Zum ersten ein breiter, starker, voller Ton, damit verbunden ein mächti-
ges, durchdringendes, singendes Legato wäre das zweite, als drittes müssen
Vielfalt, Charme, Licht und Schatten ins Spiel gebracht werden, und dies
durch größte Mannigfaltigkeit des Strichs."

Viotti benutzte als einer der ersten Geiger den Tourte-Bogen, der außer
seinem geringem Gewicht eine Festigkeit und Elastizität besaß, wie sie den
älteren Bogen fehlte. Damit war er seinen Vorgängern wesentlich überlegen.
Laut François Joseph Fétis hat Viotti während seines Aufenthalts in Paris,
etwa um 1782, François Tourte bei seinen Bemühungen um die Verbesserung
des Bogens mit Rat und Tat beigestanden.

Obwohl Viottis Karriere so unbegreiflich früh endete, kann sein Einfluß
auf die Technik der Tonerzeugung und die Formung des Ausdrucks bei der
Geige nicht hoch genug bewertet werden. Viotti wird nicht nur als der größte
Geiger des klassischen italienischen Stils seiner Epoche angesehen, sondern
auch als der Begründer und Urheber des modernen Geigenspiels. Als
Komponist zeigte er sich zwar äußerst produktiv, aber nicht unbedingt
originell. Er war einer der ersten Geiger-Komponisten, der das Violinkonzert auf eine solidere Formgrundlage stellte, indem er sich so weit wie
möglich die symphonische Arbeit Haydns mit ihren deutlich kontrastieren-
den Themen aneignete. Heute erlebt seine Musik eine verdiente Wieder-
entdeckung. Die Neueinspielung von vier Konzerten – mit Yehudi Menuhin
und dem Menuhin Festival Orchestra – ist ein Beweis dafür, daß er als
Komponist zu lange vernachlässigt wurde.

Ein bekannter Schüler Viottis war der belgische Geiger André Robberechts, der wiederum Lehrer von Charles de Bériot wurde, dem Begründer
der großen belgischen Schule des 19. Jahrhunderts. Als der junge Bériot dem
alternden Viotti vorspielte, bestätigte ihm der Meister seinen durchaus
eigenen Stil, den er nur noch kultivieren müsse – ansonsten könne er nichts
für ihn tun. Bériot gab viel später dem siebenjährigen Henri Vieuxtemps den
gleichen Rat.

Durch das Dreigestirn seiner Schüler Baillot, Rode und Kreutzer vertiefte
sich Viottis Einfluß auf die Kunst des Geigenspiels zu Beginn des 19. Jahrhunderts. Die drei Franzosen wurden Professoren am Pariser Konservatorium, das 1795 ins Leben gerufen worden war. Ihre 1804 in Paris erstmals
erschienene „Méthode" gründete auf den Prinzipien Viottis, was Bogentech-

nik sowie Kraft und Schönheit des Tons betraf. Die Aufmerksamkeit, die dabei auf Details der Grifftechnik gelegt wurde, verweist schon ins späte 19. und beginnende 20. Jahrhundert. Der Umfang von drei Oktaven plus einem Ganzton, wie Geminiani und Mozart ihn kannten, erweiterte sich nun auf mehr als vier Oktaven, auch waren die Vorschriften für das Halten der Geige, verglichen mit früheren Methoden, sehr fortschrittlich.

Baillot erwähnt den „Tourte-Griff", und seine Strichanweisungen sind unseren heutigen sehr viel näher als jenen, die sich noch auf den auswärts gekrümmten Bogen bezogen. Auch wird ersichtlich, daß man inzwischen überall die Geige mit dem Kinn links vom Saitenhalter hielt. Was die Erzeugung eines schönen Tons betrifft, so steht in der „Méthode" ein Rat, der heute noch so gültig ist wie am Tage, an dem er niedergeschrieben wurde: „Anfängern sei empfohlen, sich einzig auf das eigene Gefühl zu verlassen und es aus tiefster Seele heraufzuholen, denn dort und nur dort werden sie seine Quelle finden."

Aus der „Méthode" wurde später „L'Art du Violon" (erstmals erschienen 1934); diese Geigenschule blieb das Standardwerk des Pariser Konservatoriums während dessen ganzer Blütezeit.

Pierre Marie François Baillot de Sales wurde als Sohn eines Schullehrers 1771 in Passy, einem Vorort von Paris, geboren. Bei einem Schüler von Pietro Nardini nahm er ersten Geigenunterricht. Mit zehn Jahren hörte er Viotti in Paris spielen, und obwohl noch zwanzig Jahre vergehen sollten, ehe er ihn zum zweitenmal hörte, bewirkte dieses Erlebnis eine grundlegende Änderung in seinem Leben. Viotti blieb für immer sein Vorbild.

Durch Vermittlung Viottis erhielt Baillot einen Platz im Orchester des Théâtre Feydeau, den er aber nach einiger Zeit aufgab, um Regierungsbeamter zu werden; nur zu seinem Privatvergnügen spielte er weiter. Im Jahre 1795 faßte Baillot den Entschluß, zur Musik zurückzukehren, und studierte bei Cherubini Theorie und Kompositionslehre. Als Solist machte er später weite Reisen durch ganz Europa und hatte beachtliche Erfolge. Baillot war der letzte aus der Reihe der klassischen französischen Schule; nach ihm wurde Paganinis Stil führend. Paul David schreibt: „Was sein Spiel auszeichnete, war ein edler, kraftvoller Ton, eine große Akkuratesse in der Ausführung und ein reiner, erhabener, wahrhaft musikalischer Stil."[10]

Baillot soll einer der wenigen Geiger gewesen sein, die bis ins hohe Alter an Gewandtheit und Frische des Spiels nicht nachließen. Mendelssohn hielt Baillots Interpretation seines Oktetts für die beste, die er jemals gehört habe, und Hiller schrieb 1831 – Baillot war inzwischen sechzig –, daß bei einem Konzert des Konservatoriums „Baillot trotz seines Alters noch mit dem

Feuer und der Poesie der Jugend spielte".[11] Auch erwähnt er Baillots Technik lobend als „frei von den Beschränktheiten bloßen Virtuosentums".

Als Pädagoge wurde Baillot hoch geschätzt. Zu seinen vielen Schülern gehörten so berühmte Geiger wie Charles Dancla und François Habeneck, der seinerseits Lehrer von Hubert Léonard, François Prume und Prosper Sainton wurde.

Pierre Rode, der zweite des französischen Dreigestirns, wurde 1774 in Bordeaux geboren. Im Jahre 1788 sandte sein Lehrer den Vierzehnjährigen mit einem Empfehlungsschreiben zu Viotti nach Paris. Dieser unterrichtete den Knaben, der ihm überdurchschnittlich begabt schien, zwei Jahre lang. Rode ging als Virtuose auf Konzerttourneen und wirkte dann als Konzertmeister mehrerer Theaterorchester, darunter des Orchesters der Pariser Großen Oper, an der er bis zum Jahre 1799 blieb. 1800 wurde er Sologeiger in Napoleons Privatorchester.

1803 reiste Rode nach St. Petersburg. Vom Zaren Alexander wurde er für ein Gehalt von 5000 Silberrubel angestellt und brauchte dafür nur bei Hof und im Kaiserlichen Theater die erste Geige zu spielen. Auf dem Weg nach Rußland traf er Louis Spohr in Braunschweig; der Deutsche war von seinem Spiel so begeistert, daß er sich jahrelang darum bemühte, den Rodeschen Stil nachzuahmen. Die ständigen nervlichen Beanspruchungen und die Intrigen am russischen Hof während seines fünfjährigen Aufenthalts beeinträchtigten jedoch sowohl Rodes Spiel wie seine Gesundheit. Er wurde zunehmend nervöser, und als er nach Paris zurückkehrte, hatte, wie es hieß, sein Spiel so sehr gelitten, daß es ihm nicht mehr gelang, seinen künstlerischen Ruf wiederherzustellen. 1830 starb er an den Folgen eines Schlaganfalls.

In seiner besten Zeit war Rode ein großer Meister seines Fachs gewesen. Sein profundes musikalisches Talent zeigt sich in seinen Kompositionen, die der Natur seines Instruments angepaßt und von höherer Qualität sind als die der meisten Zeitgenossen. Er veröffentlichte viele Konzerte, Quartette, Variationen und Duos für zwei Violinen. Die 24 Capricen oder Etüden sind noch heute unentbehrlich, wenn man den Klang einer Violine testen will. Rode hatte viele Schüler. Zwar war sein Nomadenleben einem geregelten Unterricht über einen längeren Zeitraum nicht eben förderlich, doch seine sporadischen Anweisungen waren doch einigen von Nutzen, so seinem berühmtesten Schüler, Joseph Böhm, dem späteren Lehrer Joseph Joachims.

Der dritte von Viottis prominenten Schülern, *Rodolphe Kreutzer* (1766–1831), kam in Versailles zur Welt, wo sein Vater Mitglied der Chapelle Royale war. Er gab dem Jungen den ersten Unterricht. Später studierte

Kreutzer bei Anton Stamitz, dem Sohn des berühmten „Mannheimers"
Johann Stamitz. Auch er war ein Schüler Viottis. Im Alter von dreizehn
Jahren spielte Kreutzer in Paris bereits eine eigene Komposition, und mit
sechzehn verglich man ihn mit den größten Violinvirtuosen seiner Zeit. Im
Todesjahr seines Vaters übernahm Kreutzer dessen Posten in der Chapelle
Royale. Durch Fürsprache Viottis wurde er erster Geiger am Théâtre Italien
und ging später mit großem Erfolg auf Konzertreisen durch Europa. Ge-
meinsam mit Baillot und Rode wurde er Professor am Pariser Konservato-
rium. Kreutzer wurde auch Konzertmeister in Napoleons Orchester und
erhielt vom Kaiser den Titel „Kammervirtuose". Dieses Orchester, die
„musique particulière" Napoleons, war eine Elitekapelle, die nur für den
Kaiser spielte und ihn von einer Residenz zur anderen begleitete. Als erster
Geiger bekam Kreutzer ein Gehalt von 4000 Francs, während etwa der erste
Tenor 20 000 bekam. (Die Sängerin Paer soll sogar 30 000 bekommen haben.)
Auf dem Höhepunkt seiner glänzenden Laufbahn brach sich Kreutzer den
linken Arm und mußte sich vom Konzertpodium zurückziehen. Für den
Rest seines Lebens beschränkte er sich aufs Komponieren, Dirigieren und
Unterrichten. Zu seinen zahlreichen Werken gehören 19 Violinkonzerte und
42 Etüden, die jede nur denkbare technische Variante enthalten.

Als Mensch war Kreutzer arrogant, bei seinen Kollegen unbeliebt, aber
auf dem Podium ein Interpret, bei dem sich Wärme, Gefühlstiefe und
Temperament aufs glücklichste vereinigten. Man hat ihn oft mit Viotti
verglichen, und manche fanden, er sei ihm an Süße der Kantilene und Fülle
des Tons beinahe ebenbürtig. Sein Stil war weniger elegant als der Rodes,
hatte aber mehr Schwung und Feuer.

Den Namen Kreutzer kennen die meisten Menschen nur in Verbindung
mit Beethovens berühmter Kreutzer-Sonate op. 47. Sie war ursprünglich für
den Mulatten George Bridgetower geschrieben, dessen Studium in Wien
durch den Prinzen von Wales finanziert wurde. Bridgetower erregte in Wien
großes Aufsehen, nicht nur wegen seines prominenten Gönners, sondern
wegen seines eleganten Spiels. Bei seinem ersten Auftritt am 24. Mai 1802
begleitete ihn Beethoven am Klavier. Da er sich jedoch später mit Bridgetower überwarf, widmete Beethoven die Sonate Kreutzer. Bedauerlicherweise war diese leidenschaftlichste aller Beethoven-Sonaten gar nicht nach
Kreutzers Geschmack – und er hat das Werk nie gespielt. Beethovens Musik
war damals in Paris nicht beliebt und wurde ebenso abgelehnt wie das meiste
andere von jenseits des Rheins. Als Kreutzer einer Probe zu Beethovens
zweiter Symphonie beiwohnte, soll er sich die Ohren zugehalten haben und
davongelaufen sein.

An *François Antoine Habeneck* (1781–1849), einen Zeitgenossen des

französischen Dreigestirns und Schüler Baillots, erinnert man sich in erster
Linie als großen Dirigenten. Doch auch er hatte mit zehn Jahren seine
Karriere als Geiger begonnen. 1820 gab er als Direktor der Konzertgesell-
schaft am Pariser Konservatorium einige hervorragende Konzerte mit Werken von Beethoven, gegen den in Frankreich bis dahin das bekannte Vorurteil herrschte. Er unterrichtete viele begabte Geiger wie Léonard, Prume
und Sainton (der seine Kunst nach England brachte); Habenecks berühmtester Schüler war Delphin Alard, der spätere Lehrmeister des großen spanischen Virtuosen Pablo de Sarasate.

Dies war der Anfang der französischen Geigerschule, die für ihre Eleganz
und Grazie der Bogenführung ebenso berühmt wurde wie für ihre brillante
Technik der linken Hand. Rode, wie sein Meister Viotti ein Podiumsstar,
vermittelte dessen Einfluß durch sein Spiel, während Kreutzer und Baillot
die Grundlagen der Kunst Viottis vornehmlich durch ihre Stücke und ihren
Unterricht weitergaben. Kreutzers Schüler Lambert Joseph Massart wurde
dann der Lehrer von Fritz Kreisler.

Die Nachtigall unter den Geigern

Louis Spohr

Ein Riese von fast zwei Metern Länge und mit der Konstitution eines
Herkules beherrschte in der ersten Hälfte des 19. Jahrhunderts die geigende
Welt Deutschlands: Ludwig – oder wie er sich lieber nannte: *Louis Spohr*
(1784–1859).

Als der Zwanzigjährige, dessen Ruhm sich bald über ganz Europa verbreitete, in Leipzig zum erstenmal auftrat, schrieb Johann Friedrich Rochlitz:
„Vollkommene Reinheit, Sicherheit, Präzision, vollendete Eleganz, mannig-
fache Bogentechnik, großer, blühender Ton und eine natürliche Leichtigkeit
in Anwendung alles dessen – selbst bei schwierigsten Passagen – machen ihn
zum größten Virtuosen."[1]

Der 1924 verstorbene englische Komponist Charles Villiers Stanford erinnerte sich noch einer Zeit, in der man Spohr für den besseren Komponisten
hielt als Beethoven. Spohr war außergewöhnlich produktiv, doch bis auf das
Nonett op. 31 in F-Dur für Streicher und Bläser ist seine Musik ziemlich
vergessen, und so gut wie vergessen ist auch der Geigenvirtuose Spohr.

Die nach seinem Tod erschienene Autobiographie Spohrs ist zwar manchmal von ermüdender Eitelkeit, aber der Leser erfährt doch manches über die
Lebensbedingungen eines Musikers der damaligen Zeit. Von seinen Leistun-

gen berichtet Spohr in schwülstigem Ton; erzählt er jedoch von seinen Reisen, so treten an die Stelle von Selbstbeweihräucherung oft anschauliche Schilderungen.

Louis Spohr wurde in Braunschweig geboren, als Sohn eines Flöte spielenden Arztes. Seine Mutter sang und spielte Klavier. Als Vierjähriger brachte er sich auf einer kleinen Jahrmarktsfiedel selbst das Geigen bei und bekam ersten Unterricht von einem gewissen Dufour, einem herumziehenden französischen Amateurmusiker. Schon als Kind zeigte er ein Naturtalent zum Komponieren, weshalb die Eltern ihm von Kunisch, einem Mitglied des Herzoglich Braunschweigischen Orchesters, Unterricht in Kontrapunkt geben ließen.

Die eiserne Strenge des Vaters mag Spohrs Streben, möglichst seinen eigenen Weg zu gehen, mitbeeinflußt haben. Sah Dr. Spohr seinen Sohn etwas durchstreichen und neu schreiben, so rief er zu seiner Frau hinüber: „Nun, macht der dumme Bub schon wieder Fenster?" Daran erinnerte sich Spohr sein Leben lang: „Dies war mir empfindlich und ist wohl die Veranlassung, daß ich mich zeitig gewöhnte, eine reinliche Partitur, in der nichts ausgestrichen sein durfte, zu schreiben."[2]

Als Spohr fünfzehn war, nahm ihn der Herzog von Braunschweig mit einem Gehalt von 100 Talern als Kammermusikus in seinen Dienst. Das Orchester gab einmal wöchentlich ein Konzert in den Gemächern der Herzogin. Da die Musik beim Kartenspiel störte, ließ die Herzogin zur Geräuschdämpfung den Musikern einen dicken Teppich unter den Füßen ausbreiten. Spohr weiß zu berichten, daß das „Ich spiele aus" und „Ich passe" oft lauter erscholl als die Musik. War der Herzog anwesend, wurde der Teppich diskret entfernt. Eines Abends ließ sich Spohr bei einer eigenen Komposition hinreißen, mit ungewohnter Verve zu spielen; da faßte ihn ein Lakai am Ärmel: „Ihre Hoheit läßt Ihnen sagen, Sie sollen nicht so mörderlich darauf streichen!"[3] Der wütende Spohr spielte daraufhin noch lauter und „mußte sich einen Verweis vom Hofmarschall gefallen lassen".

Sein Aufbegehren trug ihm jedoch die Anerkennung des Herzogs ein. Dieser war bereit, ihm eine angemessene Ausbildung angedeihen zu lassen, und fragte Spohr, welchen Lehrer er sich wünsche: Spohrs großes Vorbild war Viotti – aber der war um diese Zeit schon Weinhändler in London. Schließlich erklärte sich *Franz Eck* (1774–1804) bereit, Spohr auf Konzertreise durch Deutschland und Rußland mitzunehmen und unterwegs zu unterrichten.

Eck war geborener Mannheimer und vermutlich von Karl Stamitz beeinflußt. Jedenfalls wurzelte sein Spiel wohl in der Mannheimer Schule, die großen Wert auf saubere Bogentechnik und ausdrucksvolles Spiel legte.

Spohr sagte von Eck, sein Spiel sei „kräftig, aber nicht schrill, er zeigte eine große Mannigfaltigkeit feinster und geschmackvoller Nuancen, er führte schwierige Passagen fehlerfrei aus und alles war von großem, sonderlichem Charme".[4]

Eck und Spohr machten sich im April 1802 auf die Reise, nachdem Louis gerade achtzehn geworden war. Von seiner ersten Lektion war Spohr enttäuscht – als er nämlich feststellen mußte, daß er keinen einzigen Takt zur Zufriedenheit seines Lehrers spielte. Dabei übte er zehn Stunden täglich und glaubte bald, daß es für ihn „in der Violinliteratur der Zeit nichts mehr gebe, das zu schwer sei".[5]

Obwohl er nicht öffentlich auftrat, begegnete Spohr in St. Petersburg allen durchreisenden Berühmtheiten, darunter auch dem gefeierten Pianisten Muzio Clementi mit seinem Schüler John Field. Die weniger erfreuliche Seite des Hoflebens lernte er kennen, als sein Lehrer in einen Skandal mit der Tochter eines Musikers im Kaiserlichen Orchester verwickelt und des Landes verwiesen wurde. Eck verlor infolge seines Umherirrens im winterlichen Rußland und wegen der körperlichen Entbehrungen den Verstand und starb 1810 in einer Straßburger Anstalt. Spohr kehrte allein über die Ostsee heim.

1803 debütierte Spohr als Geiger und Komponist in Braunschweig und wurde daraufhin als Primgeiger im Herzoglichen Orchester angestellt; sein früheres Gehalt wurde verdoppelt. Um diese Zeit hörte er zum erstenmal Rode spielen, und das machte tiefen Eindruck auf ihn. Er nahm sich den Meister zum Vorbild und gestand freimütig, allmählich „zur getreuesten Kopie von Rode unter allen damaligen jungen Geigern" geworden zu sein. Später entwickelte Spohr eine eigene Spielweise, aber der reine Stil Rodes und Viottis blieb ihm leuchtendes Vorbild.

Von da an erzielte Spohr jene Erfolge, die wir heute mit dem Begriff des Konzertvirtuosen verbinden. Die Bequemlichkeiten des modernen Reisens allerdings kannte er nicht: Über holprige Straßen oder auf dem Seeweg besuchte Spohr alle wichtigen Städte des europäischen Kontinents und war auch mehrfach in London. Nach seiner Eheschließung mit der Harfenistin Dorette Scheidler im Jahr 1806 ließ er sich nach eigenen Entwürfen eine Reisekutsche bauen, in der sich ihrer beider Noten, Instrumente und sonstiges Gepäck bequem unterbringen ließen.

1812 erfüllte sich Spohr einen lebenslangen Wunsch: Wien kennenzulernen, die Stadt, in der Mozart und Haydn gelebt und geschaffen hatten und in der ihr „Nachfolger" Beethoven – damals auf der Höhe seiner Schaffenskraft – noch immer lebte. Dort, im Mittelpunkt der musikalischen Welt Erfolg zu haben, bedeutete für ihn das Bestehen der äußersten Bewährungsprobe.

Spohr eroberte Wien im Sturm. Eine Musikzeitschrift schrieb: „Er ist

unbestreitbar die Nachtigall unter den lebenden Geigern . . . er überwindet
im geschwinden Zeitmaße sehr schwere Passagen und die größtmögliche
Spannung mit einer unglaublichen Leichtigkeit, wozu ihm freilich die Größe
seiner Hand wohl zustatten kommt."[6]

Ein Jahr später wurde Spohr zum Konzertmeister des Theaters an der
Wien ernannt und zog mit Frau und Kind in die Kaiserstadt. Bald nach seiner
Ankunft trat ein gewisser Johann von Tost an ihn heran, ein reicher
mährischer Tuchfabrikant und leidenschaftlicher Musikfreund. Die beiden
schlossen einen Vertrag: Tost kaufte alles, was Spohr schrieb, und erwarb
damit das Recht, die Manuskripte drei Jahre lang zu behalten. Nach Ablauf
dieser Zeit waren sie dem Komponisten zurückzugeben. Der Kaufpreis für
die einzelnen Stücke richtete sich nach der Anzahl der verwendeten Instrumente: 30 Dukaten für ein Quartett, 35 für ein Quintett und so fort (für Tost
schrieb Spohr denn auch sein berühmtes Nonett). Tost beabsichtigte, „die
Noten zu den Musikpartien und Konzerten auszuleihen" – aber unter der
Bedingung, daß er selbst anwesend war. Das war schlau eingefädelt, denn ein
Tuchfabrikant hätte sonst niemals Zutritt zur Gesellschaft erhalten; so blieb
den Gastgebern nichts anderes übrig, als ihn einzuladen. Er kam mit seiner
Mappe, verteilte schweigend die Noten auf den Pulten und zog sich still in
eine Ecke zurück. Nach dem Konzert sammelte er die Noten wortlos wieder
ein und ging. Mit der Zeit wurde er eine so vertraute Gestalt in den
musikliebenden Kreisen Wiens, daß man ihn schließlich aus Gewohnheit
auch dann einlud, wenn keine Stücke von Spohr auf dem Programm standen.

Am Theater an der Wien lernte Spohr den Geiger *Franz Clement* (1780–
1842) kennen, der Dirigent des Theaterorchesters war. Sein Spiel – er war für
die Anmut und Empfindsamkeit seines Ausdrucks bekannt – muß Spohr sehr
gefallen haben, denn von bloßem Virtuosentum hielt auch er selbst sehr
wenig. Auch Beethoven schätzte Clement hoch, für den er sein Violinkonzert schrieb, wie er ausdrücklich auf der Partitur vermerkte (wenn auch die
förmliche Widmung des Konzerts seinem Bonner Jugendfreund Stephan von
Breuning galt). Clement spielte es bei der Uraufführung am 23. Dezember
1806, doch Beethoven war erst wenige Stunden vor dem Konzert mit der
Niederschrift fertig geworden und hatte ihm keine Zeit zum Proben gelas-
sen. So war Clement gezwungen, den Solopart vom Blatt zu spielen.
Trotzdem wurde das Werk „wegen seiner Originalität und mannigfachen
Schönheiten" recht wohlwollend aufgenommen. Man fand jedoch, „die
Kontinuität sei oft unterbrochen und . . . das endlose Wiederholen trivialer
Phrasen könnte auf die Dauer langweilig werden". Über Clement hieß es:
„Sein bewährtes Geschick, seine Anmut, sein voller Ton und die absolute
Beherrschung seines Instruments, das wahrhaft sein Sklave ist, rissen das

Auditorium zu Beifallsstürmen hin."[7] Im zweiten Teil des Konzerts erhielt Clement dann gleich großen Beifall, als er einen Variationensatz auf verkehrtherum gehaltener Geige spielte.

Spohr zählte Beethoven zu seinen Freunden, und sein Porträt des großen Komponisten gehört zum farbigsten, was je über Beethoven niedergeschrieben wurde. Zwiespältig verhielt er sich zu dessen Musik: Er war zwar ein Verehrer von Beethovens frühen Quartetten, doch seine späteren Werke, besonders die letzten Quartette, sagten ihm nicht mehr zu. Er fand, sie seien „voll von ästhetischen Entgleisungen", was er Beethovens Taubheit zuschrieb. Ebenso hielt er die neunte Symphonie für „monströs", „geschmacklos" und „trivial". Über Beethoven als Mensch schrieb Spohr: „Er war ein wenig derb, um nicht zu sagen ungeschliffen, aber unter seinen buschigen Brauen leuchtete ein wahrheitsliebendes Auge."[8]

1815 verließ Spohr Wien und bereiste in den nächsten beiden Jahren die Schweiz sowie Italien. Als er zum erstenmal an der Mailänder Scala spielte, gefiel den Italienern sein „singender" Ton ganz besonders. Spohr wußte dieses Lob nicht zu schätzen, da er eine geringe Meinung von den Italienern als Musikern hatte. Er lobte sie zwar als Sänger, tadelte aber ihre „zu vielen Verzierungen" und schrieb: „. . . daß die italienischen Virtuosen und Dilettanten ihr ganzes Bestreben dahin gerichtet sein lassen, sich mechanische Fertigkeit zu erwerben, daß sie sich aber in Hinsicht eines geschmackvollen Vortrages sehr wenig nach den guten Mustern bilden, die ihnen ihre besseren Sänger sein könnten, während unsere deutschen Instrumentalisten gewöhnlich einen sehr gebildeten und gefühlvollen Vortrag besitzen."[9]

In Venedig – einen romantischeren Ort hätten sie sich nicht aussuchen können – begegneten Spohr und Paganini einander zum erstenmal. Spohr notierte: „Die Kenner meinen, daß ihm zwar eine große Gewandtheit in der linken Hand, in Doppelgriffen und allen Arten von Passagen nicht abzusprechen sei, daß ihn aber gerade das, was den großen Haufen entzücke, zum Scharlatan erniedrige."[10]

Ganz gegen seinen Willen wurde Spohr in die Kontroverse der Paganini-Anhänger und -Gegner hineingezogen. Ohne sein Wissen erschien in der Presse ein Brief, in dem er zu seinem Vorteil mit dem Genueser Hexenmeister verglichen wurde. Der Briefschreiber fühlte sich bei Spohrs Vortrag an den Stil von Pugnani und Tartini erinnert, „deren große und würdevolle Art, die Violine zu behandeln, in Italien ganz verlorengegangen sei und der kleinlichen und kindischen Art der neuesten ihrer Virtuosen habe Platz machen müssen".[11]

In Venedig gelang es Spohr jedoch nicht, den großen Italiener spielen zu hören. Spohr hatte gerade einige Freunde zu Besuch, als Paganini ihn aufsuchte, um ihm zu seinem letzten Konzerterfolg zu gratulieren. Spohr bat ihn inständig zu spielen, doch Paganini lehnte ab: Er sei gestürzt und spüre die Folgen noch in den Armen. Als die Freunde gegangen waren, wiederholte Spohr seine Bitte, aber Paganini blieb bei seiner Weigerung, diesmal mit der Begründung, „seine Spielart sei für das große Publikum berechnet", für Vorführungen im kleinen Kreis müsse er erst eine neue Vortragsweise erarbeiten.

Spohr blieb nach wie vor neugierig auf Paganinis Spiel und hatte schon fast jede Hoffnung aufgegeben, als er ihn schließlich im Jahre 1830 in Kassel hörte. Dazu bemerkte er: „Seine linke Hand, die immer reine Intonation und seine G-Saite sind bewunderungswürdig. In seinen Kompositionen und seinem Vortrag ist aber eine so sonderbare Mischung von höchst Genialem und Kindischem und Geschmacklosem, weshalb man sich abwechselnd angezogen und abgestoßen fühlt."[12]

Binnen kurzem wurde Spohr zum begehrtesten Musiker Deutschlands. Er war nacheinander Konzertmeister verschiedener Theaterorchester und unternahm – fast sechzig Jahre alt – Konzertreisen mit Pferd und Wagen, selbst im russischen Winter. Damals wurden Festspiele in den großen Hauptstädten Deutschlands zum festen Bestandteil des Musiklebens – und ohne Spohr als Dirigenten galten sie meist als nicht ganz vollwertig. 1820 reiste er auf Einladung der Philharmonic Society erstmals nach England. Er wurde nicht nur wärmstens aufgenommen, sondern es gelang ihm sogar, die Mitglieder des selbstherrlichen Vorstandes der Philharmonic Society zu bewegen, die strikte Regel zu mißachten, derzufolge nur sie selbst das Programm bestimmen durften. Mozart, Haydn und Beethoven waren obligatorisch, Spohr aber schuf einen Präzedenzfall: Er spielte beim Eröffnungskonzert ein eigenes Stück, das Konzert „in Form einer Gesangsszene".

Kurz nach seiner Ankunft in England ereignete sich ein merkwürdiger Zwischenfall. Spohr wollte seinen Freund Ferdinand Ries besuchen, einen bedeutenden deutschen Geiger, Pianisten und Komponisten und eine der Schlüsselfiguren des Londoner Musiklebens. Er machte sorgfältig Toilette, legte eine rote türkische Schalweste an und machte sich zu Fuß auf den Weg. Bald stellte er fest, daß jeder ihn anstarrte, daß die Straßenjungen ihm Schimpfworte nachriefen, die er mangels englischer Sprachkenntnisse nicht verstand, und daß er schließlich, beim Riesschen Haus angelangt, einen ganzen Rattenschwanz gestikulierender Menschen hinter sich hatte. Ries klärte ihn auf: König Georg III. war eben gestorben und öffentliche Trauer angeordnet. Madame Ries äußerte, er habe es „nur seiner imposanten Gestalt und seinem ernsten Wesen zu danken", daß die Straßenjungen nicht tätlich geworden seien. Spohr wurde in seine Wohnung zurückgefahren, wo er die anstößige rote Weste gegen eine schwarze vertauschte.

Spohrs wichtigste Berufung war die zum Hofkapellmeister ans Theater in Kassel 1822. Hier gründete er seine Geigenschule, die von großer Wirkung sein sollte. Die soliden Grundlagen der Mannheimer, die er von Eck übernommen hatte, das Bekenntnis zur Reinheit seines leuchtenden Vorbilds Rode und seine eigene starke Persönlichkeit machten ihn zum einflußreichsten Geiger seiner Zeit.

Spohr hatte fast zweihundert Schüler aus ganz Europa, einige auch aus Amerika. Henry Holmes, einer der besten englischen Geiger, zählte ebenfalls zu den Spohr-Schülern in Kassel. Der bekannteste seiner Schüler war vielleicht Ferdinand David, ein guter Freund Felix Mendelssohn-Bartholdys. Für David komponierte Mendelssohn später sein Violinkonzert.

Spohr hatte außergewöhnlich große Hände, und es fiel ihm darum leicht, Doppelgriffe und große Intervalle zu greifen. Die Fülle und Schönheit seines Tons und die Noblesse seines Ausdrucks sollen zu seiner Zeit kaum ihresgleichen gefunden haben. Spohr behandelte die Geige als ein „singendes" Instrument, insbesondere in den langsamen Sätzen seiner Konzerte und in seiner schönen „Gesangsszene". Tricks jeder Art lehnte Spohr ab, und über die künstlichen Flageolett-Töne, von denen Paganini so hemmungslos Gebrauch machte, äußerte er sich abfällig.

Die von Paganini eingeführte leichte, freiere Art der Bogenführung, die von allen neueren Geigern übernommen worden ist, fand Spohrs Beifall nicht. Indes soll sein eigenes Stakkato staunenswert gewesen sein – jeder Ton fest markiert durch einen leichten Druck vom Handgelenk aus. Als Mendelssohn hörte, wie Spohr sein Violinkonzert spielte und dabei ein nicht vorgesehenes Stakkato mit einem einzigen langen Bogenstrich spielte, sagte er zu seiner Schwester: „Sieh, das ist das berühmte Spohrsche Stakkato, welches ihm kein Geiger nachmacht."[13]

Spohr interessierte sich auch für den Geigenbau und experimentierte mit unterschiedlicher Stimmung und Bespannung. Als wichtigste Neuerung erfand er 1820 den Kinnhalter. Die frühere Methode, die Geige rechts vom Saitenhalter zu halten, lehnte Spohr ab. 1803 hatte er in St. Petersburg Ferdinand Fränzl gehört. Er fand dessen Spiel zwar rein und sauber, aber „seine Stellung beim Spiel fiel mir unangenehm auf. Er hält die Violine noch nach alter Methode auf der rechten Seite des Saitenhalters, muß daher mit gebeugtem Kopfe spielen."[14] Es ist interessant, daß Spohr 1815, als er Fränzl noch einmal hörte, sein Spiel als „veraltet" empfand und meinte, „von dessen früheren Vorzügen ist nur noch das Feuer zurückgeblieben . . . das ihn . . . zu unreiner Intonation hinreißt".

Das ist vielleicht weniger als Kritik gemeint gewesen als ein Hinweis darauf, wie rasch die Spieltechnik binnen einer Dekade fortgeschritten war.

Spohr schrieb zweihundert Kompositionen, darunter nicht weniger als fünfzehn Violinkonzerte. Seine im Jahre 1811 vollendete Lehrmethode war noch Generationen von Musikern des 19. Jahrhunderts von größtem Nutzen. Und seine kritische Einstellung gegenüber dem Adel zeigte eine zu seiner Zeit bemerkenswerte demokratische Gesinnung. Spohr beharrte auf der Meinung, jeder Musiker habe ein Anrecht auf die volle Aufmerksamkeit seiner Zuhörer, und verhalf damit sowohl der Musik wie ihren Interpreten zu einem Respekt, wie man ihn vorher nicht gekannt hatte.

Das Inbild des Virtuosen

Niccolò Paganini

Jeffrey Pulver schrieb über Niccolò Paganini:

> „Ehe wir hoffen dürfen, das Geheimnis seiner Kunst zu durchschauen, müssen wir alle vorgefaßten Meinungen aus unserem Gedächtnis tilgen, die der Klatsch von Generationen darin hinterlassen hat."[1]

Niccolò Paganini – diese legendäre Gestalt gilt von jeher als der Prototyp des exzentrischen Genies. In der äußeren Erscheinung ungewöhnlich, im Wesen brüsk und oft unerzogen, in Gelddingen schäbig und von unheilvoller Anziehungskraft auf Frauen, glaubte man ihn im Besitz teuflischer Kräfte. Das Zusammentreffen dieser Eigenschaften mit einer unter seinen Zeitgenossen unerreichten Virtuosität des Spiels machte ihn noch zu Lebzeiten ebenso berühmt wie berüchtigt.

Ein Arzt des 20. Jahrhunderts hat die Vermutung ausgesprochen, Paganini habe am sogenannten Marfanschen Syndrom gelitten, einer Bindegewebsschwäche, die man erst 1896 erkannte. Zu ihren Symptomen gehören hoher Wuchs, Magerkeit, lange Arme, Spinnenfinger, außergewöhnlich dehnbare Gelenke und durchsichtige Haut. Das alles paßt zu den zahlreichen überlieferten Schilderungen von Paganinis Erscheinung.

Niccolò wurde 1782 in Genua als Sohn eines Kaufmanns geboren, der mit Schiffszubehör handelte. Er war ein zartes Kind von nervöser Gemütsart und bekam bereits als Fünfjähriger vom Vater ersten Unterricht auf der Mandoline und Violine. Der Vater erkannte rasch das Talent des Sohnes und nutzte es hemmungslos aus. Als Niccolò mit elf Jahren zum erstenmal erfolgreich auftrat, spielte er nicht nur Stücke von Corelli und Tartini, sondern auch eine eigene Komposition: Variationen über die Volksweise „La Carmagnole".

Nachdem Paganini den besten in Genua möglichen Unterricht bekommen hatte, nahm der Vater ihn als Dreizehnjährigen mit nach Parma, wo er dem berühmten Geiger-Komponisten Alessandro Rolla (1757–1841) vorspielen sollte. Bei ihrer Ankunft wurde ihnen mitgeteilt, der Maestro sei erkrankt und könne sie nicht empfangen. Während sie im Vestibül warteten, sah Paganinis Vater auf dem Tisch Rollas neuestes Opus liegen. Er hielt es seinem Sohn hin, und dieser spielte es vom Blatt. Rolla war so verblüfft, daß er vom Krankenbett aufstand, um nachzusehen, wer da spielte. In der Meinung, von ihm könne der Junge nichts lernen, riet Rolla dem Vater, ihm Unterricht in Kontrapunkt geben zu lassen. Nach einer Lehrzeit bei dem Neapolitaner Gasparo Ghiretti war dann Paganinis musikalische Ausbildung auch bereits abgeschlossen. „Unter seiner Anleitung", schreibt Paganini, „komponierte ich, um mich zu üben, vierundzwanzig Fugen zu vier Händen ohne jegliches Instrument, nur mit Tinte, Feder und Papier."[2]

Von Ghiretti abgesehen weiß Paganini keinem seiner Lehrer besonderen Dank. Er hat stets behauptet, sich alles „selbst beigebracht" zu haben. „Große Ideen entsprangen dem inneren Feuer, das mich beseelte."[3]

Es scheint aber doch auch noch Einflüsse anderer Musiker gegeben zu haben. Der belgische Musikgelehrte Fétis berichtet, er habe aus Paganinis eigenem Mund gehört, ein Erlebnis um 1794/95 herum habe ihm offenbart, was alles auf der Violine möglich sei. Er hatte in Paris den Polen August Durand (1770–1834) gehört, einen Schüler Viottis. Durand, dem ein außergewöhnliches geigerisches Naturtalent nachgesagt wurde, erregte allein durch artistische Kunststückchen Aufsehen. Paganini gestand Fétis, viele seiner beliebten Glanznummern seien weitgehend von diesem Künstler inspiriert. Zahlreiche Zeitgenossen bezeugen das virtuose Geschick Durands: „Seine technische Gewandtheit war ungeheuer, er erfand eine Vielzahl von Kniffen und Tricks, die nur er selbst ausführen konnte."[4] Diese Tricks dürfte sich Paganini mit Sicherheit angeeignet haben.

1797 begab sich Paganini in Begleitung seines Vaters auf seine erste Tournee durch Norditalien. Aus den nächsten Jahren haben wir keinen Bericht von besonders sensationellen Auftritten Paganinis. Er spielte „bei vielen privaten Anlässen", doch ohne sich irgendwie hervorzutun. Man weiß nur, daß der Vater ihn sehr kurz hielt und jede Minute des täglichen Übens überwachte. Als Niccolò achtzehn geworden war, sagte er zu Schottky, seinem Freund und späteren Biographen: „Die übergroße Härte meines Vaters wurde immer bedrückender, je mehr sich mein Talent entfaltete und mein Wissen mehrte. Ich wäre gern fortgelaufen und allein weitergereist, doch mein strenger Mentor wich nie von meiner Seite."[5]

Im Herbst 1801 reisten Paganini und sein Bruder Carlo zu den Festspielen nach Lucca. Paganini war aufgefordert worden, beim Hochamt des Santa-Croce-Festes nach dem Kyrie ein Violinsolo zum Besten zu geben: Er war so kühn, fünfundzwanzig Minuten lang zu spielen. Ein Mitglied des Domorchesters wußte von seiner „außergewöhnlichen, unerhörten Gewandtheit und Virtuosität" zu berichten. „Er ahmte auf den Violinsaiten den Gesang der Vögel ebenso nach wie den Klang von Flöten, Posaunen und Hörnern. Obwohl jedermann seine verblüffende ‚bravura' bewunderte, rief seine possenhafte Nachahmerei Gelächter hervor, und das, obwohl wir in der Kirche waren."[6] Paganinis hemmungslose Effekthascherei schadete ihm jedoch nicht. Man bat ihn vielmehr noch mehrmals um sein Solo, und ein paar Monate später wurde er zum ersten Geiger der neu gegründeten Republik Lucca ernannt.

Von seinen damaligen Konzerten sind uns nur wenige Berichte überliefert, aber um so mehr Anekdoten, die von seinen Liebesaffären handeln. In späteren Jahren setzte Paganini selbst manche Gerüchte in Umlauf, in denen er stets als siegreicher Held auftrat. Eine Niederlage einzugestehen war ihm nicht gegeben. Er scheint der Meinung gewesen zu sein, alle Frauen seien „verrückt nach ihm". Zweifellos hat er manche Eroberung gemacht, doch ist es unwahrscheinlich, daß er die Gunst so vieler hochgeborener Damen genossen hat, wie er und manche Biographen uns glauben machen wollen. Er hatte inzwischen das drückende Joch eines herrsch- und habsüchtigen Vaters abgeworfen und war nun – mit neunzehn Jahren – frei in seinen Entscheidungen. Was Wunder, daß er sich manchmal falsch entschied.

Aus dieser Zeit stammen auch die spektakulären Berichte über seine Exzesse beim Glücksspiel. Paganini hatte die Spielernatur seines Vaters geerbt und setzte nicht selten das gesamte Honorar für ein Konzert ein, das noch gar nicht stattgefunden hatte. Eine dieser Geschichten erzählt, auf welche Weise er zu seiner berühmten „Kanone" kam, der Guarneri del Gesù. Am Vorabend eines Konzerts in Livorno hatte Paganini seine Amati verspielt. Ein reicher Kaufmann namens Livron borgte ihm ein Instrument aus seiner Sammlung. Nach dem Konzert kam er zu Paganini und bat ihn, die Geige als Zeichen seiner Anerkennung zu behalten. Livron stellte dabei nur eine Bedingung: Kein anderer als Paganini dürfe sie spielen. Der Künstler hielt Wort und benutzte sie sein Leben lang, ohne sie je aus der Hand zu geben. Sonderbarerweise war es gerade die „Kanone", die Paganini dazu brachte, dem Spielteufel abzuschwören. Einmal bot man ihm einen hohen Preis dafür, und er war in Versuchung, das Angebot anzunehmen, weil er

Spielschulden zu begleichen hatte. Statt dessen setzte er seine letzten dreißig Franken – und gewann. Er ging nie wieder an den Spieltisch.

1806 wurde Paganini Hofmusiker bei Napoleons Schwester, Elisa Bacciochi, Prinzessin von Lucca und Piombino. In ihren Diensten schrieb er seine berühmte „Scena Amorosa" für zwei Saiten, die E- und die G-Saite. Paganini schilderte Schottky den Inhalt: „Die erste Saite verkörperte das Mädchen, die zweite den Mann. Dann begann ich eine Art Dialog, schilderte kleine Streitereien und Versöhnungen zwischen den zwei Liebesleuten. Erst schalten die Saiten einander, dann seufzten, lispelten, stöhnten, scherzten sie, äußerten erst Freude und schließlich Ekstase. Das Ganze schloß mit einer Versöhnung, die beiden Liebenden tanzten einen Pas de deux, der mit einer brillanten Coda schloß." Paganini verkündete bei der Uraufführung, er widme das Stück derjenigen Unbekannten im Publikum, die es ihm mit den „allerfreundlichsten Blicken lohne".[7] Herausfordernd meinte die Prinzessin, wenn er für zwei Saiten komponieren könne, warum nicht auch für eine? Daraufhin komponierte Paganini seine Militärsonate für die G-Saite und nannte sie „Napoleon". War er vom Hofe beurlaubt, trat Paganini weiter in öffentlichen Konzerten auf, und im gleichen Maße, in dem seine Beliebtheit beim Publikum wuchs, nahm seine Tätigkeit als Hofmusiker ab. 1813 löste er den Vertrag mit der Prinzessin und gelobte, nie wieder von einem einzelnen Gönner abhängig zu werden.

Als freier Mann versuchte Paganini nun sein Glück in Mailand, und dort hatte er den ersten überwältigenden Erfolg. Binnen sechs Wochen gab er elf Konzerte an der Scala und in anderen Theatern; das Publikum lag ihm zu Füßen. Danach trat er eine Konzertreise durch Norditalien an, spielte in Venedig, Rom und Neapel und verbuchte überall Triumphe. Bald zog sein Ruhm wie ein leuchtender Kometenschweif über ganz Italien. Dieses Licht blendete jedoch Paganini nicht so sehr, daß er die materiellen Vorteile des Ruhms darüber aus den Augen verloren hätte: Er verlangte sofort höhere Gagen als jeder andere Geiger, und seine hypnotisierte Zuhörerschaft zahlte, ohne zu murren.

Irgendwann im Jahre 1824 begegnete Paganini der Sängerin Antonia Bianchi. Sie wurde seine Geliebte, gebar ihm einen Sohn, Achille, und quälte ihn mit ihrem eifersüchtigen Wesen. Zwei Jahre später – nach langen Kämpfen – trennten sie sich wieder, und die Bianchi überließ ihm gegen eine Abfindung das Sorgerecht für den gemeinsamen Sohn. Paganini liebte den Jungen abgöttisch und verwöhnte ihn maßlos. Achille entpuppte sich als faul und lasterhaft; er blieb seinem Vater lebenslang ein Anlaß zur Sorge. So wurde Paganini, der jahrelang von seinem Vater ausgebeutet und mißhandelt worden war, nun von seinem Sohn tyrannisiert.

Doch noch ein anderer Schatten lag auf Paganinis Leben: sein angegriffe-
ner Gesundheitszustand. Manchmal quälten ihn die Auswirkungen der
Tuberkulose, die schließlich auf seinen Kehlkopf übergriff, manchmal die
Folgen der Quecksilberpräparate, die er gegen die Syphilis einnahm, welche
er sich mit siebenundzwanzig Jahren zugezogen hatte. Dazu kamen ständige
Magenbeschwerden. Oft konnte er wegen eines körperlichen Zusammen-
bruchs eine Konzertreise nicht antreten.

Sein ständiges Kränkeln hinderte Paganini bis zum vierundvierzigsten
Lebensjahr daran, im Ausland aufzutreten. Mittlerweile hatte sich sein
Ruhm bis in die fernsten europäischen Hauptstädte verbreitet, und überall
wartete man ungeduldig darauf, ihn zu hören. Wien war 1826 die erste
außeritalienische Stadt, die „das Wunder" erleben durfte. Sein erstes Konzert
fand am 4. April statt, und die Zuhörer waren vor Begeisterung wie von
Sinnen. Am nächsten Tag erschienen folgende Zeilen in der *Allgemeinen
Theaterzeitung*:

> „Diese Aufführung zu analysieren ist schier unmöglich, auch wiederholtes
> Hören nützt da wenig. Wenn wir sagen, daß er unglaubliche Schwierigkeiten
> in klarem, reinem Ton meisterte, wenn wir sagen, daß in seinen Händen die
> Geige schöner tönt als jede menschliche Stimme, wenn wir sagen, daß jeder
> Sänger von ihm lernen könnte, so genügt das noch immer nicht, um auch nur
> ein Charakteristikum seines Spiels zu schildern. Man muß ihn hören und
> wieder hören, um es zu glauben."

Monatelang war der „göttliche Geiger"[8] das einzige Gesprächsthema in allen
Bevölkerungsschichten. Die Mode machte sich das Paganini-Fieber zunutze:
Hemden und Krawatten à la Paganini wurden kreiert, Schnupftabakdosen
trugen sein Bildnis in Email, Wiener Dandys trugen Spazierstöcke mit
seinem Kopf als Knauf. Ein guter Billardstoß wurde zum „coup à la
Paganini". Ein geschäftstüchtiger Kutscher, der den Virtuosen einmal eine
kurze Strecke gefahren hatte, brachte an seinem Wagen das Schild an:
„Cabriolet de Paganini", was sich als derart einträglich erwies, daß er sich mit
der Zeit als Hotelier etablieren konnte.

Von Wien aus bereiste Paganini ganz Europa. Am 9. März 1831 gab er das
langersehnte erste Konzert in der Pariser Oper. Darüber berichtet der Maler
Amaury Duval, dem Ingres, sein Lehrmeister, ein Billett hatte zukommen
lassen. Ingres hatte Paganini in Rom porträtiert und bewunderte sein Spiel,
insbesondere seine Interpretation der klassischen Meister. Duval berichtet,
daß der Vorhang vor einer leeren Bühne ohne Kulissen und Möbel aufging.
Dann trat ein großer, hagerer, ganz in Schwarz gekleideter Mann auf, dessen
Züge etwas Diabolisches hatten. Sekundenlang durchlief den ganzen Saal ein

jähes Staunen, das schon fast ein Schauder war. Mit den ersten Tönen, die er seinem Instrument entlockte, fesselte er alle Anwesenden. Ingres drückte mit kleinen Gesten der Bewunderung aus, wie zufrieden er war. Als Paganini jedoch plötzlich zu artistischen Kunststückchen überging, jenen technischen Kraftanstrengungen, „die eine absurde Schule begründeten",[9] wurde Ingres rot vor Zorn. Während die Zuschauer sich in immer größere Begeisterung steigerten, geriet er immer mehr in Wut. Schließlich stand er auf und rief: „Das ist er nicht! Ketzer! Verräter!"[10]. Ingres sah in Paganinis hemmungsloser Selbstdarstellung einen Angriff auf seine eigenen klassischen Stilprinzipien. Paganini wurde für ihn zur Antithese seines Ideals: Reinheit der Linie und geistige Hingabe an die Kunst.

Es befand sich aber noch ein großer Maler im Saal, der ganz anders reagierte. Es war Ingres' Todfeind, der Erzromantiker Delacroix. Und dieser war vollkommen überwältigt. In seinen Memoiren drückt er seine Empfindungen so aus: „Voilà! Das ist ein wirklicher Erfinder! Voilà! Das ist einer, der tatsächlich das Zeug für seine Kunst hat."[11]

Von Paris reiste Paganini nach London, wo der triumphale Erfolg sich wiederholte. Das erste Konzert fand am 3. Juli 1831 im Kings Theatre am Haymarket statt. „Das Haus war voll besetzt, aber nicht mit elegantem Publikum. Nur sehr wenige Damen waren zu sehen. Im Orchestergraben und auf der Galerie herrschte Gedränge, während ein großer Teil der Logen leer blieb."[12] Für die *Times* war Paganini „nicht nur der beste Geiger, den es wohl je gab, sondern eine Klasse für sich."

Henry Chorley, der berühmteste Kritiker jener Tage, schrieb: „Es besteht eine engere Beziehung zwischen einer Eins und einer Million als zwischen ihm und seinen Mitmenschen."[13]

Mary Shelley, die Frau des Dichters Shelley, schrieb einer Freundin, Paganini habe „einen hysterischen Anfall" bei ihr ausgelöst. „Sein Ungestüm, seine vergeistigte Gestalt, sein verzückter Blick und die Töne, die er auf seiner Violine hervorbringt – alles das ist nicht von dieser Welt!"[14]

Paganini reiste weiter nach Bath, Cheltenham, Norwich, Liverpool und Dublin. Insgesamt trugen ihm seine Konzerte auf den Britischen Inseln 16 000 Pfund ein.

Im Lauf der Jahre brachte Paganini es zu beträchtlichem Vermögen. 1833 kaufte er die Villa Gaione, einen schönen Besitz in Vigatto, etwa eine Fußstunde vor Parma; die milde Luft dort bekam seiner Gesundheit gut. Sein Ruhm hatte sich inzwischen über die ganze Welt verbreitet, aber er trat jetzt weniger oft auf. Obwohl er hin und wieder noch Konzerte gab, wurden die Pausen dazwischen immer länger. Er wollte sich ganz der Veröffentlichung seiner Kompositionen widmen, doch verlangte er von den Verlegern ein allzu hohes Honorar, so daß es nicht zum Vertragsabschluß kam. Paganini war mit den Noten seiner Stücke immer sehr vorsichtig umgegangen: Vor den Konzerten gab er die Orchesterstimmen aus, aber den Solopart bekam nie jemand zu Gesicht; er selbst spielte stets auswendig.

Niccolò Paganini starb am 27. Mai 1840 im 58. Lebensjahr. Seine posthume Geschichte ist nicht weniger seltsam, als es manche Umstände seines Lebens sind. Die verbreitete Behauptung, er sei zu Lebzeiten mit dem Teufel im Bunde gewesen, war nichts verglichen mit der Behandlung seines Leichnams durch die Kirche. In seinen letzten Lebenstagen war ein Priester mit den Sterbesakramenten zu ihm gekommen, doch Paganini verweigerte sie mit dem Bemerken, er sei noch nicht bereit zu sterben. Als dann der Tod eintrat, hatte er nicht die Absolution erhalten. Da man einen von seinen Sünden nicht losgesprochenen Verstorbenen nicht in der Leichenhalle aufbahren durfte, wurde der Sarg zunächst in den Keller des Sterbehauses gestellt. Und von da an wurde er von einem Ort zum anderen geschafft, einmal sogar aufs Meer hinaus und wieder zurück. Die Fehde zwischen den Verwandten und den kirchlichen Behörden tobte sechsundzwanzig Jahre lang. Erst 1876 hob die Kirche die getroffenen Verfügungen auf, und der Leichnam Paganinis wurde in geweihter Erde, auf dem Kirchhof von Parma, bestattet.

Paganini hinterließ – größtenteils in Form von Grundbesitz und Papieren – etwa zwei Millionen Lire, was heute fast einer halben Million Mark entsprechen würde, und außerdem eine wertvolle Sammlung von Streichinstrumenten: fünfzehn Violinen, darunter Instrumente von Stradivari, Amati, Tononi und Ruggieri sowie die „Kanone" von Guarneri del Gesù, die er dem städtischen Museum von Genua vermachte, vier Celli – zwei von Stradivari, eines von Andrea Guarneri und ein weiteres von Rogeri –, eine Stradivari-Viola und eine Guadagnini-Gitarre. Wo sich die meisten dieser Instrumente heute befinden, weiß man nicht, doch ein Quartett von Stradivari-Instrumenten ist zusammengeblieben: Es wird von den Mitgliedern des amerikanischen Paganini-Quartetts gespielt.

Paganini trug meist eigene Kompositionen vor und war sein eigenes oberstes Gesetz. Daher läßt er sich mit zeitgenössischen Virtuosen nicht vergleichen. Entscheidend ist jedoch, daß seine Kunstgriffe damals etwas völlig Neues waren und die in klassischer Tradition erzogenen Geiger schockierten. Er verwendete oft die Technik der Scordatura, um das Spielen bestimmter Intervalle zu erleichtern, und wenn er mit Orchesterbegleitung spielte, stimmte er häufig die G-Saite einen halben Ton höher, um schwere Passagen bequemer ausführen zu können. Diese Stimmung eignete sich nicht nur sehr gut fürs Flageolett, sondern erzeugte auf leeren Saiten einen stärkeren, strahlenderen Ton. Ein Augenzeuge, Carl Guhr, sagte von Paganinis Strich: „Sein normales Stakkato, mit sehr straff gespanntem Bogen gespielt, war überdurchschnittlich laut und fest, wie mit dem Hammer geschlagen, während seine Methode, den Bogen auf die Saiten zu schmettern und ihn mit unfehlbarer Präzision eine endlose Reihe winziger Stakkatonoten springen zu lassen, seine durchaus eigene Erfindung war."[15] In seinem „Perpetuum mobile" spielte er ganze Stakkatoläufe mit einem einzigen Bogenstrich, makellos in Ton und Artikulation. Wir kennen das heute als Saltatostrich. Wenn er nicht gerade Arpeggien über mehrere Saiten mit der oberen Bogenhälfte spielte, drückte er den Bogenarm ganz eng an den Körper: Alle Bewegung schien vom Handgelenk auszugehen.

Auch Paganinis Geigenhaltung war ungewöhnlich. Seine Schulter war so breit und verlief fast waagerecht, daß die Geige auf ihr lag wie für sie geschaffen. Er war im übrigen der letzte Virtuose, der ohne Kinnhalter spielte.

Paganinis 24 Capricen für Solovioline gehören noch heute zum Besten, was je für Geigenvirtuosen geschrieben wurde. Mit diesem zwischen 1801 und 1807 entstandenen genialen Jugendwerk mit seinen Doppelgriffen, Oktav- und Dezimgriffen, Trillern und Terzen und Sexten sowie Flageolett-Tönen war die Technik des Violinspiels auf ihrem Höhepunkt angelangt. Das 20. Jahrhundert hat nichts hervorgebracht, was nicht schon in diesen Capricen enthalten wäre.

Geraldine de Courcey weist in ihrer Paganini-Biographie auf einige bedeutsame Zusammenhänge zwischen seinen Capricen und Pietro Locatellis „Arte de nuova modulazione" hin, die Paganini während seiner Studienzeit in die Hände kam. Wie Fétis berichtet, hat Paganini zu ihm gesagt: „Dieses Werk hat mir eine Welt neuer technischer Ideen und Mittel eröffnet, die wegen ihres übergroßen Schwierigkeitsgrades bisher nie mit Erfolg angewandt worden sind."[16]

Was bei Paganini noch „Wunder" waren – die Flageolett-Töne, die Doppel- und Mehrfachgriffe und Pizzikati der linken Hand –, das ist heute selbstverständliches technisches Rüstzeug eines jeden virtuosen Geigers. Viele große Geiger bringen Paganinis Musik großen Respekt entgegen. Grumiaux, Szeryng und Perlman haben seine Konzerte auf Platten eingespielt, und Ricci war der erste überhaupt, von dem eine Platte mit allen 24 Capricen herauskam. Noch immer gibt es Leute, die über Paganinis „bloßes Virtuosentum" die Nase rümpfen, aber – wie ein berühmter Geiger einmal sagte – „die einzigen Geiger, die Paganini abtun, sind die, die ihn nicht spielen können".

DIE JÜNGER PAGANINIS

Camille Sivori – Heinrich Wilhelm Ernst – Antonio Bazzini – Ole Bull

Fraglos hat Paganini durch sein Beispiel die Geigentechnik von Grund auf umgestaltet. Aber weil er so eigensinnig seine Manuskripte für sich behielt, hatten Zeitgenossen wenig Gelegenheit, seine Stücke zu spielen. Die einzigen zu seinen Lebzeiten veröffentlichten Werke waren die 24 Capricen op. 1, die 12 Sonaten für Violine und Gitarre – ein Instrument, das Paganini sehr liebte – und 6 Quartette für Gitarre und Streicher.

Es gab nur eine Verbindung zwischen Paganini und der nach ihm kommenden Geigergeneration: seinen einzigen Schüler, den Genuesen *Camille Sivori* (1815–1894). Schon von Natur aus virtuos begabt, erhielt Sivori als Sechsjähriger Unterricht durch Paganini. Als junger Künstler bereiste er Europa, Nord- und Südamerika und kam 1846 nach England. Dort spielte er – es war die erste Aufführung auf britischem Boden überhaupt – das Mendelssohn-Violinkonzert. Die *Times* spendete Sivoris Vortrag uneingeschränktes Lob, war aber zurückhaltend, was das Werk betraf: „Ein bedeutsames Stück, doch man muß es noch einmal hören, um es im einzelnen besprechen zu können."[1]

Sivori erfreute sich einer langen, erfolgreichen Karriere und spezialisierte sich naheliegenderweise auf Kompositionen Paganinis. Sein Meister hatte mehrere Stücke für ihn geschrieben, und Paganinis erste beide Konzerte wurden bald nach dem Tod des Komponisten gedruckt. Der Musikhistoriker E. van der Straeten schrieb 1933, er habe in den siebziger Jahren des vorigen Jahrhunderts Sivori in Köln Paganinis h-Moll-Konzert und „Le Streghe" spielen hören und erinnere sich noch „des wundervollen Eindrucks, den seine großartige Technik, seine fehlerlose Intonation und die Schönheit seines Tons" auf ihn machten.[2]

Paganini und Sivori blieben ihr Leben lang befreundet, doch war – laut Sivori – der Grund dafür nicht Paganinis pädagogisches Talent. Er war wohl der schlechteste Lehrer, den die Welt je gesehen hatte. Während der Stunden war er sarkastisch und grob, warf ein paar Noten aufs Papier und verlangte, daß Sivori sie vom Blatt spielte. Während sich Sivori mit den Schwierigkeiten abquälte, ging Paganini auf und ab wie ein Löwe im Käfig, ein höhnisches Lächeln auf dem Gesicht. Hatte sich sein Schüler bis zum Schluß durchgekämpft, grinste Paganini erst einmal schweigend und fragte dann, warum er nicht so gespielt habe, wie es dastehe. Sivori brummelte dann meist ein „Weiß nicht", worauf Paganini „die Geige packte wie der Löwe das Lamm und die Etüde nochmals durchspielte, ohne einen Blick auf das Notenblatt zu werfen".[3]

Heinrich Wilhelm Ernst (1814–1886) aus Brünn in Mähren hörte Paganini in Paris, und seine Bewunderung für den Meister wurde zur Besessenheit. Ein Schüler Joseph Böhms, ging Ernst erst als voll ausgebildeter Virtuose, im Alter von sechzehn Jahren, auf Konzerttournee. In Paris begegnete er Bériot und studierte weitere sechs Jahre bei ihm. Durch scharfes Beobachten Paganinis eignete Ernst sich manche Einzelheiten seiner Technik an, etwa die Stakkatoläufe, die Benutzung des Flageoletts und das Pizzikato der linken Hand. Hector Berlioz beschrieb sein Spiel als „faszinierende Darbietung der Virtuosität, mit dichtem runden Ton, ausgeführt mit fast sorgloser Leichtigkeit ... Er gleicht einem Jongleur mit Diamanten."[4]

Auf dem Podium sah Ernst – bis auf den Schnurrbart – Paganini sogar etwas ähnlich: mit seiner Leichenblässe, den vorstehenden Backenknochen und dem langen, dunklen Haar. Im Wesen jedoch war er ganz und gar anders. Berlioz schildert ihn als „von köstlichem Humor ... eine harmonische Künstlerpersönlichkeit, in allem, was er tut, tief und ausdrucksvoll, ohne jedoch je die handwerkliche musikalische Schulung außer acht zu lassen".[5]

Heute ist Ernst hauptsächlich als Komponist bekannt. Leopold Auer schrieb, er habe „für virtuose Geiger geschrieben. Seine Kompositionen zeichnen sich jedoch durch weit mehr aus als durch bloße Technik; seine so ausdrucksvolle ‚Elegie', seine unglaublich schwierige Transkription von Schuberts ‚Erlkönig' und seine ‚Othello-Fantasie' zu ignorieren, wird sich kein Geiger leisten können."[6]

Ein weiterer Jünger Paganinis, der sich den Meister zum Vorbild nahm, war der aus Brescia stammende *Antonio Bazzini* (1818–1897). Auer bewunderte sein Spiel und fand, „es zeichnet sich besonders durch das Liedhafte seines Tones aus ... er war ein Virtuose im eigentlichen Sinn des Wortes".[7]

Bazzini spielte Paganini einmal vor und machte ihm einen solchen Eindruck, daß der Meister ihm riet, auf Konzertreise zu gehen. Daraufhin verbreitete sich sein Ruhm in ganz Europa. Man pries ihn als „Paganinis Nachfolger".

Bazzini machte große Anstrengungen, die Werke Bachs und Beethovens seinem heimatlichen Publikum nahezubringen – ein schwieriges Unterfangen, da die Italiener deutscher Musik gegenüber damals nicht sehr aufgeschlossen waren. Als Spohr dem berühmten neapolitanischen Dirigenten Zingarelli vorschlug, Opern von Mozart ins Repertoire aufzunehmen, lautete die Antwort: „Ja, auch dieser ist nicht ohne Anlage gewesen . . . wenn er noch zehn Jahre fort studiert hätte, so würde er wohl einmal etwas Gutes geschrieben haben."[8]

Bazzinis Musik wurde des öfteren in Kirchen und Theatern aufgeführt. Heute kennt man von ihm noch „La Ronde des Lutins" (Elfenreigen), ein Bravourstück mit reichlicher Verwendung von Flageoletts und Pizzikati, bei dem ein Geiger zeigen kann, wie gut er sein Instrument beherrscht; es gehört zum Beliebtesten im Virtuosenrepertoire.

Wohl eine der originellsten Gestalten unter den Jüngern Paganinis war der Norweger *Ole Bull* (1810–1880), der seinem überragenden Spiel den Beinamen „der flachshaarige Paganini" verdankte.[9]

Bull wurde in Bergen als Sohn eines musikliebenden Arztes geboren. Zu seinen frühesten Erinnerungen gehörte, daß die „Familienmitglieder Streichquartett spielten". Als Ole fünf Jahre alt war, brachte er sich selber das Geigen bei, bekam vermutlich auch ein paar Anweisungen von Dorfmusikanten auf dem Landsitz der Familie in Osteroy. Die Norweger waren vom Einfluß europäischer Musik so gut wie unberührt geblieben, bis Mitte des 19. Jahrhunderts die romantische Schule sie erreichte. Sie verfügten über einen reichen Schatz an Volksmusik und begleiteten sich dabei auf einheimischen Instrumenten. Das beliebteste war die Hardingfele, die „Hardangerfiedel", eine achtsaitige Violine mit Bordunsaiten, die mitschwangen, wenn die oberen gestrichen oder gezupft wurden.

Ole bekam seinen ersten Musikunterricht von einem Dänen mit gewaltigem Branntweindurst. Solange noch ein Tropfen in der Flasche war, lehrte er gern, nahm auch gern am Musizieren im Familienkreise teil. War die Flasche leer, so wankte er weiter ins Haus des nächsten Gönners. Eines Abends war er so betrunken, daß er beim Streichquartett nicht mehr mitspielen konnte, und von da an nahm der achtjährige Ole seinen Platz ein.

1822 kam ein Schwede namens Lundholm zu Besuch, der bei Baillot studiert hatte. Er war es, der Ole den ersten wirklichen Geigenunterricht gab. Lundholm war ein pedantischer Anhänger der althergebrachten Haltungsregeln und ließ seinen Schüler geradestehend und mit dem Kopf an die Wand gelehnt spielen: eine Übung, die schon Viotti und seine Schule empfohlen hatten. In späteren Jahren lobte man denn auch immer wieder Bulls ruhige, graziöse Haltung auf dem Konzertpodium.

Bulls Familie widersetzte sich seinem Plan, Berufsgeiger zu werden. Sein Vater wollte, daß er Geistlicher würde, aber Ole fiel beim Universitätsexamen durch. Sofort danach machte er sich auf die Reise nach Kassel, um den Rat Spohrs, des damals wohl berühmtesten Lehrers in Europa, einzuholen.

Der große Spohr zeigte sich wenig beeindruckt und lehnte es ab, den ungehobelten Autodidakten als Schüler anzunehmen. Hinzu kam, daß Bull Spohr und sein Quartett spielen hörte und so überwältigt war von Stil und Musikalität, Tonreinheit und Ausdruck, daß er sich vorübergehend jeden Gedanken an eine Berufsmusikerlaufbahn aus dem Kopf schlug.

Fünf Jahre später gab Spohr zu, wenn auch mit einigen für ihn charakteristischen Vorbehalten, sein erstes Urteil über Bull sei übereilt gewesen. Er schrieb: „Sein wunderbares Spiel, die Sicherheit der Griffhand verdienen höchstes Lob, doch leider opfert er – wie Paganini – das Künstlerische zugunsten von etwas, das diesem edlen Instrument nicht recht entspricht . . .“[10]

1831 reiste Bull nach Paris. Er wollte zweierlei: erstens Paganini hören, zweitens ins Konservatorium aufgenommen werden. Letzteres schaffte er nicht, wohl aber ersteres. Von da an nahm er sich den Meister zum Leitbild. Es gibt hinlängliche Beweise dafür, daß Bull sich vieles von Paganinis technischer Leichtigkeit aneignete und über ein beträchtliches Repertoire ebensolcher Einfälle verfügte wie der Italiener, was ihm später seinen riesigen Erfolg beim Publikum sicherte. Das Leben in Paris war für Bull anfangs ein großes Abenteuer. Wie für einen mittellosen Künstler unvermeidlich, litt er Not und versuchte einmal sogar Selbstmord zu begehen: Er sprang in die Seine, wurde aber von einem Passanten gerettet. Dann verlor er durch einen flüchtenden Wohnungsvermieter seinen gesamten Besitz einschließlich seiner Geige. Er hatte ein hitziges und unberechenbares Temperament und sollte nie eine Stellung in einem Orchester finden. Endlich lernte er einen Geigenbauer kennen, der Bulls Können dazu benutzte, seine Geigen zu verkaufen, und ihn engagierte, bei einer Soiree des Herzogs von Riario, dem italienischen Chargé d'affaires in Paris, aufzutreten. Bull soll hervorragend gespielt haben, ungeachtet der Tatsache, daß er an dem beißenden Geruch des frischen Lacks fast erstickt wäre. Sein Spiel machte auf den Herzog von Montebelli, den Sohn des Marschalls Ney, einen so großen Eindruck, daß er ihn am folgenden Tag zum Frühstück einlud. Diese Einführung brachte Bull in Kontakt mit Chopin, Ernst und anderen gefeierten Künstlern. Kurz danach gab er unter dem Protektorat des Herzogs sein erstes öffentliches Konzert in der französischen Hauptstadt und wurde begeistert gefeiert.

Getragen von dieser Woge des Erfolgs reiste Ole Bull nach Italien. Das Publikum in der Mailänder Scala war begeistert, ein Kritiker jedoch wußte einiges zu bemängeln:

„Mr. Bull spielte Stücke von Spohr, Mayseder und Paganini, aber ohne Verständnis für das wahre Wesen der Musik, die er durch eigene Hinzufügungen verdarb. Ganz offensichtlich entspringt das, womit er ausschmückt, einem

echten, ursprünglichen Talent und einem musikalischen Wesen, doch noch ist
er nicht Herr seiner selbst, noch hat er keinen Stil, noch ist er ein ungeschulter
Musikant. Sollte er ein Diamant sein, dann jedenfalls ein noch ungeschlif-
fener."[11]

Ole Bulls Reaktion auf diese Kritik war bezeichnend für ihn: Er suchte den
Kritiker auf, hörte sich weitere Ratschläge an, die er alle unschätzbar wichtig
fand, und widmete sich in den nächsten sechs Monaten dem erneuten
Studium bei guten Lehrern.

Durch einen glücklichen Zufall wurde Bull mit einem Schlage berühmt. Er
befand sich in Bologna. Charles Auguste de Bériot und die Sängerin Maria
Malibran hatten wegen Honorarstreitigkeiten ein Konzert abgesagt. Jemand, der an Ole Bulls Fenster vorüberkam, hatte ihn üben hören und
schlug ihn als Ersatz vor. Spät abends weckte man Ole Bull und brachte ihn
ins Theater. Er zeigte sich der Situation durchaus gewachsen und spielte vor
einem erlesenen Publikum, darunter dem Herzog der Toskana und seinen
Freunden. Sein grandioses Spiel erregte Aufsehen, der Charme seiner Persönlichkeit schlug die Zuhörer in Bann. Nach dem Souper trat er noch einmal
auf und bat um ein Thema, über das er improvisieren wolle. Man gab ihm
gleich drei, und er nahm sie alle an, kombinierte sie so brillant, daß die
Zuhörer ihm wild Beifall klatschten. Danach spannten seine Bewunderer
ihm die Pferde seiner Kutsche aus und zogen ihn, begleitet von einem
Fackelzug, heim in sein Quartier.

Bull wiederholte nun seinen Erfolg in ganz Italien. Auch in London
reagierte das Publikum mit Begeisterung. Wie Paganini verlangte Bull hohe
Honorare für sein Auftreten. In Liverpool bekam er für ein Konzert 800
Pfund, und wenn man diesen Betrag als sein durchschnittliches Honorar
zugrunde legt, muß er mit seinen 274 Konzerten in England binnen sechzehn
Monaten ein Vermögen verdient haben.

Die Erfolge Ole Bulls wiederholten sich in allen großen Städten Deutschlands, wo bisher Spohr allein geherrscht hatte. Danach reiste er weiter nach
Wien und Budapest. In St. Petersburg gab er eine Reihe von Konzerten vor
über 5000 Zuhörern. Als er schließlich in Skandinavien eintraf, wurde er
gefeiert wie ein aus siegreichem Feldzug heimkehrender Monarch.

Amerika bekam Ole Bull erst im November 1843 zu Gesicht. Er blieb über
zwei Jahre dort, trat in jeder bedeutenden Stadt auf und gab insgesamt 200
Konzerte. Oft wurden seine Programme auf Seide gedruckt. Er verdiente
beträchtlich, etwa 100000 Pfund, wovon er 20000 für wohltätige Zwecke
spendete.

Ole Bull hatte eine starke Bindung an seine Heimat und machte sich

Arcangelo Corelli

Antonio Vivaldi

THE DEVIL'S SONATA.

Giuseppe Tartini: Im Traum spielt ihm der Teufel die „Teufelstriller-Sonate" vor

Giovanni Battista Viotti

Pierre Baillot de Sales

Rodolphe Kreutzer

Louis Spohr

Niccolò Paganini:
Daguerreotypie, aufgenommen
kurz vor seinem Tod

Das klassische und das romantische
Paganini-Bild: von Ingres (links) und einem unbekannten Künstler

Heinrich Wilhelm Ernst

Ole Bull

Gedanken über die in Norwegen herrschende Armut. Bei seinem zweiten Amerikabesuch gründete er eine Kolonie für norwegische Einwanderer: Er kaufte etwa 125 000 Morgen Land in Potter Country, Pennsylvania, und hoffte hier „ein neues Norwegen zu schaffen, der Freiheit geweiht, durch Unabhängigkeit geläutert, geschützt von der mächtigen Fahne der Union".[12] 300 Häuser und Läden sowie eine Kirche wurden bald gebaut. Ein prächtiges Schloß für Bull selbst erhob sich auf einer Bergkuppe. Hunderte von Einwanderern strömten in diese neue Kolonie, um sich dort niederzulassen. Doch während einer Konzertreise erreichte ihn eine Hiobsbotschaft. Er war von einem Betrüger hereingelegt worden. Das ihm verkaufte Land gehörte bereits jemand anderem. Es folgten jahrelange Prozesse. Der wahre Eigentümer überließ Bull das Land zwar zu einem niedrigen Preis, doch sein Vermögen war bereits ausgegeben. Bull reiste kreuz und quer durch den amerikanischen Kontinent und gab Konzerte, um das Verlorene wieder hereinzuholen. Er bekam das Gelbfieber, geriet in Kalifornien in einen Aufstand, und beim Durchqueren der Landenge von Panama wurde ihm die Geige gestohlen; dennoch kämpfte er weiter, um seine Schulden zu bezahlen. Als er 1857 zum letztenmal in New York auftrat, war er so krank, daß man ihm auf das Podium hinauf- und wieder herunterhelfen mußte. Erst als er nach Europa zurückgekehrt und all seiner Schulden ledig war, wurde er wieder gesund und konnte erneut auf Konzertreisen gehen.

Bull war der äußeren Erscheinung nach der typische Skandinavier: hochgewachsen, muskulös, mit großen blauen Augen. Wie Paganini zog auch er durch eine fast hypnotische Ausstrahlung große Menschenmengen an. Er ließ sich keine Gelegenheit zu großen theatralischen Gesten entgehen. Seinen sechsundsechzigsten Geburtstag, den er während einer Ägyptenreise beging, verherrlichte er dadurch, daß er auf die Spitze der Cheopspyramide kletterte und dort oben eine eigene Komposition spielte: „Saterbesog". Initiator dieses Streichs war der König von Schweden, dem am nächsten Morgen von Kairo aus pflichtgemäß der Vollzug telegraphiert wurde.

Wegen seiner wunderlichen Einfälle hat man Ole Bull gelegentlich sicher nicht ganz ernst genommen; aber er rechnete sich auch selber nicht zur Zunft der tiefernsten Interpreten einer hehren Kunst. Henry Lahee hat einmal treffend bemerkt: „Eigentlich war er eher ein fahrender Spielmann als ein Musiker im höheren Sinne, doch er gewann die Herzen der Menschen wie wohl kaum ein Spielmann vorher."[13]

DAS ZEITALTER DES ÜBERGANGS

Joseph Böhm – Ferdinand David – Charles Auguste de Bériot

Zu Beginn des 19. Jahrhunderts nahm die Zahl privater Mäzene ab. Zwar behielten einige Adlige ihre Orchester bei, doch Solisten fanden kaum noch Unterstützung. Ein Künstler mußte entweder einen persönlichen Förderer finden oder für alle Kosten selber aufkommen. Von Ausnahmen wie Spohr und Paganini abgesehen, waren die Künstler meist Hungerleider. Am Pariser Konservatorium beispielsweise wurde von etwas so Banalem wie einem Honorar nie gesprochen, mochte der Künstler noch so berühmt sein. In seinen Erinnerungen weiß Carl Flesch zu berichten, daß sich noch 1890 dort in dieser Hinsicht wenig geändert hatte. Auch die Orchester litten unter Geldmangel. So probten sie zuwenig, bestanden selten aus mehr als dreißig Musikern und wurden vom Konzertmeister geleitet statt von einem Dirigenten. Das allgemeine Niveau war niedrig. Es wundert einen daher nicht, daß unter solchen Bedingungen die Beethoven-Symphonien bei ihrer Erstaufführung das Publikum nicht gerade begeisterten.

Die herrschenden Zustände machten sich auch an der Kasse bemerkbar. Da das Publikum des beginnenden 19. Jahrhunderts sich nur für Virtuosenmätzchen auf der Geige interessierte, wurde die Tätigkeit eines Konzertgeigers zum ausgesprochenen Risikoberuf. Alle Konzerte waren Subskriptionsveranstaltungen: Erst mußte ein Geldgeber gefunden werden, dann konnte man an den Verkauf von Eintrittskarten denken.

Daneben hatte sich eine bedeutsame Veränderung vollzogen, die den Bau der Instrumente betraf: Am Ende des 18. Jahrhunderts wurde der Kammerton erhöht. Das A der Mozart-Zeit hatte noch etwa 422 Schwingungen pro Sekunde gehabt, doch die wachsende Beliebtheit virtuoser Instrumentalisten löste den Wunsch nach mehr Brillanz und Tonvolumen aus. Was die Geige betraf, so hatte Paganini mit der Technik der Scordatura und mit dünneren Saiten gearbeitet, um die gewünschten Effekte zu erzielen, doch mit der Zeit mußte eine allgemein anwendbare Lösung des Klangproblems gefunden werden: Man hob den Kammerton A um einen Halbton auf 435 Schwingungen pro Sekunde an. Die Geige wurde den neuen Anforderungen entsprechend umgebaut. Mit Anhebung der Tonhöhe nahm die Saitenspannung und damit der Druck auf den Steg zu; darum wurde der Baßbalken (ein gegen die Innenseite der Geigendecke geklebtes Stück Holz, das die Vibrationen auf der linken Seite des Instruments dämpft) verlängert und verstärkt.

Eine weitere Veränderung des Instruments – die bedeutendste seit Stradivari – fand Anfang des 19. Jahrhunderts statt. Sie betraf den Geigenhals und damit die Proportionen insgesamt. Bis ins späte 18. Jahrhundert war mit Ausnahme Vivaldis kaum ein Spieler über die dritte und vierte Lage hinaus gelangt. Die neuen Techniken forderten eine Verlängerung des Griffbretts und damit des Geigenhalses. Das längste Griffbrett einer Stradivari von 1715 war 17,5 Zentimeter lang, während ein modernes Griffbrett 26 Zentimeter mißt. Wenn heute ein Geiger eine Stradivari oder Guarneri spielt, hat das Instrument mit Sicherheit eine „Halsoperation" hinter sich, und sein Baßbalken ist ausgetauscht.

In der Hand eines guten Geigers vermochte der Klang der abgewandelten Geige nun mühelos bis zu den hintersten Reihen eines Konzertsaales zu dringen. In gewisser Beziehung war das günstig, weil die wachsende Beliebtheit der Solisten größere Zuhörermengen anzog. Andererseits gab es nicht viele geräumige Säle, wie es überhaupt schwierig war, den richtigen zu finden. Aus diesem Mangel erklärt sich teilweise, warum bis Ende des 19. Jahrhunderts Violinkonzerte oft nur mit Klavier- oder Streichquartettbegleitung aufgeführt wurden statt mit Orchesterbegleitung.

Die veränderte Violine mit ihrer größeren akustischen Reichweite und dem von Spohr erfundenen Kinnhalter, dessen Benutzung der linken Hand größere Freiheit gestattete, verlangte nun auch fortschrittliche Lehrmethoden. Als Folge davon hat das 19. Jahrhundert die bedeutendsten Lehrer in der Geschichte des Violinspiels hervorgebracht.

Einer der wichtigsten Pädagogen war *Joseph Böhm* (1795–1876), ein Ungar, der während seiner Lehrtätigkeit am Wiener Konservatorium viele junge ungarische Talente anzog. Einer seiner berühmten Schüler war Jenö Hubay (1858–1937), der nach Böhms Methode selber später am Budapester Konservatorium lehrte.

Ungarn ist das Land der Geige. Die Ungarn sind ein musikalisches Volk und machten schon vor undenklichen Zeiten auf primitiven Saiteninstrumenten Musik, und die lange Geschichte des ungarischen Geigenspiels hat ihren Ursprung in der virtuosen Zigeunermusik.

Böhm war der erste ungarische Geiger, der sein Instrument ernsthaft studierte. In Pest geboren, wurde er zunächst vom Vater unterrichtet. 1808 begab er sich als Schüler zu Pierre Rode, als dieser auf der Heimreise von einer Konzerttournee durch Rußland in Budapest Station machte. Böhm hatte beträchtlichen Erfolg als Solist und bereiste Europa in Begleitung des Pianisten Johann Peter Pixis, der ein Bruder jenes Geigers war, der bei Viotti in dessen Londoner Exil gelernt hatte.

Als Böhm 1815 zum erstenmal in Wien auftrat, wurde er so herzlich aufgenommen, daß er beschloß, ständig dort zu leben. Im Jahre 1819 ernannte man ihn zum Professor für Violine am Wiener Konservatorium, und 1821 wurde er Mitglied der Hofkapelle. Von Ignaz Schuppanzigh, Beethovens berühmtem Quartettspieler, übernahm er die Führung der Quartettmatineen im Ersten Kaffeehaus; sie fanden um acht Uhr morgens statt. In den Jahren nach 1826 spielte Böhm weniger öffentlich und unterrichtete dafür mehr. Seine Technik, sein Ton und Stil waren untadelig, doch war er von seinem Temperament her nicht für das Konzertpodium geeignet. Seine bedeutende pädagogische Tätigkeit machte ihn zum wichtigsten Bindeglied in jener Kette, die sich von Viotti und Rode bis in unser Jahrhundert, von der klassischen bis zur modernen Geigenschule zieht. Durch seinen Schüler und ungarischen Landsmann Joseph Joachim (1831–1907) führt diese Linie bis in die Gegenwart: Joachims Schüler Leopold Auer war Lehrmeister von Sascha Lasserson (1890–1978), der bis zu seinem Tode in England unterrichtete. Dieser Linie entstammen die Virtuosen Nathan Milstein, Mischa Elman und Jascha Heifetz.

Jacob Dont (1815–1888), ein Schüler Böhms am Wiener Konservatorium, gehört ebenfalls zu jenen guten Solisten und Kammermusikern, die man noch heute als vorzügliche Pädagogen kennt. Donts prominentester Schüler war Leopold Auer.

In Spohrs Schüler *Ferdinand David* (1810–1873) haben wir ein weiteres wichtiges Verbindungsglied. David hat eine ganze Reihe junger Geiger am Leipziger Konservatorium ausgebildet, unter ihnen Joseph Joachim und August Wilhelmj.

David war geborener Hamburger. 1824 ging er nach Kassel, und zwei Jahre später trat er erstmals im Leipziger Gewandhaus auf. 1827 lernte er als Mitglied des Königstädter Theaters in Berlin Mendelssohn kennen. Zwischen beiden entstand eine lebenslange Freundschaft, in der einer den anderen künstlerisch nachhaltig beeinflußte.

1835 wurde Mendelssohn Dirigent des Gewandhausorchesters und bot ein Jahr später diesen Posten David an. Zwar war Dresden die Hauptstadt Sachsens, doch Leipzig spielte eine nicht minder wichtige Rolle. Die Stadt war das Zentrum des deutschen Druckereigewerbes und Verlagswesens, und zur Messe kamen – wie, unter veränderten Bedingungen, auch noch heute – Menschen aus der ganzen Welt in die Stadt. Zu Anfang des 19. Jahrhunderts war Leipzig darüber hinaus musikalischer Mittelpunkt Europas: Hier befanden sich die Thomaskirche, an der Bach einst als Kantor gewirkt hatte, der Thomanerchor sowie die Singakademie und ein ausgezeichnetes Theater.

Mendelssohn bemühte sich, die bestehenden Verhältnisse zu verbessern; seine Sorge galt vor allem den Lebensumständen der Musiker. Auf sein

Betreiben wurden ihre Gehälter aufgebessert und eine Pensionskasse eingerichtet. Unter seiner Leitung entwickelte sich das Gewandhausorchester zu einem für ganz Europa vorbildlichen Klangkörper, so wie es ein Jahrhundert vorher die „Mannheimer" unter Karl Stamitz gewesen waren. David übte oft vertretungsweise das Amt des Dirigenten aus. Im Sommer 1838 schrieb Mendelssohn an David: „Im kommenden Winter möchte ich ein Violinkonzert schreiben. Eines in e-Moll geht mir im Kopf herum, und der Anfang läßt mir keinen Augenblick Ruhe."[1] Während der Entstehung der Komposition führten die Freunde einen regen Briefwechsel, und fast jede Passage des fertigen Werks spiegelt Mendelssohns Respekt vor Davids Geschmack und geigerischer Erfahrung wider. Am 13. März 1845 wurde das Konzert von David mit dem Gewandhausorchester uraufgeführt.

Als Mendelssohn 1843 das Leipziger Konservatorium eröffnete, ernannte er David zum Professor der Geigenklasse. Die Freundschaft der beiden Männer währte bis zum Tode Mendelssohns. David saß während der letzten Lebensstunden Mendelssohns an dessen Bett und trug zusammen mit dem Pianisten und Komponisten Ignaz Moscheles, mit Robert Schumann und anderen Musikern seinen Sarg.

David war es, der die Musik vieler alter Meister wiedererweckte – darin Mendelssohn ähnlich, dem das 19. Jahrhundert die Renaissance Bachs verdankte –, und das in einer Zeit, in der nur zeitgenössische und zumeist ziemlich mittelmäßige Musik gespielt wurde. Er sammelte und bearbeitete die Werke bedeutender italienischer, deutscher und französischer Komponisten der Vergangenheit, versah sie mit begleitenden Stimmen und Spielanweisungen. Tartinis „Teufelstriller-Sonate" wird auch heute noch überwiegend in seiner Einrichtung gespielt. Auch verfaßte er eine Schule des Violinspiels.

André Robberechts (1797–1860) aus Brüssel ist eines der beiden wichtigsten Bindeglieder zwischen Viotti und der belgischen Schule, die das Geigenspiel des 19. Jahrhunderts so entscheidend beeinflußte; das andere ist Baillot mit dem Lütticher Zweig. Robberechts studierte bei Baillot und viele Jahre lang bei Viotti. Sein Spiel war gekennzeichnet durch die Verbindung von technischer Brillanz, Tonschönheit und musikalischem Ausdruck – den Grundprinzipien der Viottischen Schule. Er wurde zu einem der hochgeschätzten Lehrer seiner Zeit; zu seinen vielen Schülern gehörte Charles Auguste de Bériot, der Begründer der belgischen Schule.

Charles Auguste de Bériot wurde 1802 in Löwen als Kind einer verarmten Adelsfamilie geboren und war bereits mit neun Jahren Waise. Im selben Jahr trat er erstmals öffentlich auf – mit einem Viotti-Konzert. Den Komponisten

lernte er bald darauf in Paris kennen. Dort erteilte ihm Viotti jenen Rat, den
Bériot später an den siebenjährigen Henri Vieuxtemps weitergeben sollte:
„Sie haben einen schönen Stil. Widmen Sie sich ganz dem Bestreben, ihn zu
vervollkommnen. Hören Sie sich alle begabten Geiger an, ziehen Sie aus
allem Nutzen, aber imitieren Sie niemanden."[2]

Auf dem Podium erfreute sich Bériot andauernder Erfolge. 1826 trat er in
London erstmals mit einem Violinkonzert von Rode in der Philharmonic
Society auf. Das englische Publikum liebte ihn nicht nur wegen seines
schönen Spiels, sondern auch wegen seines aristokratischen Aussehens. Es
war im übrigen sein Glück, daß er schon vor dem Auftauchen Paganinis in
England und auch anderswo gefeiert worden war, denn es scheint zweifelhaft, ob er sich mit dem exzentrischen Genie aus Genua erfolgreich hätte
messen können.

Bériots Stil war eher elegant als reißerisch und zeichnete sich durch
unfehlbare Genauigkeit der Intonation aus. Am meisten gerühmt aber wurde
seine Bogentechnik, die Präzision und Gewandtheit seines Strichs – Qualitäten, die er gewiß auch seinem besonders leichten und elastischen Tourte-
Bogen verdankte.

Im Gegensatz zu manchen anderen Virtuosen war Bériot eine geradlinige
Natur von ausgeglichenem Temperament. Er hatte außer der Musik noch
viele andere Interessen, war ein begabter Maler und Bildhauer, schrieb
Gedichte und beschäftigte sich mit Geigenbau und -reparatur.

Im Jahr 1826 begegnete Bériot in Paris der schönen Opernsängerin Maria
Felicità Malibran. Sie war verheiratet, lebte von ihrem Mann aber getrennt.
Ein älterer, angeblich reicher französischer Kaufmann hatte sie in der
Absicht geheiratet, seinem schwindenden Vermögen durch sie aufzuhelfen.
Sängerinnen verdienten damals im Gegensatz zu Instrumentalisten sehr hohe
Gagen. In einer einzigen Londoner Spielzeit mit vierzigmaligem Auftreten
am Drury Lane Theatre bekam die Malibran über 3200 Pfund, mehr, als
Bériot in einem ganzen Jahr mit Konzerten hätte verdienen können. Die
Liebesgeschichte zwischen Bériot und der Malibran wurde zu einer der
großen Romanzen der Zeit. Sie gingen mit großem Erfolg gemeinsam auf
Tournee und bezogen um das Jahr 1830 eine Villa in dem eleganten Brüsseler
Vorort Ixelles. Als die Malibran 1836 rechtmäßig geschieden wurde, konnte
sie Bériot heiraten. Doch schon sechs Monate später stürzte die Sängerin
vom Pferd und starb an inneren Verletzungen. Sie war erst achtundzwanzig
Jahre alt. Vier Jahre lang zog sich Bériot in die Einsamkeit zurück, doch dann
ließ er sich überreden, wieder aufzutreten. Die großen Erfolge wiederholten
sich. Als Baillot 1842 starb, bot man Bériot den freigewordenen Posten am
Pariser Konservatorium an. Doch er lehnte ab, weil er lieber in seiner Heimat

unterrichten wollte, und wurde 1843 Professor für Geige am Konservatorium in Brüssel. Diese Stellung behielt er bis 1852, als er sie wegen des Nachlassens seiner Sehkraft aufgeben mußte. Einige besonders talentierte Schüler – darunter Émile Sauret – unterrichtete er privat weiter. 1858 war Bériot vollständig erblindet, und ein Arm war gelähmt. Er starb 1870.

Von Bériot sind sieben Konzerte und viele Etüdensammlungen verlegt worden. Bis heute machen angehende Geiger von seiner 1858 erschienenen „Grande Méthode" Gebrauch. Seine Kompositionen waren wegen ihrer gefälligen Melodien und der Art, wie sie den „singenden" Charakter der Geige betonten, seinerzeit sehr beliebt. Es hieß, man höre in seinen Stükken wie von ferne den Gesang seiner Frau.

Lüttich, eine „Geigerbrutstätte"

Lambert Joseph Massart – Martin Marsick – César Thomson

Die Niederlande haben eine äußerst wechselvolle Geschichte hinter sich. Gegen Ende des 18. Jahrhunderts wurden die südniederländischen Gebiete Frankreich einverleibt, während die nördlichen Niederlande ein französischer Vasallenstaat waren. 1815 wurde aus den holländischen, flämischen und den – französischsprachigen – wallonischen Gebieten ein „Vereinigtes Königreich der Niederlande" gebildet, von dem sich 1830 jener Teil lossagte, den wir heute als Belgien kennen. Zwar entwickelte sich aufgrund der Revolution von 1830 ein belgisches Nationalbewußtsein, doch blieb die ethnische und sprachliche Spaltung zwischen Wallonen und Flamen, die füreinander nie große Sympathie empfunden hatten, weiter bestehen. Noch heute ist in Belgien vom Straßennamen bis zum Konzertprogramm alles zweisprachig gedruckt.

In der Musik überwog der wallonische Einfluß. Vom 18. Jahrhundert an haben die Wallonen ihr musikalisches Können unter Beweis gestellt, besonders im Geigenspiel, für das Lüttich der Mittelpunkt war. Carl Flesch hat die Stadt als „Geigerbrutstätte" bezeichnet. Seit fast drei Jahrhunderten bestand in Lüttich eine Tradition des Geigenspiels und Geigenbaus, und zwar im Milieu der Handwerker. Es waren die Weber und Barbiere, die diese Kunst lebendig erhielten – eine Tradition, die in der Gründung des Conservatoire Royal de Musique de Liège im Jahre 1826 gipfelte. Viele große Geiger der belgischen Schule sind in oder bei Lüttich geboren: Massart, Léonard, Vieuxtemps, Marsick, Thomson und Ysaye. Zu Beginn des 20. Jahrhunderts war die überwiegende Mehrheit der Strei-

cher in Pariser Orchestern, was Herkunft und Ausbildung betraf, wallo-
nisch.

Lambert Joseph Massart (1811–1892) aus Lüttich, der einmal in einem
Konzert mit Liszt die Kreutzer-Sonate gespielt hat, war ein Geiger von
beachtlichem Talent, aber ohne jeglichen Podiumsehrgeiz. Er erhielt ein
Stipendium seiner Heimatstadt, um am Konservatorium in Paris studieren
zu können, aber Cherubini, der damalige Direktor dieses Institutes, lehnte
Massart kommentarlos ab. Damals herrschten starke chauvinistische Strö-
mungen – Ausländern blieben die Türen verschlossen. Glücklicherweise
nahm Kreutzer ihn dann als Privatschüler an.

In Konzerten wurde Massarts Können zwar vom Publikum gefeiert und
mit großem Applaus bedacht, doch seine Schüchternheit und sein Lampenfieber vor jedem Auftritt belasteten ihn derartig, daß er beschloß, sich
ausschließlich unterrichtender Tätigkeit zu widmen. 1843 erhielt Massart
eine Professur am Pariser Konservatorium und wurde einer der berühmtesten Geigenlehrer seiner Zeit. Er war bekannt dafür, daß er sich mit viel
Energie, unendlicher Sorgfalt und Gründlichkeit um die individuellen Probleme seiner Schüler kümmerte. Wenige Lehrer seiner Zeit können sich so
vieler bekannter Schüler rühmen, wie Massart sie direkt oder in der zweiten
Generation aufzuweisen hatte: Lotto, Wieniawski, Tua, Sarasate, Kreisler.

Hubert Léonard (1819–1890) kam aus Bellaire in Belgien und studierte als
Kind bei Rouma in Lüttich. Er trat als Schüler von Habeneck 1836 ins Pariser
Konservatorium ein und machte später Konzertreisen durch Europa. Als
Bériot aus Gesundheitsgründen seine Lehrstelle am Brüsseler Konservato-
rium abgeben mußte, rückte Léonard an dessen Stelle. Seine bekanntesten
Schüler waren César Thomson, Henri Marteau, Martin Marsick und Ovide
Musin. Er setzte sich nachdrücklich dafür ein, daß auch zeitgenössische
Musik zur Aufführung kam, insbesondere Werke von Johannes Brahms und
César Franck.

Martin Pierre Marsick (1848–1924), geboren in Jupille bei Lüttich, war
Schüler Léonards am Konservatorium von Lüttich, studierte außerdem am
Brüsseler und am Pariser Konservatorium in Massarts Meisterklasse. 1870
ermöglichte ihm ein Stipendium, sein letztes Studienjahr bei Joseph Joachim
an der Berliner Hochschule zu arbeiten. Marsick wurde 1892 Professor für
Geige am Pariser Konservatorium und machte sich sowohl als Lehrer wie als
Primarius von Streichquartetten einen Namen. Er war ein vielseitig begabter
Musiker und zeigte erstaunliches Können sowohl als Organist wie auch als
Pianist.

Joachims romantische Tongebung beeinflußte Marsicks Geigenspiel eine Zeitlang. Carl Flesch sagt von Marsick: „Der rechte Arm war in physiologisch vorbildlicher Weise entwickelt und schlechthin vollendet, obgleich auch bei ihm das Stakkato nur mangelhaft funktionierte. Er nannte einen außerordentlich modulationsfähigen Ton von großem Reiz sein eigen; der Vortrag war voll Phantasie, stets interessant, ohne in Manieriertheit zu verfallen."[1] Flesch hielt Marsick für einen außerordentlich guten Geigenpädagogen.

Marsick war ein ungeheuer gutaussehender Mann. Diese Tatsache machte ihn fast unwiderstehlich für Frauen, und amouröse Affären beeinträchtigten schließlich auch seine Lehr- und Konzertkarriere. Nach einer unglücklichen Liebschaft mit einer verheirateten Frau versuchte Marsick – der nun schon in den Fünfzigern war –, in Paris wieder Fuß zu fassen, doch ohne Erfolg. Schließlich zog er nach New York, wo man ihm ebenfalls ablehnend begegnete. Er starb dort verarmt im Jahr 1924.

Während seiner fünfjährigen Lehrtätigkeit hatte Marsick drei Geigenschüler, die später sehr berühmt werden sollten: Carl Flesch, Jacques Thibaud und Georges Enesco.

Der in Lüttich geborene *Ovide Musin* (1854–1929) erwarb sich durch erstklassiges Solo- und Streichquartettspiel seinen Ruf. Er unternahm ausgedehnte Konzertreisen und gründete 1874 ein Streichquartett mit dem Ziel, Brahms und andere zeitgenössische Musik in Paris bekannt zu machen. Nach mehreren erfolgreichen Konzerten in New York nahm er 1908 dort für immer seinen Wohnsitz und wurde ein erfolgreicher Geigenlehrer.

César Thomson (1857–1932), ebenfalls in Lüttich geboren, studierte bei Léonard am Konservatorium. Er führte jahrelang die Bilsesche Kapelle an (aus der später die Berliner Philharmoniker hervorgingen) und teilte kurze Zeit den Posten mit Ysaye, dessen Laufbahn damals begann. Von 1883 bis 1897 lehrte Thomson – mit Unterbrechungen durch ausgedehnte Konzertreisen – am Lütticher Konservatorium. 1898 ließ er sich ganz in Brüssel nieder und wurde Nachfolger von Ysaye am dortigen Konservatorium. Thomson hatte den Höhepunkt seiner Karriere erreicht und galt lange Zeit als einer der glänzendsten Geigenvirtuosen der belgischen Schule, bis Ysaye ihm diesen Rang streitig machte. Thomsons guter Geschmack und seine hochentwickelte Musikalität waren schon an und für sich ein gutes Rüstzeug, doch nach allem, was darüber berichtet wird, war es seine überragende Technik, die „den Hörer mit Bewunderung erfüllte".[2] Besonders bejubelt wurde er wegen seiner taschenspielerhaft geschickten „Fingersatzoktaven", die nach der Aussage Fleschs „unter seinen Fingern im Tempo einer einfachen Tonleiter auf- und abrollten". Sein Spiel wurde verschieden beurteilt. Flesch nannte seinen Ton „groß, aber ungeschmeidig und kalt",[3] während Henry Lahee schrieb: „Seine Beherrschung aller technischen Möglichkeiten ist so groß, daß er die ausgefallensten Passagen spielen kann, ohne Tonschönheit oder Klarheit der Phrasierung zu opfern – sein Oktavenspiel gleicht fast dem Paganinis."[4] Thomson nahm seine Lehrtätigkeit ungeheuer ernst. Sosehr er seinen Schülern auch zugetan war – wenn es galt, Unarten auszumerzen, konnte er fast gewalttätig werden. Einen großen Dienst erwies er späteren Generationen von Geigern mit seiner Entdeckung, fehlerhaftes Vibrato durch gymnastische Übungen korrigieren zu können, eine Methode, die Achille Rivarde weiterentwickelte und Carl Flesch vollendete.

Zu Beginn des 19. Jahrhunderts entwickelten sich die belgische und die französische Schule trotz gemeinsamer Wurzeln in verschiedene Richtungen. Trotzdem glaubten manche Geiger, an beiden Schulen studieren zu müssen, um einerseits ihre Bogentechnik nach Bériots Grundlehren in Brüssel zu vervollkommnen und andererseits ihre sonstigen virtuosen Fähigkeiten in Paris fortzuentwickeln.

Delphin Alard (1815–1888) übernahm 1843 jenen Professorenposten, den Bériot abgelehnt hatte. Aus der klassischen Schule Viottis – über Baillot und Habeneck – hervorgegangen, war er einer der wichtigsten Vertreter der damaligen französischen Schule in Paris. Unter seinen vielen Schülern war wohl der berühmteste Pablo de Sarasate. Alard gab „Les Maîtres Classiques" heraus, eine wertvolle Sonatensammlung, die ebenso wie sein Lehrbuch des Violinspiels noch heute in Gebrauch ist.

Prosper Philippe Catharine Sainton (1813–1890) aus Toulouse – ebenfalls aus der französischen Schule hervorgegangen – war Schüler von Habeneck, machte Karriere mit seinen Konzertreisen durch ganz Europa und spielte eine Zeitlang im Orchester der Pariser Großen Oper. 1844 kam er nach London und erhielt eine Professur für Violine an der Royal Academy of Music. Dann wurde er Konzertmeister der Queens Band, Kammermusiker der Königin und Konzertmeister des Orchesters in Her Majesty's Theatre. 1860 heiratete er die berühmte Sängerin Charlotte Dolby, die sich von da an Madame Sainton-Dolby nannte. Sie war die Favoritin der sogenannten „Pops", einer Reihe von Kammermusikkonzerten, die 1858 unter diesem Namen bekannt wurden. Sainton war in Großbritannien eine sehr geachtete Persönlichkeit, sein pädagogisches Wirken und sein fachliches Können hinterließen deutlich sichtbare Spuren im englischen Konzertleben – und besonders hörbare, was die Klangqualität der Streicher in den Orchestern betraf.

WIE IN EINEM ZAUBERKREIS

Henri Vieuxtemps

Aus der Fülle der Talente, die in der Mitte des 19. Jahrhunderts die belgische Schule hervorbrachte, ragt ein Name besonders heraus: *Henri Vieuxtemps*. Er war einer der größten Geigenvirtuosen der neuen Zeit. Gerühmt wurde insbesondere sein sowohl beim Auf- wie beim Abstrich des Bogens gleichermaßen klares Stakkato, und seine Intonation galt als perfekt. Die starken dramatischen Akzente und Kontraste, die seinen Stil kennzeichneten, brachten eine neue Dimension ins Geigenspiel. Paganini hatte bewiesen, daß schon bloßes Virtuosentum ausreichte, um ein Publikum zu fesseln. Vieuxtemps versuchte jedoch, virtuos zu spielen, ohne auf die musikalische Durchdringung des Werkes zu verzichten, und versetzte damit seine Zuhörer in Erstaunen und Begeisterung.

Vieuxtemps war einer der ersten Geiger, der mit wissenschaftlicher Akribie an sein Instrument heranging. Viele seiner Vorgänger und Zeitgenossen hatten Komposition studiert und auch ganz erfolgreiche Stücke für Geige geschrieben; Vieuxtemps aber – wie einst Spohr – versuchte, die Möglichkeiten der Violinmusik in ihrer ganzen Komplexität zu begreifen und zu erforschen.

Vieuxtemps kam 1820 als Sohn armer Weber in Verviers, dem Wollhandelszentrum Belgiens, zur Welt. Sein Vater versuchte, sich als Geiger und Erbauer von Musikinstrumenten ein Zubrot zu verdienen. Außer Henri gab es in der Familie noch zwei Brüder; einer davon wurde später Cellist im Hallé-Orchester in Manchester.

Henri erhielt den ersten Unterricht von seinem Vater, dem er bereits als Fünfjähriger überlegen war. Ein Gönner finanzierte die weiteren Stunden bei einem Lehrer aus Verviers, bei dem Henri bald rasche Fortschritte machte. Als Sechsjähriger trat er bereits in einem öffentlichen Konzert auf und spielte das fünfte Violinkonzert von Rode sowie die Variationen mit Orchester von Fontaine und hatte großen Erfolg.

Ein Jahr später machte Henri mit seinem Vater eine Reise in die Niederlande. Bériot hörte ihn in Brüssel und war so überzeugt von der genialen Begabung des Jungen, daß er sich bereit erklärte, ihn umsonst zu unterrichten.

Vier Jahre lang studierte Henri bei Bériot. 1820 nahm dieser ihn mit nach Paris. Hier trat der Achtjährige erfolgreich in mehreren Konzerten auf. Als Bériot Paris verließ, um sich für immer in Italien niederzulassen, empfand

Henri Vieuxtemps dies als großes Unglück. Damals gab Bériot seinem jungen Schüler jenen Rat weiter, den er selbst einst von Viotti bekommen hatte, nämlich daß er seinen eigenen Weg gehen und niemanden nachahmen solle. Vieuxtemps richtete sich sein Leben lang danach.

Er kehrte daher zurück nach Brüssel, nahm dort Unterricht in Harmonielehre und eignete sich das Kammermusikrepertoire an. Schon als kleiner Junge hatte er dafür eine besondere Vorliebe gezeigt und bereits ein eigenes Streichquartett gegründet. Mit zwölf Jahren lernte er Pauline Garcia kennen, eine Altistin und Pianistin von hohem Rang. Sie war die Schwester der berühmten Malibran. Die beiden jungen Musiker studierten zusammen die Werke von Mozart, Schubert und Beethoven, so daß Henri als Vierzehnjähriger nicht nur ein voll ausgebildeter Virtuose war, sondern auch über ein ausgereiftes Repertoire verfügte. Robert Schumann, der ihn in Leipzig hörte, schrieb über sein Spiel:

> „Bei Henri kann man getrost die Augen zudrücken. Wie eine Blume duftet und glänzt dieses Spiel . . . Wir stehen hier unvermutet vom ersten bis zum letzten Ton wie in einem Zauberkreis, der um uns gezogen, ohne daß wir Anfang und Ende finden können."[1]

In Wien kam er in Kontakt mit vielen berühmten Musikern der damaligen Zeit. Er nahm Unterricht in Kontrapunkt bei Simon Sechter, Professor am Konservatorium und Lehrer Anton Bruckners. Trotz seiner großen Jugend spielte Vieuxtemps in Wien das Violinkonzert Beethovens und machte dadurch Musikgeschichte – er war nämlich der erste, der dieses Werk sieben Jahre nach Beethovens Tod 1827 in einem öffentlichen Konzert aufführte. Vieuxtemps wurde wegen seines Stils und der Schönheit seines machtvollen Tons gelobt, doch es war wohl von noch größerer Bedeutung, daß man ihm attestierte, sein Spiel sei durchdrungen vom Geist Beethovens.

Von Wien aus reiste Vieuxtemps nach London, wo er in einem Konzert der Philharmonic Society auftrat und Paganini begegnete, der sein Spiel mit ermutigenden Worten lobte.

Anschließend studierte Vieuxtemps in Paris Kompositionslehre bei Anton Reicha, dem Lehrer Gounods, Francks, Berlioz' und Liszts. Obschon Vieuxtemps fast täglich auf dem Podium stand, reichte seine Kraft und Konzentrationsfähigkeit auch noch für manches andere. Nach 1835 begann er zu komponieren, und während der Konzerttournee durch Holland im folgenden Jahr spielte er erstmals auch eigene Werke. 1836 wurden seine Kompositionen in Wien zum erstenmal veröffentlicht.

In den Fächern Harmonielehre, Kontrapunkt und Komposition wußte Vieuxtemps bereits alles, was erlernbar war, hatte aber trotzdem das Gefühl, von der Instrumentation noch nicht genügend zu verstehen. Sein nächster Schritt – selten genug bei Dirigenten, für einen Geiger-Komponisten aber höchst ungewöhnlich – war, daß er sich nach der Rückkehr nach Brüssel für mehrere Monate als Zuhörer ins Orchester des Théâtre de la Monnaie begab. Er setzte sich mit an die Pulte der Orchestermitglieder und prägte sich jede Einzelheit ihres jeweiligen Parts ein. Er sprach mit den Orchestermusikern über ihre Probleme und versuchte, sich mit Technik und Klangcharakter aller Instrumente vertraut zu machen. Es überrascht daher nicht, wie raffiniert Vieuxtemps in seinen eigenen Kompositionen diese Kenntnisse in den Dienst einer farbigen und aufregenden Orchestrierung stellte. Berlioz, der sich besonders für seine Kompositionen interessierte, äußerte einmal: „Beethoven hat zwar als erster eine überzeugende Lösung dafür gefunden, wie man einem Soloinstrument genügend Spielraum läßt, ohne das Orchester in eine Nebenrolle zu drängen. Doch Ernst, Vieuxtemps, Liszt und noch einige andere . . . haben, wie mir scheint, in ihrer Instrumentation das wahre Gleichgewicht zwischen Solo- und Orchesterpart gefunden."[2]

1846 wurde Vieuxtemps an den russischen Hof berufen – als Leiter der Geigenklasse am Konservatorium in St. Petersburg und „Sologeiger des Zaren". Er blieb dort sechs Jahre tätig und legte in dieser Zeit das Fundament zur „russischen Schule". Seinen Schülern vermittelte er die Leichtigkeit und Geschmeidigkeit des Bériotschen Bogenstrichs und die Perfektion seines Stakkatos, aber er lehrte sie auch, in jeder Musik nach der Absicht des Komponisten zu suchen. Das Werk Henri Wieniawskis und später Leopold Auers in Petersburg bilden eine unmittelbare Verbindung zwischen Vieuxtemps und der gegenwärtigen sowjetischen Schule, die einen Oistrach, Kogan, Kremer und Spiwakow hervorgebracht hat. Auer ist in gewissem Sinne ein Nachkomme von Vieuxtemps, und diese Linie läßt sich durch weitere Verbindungen zu Dont, Böhm und Rode bis auf Viotti zurückführen.

1871 gab man Vieuxtemps den Posten des mittlerweile erblindeten Bériot am Konservatorium in Brüssel. Doch schon zwei Jahre später erlitt er einen Schlaganfall, der ihn linksseitig lähmte. Auf seine Entschlossenheit, weiter zu unterrichten, reagierte man mit Verständnis, gelegentlich aber auch mit einem mitleidigen Lächeln. Da er unfähig war, seinen Schülern vorzuführen, wie sie gewisse Passagen spielen sollten, bekam er häufig Wutanfälle und stieß mit seinem eisenbeschlagenen Stock nach ihnen. Kamen prominente Besucher, um ihm bei der Arbeit zuzusehen, drehte er sich um und lächelte liebenswürdig, wandte sich aber dann mit dem üblichen Stirnrunzeln, wütenden Grimassen und verachtungsvollem Murren wieder seinen Schülern zu.

In seinen Memoiren erzählt David Laurie, ein Geigenhändler des 19. Jahrhunderts, von einer persönlichen Begegnung mit Vieuxtemps in Paris. Er war zu Besuch im Hause eines Monsieur Jansen, der regelmäßig musikalische Tees gab. Man spielte eines der späten Beethoven-Quartette. Mitten im Konzert sah Laurie einen untersetzten, linkischen kleinen Herrn eintreten. Dieser begrüßte einige Gäste mit einer Verbeugung und setzte sich dann neben Laurie. Der Primarius des Quartetts wurde sofort´ nervös, begann Fehler zu machen und warf ständig angstvolle Blicke auf den neuen Gast. Der kleine Herr seinerseits machte dem Primarius ständig Zeichen: Er schüttelte den rechten Arm, um zu stärkerem Vibrato zu mahnen, fuhr mit dem Arm auf und ab, um zu zeigen, wie eine bestimmte Passage zu geigen sei, verzog bei jedem Schnitzer das Gesicht und machte wilde Handbewegungen, um das Tempo zu beschleunigen. Laurie wurde allmählich wütend und hätte, als nach Schluß des Stückes der junge Primarius auf den kleinen Herrn zustürzte, eine temperamentvolle Auseinandersetzung aufrichtig begrüßt. Doch er wurde enttäuscht. Der Geiger entschuldigte sich bei dem Gast, der die Geige ergriff und die entsprechenden Passagen makellos herunterspielte. Auf Lauries Frage, warum er sie nicht genau so spiele, erwiderte der Primarius verlegen: „Weil ich nicht Monsieur Vieuxtemps bin."[3]

Vieuxtemps führte ein unstetes Reiseleben – und das mit bösen Folgen. Als er sich 1881 in Algier von einer Krankheit erholen wollte, traf ihn in einer offenen Kutsche der Stein eines Arabers und verletzte ihn so schwer, daß er daran starb.

Am 28. August 1881 wurde Vieuxtemps' Leichnam in seine Heimatstadt Verviers überführt. Die strafenden Grimassen und Schimpfkanonaden des Meisters waren vergessen, zu Tausenden strömten Freunde und Schüler zusammen. Trotz sengender Hitze stand die Menge dichtgedrängt in den Straßen und wartete auf den von vier prachtvollen Rappen gezogenen Wagen mit dem Sarg. Unter den Trauergästen befand sich auch Vieuxtemps' Lieblingsschüler Ysaye, der aus Petersburg gekommen war, um ihm die letzten Ehren zu erweisen. Er trug das schwarze Samtkissen mit den silbernen Quasten, auf dem Geige und Bogen des geliebten Meisters ruhten.

Der slawische Magier

Henri Wieniawski

Die Slawen hatten von jeher entscheidenden Einfluß auf die Entwicklung des Violinspiels. In der zweiten Hälfte des 19. Jahrhunderts brachte ein Pole einen neuen Klang in das Konzertleben, der aufhorchen ließ: *Henri Wieniawski* (1835–1880). Er war nicht nur einer der größten in diesem mit Virtuosen reich gesegneten Zeitalter; sein warmherziges, ungestümes slawisches Temperament teilte sich den Zuhörern von dem Augenblick an mit, da er das Podium betrat, sein faszinierend eigenwilliger Ton rührte ans Herz, und seine Technik grenzte ans Wunderbare. Neidvoll behaupteten seine Kollegen, Schwierigkeiten existierten für ihn nicht.

Wieniawskis Kompositionen sind geigerisch gut fundiert und haben einen eigentümlichen Reiz. Er schrieb insgesamt etwa zweiundzwanzig Werke, darunter zwei Violinkonzerte. Sein zweites in d-Moll op. 22 wurde eins der beliebtesten Bravourstücke seiner Zeit. Obschon Wieniawski hauptsächlich mit dem Hintergedanken komponierte, seine eigene blendende Technik ins rechte Licht zu setzen, sind dieses Konzert, zwei seiner Polonaisen und seine „Legende" bis zum heutigen Tag beliebte, ja unentbehrliche Stücke des Violinrepertoires.

Wieniawski wurde in Lublin geboren und hatte das Glück, in einer kultivierten musikalischen Umgebung aufzuwachsen. Seine Mutter war die Schwester des Pianisten Édouard Wolff, und sein Vater, ein Militärarzt, hegte ebenfalls eine große Liebe zur Musik. Mit fünf Jahren begann für Henri der Geigenunterricht bei Jan Hornziel, dem späteren Konzertmeister des Warschauer Opernorchesters. Danach wurde er Schüler von Stanislaus Serwaszyński, der auch den jungen Joachim unterrichtet hatte. Henris Erfolg war phänomenal selbst für die damalige Zeit, in der es Wunderkinder im Überfluß gegeben zu haben scheint. Mit acht Jahren wurde er in die Klasse Clavels am Pariser Konservatorium aufgenommen, und bald darauf ging er zu Massart. Mit elf bekam er den vielbegehrten ersten Preis für Violine – bei einem Ausländer eine große Seltenheit.

Als fertiger Solist ging der Dreizehnjährige auf Konzertreise durch Polen und Rußland und hatte überall größten Erfolg. Zwei Jahre später, 1850, eroberte er gemeinsam mit seinem Bruder Joseph, einem Pianisten, das Publikum in den Niederlanden, in Frankreich, England und Deutschland.

In jenen Jahren war der Zarenhof das Mekka aller großen Virtuosen. 1860 ernannte man Wieniawski zum Sologeiger des Zaren in St. Petersburg; er

behielt diesen Posten zwölf Jahre lang. Gegen die Mitte des 19. Jahrhunderts
hin war es für einen gefeierten Künstler unerläßlich geworden, in Amerika zu
spielen. Dort wurden europäische Virtuosen nicht nur meist freundlich
aufgenommen – auch der Verdienst war enorm. Wieniawski überquerte 1872
erstmals den Atlantik. Er reiste mit dem damals schon weltbekannten Anton
Rubinstein, mit dem er befreundet war, und einem kleinen Instrumental-
ensemble. Die Tournee machte Geschichte – aus mehreren Gründen. Der
Kontrakt sah 200 Konzerte für je 200 Dollar vor, und die Musiker traten in
239 Tagen nicht weniger als 215mal auf. Laut Harold Schonberg soll sich
Anton Rubinstein beklagt haben, unter solchen Bedingungen müsse ein
Künstler zum Automaten werden. „Bewahre uns der Himmel vor solcher
Sklavenarbeit." Wieniawski jedoch, sonst ein Mensch von „sehr nervösem
Temperament", der in Petersburg zahlreiche Konzerte wegen Krankheit
absagt hatte, „verpaßte in Amerika kein einziges Konzert. Er mochte sich
noch so elend fühlen, er brachte immer die Energie auf, mit seiner Zauber-
violine auf dem Podium zu erscheinen".[1] Anscheinend lag der Grund für
diese ungewohnte Korrektheit in einer Vertragsklausel, derzufolge er
1000 Francs als Konventionalstrafe für jeden versäumten Auftritt zahlen
mußte.

Bei solcher seelischen Belastung gingen sich Wieniawski und Rubinstein
trotz aller Freundschaft bald auf die Nerven. Oft war die Stimmung gereizt,
heftige Diskussionen wechselten mit langen Perioden eisigen Schweigens. Es
scheint Wieniawski vor allem verdrossen zu haben, daß Rubinsteins Name
auf den Ankündigungen größer gedruckt wurde als seiner. Und obwohl sie
die Kreutzer-Sonate an die siebzigmal so hervorragend miteinander spielten,
daß den Zuhörern die Tränen kamen, herrschte privatim zwischen ihnen
eine stumme Bitterkeit, die keiner brechen wollte. Nach dem ersten Auftreten in den Vereinigten Staaten schrieb ein Kritiker: „In Wieniawski haben
wir sicherlich den größten Geiger, der je in Amerika zu hören war . . . Von
allen lebenden Zeitgenossen überragt ihn vielleicht nur Joachim."[2]

Im übrigen war Wieniawski ein Trinker und hemmungsloser Spieler, der
manche Nacht am Roulettetisch verbrachte. Oft verspielte er das Honorar
eines Konzerts, das noch gar nicht stattgefunden hatte. Obwohl die nächtli-
chen Ausschweifungen seinem Spiel anscheinend nichts anhaben konnten,
schadete er sich doch gesundheitlich schwer, zumal er unter starkem Überge-
wicht litt und man bereits bei dem Dreißigjährigen ein Herzleiden festgestellt
hatte.

Als Vieuxtemps 1873 erkrankte, übernahm Wieniawski seinen Posten am
Brüsseler Konservatorium. In den zwei Jahren, die er ihn innehatte, erwies er
sich als begabter, tüchtiger Pädagoge. Der geregeltere Tageslauf führte dazu,

daß sein Gesundheitszustand sich besserte. Als aber Vieuxtemps so weit genesen war, um seine alte Stellung erneut zu übernehmen, verfiel Wieniawski in seinen früheren Lebenswandel, der ihn schließlich zugrunde richtete. Er starb, verarmt und einsam, im Alter von vierundvierzig Jahren in einem Moskauer Krankenhaus.

Von Joachim und Wieniawski wird eine herzbewegende Geschichte erzählt: Joachim, der den Kollegen schrankenlos bewunderte, war in Berlin zu einem Konzert erschienen, wo Wieniawski zum erstenmal sein zweites Violinkonzert spielen sollte. Als der Pole aufs Podium kam, sah er schon sehr leidend aus. Nachdem er wenige Minuten gespielt hatte, brach er ab und bat um einen Stuhl. Er spielte im Sitzen weiter, erlitt aber einen plötzlichen Anfall von Atemnot und mußte halb erstickt vom Podium getragen werden. Joachim stürzte hinter die Bühne und kam nach kurzer Zeit mit Wieniawskis Geige in der Hand wieder. Er entschuldigte sich beim Publikum, daß er nicht im Frack sei und das wundervolle Konzert seines Freundes nicht spielen könne. Statt dessen werde er jetzt Bachs Chaconne für Violine solo vortragen. Er bekam frenetischen Applaus, und als dann auch noch Wieniawski aufs Podium gewankt kam und Joachim mit tränenüberströmtem Gesicht dankbar umarmte, kannte die Begeisterung keine Grenzen.

In seinen Erinnerungen schreibt Joachim: „Keiner, der Wieniawski nicht selbst hat spielen sehen, hat eine Vorstellung davon, was seine Linke konnte."[3] Ein großes Wort von jemandem, der die Verdienste von Kollegen nicht gern lobte. Wieniawski soll Doppelgriffpassagen, schnelle Läufe in Dezimen, Pizzikati mit der linken Hand und Stakkatoläufe kristallklar und immer mit vollkommen reiner Intonation gespielt haben. Auch seine Bogentechnik soll makellos gewesen sein. Es ist interessant, daß ihn Grove's Musiklexikon „als einen der ersten, wenn nicht überhaupt den ersten" bezeichnet, „der einen wesentlichen Faktor der Tonerzeugung entdeckt hat, nämlich eine besondere Art der Bogenhaltung, wobei dem Zeigefinger und seiner Fähigkeit, das Gewicht des Bogens auszubalancieren, eine entscheidende Rolle zukommt".[4] Dies ist der früheste Hinweis auf einen Schritt in Richtung der später von Carl Flesch befürworteten und heute weltweit praktizierten „russischen" Bogenhaltung, Wieniawski vervollkommnete auch das rasche, mit steifem Arm gestrichene Stakkato.

Wieniawski besaß zwei exquisite Geigen, die er beide verkaufen mußte, um Spielschulden zu bezahlen. Eine war die „Wieniawski-Stradivari", 1719 entstanden, als Meister Stradivari bereits fünfundsiebzig war und sich auf der Höhe seines Könnens befand. Ševčik, der Wieniawski auf diesem Instrument gehört hat, schrieb, daß er so etwas wie den Ton der „Wieniawski" in seinem langen Leben noch bei keinem Virtuosen gehört habe. Als Wieniawski

einmal Geld hatte, was selten vorkam, kaufte er sich eine herrliche Pietro
Guarneri. Wer ihn gehört hatte, bestätigte, daß seine Begabung aufs schönste
zu den herrlichen Eigenschaften dieses Instruments paßte, das übrigens
später in den Besitz von Hubay gelangte, der es viele Jahre lang spielte.

EIN DIENER DER KUNST

Joseph Joachim

Am 28. März 1844 erschienen im Programm eines Londoner Benefizkon-
zerts gleichzeitig „Das Zigeunermädchen" und ein „Ungarischer Knabe".
Das „Mädchen" war eine Operette von Michael William Balfe, die damals
sehr beliebt war, und mit dem „Knaben" war der zwölfjährige *Joseph
Joachim* gemeint. Der junge Virtuose spielte – entsprechend den damaligen
Gepflogenheiten als Intermezzo zwischen dem ersten und dem zweiten Akt
der Operette – Ernsts „Große Variationen über ein Thema aus Rossinis
Otello" und erzielte damit sensationellen Erfolg. Zwei Monate später trat er
bei einem von Mendelssohn dirigierten Konzert der Philharmonic Society
erstmals mit Beethovens Violinkonzert und einer selbst komponierten Kadenz auf. Mendelssohn berichtete der Familie Joachims über dessen „bei-
spiellosen Erfolg". Die Begeisterung war derart, daß die Hörer schon Beifall
klatschten, als er aufs Podium trat. Er spielte bereits die ersten Takte „so
herrlich, so sicher und rein", daß ihn das Publikum mehrfach mit Applaus
unterbrach. Zwischendurch wandte er sich an Mendelssohn und sagte: „Ich
habe doch eigentlich sehr große Angst."[1] Zum Schluß wollte man ihn nicht
fortlassen; er mußte sich, von Beifallsstürmen gerufen, immer aufs neue
verneigen.

Als siebtes von acht Kindern einer armen jüdischen Familie wurde Joseph
Joachim im einst ungarischen, heute österreichischen Dorf Kitsee geboren.
Mit fünf Jahren bekam er den ersten Unterricht von Serwaszýnski, dem
Konzertmeister und besten Geiger an der Oper von Pest. Zwei Jahre später
spielte er bereits öffentlich Duette mit seinem Lehrer. Ein Kritiker bezeich-
nete ihn als „lebendes Wunder . . . einen zweiten Vieuxtemps, Paganini oder
Ole Bull".[2] Fragte man Joachim in späteren Jahren, was ihm von diesem
Konzert noch erinnerlich sei, antwortete er, „daß er auf seinen himmelblau-
en, mit Perlmutterknöpfen besetzten Rock fürchterlich stolz" gewesen sei.[3]

Später studierte er bei dem damals größten Lehrer Wiens, bei dem älteren
Hellmesberger. Bedauerlicherweise hatte die Vernachlässigung der Bogentechnik in Serwaszýnskis Unterricht schlimme Folgen, die Hellmesberger

nicht wiedergutzumachen schien. Der um seinen Rat gefragte Geiger Ernst empfahl seinen eigenen Lehrer Joseph Böhm. Dieser verbesserte nicht nur Joachims Bogentechnik, sondern führte ihn auch in die Kammermusik ein.

Eigentlich hätte Joachim für die weitere Ausbildung nach Paris gehen sollen, doch gab es eine verheiratete Verwandte in Leipzig. Dort war unter Mendelssohns Leitung das Gewandhausorchester seit 1834 zu hoher Blüte gelangt, und der Komponist hatte im neu eröffneten Konservatorium ein weiteres Betätigungsfeld für seine organisatorischen Neigungen gefunden. 1843 spielte Joachim Mendelssohn vor, und dieser riet ihm, bei Moritz Hauptmann Kontrapunkt zu studieren, hielt aber auch weiteren Unterricht in Geigentechnik für nötig. „Er kann getrost für sich allein weiterarbeiten und von Zeit zu Zeit David etwas vorspielen", der damals Professor für Violine am Konservatorium war, „um dessen Rat und Urteil zu hören. Im übrigen will ich selber öfters und regelmäßig mit dem Jungen musizieren und sein künstlerischer Berater in musikalischen Dingen sein."[4]

In einem Brief vom April 1844 schrieb Hauptmann über den jungen Joachim:

> „. . . Da ist der Joachim aus Wien, der scheint's so leicht gelernt zu haben . . . jetzt spielt er vielleicht eine Stunde (täglich), hat neulich die Spohrsche Gesangsszene, die er einige Tage vorher mit David vorgenommen hatte, im Gewandhaus – die Veranlassung war unvorhergesehen – gespielt, und da die Solostimme sich nicht fand, auswendig gespielt und so, daß Spohr selbst seine große Freude daran gehabt haben würde. Im Gesang von ganz rührender Schönheit, glockenrein in der Intonation bei den schwersten Stellen und unfehlbar sicher."[5]

Im darauf folgenden Jahr hatte Joachim großen Erfolg in England. Nach Leipzig zurückgekehrt, spielte er bei einer Aufführung des Konzerts für vier Violinen von Ludwig Wilhelm Maurer mit dem Gewandhausorchester. Die anderen drei Geiger waren Ernst, Bazzini und David, alle sehr viel älter als er und weltberühmt. Mit seinen dreizehn Jahren verkehrte Joachim offensichtlich schon ganz kollegial mit diesen Großen. Seine Familie war aber gegen das Ausbeuten von Wunderkindern, und so mußte er erst einmal die Schule beenden und bei David weiter die Klassiker studieren.

Mendelssohns bestimmender Einfluß auf den jungen Geiger war günstig: Manches von Joachims späterer Musikauffassung wurzelte in dieser Beziehung. Mendelssohn war es auch, der ihn mit Bachs Werken vertraut machte. Jeden Sonntag spielten die beiden im Haus des Komponisten stundenlang miteinander Duette und Sonaten. Die gesellschaftlichen Vorteile für den jungen Mann, der im Heim der Mendelssohns der musikalischen Elite begegnete, dürften ebenfalls groß gewesen sein. Hier traf er Robert Schumann und seine Frau Clara, eine der bekanntesten Pianistinnen ihrer Zeit. Joachim freundete sich mit den Schumanns an; er und Clara sollten später gemeinsame Konzertreisen unternehmen.

Nach Mendelssohns Tod im Jahr 1847 sank das musikalische Niveau Leipzigs ab, und Joachim wünschte sich eine andere Wirkungsstätte. Die Gelegenheit dazu bot ihm Franz Liszt, der inzwischen nicht mehr als Virtuose auftrat, sondern als Kapellmeister am Weimarer Hof ein ruhigeres Leben führte; er schlug Joachim als Konzertmeister im Großherzoglichen Orchester vor, und dieser nahm das Angebot gern an. Joachim war sehr behütet aufgewachsen und hatte dank seines ernsthaften Naturells außerhalb der engbegrenzten Welt seiner Arbeit erst wenig erlebt. In Weimar jedoch wurde während der drei Jahre unter dem Einfluß der dominierenden Persönlichkeit Liszts aus dem Knaben ein Mann. Verständlich also, daß die in Weimar entstandenen Kompositionen deutlich Liszts Einfluß zeigen. Joachim komponierte dort sein Violinkonzert in g-Moll op. 3 und widmete es Liszt, der die Geste erwiderte, indem er seine Ungarische Rhapsodie Nr. 12 in cis-Moll Joachim zueignete.

Joachims Aufenthalt in Weimar wurde zu einer Zeit innerer Konflikte. Einerseits war er ein Bewunderer und Freund Liszts, andererseits hatte er seinen durchaus eigenen ästhetischen Standpunkt: Für ihn war die Musik der Klassiker das Wesentliche. Die Klassiker aber und Liszt waren unvereinbar wie Feuer und Wasser. Außerdem empfand Joachim die in Weimar herrschende Wagner-Vergötterung als übertrieben und unangemessen.

Als sich Gelegenheit bot, Weimar zu verlassen, gab er daher seine Stellung auf, so ungern er Liszt und seine übrigen Freunde verließ. Noch betrübter wäre er gewesen, hätte er geahnt, welche Rolle er einst in der dramatischen Auseinandersetzung zwischen der fortschrittlichen „neudeutschen Schule" und der konservativen Opposition spielen sollte. Die „neudeutsche Bewegung" verkörperte „die Musik der Zukunft". Ihre Vorbilder waren Liszt und Wagner. Die Opposition aber verwarf die meiste nach Beethoven komponierte Musik (mit Ausnahme etwa von Mendelssohn) und hielt sich an die klassischen Vorbilder. Doch genügte ihr das keineswegs: Ein Komponist, der sich Chromatik oder klangliche Überraschungseffekte bei der Orchestrierung erlaubte, galt als moralisch minderwertig, während die Werke derer, die sich eng an die Regeln der klassischen Harmonie hielten, als moralisch wertvoll angesehen wurden.

Als Liszt sein – nach Meinung Joachims anmaßendes – Vorwort zu den symphonischen Dichtungen veröffentlichte, schrieb Joachim ihm einen höflichen Brief, mit dem er die Beziehung zu ihm auflöste, ihm aber zugleich für die vergangene Freundschaft dankte. Es folgten Auslassungen in Robert

Schumanns „Neuer Zeitschrift für Musik", die sich in der Opposition gegen
die „neudeutsche Schule" zu ihrem berühmten Manifest von 1860 gedrängt
sah, in dem sie „den neuen, unerhörten Theorien" widersprach, „die dem
innersten Wesen der Musik zuwiderlaufen".[6] Zu den Unterzeichnern gehörten Brahms, Joachim, der Pianist Julius Otto Grimm und der Dirigent
Bernhard Scholz.

Nachdem Joachim 1853 Weimar verlassen hatte, wurde er „königlicher
Hof- und Staatsgeiger" beim blinden König Georg V. von Hannover, einem
großen Förderer der Musik. Obwohl er mit dem König auf freundschaftli-
chem Fuß stand, verlief sein Alltag dort nicht immer reibungslos. Joachim
war in allem, was er unternahm, von großer Genauigkeit und rang mit seinen
Musikern, um das Niveau der Orchesterkonzerte zu heben – doch nur mit
geringem Erfolg. Oft beklagte er sich, daß er in musikalischen Belangen
tauben Ohren predige, daß er sich seine Musik zu Hause selber machen
müsse. Er blieb jedoch auf seinem Posten, bis Hannover 1866 zu Preußen
kam und der König ins Exil ging. 1863 heiratete Joseph Joachim Amalie
Weiß, die schöne Altistin der Hannoveraner Oper. Sechs Jahre später wurde
er zum Direktor der neu eröffneten Musikhochschule von Berlin ernannt
und zog mit seiner jungen Familie in die neue Hauptstadt Preußens, die sich
in jenen Jahren stürmisch entwickelte, denn nach dem Sieg über die Österrei-
cher 1866 wurde Preußen rasch der führende deutsche Staat. Entsprechend
nahm auch das Berliner Musikleben neuen Aufschwung. Man konnte nun
auch mit zunehmender Häufigkeit berühmte Künstler dort hören: Clara
Schumann, Brahms und Wagner besuchten Berlin jetzt weit öfter als früher.

Als Joachim in Berlin begann, hatte man mit Recht den Eindruck, daß mit
ihm eine neue musikalische Ära der Stadt anbrach. Die Hochschule bekam
immer größeren Zulauf, binnen drei Jahren erhöhte sich die Schülerzahl von
19 auf 100. Joachim veranstaltete öffentliche Studentenkonzerte, zu denen
die Presse eingeladen wurde und die bald zu Höhepunkten des städtischen
Musiklebens avancierten – wobei Joachims Auftritte die Hauptattraktion
blieben. 1869 gründete er ein Streichquartett, mit dem er leidenschaftlich
arbeitete.

Joachims Unterrichtsmethode schildert einer seiner berühmtesten Schüler, sein ungarischer Landsmann Leopold Auer, der 1862 bei ihm studierte.
Weil der Lehrer so beschäftigt war, bekamen die Schüler die Stunden nicht zu
festgelegten Zeiten, sondern wurden jedesmal kurz vorher von einem Diener
zusammengerufen. Auer sagt, Joachim sei selten auf spieltechnische Einzelheiten eingegangen und habe auch nie dementsprechende Ratschläge gegeben: Er setzte voraus, daß man das nötige Vorwissen und Können von zu
Hause mitbrachte. Doch legte er während der Lektion nie die Geige aus der

Hand, und wann immer er Kritik für angebracht hielt, „hob er den Bogen und spielte die Passage auf wahrhaft göttliche Weise".[7] Ob diese Weise göttlich war, bleibt dahingestellt. Flesch, ebenfalls ein Joachim-Schüler, beurteilte die Bogenführung seines Lehrers weit kritischer: „Joachim spielte noch mit dem damals üblichen gesenkten Oberarm, der zwangsläufig ein rechtwinkliges Verhältnis zwischen Hand und Unterarm am Frosch bedingte. Der Bogen wurde mittels der Fingerspitzen gehalten, der Zeigefinger berührte die Stange auf der Trennungslinie zwischen Nagel- und Mittelglied, während der kleine Finger auch an der Spitze auf der Stange verblieb . . . Der Bogenwechsel am Frosch wurde bei steifen Fingern mittels einer . . . kombinierten, zuckenden Bewegung des Handgelenks in horizontaler Richtung . . . ausgeführt." Trotzdem meint Flesch: „Joachims Bogenführung war eine rein persönliche Angelegenheit, eine intuitiv gefundene motorische Verdolmetschung eines ganz individuell gearteten Ausdrucksbedürfnisses." Erst als Joachims Jünger eine „Schule" gründen wollten, die auf dieser fehlerhaften Basis beruhte, wurden die Probleme akut. Flesch behauptet, die meisten Schüler Joachims seien als Geiger fürs ganze Leben „verkrüppelt" worden, und dies sei auch der Grund, warum Joachim „keinen einzigen Geiger von Weltruf ausgebildet" habe.[8]

In einem Punkt teilt Flesch die Meinung Auers, daß nämlich Joachim kein üblicher Lehrer war, vielmehr „der Idealtypus des Vorspielers". Weil er so selten im Detail erläuterte, was er meinte, konnten nur diejenigen „von ihm Nutzen ziehen, deren technische Vorbildung unerschütterlich feststand". Die weniger Begabten, die den inneren Gehalt seiner Ideen nicht begriffen, blieben unbelehrt. Vielleicht liegt hierin die Erklärung für die widersprüchliche Beurteilung von Joachim als Pädagoge.

Joseph Joachim verfügte über gewaltige geistige und körperliche Kraftreserven und behielt seine jugendliche Elastizität bis ins fortgeschrittene Alter. Seine Leistungsfähigkeit schien unerschöpflich: Nach einer vierundzwanzigstündigen Reise pflegte er sich nach Hause zu begeben, sich umzuziehen und binnen einer Stunde in der Hochschule aufzutauchen, um dort drei, vier Stunden lang zu unterrichten. Nach dem Mittagessen dirigierte er womöglich noch eine Orchesterprobe und stieg dann in den Wagen, fuhr zum Abendessen zu den Mendelssohns und verbrachte den Abend damit, gemeinsam mit anderen Gästen Quartett zu spielen.

Große Bedeutung im Leben Joachims gewann seine Freundschaft mit Johannes Brahms, den er 1852 in Hannover kennengelernt hatte. Brahms hatte Joachim vier Jahre zuvor in Hamburg das Violinkonzert Beethovens spielen gehört und war tief beeindruckt gewesen. Ihre Freundschaft dauerte über vierzig Jahre, und ihr umfangreicher Briefwechsel zeigt, daß sie sich nicht nur in persönlichen Dingen nahestanden, sondern daß einer dem anderen häufig musikalische Skizzen mit der Bitte um ein kritisches Urteil vorlegte. Dabei respektierte jeder die Meinung des anderen als die eines Gleichrangigen. Brahms hielt Joachim sogar für den besseren Komponisten.

Als Brahms sein Violinkonzert komponierte, dachte er dabei natürlich an Joachim als den idealen Interpreten. Am Wörther See, im Sommer 1878, entwarf er erste Skizzen und schickte die Violinstimme an den Freund, damit sich dieser dazu äußere. Mit einer unvollständigen Partitur in der Hand und ohne mit Orchester spielen zu können fiel Joachim das Urteil schwer, trotzdem erkannte er sogleich bestimmte Probleme. Er schrieb an den Freund: „Herauszukriegen ist das meiste, manches sogar recht originell violinmäßig – aber ob man's mit Behagen alles im heißen Saal spielen wird, möchte ich nicht bejahen, bevor ich's im Fluß mir vorgeführt . . ."[9] Die langen Solopassagen dieses Konzerts sind in der Tat ein Härtetest für jeden Geiger.

Aus dem Briefwechsel wird ersichtlich, wie schwer sich ein Komponist tut, für ein Instrument zu schreiben, von dem er zuwenig weiß. Sonderbarerweise war Brahms, ein hervorragender Pianist, eher bereit, Joachims Ratschläge hinsichtlich der Komposition selbst zu akzeptieren als hinsichtlich der Artikulation des Violinparts und dessen Schwierigkeiten. Nur im Verfassen der Kadenzen hatte Joachim freie Hand. Der Schwerpunkt der Meinungsverschiedenheiten zwischen beiden lag in den Anweisungen für die Legatophrasierung, bei denen Brahms über lange Phrasen hinweg nach Pianistenart auf gebundenem Spiel bestand, statt klare bogentechnische Anweisungen zu geben. Joachim schrieb dazu: „Mit so vielen Noten im gleichen Bogenstrich ist es besser, die Noten auf mehrere Bogenstriche zu verteilen, es kann trotzdem klingen, als sei es mit einem einzigen gespielt."[10] Bei anderer Gelegenheit äußerte Brahms gereizt: „Aber mit welchem Recht, seit wann und mit welcher Autorität schreibt Ihr Geiger das Zeichen für Portament hin, wo es keines bedeutet . . . Bis jetzt habe ich den Geigern nicht nachgegeben, auch ihre verfluchten Balken nicht angenommen." Zum Schluß pfeffert er Joachim hin: „Warum soll denn ⌢ bei uns etwas anderes bedeuten als bei Beethoven?"[11]

An der Stelle jedoch, *„wo die Bässe pizzicato non sostenuto* spielen sollten",[12] war Brahms doch recht froh, Joachims Verbesserung zu haben, die den Solopart durch „lichtere Begleitung weniger anstrengend machte". Bei einer anderen Gelegenheit ließ Brahms sich von Joachim überreden, die Lautstärke der Holzbläser zurückzunehmen, damit sie den Solisten nicht zudeckten.

Brahms beendete das Werk im Dezember 1878 und ließ es probeweise in

der Hochschule aufführen. Die Berliner Kritiker verwarfen es fast ausnahmslos als „langweiliges Erzeugnis" und machten es Joachim zum Vorwurf, das
Studentenorchester gezwungen zu haben, „diesen Schwachsinn" zu begleiten. Auf den Neujahrstag 1879 fiel die erste öffentliche Aufführung im
Leipziger Gewandhaus, und auch dort waren die Kritiker nicht wohlwollender, zumal die erste Fassung der Solostimme „etwas überstürzt zurechtge-
macht" war.[13]

Gedruckt wurde das Violinkonzert erst im Herbst 1897. Brahms wußte,
daß Joachims Technik und Musikalität derjenigen aller anderen lebenden
Geiger überlegen war, und hatte sich der Drucklegung in der Befürchtung
widersetzt, für andere sei es zu schwer zu spielen. Bis dahin hatte Joachim die
ganze Partitur, mitsamt den einzelnen Orchesterstimmen, im Manuskript von
Stadt zu Stadt geschleppt. Bei den ersten fünf Aufführungen spielte er vom
Blatt, erst bei der sechsten wagte er auswendig zu spielen.

Brahms und Joachim hatten im Lauf der Jahre manchmal auch Meinungsverschiedenheiten. Meist betrafen sie die Aufführung beziehungsweise
Nichtaufführung Brahmsscher Kompositionen und taten der Freundschaft
keinen Abbruch. Als sich jedoch Joachim von seiner Frau trennen wollte und
sie beschuldigte, ein ehebrecherisches Verhältnis mit dem Verleger Simrock
eingegangen zu sein, ergriff Brahms Amalies Partei. Er schrieb ihr einen
vertraulichen Brief, in dem er ihr versicherte, von ihrer Unschuld überzeugt
zu sein. Der Brief wurde vor Gericht verlesen, und Joachim verlor den Prozeß.

Ein Jahr lang ruhte jeglicher Kontakt zwischen den beiden Künstlern.
Danach korrespondierten sie wieder – jedoch über rein musikalische Dinge
und ohne die frühere vertrauliche Anrede. Brahms scheint am meisten unter
der Entfremdung gelitten zu haben, denn er versuchte immer wieder, den
Streit beizulegen. Joachim war starrköpfiger, aber er zweifelte nie an Brahms'
Größe und spielte unbeirrt seine Musik.

Im Sommer 1887 begann Brahms, während eines Aufenthaltes in der
Schweiz, an seinem Doppelkonzert für Violine, Violincello und Orchester zu
arbeiten. Es war für Joachim und Robert Hausmann, den Cellisten des
Joachim-Quartetts, bestimmt – gewissermaßen als Versöhnungsgeste. Joachim und Hausmann waren von den Solostimmen begeistert. Die drei
Musiker trafen sich im September in Clara Schumanns Haus in Baden-Baden
und probten dort mit Klavierbegleitung; auch mit dem Kurorchester spielten
sie es einmal durch. Öffentlich aufgeführt wurde das Konzert erstmals am
18. Oktober 1887, mit Brahms als Dirigenten. Über eine spätere Aufführung
mit denselben Solisten am Leipziger Gewandhaus äußerte Peter Tschaikowski: „Obwohl ausgezeichnet gespielt, hat dieses Konzert mir nicht den
geringsten Eindruck gemacht."[14]

Dennoch erfüllte das Konzert seinen „Zweck": Clara Schumann vermerkt in ihrem Tagebuch, Joachim und Brahms hätten nach Jahren zum erstenmal wieder miteinander gesprochen.

Die beiden Solisten machten noch zahlreiche Verbesserungsvorschläge. Viele der von Joachim mit Bleistift notierten Modifikationen stehen noch heute im Manuskript der Partitur. Der eigensinnige Brahms aber gab erst nach, als das Werk 1888 im Druck erschien. Und selbst da sind im Finale, dort, wo das Cello das Hauptthema zu spielen hat, die Strichanweisungen von Brahms und nicht von Joachim.

Joseph Joachim wurde von seinen Zeitgenossen gleichermaßen vergöttert und hart kritisiert. Nach einem Konzert in Wien 1861 schrieb Eduard Hanslick über den damals Dreißigjährigen, man habe es weniger mit einem blendenden Virtuosen zu tun als mit einer bedeutenden, eigenwilligen Persönlichkeit. Trotz seines technischen Könnens identifiziere man Joachim so sehr mit dem musikalischen Ideal, daß man von ihm sagen könne, er sei über die äußersten Grenzen des Könnens hinaus vorgestoßen. Jegliche Eitelkeit oder Beifallshascherei sei ausgemerzt.[15]

Joachims Anstrengungen, das Niveau musikalischen Gestaltens anzuheben, waren für ganz Europa richtungweisend. Schon Künstler wie Ernst und Vieuxtemps hatten dem Publikum klargemacht, daß sich Virtuosentum und musikalisches Einfühlungsvermögen erfolgreich vereinen lassen *können*. Joachim aber erhob dies zu einem *Muß*. Er war der erste Geiger des 19. Jahrhunderts, der Bachs Sonaten für Violine solo spielte und dessen Programme stets Werke von Scarlatti, Tartini und Spohr enthielten. Bevor er die Klassiker in seine Programme aufnahm, bestand das bis dahin übliche Repertoire aus einer Fülle kurzer Nummern, Potpourris und Transkriptionen. Bald folgten andere Künstler dem Beispiel Joachims, und obwohl hin und wieder noch leeres Virtuosentum herrschte, hat Joachim doch bis zum heutigen Tag dem Konzertpodium eine gewisse „Würde" garantiert. Carl Flesch schreibt: „Ihm ist es in erster Linie zu danken, wenn die Virtuosität als Selbstzweck bald auf den ihr gebührenden untergeordneten Platz verwiesen, das Werk selbst an die erste Stelle gerückt wurde."[16]

Joachim war kein eifriger Förderer der neuen Musik, doch ohne sein Zutun hätte man vermutlich Brahms nie aufgeführt. Seine eigene Begabung als Komponist war außergewöhnlich. Flesch hielt sein „Konzert in ungarischer Weise" op. 11 für „einen Gipfel der Literatur" und für die „bedeutendste Schöpfung, die ein Geiger jemals für sein Instrument geschrieben hat".[17] Seine noch vor Berlin geschriebenen Kadenzen haben die Zeit jedoch besser überdauert als sein Violinkonzert, das nur selten gespielt wird.

Joachim war ein schwieriger Charakter: sehr ernst, ein Mensch von hohen

Idealen – wie manche finden, sogar übertrieben hohen –, zugleich aber von einer Gefühlstiefe, die er selbst vor engsten Freunden selten enthüllte. Seine Reaktion auf fehlerhaft spielende Schüler konnte heftig sein, und wenn ein Rivale auftauchte, bekam seine ablehnende Haltung etwas Sarkastisches. Als der dreiundzwanzigjährige Fritz Kreisler 1898 in Berlin einen sensationellen Erfolg hatte, wurde er von einem Freund in Joachims Klasse mitgebracht. Der Meister empfing ihn „mit eisiger Höflichkeit, ohne mit einem Wort zu erwähnen, daß ihm bewußt war, wen er vor sich hatte". Da der Klavier-begleiter nicht erschienen war, bot Kreisler, der auch ausgezeichnet Klavier spielte, sich als Ersatzmann an. Er spielte phänomenal. Joachim entließ ihn mit dem klassisch gewordenen Ausspruch: „Sie sind wirklich ein fixer Pianist."[18]

Joachim wurde überschwenglich geehrt und gefeiert. 1899, bei seinem sechzigjährigen Künstlerjubiläum, gab man ihm zu Ehren ein Galakonzert in der Berliner Philharmonie. Aus seinen berühmtesten Schülern wurde ein „Elite-Orchester" zusammengestellt, und man schenkte ihm eine weitere Stradivari für seine Sammlung – die „de Barrau", die „Alard" und die „Delphin" besaß er bereits.

Im Jahre 1849, als er gerade an einer Komposition für sein nächstes Londoner Konzert arbeitete, schrieb Joseph an seinen Bruder Heinrich:

> „Es ist fast, als ob ich dazu verdammt wäre, in der Musik nichts zu leisten . . .
> Ich meine es doch so gut mit der Kunst; sie ist mein Heiligtum . . . aber
> trotzdem leiste ich nichts in ihr, fast gar nichts; – als ob ein tragisches Fatum,
> gegen das ich nicht ankämpfen kann, darüber schwebte. Wird es über mein
> ganzes Leben verhängend hangen? Doch nein . . . gewiß werde ich es doch noch
> besiegen. Ich möchte so gerne was Großes in der Kunst leisten."[19]

Die Zweifel an sich selbst kehrten sich in den darauffolgenden fünfzig Jahren fast naturgemäß ins Gegenteil.

Die Lady mit dem Bogen

Wilma Norman-Neruda

In den Haushaltsbüchern König Heinrichs VII. findet sich unter dem Da-tum des 2. November 1495 ein Posten: „Für eine Frave, die mit einer Fiedel singet 2 s." Ein männlicher Geiger jener Zeit erhielt am 17. Februar 1497 „zum Lohne 1£ 6 s 8 d".[1] Die musizierende Frau muß für die damaligen Verhältnisse etwas Außergewöhnliches gewesen sein, zumal man weiß, daß die Fiedel nicht als „ehrsames Instrument" galt. Und doch kommen, verfolgt man die Geschichte der Geige, hie und da immer wieder weibliche Virtuosen vor.

Die erste Berufsgeigerin scheint eine gewisse *Sarah Ottey* gewesen zu sein, geboren etwa 1695, sie spielte „Soli auf dem Cembalo, der Violine und der Viola da gamba"[2] bei Konzerten zwischen 1721 und 1722. Eine andere – „La Diamantanina" –, geboren ungefähr 1715, wurde vom Dichter Thomas Gray 1740 folgendermaßen geschildert: „Eine berühmte Künstlerin spielte göttlich auf der Violine und sang wie ein Engel."

Von *Maddalena Lombardini Sirmen* (geboren 1735) wissen wir durch den berühmten Brief, den ihr Tartini schrieb. Sie genoß einen beachtlichen Ruf; so hielt man sie für Nardini ebenbürtig.

Regina Strinasacchi (1764–1823), hervorgegangen aus der „Pietà" in Venedig, wo man sehr hohe Anforderungen stellte, wurde bereits erwähnt. Sie war schon von Haus aus eine erfolgreiche Solistin, unsterblich aber wurde sie durch das gemeinsame Auftreten mit Mozart bei der Aufführung seiner Sonate in B-Dur KV 454; der Komponist begleitete sie ohne Noten, weil er nur den Violinpart aufgeschrieben hatte.

Um die Wende zum 18. Jahrhundert tauchen mehr Geigerinnen auf; einige von ihnen waren seinerzeit berühmte Wunderkinder, doch ihre Namen sagen uns nichts mehr. Die bekanntesten waren wohl die *Schwestern Milanollo*, Geigerinnen von außergewöhnlicher Begabung. Aus Savigliano im Piemont stammend, machten sie bei jedem Auftreten Furore. Unter dem Scherznamen Mademoiselle Staccato und Mademoiselle Adagio unternahmen sie große Konzertreisen durch Frankreich, Belgien, Holland und England. Teresa, die Ältere, ging 1836 – erst elfjährig – nach Paris, um bei Lafont zu studieren. Später nahm sie Stunden bei Habeneck und holte sich den letzten Schliff bei Bériot in Brüssel.

Trotz solcher vereinzelter Karrieren von Geigerinnen galt die Violine noch immer für Frauen als ungeeignet. Wir wissen, daß Spohr seiner Frau abriet, ein so wenig „kleidsames Instrument" zu spielen. Von den Geigerinnen, die in der ersten Jahrhunderthälfte geboren wurden, sind heute nur noch zwei bekannt: *Camilla Urso* (1842–1902), eine französische Solistin italienischer Herkunft, die viele Konzertreisen unternahm und sich schließlich in New York niederließ, und die Tschechin Wilhelmina Neruda, berühmt unter dem Namen *Wilma Norman-Neruda;* später hieß sie – als die Frau von Sir Charles Hallé – Lady Hallé. Der Name ihres Mannes ist für immer mit dem eines der ältesten englischen Orchester verknüpft, dem großen Hallé-Orchester, das er 1858 gründete.

Wilhelmina Neruda (1839–1911), im mährischen Brünn geboren, stammte aus einer vornehmen Familie, die seit dem 17. Jahrhundert Geiger und Musiker hervorgebracht hatte. Sie konnte geigen, ehe sie laufen lernte, und bekam ersten Unterricht von ihrem Vater, Josef Neruda, einem Berufsgeiger und Organisten. Später wurde sie von Leopold Jansa ausgebildet, einem bekannten böhmischen Geiger und kaiserlichen Kammervirtuosen am Hofopernorchester zu Wien. 1849 debütierte Wilhelmina in Wien, am Klavier begleitet von ihrer Schwester Amalie, und verblüffte selbst den strengen Kritiker Eduard Hanslick: „Die kleine Neruda ist wirklich wunderbar in ihrer musikalischen Bravour, ihrer musikalischen Intelligenz und ihrer bemerkenswerten Akkuratesse."[3]

Josef Neruda erregte großes Aufsehen, als er seine begabten Kinder im April 1849 nach London brachte: die neunjährige Wilhelmina, ihre zwölfjährige Schwester und den elfjährigen Bruder Victor – „ein erstaunlich intelligentes Trio". Wilhelmina war der Geigenstar, die anderen spielten zweite Violine und Cello. Der Musikkritiker der *Times* schrieb: „Sie spielten Vieuxtemps' ‚Arpeggio' und Ernsts ‚Karneval in Venedig' wundervoll, und man brauchte keinerlei Nachsicht mit ihnen ob ihres zarten Alters zu üben." Das jugendliche Trio, das ursprünglich nur für zwei Abende engagiert war, mußte weitere sechzehn Konzerte geben.

Im folgenden Monat wurde Wilhelmina eingeladen, ein Konzert von Bériot in der Philharmonic Society zu spielen. Darüber berichtete ein englischer Librettist und Geiger, William Bartholomew, am nächsten Tag in einem Brief an einen Freund:

> „Ein kleines Mädchen, an Jahren und Erscheinung ein Kind, spielte gestern abend vor Gästen der Philharmonic Society das Violinkonzert von Bériot. Ihr Ton, ihre Technik, insbesondere die der Bogenhand, sind perfekt, letztere auch noch schön: Ihr graziöses und biegsames Handgelenk produzierte im Auf- und Abstrich das funkelndste Stakkacto, das ich jemals hörte."[4]

1864 hatte Wilma (wie sie sich nun nannte) großen Erfolg in Paris, wo sie bei den Pasdeloup-Konzerten (einer volkstümlichen, vom Komponisten Jules Pasdeloup gegründeten Folge von Konzertveranstaltungen) und im Konservatorium auftrat. In Musikkreisen bekam sie den Beinamen „Königin der Geiger". Wilma Neruda bevorzugte den klassischen Stil, und manche empfanden sie deshalb als weibliches Gegenstück zu Joachim. Dieses Wunderkind löste, im Gegensatz zu vielen anderen, voll ein, was seine Anfänge versprochen hatten. Wilmas Spiel galt als der Inbegriff qualitativ hochwertigen Musizierens, ihre Programme zeugten von Joachims „klassischem" Einfluß. Auch als Quartettspielerin zeichnete sie sich aus und war jahrelang

Primgeigerin des Philharmonischen Quartetts in London. 1896 spielte sie zusammen mit Joachim Bachs d-Moll-Konzert für zwei Violinen. Es war Joachim gewesen, der als einer der ersten die Begabung des Wunderkindes erkannt hatte. Zu Charles Hallé, der sie damals noch nicht kannte, sagte er: „Ich empfehle diese Künstlerin Ihrer besonderen Aufmerksamkeit. Denken Sie an meine Worte: Wenn man ihr Gelegenheit gibt, gehört zu werden, wird das Publikum mehr von ihr und weniger von mir halten."[5]

1864 heiratete Wilma Neruda den schwedischen Operndirigenten Ludwig Norman und wurde für die Dauer dieser Ehe Professor für Violine an der Stockholmer Königlichen Musikakademie. Als die Eheleute sich 1869 trennten, ging sie nach London und trat in der Philharmonic Society sowie den volkstümlichen Montagskonzerten auf. Ihr Mann starb 1885, und drei Jahre später heiratete Wilma Neruda Sir Charles Hallé.

Wer Lady Hallé erlebt hat, erinnert sich ihrer angenehmen Erscheinung und ihres schönen Tons. Außerdem hatte sie Humor. Alfred Gibson, ein englischer Geiger, der gelegentlich in Joachims Quartett mitspielte, weiß zu berichten, Lady Hallé habe weder Kinnhalter noch Schulterkissen benutzt. Wenn sie mit Joachim im Künstlerzimmer war, neckte sie die Quartettmitglieder mit den Worten: „So, und nun zieht mal schön eure kleinen Nadelkissen wieder an."[6]

Zweifellos hat Lady Hallés Erfolg anderen Frauen Mut gemacht, sich dem Geigerberuf zuzuwenden, der bis dahin fast ausschließlich Männern vorbehalten war. Doch sollte es noch lange Zeit keine Selbstverständlichkeit sein.

Der Charmeur

Pablo de Sarasate

Um die Mitte des 19. Jahrhunderts war Spanien musikalisch ein unterentwickeltes Land. Und es dauerte bis zum Ende des Jahrhunderts, ehe dort eine Symphonie Beethovens aufgeführt wurde. Es gab wenig spanische Berufsmusiker, und wer Talent genug hatte, blieb nicht im Land, sondern ging nach Paris. Einer der berühmtesten musikalischen „Emigranten" Spaniens war *Pablo de Sarasate*, Lieblingsschüler Delphin Alards am Konservatorium in Paris, dessen „Spanische Tänze" bei Musikfreunden in der ganzen Welt bis heute unvergessen sind.

„Pablo" – in Wirklichkeit hieß er Martín – de Sarasate wurde 1844 in Pamplona in Nordspanien als Sohn eines Kapellmeisters geboren, der dem Fünfjährigen die ersten Geigenstunden gab. Später studierte er bei Manuel

Rodriguez Sáez in Madrid und spielte am Hof der Königin Isabella. Sie schenkte ihm nicht nur eine herrliche, 1724 datierte Stradivari, sondern stellte ihm auch die Mittel zur Verfügung, am Pariser Konservatorium zu studieren. Damals war er zwölf, und nach nur drei Jahren Studium errang Sarasate schon den ersten Preis für Violine. Als Alard ihn fragte, was er sich als persönliches Andenken von ihm wünsche, erwiderte der Junge ohne zu zögern: „Eine Schachtel Zinnsoldaten."[1] Diese schlichte Direktheit war charakteristisch für den Mann, der später Joachims ernsthafter Rivale werden sollte.

Nach Abschluß seiner Studien unternahm Sarasate einige Konzertreisen, hatte aber nur als Salonvirtuose Erfolg. Sein Vortrag war ein wenig affektiert, und er spielte in der Hauptsache Variationen über bekannte Opernmelodien. An das klassische Repertoire ging er nicht heran – ein erstaunlicher Entwicklungsstillstand für jemanden, der schon so früh zu den besten Hoffnungen berechtigte.

Doch 1867 trat eine vollständige Wandlung ein, und zwar sowohl was das Spiel als auch was' das Programm betraf. Nirgends gibt es einen Hinweis darauf, daß akademischer Einfluß diese Veränderung ausgelöst haben könnte. Sie war möglicherweise entwicklungsbedingt: Im Alter von zwanzig Jahren verliebte sich Sarasate in die Pianistin Maria Lefébure-Wély, die Tochter des Organisten der Kirche Saint Sulpice in Paris. Drei Jahre später, als die Heirat bereits eine ausgemachte Sache schien, kehrte Sarasate von einer Konzertreise zurück und fand Maria an einen anderen Mann gebunden. Diesen Schock überwand er nie; und obwohl er sein Leben lang von Frauen umschwärmt war, die sich sogar um seine Zigarettenstummel rauften, blieb er Junggeselle. Schon als Kind hatte Sarasate ein traumatisches Erlebnis gehabt, das sich für ihn möglicherweise mit diesem späteren Ereignis verband. Mit elf Jahren war er mit seiner Mutter in Bayonne zur Nacht eingekehrt. Als er in ihr Zimmer kam, um ihr einen Gutenachtkuß zu geben, fand er sie tot im Bett: Die Cholera hatte sie hinweggerafft.

Nach dem Ende seiner Beziehung zu Maria begann Sarasate, die Klassiker zu spielen. Das Salonhafte seines Stils wich einem Ernst, der ihm bis dahin gänzlich gefehlt hatte. Seine Technik war schon immer ausgezeichnet gewesen, so daß die neue musikalische Entwicklung, im Verein mit seiner geigerischen Gewandtheit, der makellosen Phrasierung und dem Zauber seines Tons, dem Spiel Sarasates eine entscheidende neue Dimension hinzufügte.

Sarasates Repertoire umfaßte bald die Konzerte deutscher Meister sowie die der französischen und belgischen Schule. Édouard Lalo komponierte sein Violinkonzert und seine „Symphonie espagnole" für ihn. Camille Saint-

Saëns hatte sein Violinkonzert bereits für den erst Fünfzehnjährigen geschrieben.

Stücke von Paganini mied Sarasate, teils weil sie ihm nicht lagen, teils weil
er besonders kleine Hände hatte und die notwendigen weiten Griffe nur
schwer bewältigte. Auf einer Konzertreise durch Deutschland begegnete
Sarasate dem Komponisten Max Bruch, der damals am Anfang seiner
Pianistenlaufbahn stand. Sie reisten mit großem Erfolg zusammen, und
Bruch widmete Sarasate sein zweites Violinkonzert sowie seine „Schottische
Fantasie".

In Leipzig erregte Sarasate gewaltiges Aufsehen, und im Anschluß an seine
Deutschlandtournee begab er sich auf eine Konzertreise durch Österreich,
England und Belgien. Die Reise brachte ihm nicht nur beträchtliche Ein-
künfte, sondern festigte auch seinen Ruf als Virtuose.

Sarasates Debüt in Wien 1876 brachte dem inzwischen Zweiunddreißig-
jährigen den Weltruhm. Hanslick schrieb: „Es gibt wohl wenige Geiger,
deren Spiel uns einen so ungetrübten Genuß bereitet wie das dieses Spaniers.
Sein Ton ist einzigartig – nicht scharf und erschütternd, sondern von
bezaubernder Süße." Hanslick lobte seine „unfehlbare Korrektheit" und
seinen schlackenlos reinen Ton. „Nicht deshalb ist er bemerkenswert, weil er
Schwieriges spielt, sondern weil er *damit* spielt."[2]

Als der siebzehnjährige Sarasate 1861 das erste Mal in London aufgetreten
war, hatte die Presse keine Notiz von ihm genommen, und auch dreizehn
Jahre später war das Echo auf ein Konzert in der Philharmonic Society
schwach: „Er hat einen angenehmen, wenn auch dünnen Ton und spielt sehr
sauber."[3]

Bei seinem Londoner Konzert im Jahre 1879 wurde Sarasate jedoch „mit
Beifall überschüttet und dreimal herausgerufen".[4] Und als er 1883 das
Violinkonzert Mendelssohns spielte, war der Saal bis zum letzten Platz
besetzt. Ein Kritiker verglich sein Spiel mit Joachims „hochkultiviertem,
intellektuellem Vortrag",[5] ein anderer jedoch beklagte das rasante Tempo des
letzten Satzes – ein Vorwurf, den Sarasate noch oft im Leben zu hören
bekam.

Ein interessanter Bericht über seine Mendelssohn-Interpretation stammt
von dem Engländer Archie Camden. Er wurde 1899, als Elfjähriger, ins
Konzert des Hallé-Orchesters in Manchester mitgenommen und hörte
Sarasate das Konzert unter dem Dirigenten Hans Richter spielen. Dem
scharfen Ohr des Jungen fiel eine gewisse Diskrepanz zwischen dem Tempo
des Solisten und dem des Orchesters auf. Viele Jahre später erfuhr Camden
von einem Geiger des Orchesters, daß es bei dem Konzert zu Mißstimmun-
gen gekommen war, weil Sarasate darauf bestanden hatte, er als Solist dürfe

sein Tempo selbst bestimmen, und das Orchester müsse sich nach ihm richten. Der Dirigent blieb dabei, daß Sarasate – ungeachtet seines Solistenprivilegs – zu schnell sei. Nach langem Hin und Her einigten sich die Parteien auf einen seltsamen Kompromiß: Solange Sarasate sein Solo spiele, solle das Orchester sich nach ihm richten, wenn das Tutti einsetzte, würde es dem Tempo des Dirigenten folgen.

Carl Flesch berichtet, Sarasate sei der einzige Geiger gewesen, von dem er „das fliegende Wurfstakkato an der äußersten Bogenspitze", das sonst mit dem Froschende des Bogens ausgeführt wird, hörte.

Wie alle großen Solisten ging auch Sarasate auf Amerikatournee, von der Flesch behauptet, sie sei ein „regelrechter Reinfall" gewesen. Der Amerikaner Henry Lahee aber schreibt: „Er fand großen Anklang, denn sein Spiel beflügelt die Phantasie, ist anmutig-feurig, von reinem Ton. Er spielt die ‚Spanischen Tänze' auf unübertreffliche Weise." Man verglich ihn mit den größten Geigern: „Vieuxtemps war ein Künstler von leuchtender Intelligenz, ein wunderbarer Beethoven-Interpret; Joachim ragte hinauf in die olympischen Höhen dichterischer Gelassenheit, die für Leidenschaftswallungen unerreichbar bleiben; Sivori war ein blendender Virtuose, Sarasate aber ist ein unvergleichlicher Charmeur."[6]

Auch äußerlich war Sarasate eine frappierende Erscheinung. Flesch erzählt, der kleine, schwarzäugige Spanier mit dem wohlgepflegten, kohlschwarzen Schnurrbart und ebensolchen krausen, etwas zurechtgemachten Haaren habe ihm und seinen Altersgenossen scheue Ehrfurcht eingeflößt. „Es war ein Anblick eigener Art, das kleine Männchen mit echt spanischer Grandezza, äußerlich ruhig, ja phlegmatisch, das Podium beschreiten zu sehen, wo er nach einigen stereotypen Bewegungen mit unerhörter Überlegenheit zu spielen begann und die Hörer in rascher Steigerung in Erstaunen, Bewunderung und höchstes Entzücken versetzte."[7]

Der Dichter und Kritiker Arthur Symons schreibt über „das bleiche, fremdartige, anziehende Gesicht ... voller Widersprüche ... Die Augen bleiben leidenschaftlich und lodernd, auch wenn das blasierte Gesicht sich zu einem Lächeln unschuldiger, unverhohlener Freude verzieht, sobald das Publikum aufspringt und ihm applaudiert."[8]

Sarasate wohnte in der Rue du Bac in Paris, unweit seines Freundes James McNeill Whistler, der ein herrliches Porträt von ihm gemalt hat. „Der Mann, der mit der Geige in Händen dasteht", schrieb Symons über das Bild, „ist ein Kind, das gefallen möchte, und weder ein Gelehrter noch ein Prophet – das hat Whistler brillant getroffen. Man muß nur einmal sehen, wie Sarasate die Geige anfaßt: Es ist sein Kind, sein Kleinod. Er denkt an den Klang, an den makellos reinen Ton – und nicht an Beethoven. Whistler hat Sarasate

Oben links: Henri Vieuxtemps

Oben rechts: Henri Wieniawski
mit seinem Bruder Joseph

Wilma Norman-Neruda, die spätere Lady Hallé

Joseph Joachim   Pablo de Sarasate

Das Joachim-Quartett: Joseph Joachim, Robert Hausmann, Emanuel Wirth, Karel Halir

August Wilhelmj

Leopold Auer

Otakar Ševčik   Jenö Hubay

Carl Flesch

eingefangen, schwebend aufgespießt wie einen lebendigen Schmetterling."[9]
Was Symons als Positivum sah, empfanden andere als Makel. Flesch bezeichnet Sarasate als „in intellektueller Hinsicht minderbemittelt".[10] Ferruccio
Busoni tat ihn ab als „ohne Hirn und Temperament".[11] Als Komponist hat
Sarasate das Violinrepertoire um einige bis heute sehr beliebte Stücke bereichert; wenn er sie selbst spielte, erntete er stets stürmischen Beifall.
Interessanterweise findet selbst der kritische Flesch, daß in den dreißiger
Jahren die „Spanischen Tänze" von Virtuosen, die „parfümierte und frisierte
Potpourri-artige Bearbeitungen" schätzten, viel zuwenig beachtet worden
seien.[12]

Er prophezeite ganz richtig, daß Sarasates Kompositionen das Virtuosenrepertoire weit länger beherrschen würden als die seiner akademischen
Kollegen. Gerade in jüngster Zeit erfreuen sich diese Stücke, ebenso wie die
von Kreisler, erneuter Beliebtheit. Was man auch immer an Sarasate zu
bemängeln hatte, gegen seine Technik wurde nie ein Wort laut. Hanslick,
Flesch, Sir Adrian Boult und Sir Robert Mayer, die ihn persönlich hörten,
bezeugen seinen unvergleichlichen Ton, seine makellose Phrasierung und
seine unerhörte Grifftechnik, die er beherrschte wie kaum einer. Sarasate
beeinflußte die Zeitgenossen fast ein Vierteljahrhundert lang durch sein
Beispiel absolut reiner Intonation – dies führte zu einer Erhöhung der
spieltechnischen Maßstäbe. Aber es hieß, sein Einfluß sei sowohl nützlich
wie schädlich gewesen: nützlich, weil die, die ihn hörten, ein lebendiges
Beispiel für überragendes Können hatten, schädlich, weil er so viele, jedoch
weniger gute Imitatoren nachzog. Wie jedermann einst versucht hatte, es
Paganini gleichzutun, so versuchte jetzt jeder das gleiche mit Sarasate – mit
wenig Erfolg. Was Flesch „die leidenschaftslose, aalglatte Tongebung"
nannte, wurde indes große Mode: bis Ysaye auftrat, der in eine ganz andere
Richtung steuerte. Doch hält Flesch Sarasate für „die ideale Verkörperung
des Salonvirtuosentums größten Stils".[13]

Flesch konnte Sarasates Technik aus größter Nähe beobachten:

> „Rein geigerisch genommen stellte er in bezug auf Genauigkeit, Leichtigkeit
> und Mühelosigkeit der Funktionen beider Arme einen vollkommen neuen
> Typus für seine Zeit dar. Die Fingerspitzen seiner linken Hand waren ganz
> glatt, ohne Einschnitte, sein Fingerfall normal, ohne übermäßiges Heben oder
> Klopfen, das Vibrato etwas breiter als bis dahin üblich. Seine Bogenführung
> galt ihm nach einem unbedingt richtigen, wenngleich unbewußten Prinzip in
> erster Linie als Mittel für die ihm als Ideal vorschwebende Tongebung. Diese
> war von einer wohltuenden reibungslosen, eleganten Glätte . . . Die Etikette
> des ‚süßen' Tons, die ihm zeitlebens umhing, ist jedoch weniger . . . innewoh
> nendes inneres Bedürfnis . . . sondern technische Eigentümlichkeit."[14]

Flesch berichtet, Sarasate habe seinen Strich genau in die Mitte zwischen Steg und Griffbrett plaziert und fast nie nahe beim Steg gespielt, wo man eher einen oboenartig-intensiven Klang erzielt.

Sarasate hat nie unterrichtet, er war seinem ganzen Wesen nach Vortrags-künstler, Virtuose im eigentlichen Sinne. Seine Honorare waren enorm. In Deutschland erhielt er einmal für ein einziges Konzert dreitausend Mark, während man selbst einem Joachim in der Regel nur tausend Mark bezahlte. In späteren Jahren ließ die Qualität seines Spiels merklich nach, und er neigte zum „Kratzen". Doch sein persönlicher Zauber verließ ihn nie, und sein Name vermochte immer noch mühelos jeden Konzertsaal zu füllen.

Sarasates Gesundheit war infolge eines Lungenleidens schon lange ange-griffen. 1908 starb er in Biarritz ganz plötzlich an einem Blutsturz.

DIE GROSSEN LEHRER

August Wilhelmj – Leopold Auer – Otakar Ševčik – Jenö Hubay –
Carl Flesch

Zwei Zeitgenossen Sarasates beeinflußten durch ihre spezifische Begabung in entscheidendem Maße die Entwicklung des Geigenspiels: der Deutsche August Wilhelmj und der Ungar Leopold Auer, einer der größten Geigen-pädagogen aller Zeiten.

In *August Wilhelmj* (1845–1908) haben wir einen der vergleichsweise weni-gen großen Geiger, die einer wohlhabenden Familie entstammten. Sein Vater war ein angesehener Anwalt und besaß ausgedehnte Weinberge am Rhein. Die Mutter, eine Pianistin, die bei Chopin studiert hatte, war es, die das schon früh erkennbare Talent des Sohnes förderte. Sie schickte ihn zu Hofkapellmeister Conrad Fischer nach Wiesbaden, bei dem das Wunder-kind die üblichen raschen Fortschritte machte. Als der Junge jedoch den Wunsch äußerte, Musiker zu werden, stieß er damit beim Vater auf Wider-stand. Erst nachdem Fürst Emil von Wittgenstein Franz Liszt bewegen konnte, sich zum Fürsprecher des Jungen zu machen, durfte er weiterstudie-ren. Liszt brachte den Jungen zu Ferdinand David nach Leipzig, wo man ihn sofort ins Konservatorium aufnahm.

Im November 1862 debütierte Wilhelmj als Siebzehnjähriger mit großem Erfolg im Gewandhaus, und zwar mit Joachims „Ungarischem Konzert". Man erzählte sich, daß Joachim auf einer Reise zufällig spät abends durch

Leipzig kam und seinen alten Lehrer David aufsuchte. David berichtete ihm begeistert von seinem vielversprechenden Schüler Wilhelmj und meinte, der könne das Konzert Joachims im Schlaf. Daraufhin sagte Joachim: „Dann wecken Sie ihn doch und lassen Sie es mich anhören."[1]

Es war zwei Uhr früh, als der verschlafene Schüler in Morgenrock und Pantoffeln das Werk fehlerfrei vorspielte.

In späteren Jahren soll Joachim auf Wilhelmj nicht besonders gut zu sprechen gewesen sein, denn in vieler Hinsicht war Wilhelmj mit seinem vollen, reinen Ton und seinem „rassigen Virtuosentum" eine ernsthafte Konkurrenz für Joachim. Auch nahm Wilhelmj durch Liszt Verbindung zu den neudeutschen Wagnerianern auf, denen Joachim ablehnend gegenüberstand. Wilhelmj komponierte auch Paraphrasen über Wagner-Themen sowie „Arrangements" klassischer Stücke. Was ihm Joachim nie verzieh, war das auch heute noch beliebte „Air" aus der Bach-Suite in D-Dur, das Wilhelmj nach C-Dur transponierte und ausschließlich auf der G-Saite spielte.[2] Als der Franzose Lucien Capet dieses „Air auf der G-Saite" einmal in Anwesenheit Joachims spielte, bekam dieser einen solchen Wutanfall, daß dem Geiger die Tränen kamen. Joachim hielt Bachs Werke für seine ureigenste Domäne und erlaubte keinem irgendwelche Travestien.

Eine Zeitlang reiste Wilhelmj auf Konzerttourneen durch Europa, Amerika, Australien und Asien. In New York spielte er zum erstenmal 1878. Trotz großen Beifalls gewann er doch nicht die Herzen des Publikums im gleichen Maß wie einst etwa der norwegische Geiger Ole Bull.

1885 lud der türkische Sultan Wilhelmj ein, vor den Damen seines Harems zu spielen – eine einzigartige Auszeichnung, die bis dahin noch keinem Geiger zuteil geworden war. Was die Huris von ihm hielten, ist nirgends verzeichnet, doch der Sultan verlieh Wilhelmj den Medjidie-Orden zweiter Klasse und schenkte ihm Diamanten.

Auf dem Podium machte Wilhelmj eine ausgezeichnete Figur – er glich einer griechischen Statue. Wie E. van der Straeten schreibt, der ihn auf dem Höhepunkt seiner Laufbahn spielen hörte, war er „groß, breitschultrig, mit einer wuchtigen, von langen Locken umwallten Stirn, das Bild würdevoller Gelassenheit. Ob er nun eine einfache Weise oder ein Paganini-Konzert spielte, seine ruhige Haltung behielt er stets bei. Seine Töne kamen auf der Geige wie helle Trompetenstöße, funkelnd, von außergewöhnlicher Brillanz, stets schön, nie gezwungen und an Reinheit der Tongebung wohl kaum jemals übertroffen."[3] Ein bekannter Londoner Geigenhändler sagte einmal: „Er hat (in meinem Geschäft) ein paar Geigen ausprobiert. Ich glaube, der könnte auf einer Zigarrenkiste spielen, und sie würde klingen wie eine Geige aus Cremona."

Auf dem Höhepunkt seiner Laufbahn war Wilhelmj sicherlich einer der größten Geiger des ausgehenden 19. Jahrhunderts, doch seine Konzertkarriere endete vergleichsweise früh. Er war erst vierzig, als er sich entschied, nur noch zu unterrichten. Für diesen Entschluß waren wohl mehrere Gründe maßgebend: Einige sagen, er sei nicht ganz gesund gewesen, andere wieder, er habe dem guten Rheinwein allzu gern zugesprochen.

Wilhelmj war ein begnadeter Lehrer. Sein ausgeglichenes Temperament eignete sich besonders für die pädagogische Tätigkeit. 1894 wurde er als erster Professor für Violine an die Londoner Guildhall-Musikschule berufen und blieb dort bis zu seinem Tode 1908. Der englische Geiger Dettmar Dressel, der bei ihm studiert hat, weiß zu erzählen, daß seine Lehrmethode ganz individuell gewesen sei und er schier unerschöpfliche Geduld mit seinen Schülern gehabt habe. Weltbekannte Größen hat er nicht ausgebildet, hingegen hat er eine große Zahl erstklassiger Berufsgeiger erzogen und damit wesentlich zu einem besseren Niveau des Geigenspiels in England beigetragen.

Was *Leopold Auer* (1845–1930) als Pädagoge bedeutete, wurde der Musikwelt erst nach der russischen Oktoberrevolution von 1917 bewußt, als er in New York seine Geigerakademie gründete. Auer war achtundvierzig Jahre lang Professor am Kaiserlichen Konservatorium in St. Petersburg gewesen, ehe er als Zweiundsiebzigjähriger im März 1917 in der Carnegie Hall debütierte. Kreisler und viele andere seiner Schüler saßen im Publikum. Richard Aldrich von der *New York Times* fand sein Spiel „von flüssiger Leichtigkeit"; auf dem Programm standen Werke alter Meister, darunter Stücke von Händel, Locatelli, Nardini, Vitali und Bach sowie „das Arrangement einer Haydn-Serenade mit einem Vivace, das selbst für jüngere Finger eine Aufgabe gewesen wäre". Das war derselbe Geiger, der 1878 das ursprünglich ihm gewidmete Violinkonzert Tschaikowskis nicht hatte spielen wollen, weil es zu schwer sei. Was Auer betraf, so revidierte er zwar später seine Meinung, doch die Spielbarkeit des Tschaikowski-Konzerts blieb noch lange umstritten: Nach der Wiener Premiere 1881, in der Adolf Brodsky, dem der Komponist es schließlich gewidmet hatte, das Konzert spielte, schrieb Hanslick: „Da wird nicht mehr Violine gespielt, sondern Violine gezaust, gerissen, gebleut . . ."

Leopold Auer war als Sohn eines Malers in Veszeprem in Ungarn zur Welt gekommen. Von seinem sechsten Jahr an spielte er Geige und nahm den ersten Unterricht beim Dorforganisten. Mit neun Jahren fand er Aufnahme im Budapester Konservatorium und lernte bei Ridley Kohne, dem Konzertmeister der Budapester Nationaloper. Durch einen sonderbaren Zufall war

Kohnes Kollege am ersten Pult ein gewisser Carl Huber, der ebenfalls zum Kollegium des Konservatoriums gehörte. Sein Sohn Eugen wandelte später seinen Namen ins Ungarische ab und wurde der berühmte Jenö Hubay. Um diese Zeit herrschte Paris über die geigende Welt, Paris war der Traum aller angehenden Solisten. In seinem Buch „Wie ich Geigenunterricht erteile" stellt Auer fest, daß trotz der Bedeutung des Leipziger Konservatoriums weder dieses noch das Wiener Konservatorium außerhalb deutschsprachiger Länder sehr bekannt waren. Auers Eltern konnten sich ein Studium ihres Sohnes in Paris nicht leisten, also schickten sie ihn nach Wien zu Jakob Dont. 1858, im Alter von dreizehn Jahren, verließ der junge Geiger das Konservatorium mit dem heißbegehrten Diplom und der Medaille in der Tasche, die ihm als Paß in die Provinzstädte dienten. 1862 schloß er seine Studien bei Joachim in Hannover ab und ging als fertiger Konzertgeiger auf Tournee. Er spielte im Gewandhaus zu Leipzig sowie in anderen bedeutenden Konzertsälen in Deutschland, in Holland, Großbritannien und den skandinavischen Ländern.

Das Studium bei Dont in Wien war mit Sicherheit der entscheidende Schritt in Auers Entwicklung. Dont, der bei Böhm gelernt hatte, war eine der prägendsten Persönlichkeiten der Wiener Schule, aus der Geiger wie Mischa Elman, Efrem Zimbalist, Toscha Seidel, Isolde Menges, Nathan Milstein und Jascha Heifetz hervorgehen sollten, um nur einige wenige zu nennen.

1868 löste Auer in Petersburg Wieniawski als Professor für Violine ab. Er unterrichtete unter drei Zaren: Alexander II., Alexander III. und Nikolaus II., von dem er 1894 in den Adelsstand erhoben wurde. Während seiner Tätigkeit am Konservatorium gründete Auer das bekannte Petersburger Streichquartett.

Auers Einfluß in Petersburg war enorm. Sein ungarischer Landsmann Carl Flesch, der Auer 1910 in Rußland kennenlernte, ist der Meinung, Auer habe in den jüdischen Gettos Rußlands eine Elite hochbegabten Nachwuchses zur Verfügung gestanden, und vergleicht die dortige Situation mit der an der Berliner Staatlichen Musikhochschule, wo bei den Aufnahmeprüfungen für die Geigenklasse von vierzig Kandidaten in der Regel nur vier überdurchschnittlich begabt gewesen seien. Flesch weist im übrigen sicherlich mit Recht darauf hin, daß der Stand der technischen Ausbildung in Rußland von jeher sehr hoch gewesen sei.

Nathan Milstein, der bei Auer in Petersburg studiert hat, berichtet, seine große Stärke sei gewesen, nicht vorzugeben, alles zu wissen. „Fragte man ihn, wie eine bestimmte Passage zu spielen sei, antwortete er: Gehen Sie hin und denken Sie selbst darüber nach! Auf lange Sicht war das ein ausgezeichneter Rat, weil man dabei seinen eigenen Stil entwickelte und nicht versuchte, jemanden zu imitieren.“⁴ Das bestätigen die weit voneinander abweichenden Spieltechniken und die grundverschiedenen Persönlichkeiten seiner Schüler.

Zweifellos vereinigte Auer in sich auf erfolgreiche Weise viele persönliche Eigenheiten Joachims, Wieniawskis und Sarasates. Daß er so nachdrücklich Tonqualität, Tonvolumen und eine „geistige Einstellung“ zur geigerischen Ausbildung verlangte, war der Anfang einer neuen Ära. Auf saubere Technik, reinen Strich und Ton sowie guten Geschmack legte er größten Wert. Die dynamische Kraft seiner Persönlichkeit befeuerte seine Schüler und holte das Beste aus ihnen heraus. Ein übertriebenes Vibrato, wie es in den letzten zwanzig Jahren des 19. Jahrhunderts Mode war, lehnte er ab; er riet seinen Schülern, das Vibrato nur sparsam und auch nur bei gehaltenen Noten zu verwenden. Wie Corelli, so war auch Auer in der Bogentechnik sehr streng und empfahl, ein volles Jahr lang Streichübungen zu machen, ehe mit der Technik der linken Hand begonnen wurde. Er war ein Gegner von Schulterkissen oder sonstigen Stützen und fand, ein zusätzlicher Gegenstand störe die Schwingungen der Geige. Wer das Instrument richtig halte, meinte er, brauche keine derartigen Hilfsmittel. Die Weltklassesolisten unter Auers Schülern haben auf jegliche Stütze verzichtet.

Eine der besten Schilderungen des Auerschen Tons kommt von Carl Flesch: „Er schien mir eine Rundung und Weichheit zu besitzen, die man im allgemeinen sonst nicht hörte.“⁵ Genaue Beobachtung führte ihn zu der Feststellung, „daß die russischen Geiger den Zeigefinger um ungefähr einen Zentimeter höher in Richtung zum Handwurzelglied auf die Bogenstange legten, als dies bei der franco-belgischen Schule üblich ist“. Flesch gab zu, diese Bogenhaltung kurz danach selbst übernommen zu haben, und beschrieb sie im ersten Band seiner „Kunst des Violinspiels“.

Diese Bogenhaltung hat sich bei allen modernen Geigern durchgesetzt, doch noch immer nennt man sie den „russischen Griff“. Nicht in allen Punkten ist Carl Flesch mit Auer einig. Er findet, daß für Auer musikalische Erwägungen den technischen untergeordnet gewesen seien, und behauptet, der „typische Auer-Schüler“ lege größeren Wert auf „sinnlichen Wohllaut“ als auf das Ausformen musikalischer Ideen. Gerechterweise räumt er jedoch ein: „Hätte Auer in seinem Unterricht ebensoviel Gewicht auf strenge musikalische Erziehung gelegt, wie er an der Vollendung alles Technischen gearbeitet hat, wäre er vielleicht der größte Lehrer aller Zeiten geworden ...“⁶

In der zweiten Hälfte des 19. Jahrhunderts traten mehrere überragende Geigenpädagogen hervor. Auer, dem ersten von ihnen, gebührt der Ruhm, die Grundprinzipien zur Erzeugung eines schönen Tons festgelegt zu haben. Ihm folgten rasch zwei weitere Ungarn und ein Tscheche: Jenö Hubay, Carl Flesch und Otakar Ševčik.

Mit Hubays Berufung an die Budapester Akademie entstand eine spezifisch ungarische Schule. Fleschs Bedeutung liegt darin, daß er, der sich mit verschiedenen Schulen hatte auseinandersetzen müssen – der Wiener, der franco-belgischen und der russischen –, als Lehrer alle drei vereinigte. Ševčik wiederum war der erste, der die Grundlagen der Technik regelrecht analysierte und ein System entwickelte, das darauf zielte, mit mathematischer Sicherheit aus jedem Geiger einen potentiellen Paganini zu machen.

Als Ševčik über achtzig war, fragte man ihn, woher er noch so viel jugendliche Energie habe – bei einem Arbeitstag, der früh um fünf Uhr begann und erst gegen ein Uhr nachts endete. „Vegetarische Kost, keine alkoholischen Getränke und lange Spaziergänge"[7], war seine spontane Antwort. Mit weniger Bescheidenheit hätte er hinzufügen können, daß auch seine angeborene Hochherzigkeit und seine Liebe zur Arbeit dazu beigetragen hatten. Zum Konzert eines Schülers konnte er stundenlang dritter Klasse fahren: im eiskalten Waggon einer kleinen Nebenbahn – so groß war seine Begeisterung.

Otakar Ševčik (1852–1934) wurde als Sohn eines Schulmeisters im Dorf Horazdowitz in Böhmen geboren und kam mit vierzehn Jahren ans Prager Konservatorium – nachdem er bei der Aufnahmeprüfung zweimal durchgefallen war: Ein hochgelehrtes Mitglied der Aufnahmekommission hatte ihn als hoffnungslos unbegabt abgelehnt. Zum Glück schaltete sich ein reicher Gönner ein, und so kam er zu Anton Bennewitz, einem Schüler von Moritz Mildner, der bei Pixis studiert hatte – einem Schüler Viottis während dessen Exils in Deutschland.

Noch während seiner Studienzeit unternahm Ševčik als Solist erfolgreiche Konzertreisen und hatte mehrere Posten als Konzertmeister bedeutender Orchester inne – darunter am Mozarteum in Salzburg. Doch erst während seiner Professur an der Kaiserlichen Musikschule in Kiew (1875–92) brachte er jenes Lehrwerk zu Ende, dessen Grundgedanken ihn seit Jahren beschäftigten. Er verließ dann Rußland, ging ans Prager Konservatorium und widmete sich für den Rest seines Lebens der Lehrtätigkeit. Die Erblindung des linken Auges und zunehmende Anfälle von Nervosität auf dem Konzertpodium bestärkten ihn in der Überzeugung, seine wahre Sendung liege in der Lehrtätigkeit. Vierzehn Jahre blieb er in Prag und setzte dort sein System in die Praxis um. Einer seiner ersten Schüler war der zwölfjährige Jan Kubelik. Ševčik bildete eine Generation von Virtuosen aus, die den lebendigen Beweis für die Bedeutung der Ševčik-Methode darstellten, unter anderem den

Russen Michael Zacharewitsch (später einen weiteren Russen: Efrem Zimbalist) und die Wienerin Erica Morini. Als Ševčiks Ruhm ins Ausland drang,
lud man ihn zu Kursen in ganz Europa und Amerika ein. 1909 wurde er als
erster Professor für Violine an die Wiener Musikakademie berufen. Von dort
kehrte er nach Prag zurück. In Pisek, einem malerischen, verschlafenen
Städtchen in Südböhmen, gründete Ševčik seine Sommerschule und damit
ein Zentrum, zu dem Geiger aus aller Welt pilgerten. Nach dem Ersten
Weltkrieg trat Ševčik von seinem Professorenposten zurück und widmete
sich ganz seiner Schule. Man schätzt die Gesamtzahl der Schüler, die er im
Lauf der Jahre unterrichtet hat, auf ungefähr fünftausend.

Einfachheit und Enthaltsamkeit prägten Ševčiks Privatleben. Der Raum in
Prag, an dem er unterrichtete, war das Abbild seiner Persönlichkeit. Es habe
dort ausgesehen wie in einem Eisenbahnwartesaal, berichtet ein Schüler:
keine Teppiche, keine Möbel, als einziger Schmuck Hunderte von Photos an
den kahlen Wänden. Unterricht fand außer am Sonntag täglich von sieben
Uhr morgens bis zehn Uhr nachts statt. Am Samstagabend gesellte sich
Ševčik in einem kleinen Restaurant zu seinen Schülern. Der Wirt war
Tscheche, hatte in New York gelebt und sprach Englisch mit starkem
Bowery-Akzent. Hier unterhielt Ševčik sich über jedes beliebige Thema und
in jeder beliebigen Sprache. Von denen, die es sich leisten konnten, nahm er
hohe Honorare, während er manchen armen Schüler umsonst unterrichtete,
und wem während des Kurses das Geld ausging, den lud er zu einem
Freitisch ein und steckte ihm heimlich etwas zu, damit er nach Hause fahren
konnte. Ševčik hatte unerschöpfliche Geduld mit seinen Schülern, nur
Faulheit duldete er nicht. Höchst kritisch war er gegenüber dem kleinsten
Fehler in der Intonation, denn er verfügte über ein phänomenales Gehör. In
einem schnellen Lauf etwa unterbrach er den Schüler: „Deine erste, dritte,
neunte und fünfzehnte Note waren einen halben Ton zu tief, deine achte und
zwölfte einen Hauch zu hoch!"[8]

Ševčiks Ehrlichkeit konnte manchmal zu Peinlichkeiten führen: Einmal
unterbrach Kubelík eine Welttournée – er stand auf der Höhe seines
Ruhms –, um nach Pisek zu fahren. Er hatte sich bereit erklärt, mit dem
Schülerorchester dem alten Herrn zu Ehren Beethoven und Paganini zu
spielen. Sein Sohn, der junge Rafael Kubelík, damals am Beginn seiner
Laufbahn, dirigierte. Das Paganini-Konzert hatte dank Kubelíks wunderbarer Grifftechnik das Publikum verzaubert, doch bei Beethoven, mitten im
ersten Satz, stand Ševčik plötzlich auf und verließ den Raum. Der Solist tat,
als merke er nichts, was einen der Schüler später zu der Feststellung
veranlaßte: „Wenn es Kubelík nicht ebenso peinlich war wie den Zuhörern,
ist er ein großartiger Schauspieler gewesen."[9]

Die Ševčik-Methode basiert auf dem Halbtonsystem. In seiner Abhandlung schreibt Ševčik: „Die Halbtöne werden auf allen Saiten mit dem gleichen Fingersatz gespielt, dadurch hat der Anfänger keine Schwierigkeiten, die Intervalle zu finden, weil die Griffe die gleichen sind. Das hilft erheblich beim Erzeugen eines sauberen Tons." Sein Leitsatz lautete: Planmäßiges Üben ist die Grundlage jeder technischen Vollkommenheit.[10] Die meiste Zeit jeder Unterrichtsstunde wurde darauf verwendet, den Schülern Übungsanweisungen zu geben. Er kannte die verheerenden Folgen papageienhafter Wiederholung von Fehlern und wußte, daß oft gerade die begabtesten Schüler die größten technischen Schwierigkeiten haben. Paradoxerweise lag Ševčiks Genie eben darin, daß er die Technik als solche gering einschätzte und doch sein Leben lang daran arbeitete, sie zu perfektionieren. Seine liebsten Lehrbücher waren die von Paganini, Ernst, Wieniawski und Vieuxtemps.

Ševčiks Methode ist noch heute in Gebrauch, weil sie auf wissenschaftlichen Erkenntnissen beruht. Er sagte einmal: „Betrachten wir das Universum. Darin regieren ewige Gesetze, Symmetrie, Zahlen und Logik . . . jedes Phänomen unterliegt dem Rhythmus des Alls."[11] Ebenso ließ sich seiner Meinung nach das Prinzip von Ursache und Wirkung auf das Erlernen eines Musikinstruments anwenden. An anderer Stelle äußerte er: „Wer ein Ideal in sich trägt und es auszudrücken wünscht, muß sein Ausdrucksmittel absolut beherrschen. Das ist unabdingbar. Kunst darf nichts Mittelmäßiges dulden, deshalb spielt die technische Perfektion bei der Musikästhetik eine führende Rolle."[12]

Jenö Hubay (1858–1937) bekam ersten Unterricht von seinem Vater, einem Violinprofessor am Budapester Konservatorium. Obwohl er schon als Elfjähriger mit großem Erfolg erstmals öffentlich auftrat, wartete der Vater, bis der Sohn dreizehn war, um ihn dann für fünf Jahre zu Joachim an die Musikhochschule nach Berlin zu schicken.

Später machte Hubay mit großem Erfolg Karriere als Virtuose. Sein Spiel war eine Mischung aus magyarischen, deutschen und frankobelgischen Elementen, die er zu einem sehr ansprechenden Stil vereinte. Der stets überkritische Flesch, der ihn nur einmal hörte, hielt ihn für „einen vornehmen Geiger mit vorzüglichen technischen und musikalischen Eigenschaften".[13] 1878 begegnete Hubay in Paris Vieuxtemps, und während der drei Jahre, die der ältere noch zu leben hatte, waren beide in herzlicher Freundschaft verbunden. Das siebente Violinkonzert von Vieuxtemps ist Hubay gewidmet, und Vieuxtemps' Einfluß ist es zu danken, daß man Hubay 1882 als Professor für Violine ans Konservatorium von Brüssel berief. Hubay blieb dort vier Jahre und entdeckte in dieser Zeit seine wahre Berufung. Als 1886 sein Vater starb, bot ihm das Budapester Konservatorium den freigewordenen Posten an. Er nahm vor allem deswegen an, weil er, wie die meisten Ungarn, ein leidenschaftlicher Patriot war und eine Gelegenheit suchte, in der Heimat zu lehren.

Hubay hatte keine so zahlreiche Schülerschaft wie etwa Ševčik oder Flesch, hob aber unbestreitbar das geigerische Niveau in Ungarn. Drei seiner Schüler brachten es später zu außergewöhnlichem Erfolg auf dem Konzertpodium: Franz von Vecsey, Josef Szigeti und Emil Telmanyi. Eugene Ormandy, der spätere Dirigent des Philadelphia Orchestra, zählte ebenfalls zu Hubays Schülern in Budapest und begann seine musikalische Laufbahn als Geiger.

Flesch berichtet, daß man sich bei Hubay-Schülern „auf eine vorzüglich durchgebildete linke Hand und natürlichen Sinn für Klangschönheit" verlassen konnte, bemängelt aber ihr zu langsames und breites Vibrato und einen „gewissen Mangel an dynamischer Differenzierung".[14]

In der Rückerinnerung wurde Szigeti zu seinem Erstaunen klar, daß ihm während seines Studiums bei Hubay „solide musikalische Grundlagen" gefehlt hatten. Er spielte zwar das Violinkonzert von Beethoven, „jedoch ohne eine Ahnung von dem erlauchten Platz zu haben, den Beethovens Partituren in unserem Musikbewußtsein einnehmen". Innerhalb der Klasse in Budapest herrschte „eine Atmosphäre aufs ausschließlich Virtuose gerichteter Rivalität", weil sich die Schüler auf Äußerlichkeiten ihres Handwerks konzentrierten. Doch machte Szigeti weniger Hubay als die Eltern der Schüler dafür verantwortlich, „die einen für unsere Ausbildung sehr ungesunden Mangel an Geduld an den Tag legten".[15] Es war das Zeitalter der Samtanzüge und Wunderkinder, deren Alter oft fälschlich herabgesetzt wurde.

Eine Generation später war *Nicholas Roth* (geb. 1903) Schüler in Hubays Meisterklasse. Mit siebzehn Jahren saß er neben einem halben Dutzend Jungen im Alter zwischen zwölf und vierzehn. Hubay wurde mit „Euer Exzellenz" angeredet, und sein morgendliches Auftreten glich einem päpstlichen Ritual. Alle verharrten in Habachtstellung, während Hubay eine Prozession jüngerer Professoren anführte, deren einer seinen Geigenkasten trug. Dieser ergriff feierlich die Geige, stimmte sie und reichte sie zeremoniös dem Meister. Nach Roths Meinung war Hubay ein wunderbarer Geiger. Er hörte ihn noch mit zweiundsiebzig Jahren die Chaconne von Bach spielen, und die Saiten sprachen so weich an, als würden sie noch mit dem nach außen gewölbten Bogen gestrichen.

Carl Flesch (1873–1944), geboren als Sohn eines Arztes im ungarischen Wieselburg, studierte von seinem siebenten Lebensjahr an bei Jakob M. Grün in Wien, später bei Martin Marsick am Pariser Konservatorium. Flesch hatte nicht nur größten Respekt vor dem Spiel seines Lehrers, sondern empfand es auch als mit seinen eigenen perfektionistischen Grundvorstellungen übereinstimmend. „Er war es, der mich logisch denken gelehrt hat, ohne die Verbindung mit dem Geist des lebendigen Kunstwerkes zu gefährden. Ihm verdanke ich die Entwicklung all dessen, was mir später den Lehrberuf als den edelsten Teil der künstlerischen Betätigung erscheinen ließ."[16]

Trotz anfänglicher chauvinistischer Gegenströmungen im Pariser Konservatorium errang Flesch 1894 den ersten Preis für Violine. Nachdem er eine gewisse Zeit im Orchester gespielt hatte, begann er seine erfolgreiche solistische Karriere. Zu seinen bedeutsamsten Auftritten gehörte 1905 eine Reihe von insgesamt fünf Konzerten in Berlin, bei denen er in chronologischer Reihenfolge Stücke aus dem Violinrepertoire von Corelli bis Reger spielte.

Anders als Ševčik und Hubay gab Flesch das Konzertieren nicht zugunsten der Lehrtätigkeit auf. Er spielte mit führenden Orchestern unter den größten Dirigenten: Nikisch, Richter, Strauss, Furtwängler, Mengelberg, Walter und Stokowski dirigierten Konzerte, in denen Flesch als Solist auftrat, wobei er nie verleugnete, gegen die Dirigenten eine tiefverwurzelte Abneigung zu haben. Daneben spielte er ausgezeichnet Kammermusik, man denke an die jahrelange Verbindung mit dem Pianisten Artur Schnabel, mit dem er in aller Welt Hunderte von Konzerten gab. Später tat er sich mit Hugo Becker und Gregor Piatigorski zu einem gefeierten Trio zusammen.

Die erste Stelle als Lehrer bekam Flesch 1897 in Rumänien, wo man ihn als Professor für Violine an das Konservatorium von Bukarest berief. Flesch hat oft betont, daß diese Zeit „für seine menschliche und künstlerische Entwicklung von entscheidender Bedeutung"[17] gewesen sei. Damals trat er selten öffentlich auf, und ließ er sich wirklich einmal dazu überreden, ging er nur mit Widerstreben aufs Podium. Er gesteht, er habe an seinem Wert als Solist gezweifelt, und sah sich als „maniakalisch-grübelnden Geiger".[18] Nach der Bukarester Zeit wuchs Fleschs Selbstbewußtsein, und er lehrte oder spielte in fast jeder musikalisch bedeutenden Stadt.

Die erste erfolgreiche Amerikareise trat Flesch 1914 an. Zehn Jahre später engagierte man ihn als Lehrer der Meisterklasse für Geiger am neugegründeten Curtis Institute in Philadelphia. Von 1926 bis 1935 lebte er in Baden-Baden und eröffnete in seinem Haus jene Schule, deren Absolventen später zu den gefeierten Geigern ihrer Zeit gehörten, darunter Henryk Szeryng, der englische Konzertmeister, Solist und Professor Thomas Matthews, die siebenjährige Ida Haendel und Ginette Neveu. Ida Haendel erinnert sich,

daß seine Lehrmethode für die damaligen Vorstellungen ungewöhnlich war,
daß sich aber gerade aus ihr jener Typ der Meisterklasse entwickelte, wie wir
sie heute kennen. Immer war ein kleiner Kreis bekannter Musiker, Schüler
und Gäste beim Unterricht anwesend, denn Flesch fand, der Wechsel vom
Unterricht zum Podium sei dadurch weniger einschneidend. Er ließ jeden
Schüler spielen, ohne ihn zu unterbrechen, doch wenn er geendet hatte,
„erhob er sich langsam aus dem Stuhl, auf dem er wie ein Cäsar thronte",[19]
und las laut vor, was er sich notiert hatte. Erst wurde gelobt, was gut gewesen
war – dann kam unbarmherzige Kritik. Und obwohl die Schüler dabei
manchmal gern in den Boden versunken wären, fühlten sie sich nicht
beleidigt. Ida Haendel fürchtete sich nie vor Flesch, empfand vielmehr
Respekt und Zuneigung für ihn; ihr waren die „Kopfwäschen",[20] wie Flesch
sie nannte, so willkommen wie das Lob.

1911 erschienen Fleschs „Urstudien für Violine", 1923 der erste Band
seines zweibändigen Werks „Die Kunst des Violinspiels", dem 1928 der
zweite folgte. Über das Buch schrieb ihm Otakar Ševčik: „Mit Ihrem Werk
haben Sie den Geigern eine Bibel an die Hand gegeben . . . nichts, was mit
Geigen oder Geigespielen zu tun hat, ist unberücksichtigt geblieben, auf jede
Frage geben Sie eine überzeugende Antwort."[21]

Flesch ließ jeden Schüler sich individuell entwickeln, zunächst aber vermittelte er ihm einmal eine hieb- und stichfeste Methode zur Überwindung
technischer Probleme. Seine Bogenführung war richtungweisend. Norbert
Brainin, der bei ihm und später bei seinem Schüler Max Rostal studiert hatte,
sagt: „Flesch selbst wandte die frankobelgische Bogentechnik an, seine
Schüler aber lehrte er die russische Art. Er war der Meinung, die russische
Schule Leopold Auers sei für den guten Geiger am vorteilhaftesten."[22] Im
ersten Band seines klassisch gewordenen Werks schreibt Flesch: „So wie die
Theorie freier Beweglichkeit des Oberarms nach Jahrhunderten der Sklaverei
akzeptiert wurde, wird nach meiner festen Überzeugung die russische Art
der Bogenführung wegen ihrer kräftesparenden und tonfördernden Eigenschaften in fünfzig Jahren ausschließlich gelehrt werden." Seine Prophezei-
ung kommt der Wahrheit sehr nahe. Die großen Geiger von heute wenden
zwar manchmal Mischformen der russischen und frankobelgischen Technik
an, bevorzugen aber durchweg den russischen Griff.

Flesch war ein schwieriger Charakter. Seine nach dem Tode veröffentlichten Erinnerungen geben ein scharf beobachtetes, objektives Bild seiner Zeit
wieder, wobei die eigenen Schwächen mit dem gleichen Freimut enthüllt
werden wie die anderer. Er war ganz offenkundig das, was man heute eine
gespaltene Persönlichkeit nennt. Manchmal sieht man den hingebungsvollen
Pädagogen in ihm, der sich für ein bestimmtes Ziel aufopfert, manchmal auch

ein wenig den enttäuschten Virtuosen, der sich im härenen Hemd des Lehrers versteckt hält. Bei der Schilderung seiner ersten Pariser Zeit rechnet sich der strenge Professor Flesch zur Boheme des Montmartre und scheint sich in Gesellschaft von Dirnen und Zuhältern ebenso wohl gefühlt zu haben wie zwischen Musikern, Malern und verarmten Adligen.

Interessant ist auch, was er über seine Beziehung zu Ysaye verrät, den er sehr bewunderte. Einer Einladung Ysayes nach Le Zoute folgte er nicht, weil er fürchtete, durch einen allzu engen Umgang mit dem großen Belgier die Unabhängigkeit der eigenen Persönlichkeit zu gefährden. Später fragte er sich, ob Ysaye ihm nicht hätte helfen können, gewisse innere Hemmungen zu überwinden und „die impulsiveren Seiten" seines Wesens zu entwickeln.

Die Zahl von Fleschs Schülern schätzt man auf etwa tausend, und die Schüler seiner Schüler sind über die ganze Welt verstreut. Fleschs Kräfte waren nahezu unbegrenzt – trotz seines Herzleidens unterrichtete er bis zu seinem Tode. Wenige Stunden vor seinem Ende schrieb er einigen Schülern Postkarten, um ihnen den Zeitpunkt der nächsten Unterrichtsstunde mitzuteilen. Er starb, während die Karten unterwegs waren.

WIE EIN VOGEL SINGT

Eugène Ysaye

Joachim und Sarasate sind die letzten Repräsentanten jener beiden einander diametral entgegengesetzten Traditionen des Geigenspiels, die in der zweiten Hälfte des 19. Jahrhunderts bestimmend waren. Joachim vertritt den klassischen Ernst, dem es vor allem um Gefühlstiefe ging, Sarasate die Hexenkunst des einschmeichelnden Tons und der glänzenden Technik. Als der Einfluß dieser beiden Persönlichkeiten geringer wurde, entstand der Wunsch nach Neuem, nach einer Synthese von beidem, von Gefühlstiefe und technischer Perfektion. In den letzten zwanzig Jahren des Jahrhunderts tauchte jemand auf, der diese Lücke weitgehend füllte: Der Belgier *Eugène Ysaye* (1858–1931), der „die Geige strich, wie der Vogel singt",[1] und dessen persönliche Anziehungskraft allenfalls von der eines Liszt oder Paganini übertroffen worden ist.

Die Ysayes waren seit dem 16. Jahrhundert Nagelschmiede gewesen. Erst Eugènes Vater brach mit der Tradition und wurde Schneider. Er spielte gut Geige und war Chorleiter an der Kathedrale von Lüttich. Obwohl Eugène schon mit vier Jahren von seinem Vater Geigenunterricht bekam, war er doch nie ein eigentliches Wunderkind. Der eigensinnige wilde Junge zog die

lärmenden Spiele mit seinen Freunden dem von den Eltern geforderten
endlosen Geigeüben vor. 1865 trat er dennoch bereits als Siebenjähriger ins
Konservatorium von Lüttich ein, errang nach dem ersten Jahr einen zweiten
Preis, wurde aber 1869 relegiert. Der Grund für diesen drastischen Schritt
war vermutlich die Unvereinbarkeit der väterlichen Methoden mit denen des
Konservatoriums. Man gab dort zu, Ysaye sei „begabt", beklagte aber, „er
arbeite nicht". In den folgenden Jahren begleitete Ysaye den Vater bei
verschiedenen Musikveranstaltungen der Heimatstadt. Einmal wurde der
Versuch unternommen, ihn zu einem Büchsenmacher in die Lehre zu geben,
doch der Junge brachte so wenig Begeisterung für die Arbeit auf, daß man ihn
bald wieder fortschickte.

Im Jahre 1873 änderte ein Zufall Ysayes Leben. Henri Vieuxtemps kam
zufällig am Ysayeschen Haus vorbei, hörte jemanden recht gut das Adagio
aus seinem vierten Violinkonzert in D-Dur geigen und klopfte an, um
festzustellen, wer da spielte. Dieses Zusammentreffen wurde schicksalhaft
für alle Beteiligten. Vieuxtemps gewann den Jungen lieb, in dem er später
seinen geistigen Erben erblickte. Ysaye wiederum blieb seinem Mentor und
Freund in den wenigen Jahren, die der alte Mann noch zu leben hatte, treu
ergeben. Als Vieuxtemps erfuhr, man habe Ysaye vom Konservatorium
gewiesen, sorgte er dafür, daß man ihn umgehend wieder aufnahm – und
zwar diesmal gleich in die Meisterklasse von Rodolphe Massart. Seine Mühe
wurde belohnt: Ysaye errang sowohl den ersten Preis wie auch die Goldmedaille.

Als Ysaye auf Einladung Vieuxtemps' nach Brüssel kam, um bei ihm zu
studieren, traf er ihn nach einem Schlaganfall beidhändig gelähmt an. Trotzdem blieb er bei ihm, ohne sich am Konservatorium einzuschreiben. Vieuxtemps reiste dann zur Kur nach Algier, und Ysaye wurde für die nächsten
zwei Jahre seinem Nachfolger am Konservatorium, Wieniawski, anvertraut.
Somit ergab sich eine interessante Doppelverbindung zu Viotti, der Robberechts und Kreutzer ausgebildet hatte, deren Schüler Bériot und Massart
wiederum Lehrer von Vieuxtemps und Wieniawski gewesen waren.

Als Vieuxtemps nach Paris zurückkehrte, fragte er nach „dem jungen
Geiger mit der wunderbaren E-Saite"[2], und Ysaye – versehen mit einem
Stipendium der Stadt Lüttich – kam für drei Jahre zu ihm. In den Sommerferien verdiente er sich als Geiger im Kursaal von Ostende ein zusätzliches
Taschengeld. Sein schöner Strich erregte Aufmerksamkeit. Dort hörte ihn
auch der deutsche Dirigent Benjamin Bilse und bot ihm den Konzertmeister-
posten in seinem Berliner Orchester an. Ysaye sagte zu und blieb zwei Jahre
lang in Berlin. Auch dort erregte sein ausgezeichnetes Spiel solches Interesse,
daß manch berühmter Musiker nur seinetwegen ins Konzert kam.

1881 ging Ysaye zurück nach Paris, wo er sich zu dem Kreis junger Komponisten um Franck, Chausson und Debussy gesellte – sie alle sollten ihm später Werke widmen. Man kann sagen, daß Ysayes Laufbahn als Virtuose von da an datiert.

Obwohl er von Musikern schon früh anerkannt worden war, stellte sich sein Erfolg beim Publikum doch erst ein, als er Mitte Zwanzig war – nicht wie bei Joachim, der den Erfolg noch im Samtanzug erlebte. Sein erstes Konzert von Bedeutung fand 1883 in Paris unter Édouard Colonne statt. Er spielte Lalos „Symphonie espagnole" und Saint-Saëns' „Introduktion und Rondo capriccioso". Ein Kritiker schrieb: „Es war ein Triumph der Ausführung, des Stils und der Darbietung."[3]

In England trat Ysaye zum erstenmal auf im Frühjahr 1891 und gewann die Herzen so leicht wie in Paris. Nur einem, George Bernard Shaw, der damals für die *World* schrieb, gefiel sein Spiel nicht, und er machte daraus, wie es seine Art war, auch kein Hehl. Er räumte ein, was technisches Können betreffe, sei er ein ernstzunehmender Rivale von Sarasate, mißbilligte aber „seine Neigung, künstlerische Qualität einem schwindelerregenden, unmöglichen Prestissimo zu opfern".[4] Als Ysaye in einem Konzert der Philharmonic Society im März in der St. James Hall auftrat, wurde Shaw noch bissiger. „Seine Entschlossenheit, alle anderen Geiger durch Bravourstückchen zu überbieten, und seine gewaltige Anmaßung zerrissen und zerstörten damit das ganze Beethoven-Konzert." Die Kadenzen waren Ysayes eigene Komposition. Shaw geißelte sie als „ungeheuerliche Auswüchse, den einzelnen Sätzen nicht aufgepfropft, sondern aufgenagelt", und behauptete, sie entbehrten jeglicher Form, da sie nur zeigen sollten, wie man die von Beethoven schön und auf sinnvolle Weise spielbar komponierten Kadenzen auf möglichst verrückte Art erschweren könne. „Es bleibt der Trost: Da Ysaye sie selbst kaum bewältigt, wird sie wohl auch kein anderer spielen können." Auch von Ysaye als Mensch fühlte Shaw sich abgestoßen. Er warf ihm vor, „sich als Titan aufzuspielen, den Dirigenten beiseitezudrängen und das arme Häuflein, das Orchester, in den Schatten zu verweisen . . . Beinahe hätte er auch noch Beethoven hinausgeworfen. Er hat sich erst kürzlich selbst erschaffen und ist dieses vollendeten Kunstwerks noch nicht überdrüssig".[5] Schon wenige Wochen später reagierte Shaw wohlwollender auf Ysayes Spiel. Besonders beeindruckt war er von dessen Kammermusikinterpretation. Einige Jahre später konnte Ysaye mit der uneingeschränkten Zustimmung des englischen Publikums rechnen. 1901 erhielt er die Goldmedaille der Philharmonic Society, eine Ehrung, die zuvor nur Joseph Joachim widerfahren war. Arthur Symons schrieb in der *Saturday Review* vom 28. Dezember 1907:

„Alles ist Musik an der hohen schwarzen Gestalt, die wie ein Python
schwankt, man sieht die Augen blinzeln, als wollten sie gleich Wollustränen
vergießen, das Gesicht wie eine Theatermaske, geheimnisvoll, vor Gemütsbe-
wegung zitternd … die Lippen saugen die Musik wollüstig ein … die Töne
… sind Genuß, nicht Freude, die Seele ist nicht darin enthalten, wohl aber ein
Überfluß, der zu etwas Göttlichem wird, zu einer Ekstase, wenn auch zu einer
fleischlichen Ekstase. Eine herrliche Passage in Doppelgriffen in einer der
Beethoven-Kadenzen war gespielt, daß einem zumute war, als bisse man in
einen Pfirsich. Er gleitet auf der Oberfläche eines Stromes von Wohllaut und
Träumen dahin, jede Note gleicht einem Wassertropfen … seine Technik,
nicht klassisch, sondern romantisch, aber bis zur Vollkommenheit gesteigert,
ist ein Teil unbewußter Offenbarung seiner selbst …“

Symons schließt mit einer interessanten Untersuchung der musikalischen
Auffassungen einzelner Komponisten. „Ysaye lauscht dem Ton in den
Tiefen Beethovens und auf den Höhen Mozarts nach, der Ton kommt
lebendig und nackt zu ihm, und er kleidet ihn in seidene Gewänder – wie eine
Frau.“

Mag diese Schilderung von Ysayes Vortrag und persönlichem Zauber auch
übertrieben sein, wir brauchen nur Flesch zu konsultieren, der zwar – wie
meist – Ysaye kein unumschränktes Lob zuteil werden läßt, aber doch viel
Gutes über ihn zu sagen weiß. Er nennt ihn „einen überragenden Geiger von
überwältigender Persönlichkeit“ und sagt: „Sein Ton war von edler Größe,
modulationsfähig im höchsten Maße, innerlichen Impulsen gehorchend wie
das Pferd dem geübten Reiter, das Vibrato von gefühlsgeschwängerter
Unmittelbarkeit, weltenweit entfernt von dem bis dahin noch üblichen
gelegentlichen dünnflüssigen Beben, die Portamenti neuartig-bezaubernd,
Fingerfertigkeit und Intonation von Sarasatescher Vollendung.“[6] Und: „Die
Bogenbehandlung paßte sich dem inneren Ausdrucksbedürfnis in intuitiver
Weise an.“ Flesch lobt auch Ysayes Interpretation: „Seine Vortragsart verriet
den impulsiven Romantiker, dem es nicht so sehr auf die gestochenen
Notenwerte, die toten Buchstaben, als auf deren graphisch nicht wiederzu-
gebenden Geist ankam.“[7] Und für sein Rubato hat Flesch auch nur Bewunde-
rung. Es wird dies von Josef Gingold bekräftigt, einem ehemaligen Ysaye-
Schüler, der an der Indiana University lehrt: „Sein Rubato läßt sich nicht
schildern. Man konnte ein Metronom benutzen – was immer während des
Taktes vor sich ging, kam metronomisch richtig heraus. Jedesmal war er
wieder auf den Schlag da.“[8]

Ysayes erste Amerikareise 1894 war wesentlich erfolgreicher als seinerzeit
sein Debüt in England. Als er in den USA eintraf, war er ein gereifter
Künstler, der hochgeschätzte Leiter der belgischen Schule, außerdem Grün-

der und Dirigent der Ysaye-Orchesterkonzerte in Brüssel, in denen viele bekannte Künstler auftraten. Seit 1886 war er Professor am Brüsseler Konservatorium, von den gekrönten Häuptern Europas mit Orden ausgezeichnet. Die Amerikaner waren aufs höchste begeistert von ihm, die Frauen vor Bewunderung ganz außer sich. Die Kritiker nannten ihn den größten Geiger, der seit vielen Jahren ihren Kontinent betreten habe. Henry Lahee schrieb: „Er spielt mit kühner, männlicher Kraft und zugleich mit höchster Zartheit", „er kriecht einem unters Hemd", „er entwaffnet die Kritik und scheint... mehr als jeder andere Geiger ... ein Teil seines Instruments und sein Instrument ein Teil seiner selbst ... Er verbindet Sarasates zärtlichen Ton und seine theatralische Technik mit einer größeren Männlichkeit und Ehrlichkeit, als dieser sie besaß."[9]

Einer von Ysayes größten Triumphen war das E-Dur-Konzert von Bach in Berlin 1899 unter Arthur Nikisch. Die Berliner hatten gewisse Vorurteile gegenüber Belgiern, die Klassiker spielten, außerdem waren sie fanatische Anhänger ihres Joseph Joachim. Ysaye gelang es trotzdem, ihre Herzen zu gewinnen. Die Zuhörer waren tief bewegt von der Würde und Poesie seines Spiels und riefen ihn mit ihren Ovationen fünfzehnmal aufs Podium zurück.

Während des Ersten Weltkriegs standen alle drei Söhne Ysayes an der Front. Er und seine Frau Louise – sie war die Tochter eines hohen Offiziers, die er 1886 geheiratet hatte – flüchteten nach England. Sie ließen alles zurück, was sie besaßen – mit einer Ausnahme: Ysayes Geige, einer schönen Guarneri del Gesù, datiert 1740. (Sie gehört heute Isaac Stern.) Die Ysayes wohnten in Kensington, und der Geiger wurde zum Mittelpunkt eines großen Kreises von Schülern und Bewunderern. Seine Soireen galten als Höhepunkte des Londoner Musiklebens, und zu seinen englischen Freunden zählten Edward Elgar, Ralph Vaughan Williams, Henry Wood, Thomas Beecham und viele andere. Damals gab er auch Konzerte mit dem jungen Arthur Rubinstein, mit Wladimir Pachmann, Frederic Lamond und Lionel Tertis.

Mit Rang und Stellung konnte man Ysaye nicht imponieren. Einmal war er bei einer prominenten Londoner Gastgeberin eingeladen, zu deren Gästen auch Königin Alexandra und die Prinzessin Napoleon zählten. Ysaye, ein Weinliebhaber, sah zu seinem Entsetzen, daß zu dem köstlichen Essen nur klares Wasser serviert wurde. Die Dame des Hauses hielt in gebrochenem Französisch eine Rede, wonach ihr Mann, der Colonel, in den Krieg gezogen sei und „alles, alles mit sich genommen habe ... all ihre Gedanken ... ihr Herz". Zu seiner Tischdame gewandt ergänzte Ysaye halblaut: „... und den Schlüssel zum Weinkeller."[10]

1918 übernahm Ysaye den Dirigentenposten des Cincinnati Symphony Orchestra in Ohio und zugleich den Lehrstuhl für Musik am dortigen

Konservatorium. So erzog er die erste Generation amerikanischer Geiger nach seinen Grundsätzen. Großen Einfluß übte er dadurch aus, daß er sich energisch für die Aufführung moderner Musik einsetzte. Ysaye förderte die Werke zeitgenössischer belgischer und französischer Komponisten, und er war es, der zum erstenmal die ihm gewidmete berühmte Sonate von César Franck spielte, der damals noch so gut wie unbekannt war. Wenige Tage vor Ysayes Hochzeit im September 1886 hatte man ihm zu Ehren in Luxemburg ein Bankett gegeben. Der Pariser Kreis – unter Anführung von Charles Bordes, dem französischen Gelehrten und Komponisten – war vollzählig erschienen. Bei den Ansprachen nach Tisch zog Bordes plötzlich ein Notenblatt hervor und überreichte es Ysaye mit „Grüßen von Vater Franck", der für Ysayes Hochzeit eine Sonate komponiert habe. Von Rührung überwältigt, entgegnete Ysaye, er würde sie am liebsten sofort spielen, und bat Léontine Bordes-Pène, eine bekannte Pianistin, ihn bei dieser einzigartigen Premiere zu begleiten. Die beiden spielten die Sonate vom Blatt und rührten die Anwesenden zu Tränen.

1922 kehrte Ysaye heim nach Belgien. Seine Frau starb 1924, und vier Jahre später heiratete er eine seiner amerikanischen Schülerinnen, die ihm nachgereist war, um in Brüssel bei ihm zu studieren. Ysaye war siebzig, die Braut vierundzwanzig, und es wurde eine jener glücklichen Ehen, für die reifere Musiker prädestiniert zu sein scheinen.

Ysayes Gesundheitszustand blieb eine stete Sorge, doch konnte seine junge Frau ihn wenigstens zu strenger Diät wegen seiner Diabetes überreden. Die Krämpfe und das Zittern in den Händen waren nicht mehr zu heilen. Charakteristischerweise schreibt Flesch das Zittern der rechten Hand fehlerhafter Bogentechnik zu, doch Gingold versichert glaubhaft, daß dieses Zittern ständig vorhanden war und daß Ysaye, wenn er nach einem Glas griff, oft die Rechte mit der Linken ruhigstellen mußte.

Ysayes pädagogische Gabe lag in seiner Fähigkeit, vorzuführen, was er meinte. Er unterrichtete stets mit der Geige in der Hand. Einer der großen amerikanischen Musikpädagogen, Louis Persinger, hörte Ysaye erstmals im Gewandhaus zu Leipzig und ruhte nicht, bis er 1905 nach Belgien reisen und bei ihm studieren konnte. Gingold erzählt ein Beispiel von Ysayes Geschick als Lehrer. Gingold sollte ihm in seinem wunderbaren Sommerhaus in Le Zoute in Belgien – „La Chanterelle" genannt (wörtlich: die Quinte, aber auch „Lockvogel") – vorspielen.

> „Ich hatte den ersten Satz des Brahms-Konzerts vorbereitet und traf voller Begeisterung ein. Ysaye sagte mit seiner tiefen Stimme ganz ruhig: Bitte spiel mir eine Tonleiter in G-Dur über drei Oktaven. Ich war sekundenlang wie vor den Kopf geschlagen, tat dann aber, was er verlangte. Danach mußte ich in

jeder nur denkbaren Weise der Bogenführung Tonleitern spielen, erst dann durfte ich mit dem Brahms anfangen."[11]

Gingold wurde unter dem Vorbehalt als Schüler angenommen, daß er Französisch lernte. Ysaye erklärte, er werde nur wenige Wochen mit ihm Englisch sprechen.

Das erste technische Detail, das Ysaye bei Gingold änderte, war sein Saitenwechsel. Zwei Monate lang arbeitete Ysaye mit ihm, ehe er mit seinem Bogenarm zufrieden war. Erst dann begannen sie mit dem Repertoire, und zwar als erstem Werk mit dem fünften Konzert von Vieuxtemps.

Ein hervorstechender Wesenszug Ysayes war sein trockener Humor. Einmal übte Gingold das Beethoven-Konzert für sein erstes Solistenengagement in Antwerpen („keine Kleinigkeit für einen Achtzehnjährigen") und bekam ein paar zusätzliche Nachhilfestunden. Die Schlußtakte im letzten Satz sind in der Partitur mit pianissimo gekennzeichnet, die Schlußkadenz des vollen Orchesters als Kontrast dazu mit fortissimo.

> „Ich bemühte mich beim Spielen, auf die Absichten des Komponisten einzugehen, doch Ysaye schüttelte den Kopf. Nein, nein, das ist zu leise. Spiel es mal so. Er nahm die Geige und spielte ein mittleres Forte. Ich war sonst ein folgsamer Schüler und widersprach ihm nie, diesmal aber war ich doch etwas besorgt. Ich wußte, wenn Ysaye selbst es laut spielte, würde es heißen, eine wunderbare neue Auslegung, wenn aber ich Unbekannter es tat, würde es heißen: Der grüne Junge kann wohl keine Noten lesen? Ich wagte daher einzuwenden: Maître, glauben Sie nicht, wenn man diese Passage leise spielt, und das Orchester setzt fortissimo ein, daß es ein hübscher Überraschungseffekt wäre? Ysaye lächelte und meinte bedächtig: Mein Junge, wenn du die Zuhörer bis dahin noch nicht überrascht hast, ist es zu spät."[12]

So groß Ysaye von Gestalt war – er maß über zwei Meter zehn –, so groß war auch sein Herz: Er half vielen auf das Nobelste. Seine Erfolge hatten ihm Reichtum und Ansehen eingetragen, aber obwohl er dort, wo es angebracht war, den Grandseigneur hervorkehren konnte, blieb er im Grunde ein „Mann des Volkes". Die äußeren Merkmale der Berühmtheit widerten ihn manchmal sogar an, so daß er – ganz im Gegensatz zu seinem sonstigen übersprudelnden Temperament – Anfällen von Melancholie unterworfen war. Bei solchen Gelegenheiten zog er sich ganz in die reichhaltige Bibliothek der „Chanterelle" zurück, denn trotz anfänglich geringer Schulbildung hatte er sich auf vielen Gebieten ein umfassendes Wissen angeeignet. Auch sprach er mehrere Fremdsprachen fließend.

Als eingefleischter Pfeifenraucher pflegte Ysaye seine Schüler im Konservatorium dadurch zu amüsieren, daß er sich direkt unter dem Schild „Rauchen verboten" eine Pfeife ansteckte. Einmal rauchte er auch auf dem Wege zum Podium, und der diensttuende Feuerwehrmann trat auf ihn zu und sagte höflich: „Pardon, Monsieur, aber hier wird nicht geraucht." Ysaye paffte weiter und entgegnete mit zusammengebissenen Zähnen ruhig: „Seien Sie nicht töricht. Sie sehen ja, daß hier doch geraucht wird!"[13]

Bei Ysaye hatte jeder Auftritt seinen besonderen Zauber. Auf dem Podium gab er sich ungezwungen, mit eigenartig lockeren Bewegungen. Woran Gingold sich noch heute am deutlichsten erinnert, war seine Kunst der „grande ligne", die Kunst des großen melodischen Bogens. Sein Gedächtnis muß phänomenal gewesen sein. Ysaye hatte beispielsweise das ihm gewidmete berühmte „Poème" Ernest Chaussons vor der Uraufführung nur einmal mit einem Pianisten durchgespielt und sich die Noten im Schnellzug noch einmal genauer angesehen. Mit einer einzigen Orchesterprobe konnte er sich das Stück perfekt einprägen.

Als Komponist bereicherte Ysaye das Geigenrepertoire um ein paar besonders attraktive, für die damalige Zeit fast avantgardistische Solosonaten. Sie enthalten nahezu alle technischen Spielarten und sind teuflisch schwer. In mancher Hinsicht war Ysaye – sowohl als Komponist wie als Interpret – seiner Zeit voraus. Seltsamerweise schob er es bis nach seinem vierzigsten Geburtstag auf, das Brahms-Konzert zu spielen. Joachims etwas zweideutiger Kommentar lautete: *„So habe ich das noch nie spielen gehört."*[14]

Ysaye machte sich für vieles zum Anwalt: Er war Anhänger einer Bewegung, die ein Urheberrecht für Komponisten forderte, war ein überzeugter Verteidiger Paganinis und sammelte Beweise gegen die Legende, er sei nichts als ein geigender Akrobat gewesen. Er vertrat die Behauptung, ohne die technischen Neuerungen der Virtuosen hätten die großen symphonischen Werke sich weit langsamer entwickelt, und Paganini habe einen Grundvorrat neuer Klänge geliefert, aus dem andere ihre Effekte hätten ableiten können. Seinen Studenten pflegte er zu sagen, daß die Werke von Geiger-Komponisten für die Instrumentalkunst unerläßlich seien. Nur durch praktische Vorführung könne ein Komponist sich überzeugen, ob sein Werk spielbar sei. Josef Gingold erinnert sich, wie er als etwa Zwanzigjähriger sein erstes öffentliches Konzert in Brüssel vorbereitete und das D-Dur-Violinkonzert Paganinis in der Wilhelmj-Bearbeitung spielen wollte, bei der nur der erste Satz aufgeführt wird – ein Modestück der damaligen Zeit. Ysaye aber bestand darauf, daß er das Original spielte und – wie Paganini – die Geige einen Halbton höher stimmte, um die Tradition zu wahren.

Als Ysaye im Sterben lag, besuchte ihn der junge Geiger Philippe Newman und wollte ihm vorspielen. Er wählte eine von Ysayes Solosonaten, die vierte, die der Komponist seinem großen Freund Fritz Kreisler gewidmet hatte. Anfangs dachte Ysaye, der kaum noch bei Bewußtsein war, Kreisler selbst spiele. Zum Schluß des Stückes bewies Ysaye, daß noch Leben in dem alten Löwen war. „Großartig", flüsterte er, „aber das Finale . . . ein bißchen zu schnell."[15] Es waren seine letzten Worte.

SYMBOL EINER EPOCHE

Fritz Kreisler

Es hat in der gesamten Geschichte des Geigenspiels wohl keinen Künstler gegeben, der auf der ganzen Welt beliebter und bewunderter gewesen wäre als *Fritz Kreisler*. Kreisler war der erste Geiger des 20. Jahrhunderts, der das wachsende Verlangen nach einem besonders gefühlsbetonten Spiel erkannte. Er eroberte die Herzen seiner Zuhörer nicht nur durch sein virtuoses Können, sondern durch ein Spiel, das eine subtile Lebenskraft, Humor, Süße und Pathos ausstrahlte, wobei Technik und die Art seines Auftretens zusammenwirkten.

Der junge Szigeti war „überwältigt", als er 1905 zum erstenmal Ysaye, Kreisler und Elman hörte. Sie waren unterschiedlichen Alters und kamen aus drei verschiedenen Schulen, doch für ihn waren sie zu einem „ungeheuren Ganzen, zu einem Elementarereignis zusammengeschmolzen".[1] Diese drei, zusammen mit Thibaud und später Heifetz, stellten für ihn die Geigenkunst des 20. Jahrhunderts dar. Mit ihnen gewann das Geigenspiel eine neue Schönheit, und nur wer dieser Entwicklung standhalten konnte, vermochte zu überleben. Kreisler überlebte nicht nur, er war der Hohepriester der Schule.

Kreisler wurde 1875 in Wien geboren. Noch bevor er das Alphabet beherrschte, konnte er Noten lesen. Sein Vater, ein Arzt mit bescheidenen Mitteln, aber einer großen Leidenschaft fürs Streichquartettspiel, gab dem Vierjährigen die ersten Stunden. Danach unterrichtete Jacques Aubert, Konzertmeister im Ring-Theater, den kleinen Fritz. Er brachte ihn so weit, daß er im Alter von sieben Jahren zum erstenmal öffentlich auftreten konnte, und zwar als Begleiter der Sängerin Carlotta Patti, der Schwester der besser bekannten Adelina Patti. Als Gage bekam er eine Schachtel Bonbons.

Noch im selben Jahr wurde er als der jüngste Schüler aufgenommen, der je das Wiener Konservatorium besucht hatte; normalerweise begann der Unterricht erst mit zehn. Unter Joseph Hellmesberger als seinem Violinlehrer und Anton Bruckner als Harmonielehrer gewann der kleine Fritz mit zehn Jahren die Goldmedaille.

Mit einem Stipendium in der Tasche kam er ans Pariser Konservatorium und wurde in die Klasse von Massart aufgenommen. Der liebenswürdige, wenngleich verworrene Léo Delibes unterwies ihn in Komposition. Diesmal mußte er sich der starken Konkurrenz älterer Studierender stellen, und im Alter von zwölf Jahren gewann er die höchste Auszeichnung, den Prix de Rome. Zwei Jahre später unternahm er zusammen mit dem Pianisten Moritz Rosenthal eine Tournee durch die Vereinigten Staaten. „Meister Fritz Kreisler" trat in einem Samtanzug mit Kniehosen in fünfzig Konzerten auf; für jede Vorstellung bekam er 50 Dollar.

Trotz des phänomenalen Erfolgs der Tournee kehrte er nach Wien zurück, beendete in Ruhe seine normale Schulzeit, studierte zwei Jahre an der medizinischen Hochschule und leistete seinen Militärdienst. 1896 war er einundzwanzig und erkannte, daß die Musik für ihn die einzig denkbare Karriere sei.

Als sich Kreisler jedoch um einen Platz am zweiten Pult der ersten Geigen im Orchester der Hofoper bewarb, wies ihn dessen Leiter Arnold Rosé, der später internationalen Ruhm als Leiter des Rosé-Quartetts errang, unter dem Vorwand ab, daß sein Spielen vom Blatt unzulänglich sei. Dabei hatte Kreisler nicht nur an zwei der wichtigsten Konservatorien Europas Goldmedaillen erhalten, er hatte auch komponiert, seit er ein Kind war. Darüber hinaus hatte er sich das Klavierspielen selbst beigebracht und war ein glänzender Pianist. Vielleicht erkannte Rosé in ihm das größere Talent und fühlte sich bedroht.

Es dauerte fast fünf Jahre, bis Kreisler endlich Anerkennung fand, doch die Zeit, die er in Wiener Cafés und in dem berühmten Tonkünstlerverein verbrachte, verschaffte ihm die notwendige Anregung, die er durch die Gesellschaft gleichgesinnter Künstler erhielt. Hier lernte er Brahms kennen, der sein Idol wurde und mit dem er oft zusammen spielte, und Joachim, mit dem er zwar selten einer Meinung war, den er aber als Musiker bewunderte.

Am 23. Januar 1898 fand Kreislers Debüt in Wien statt. Er spielte Max Bruchs zweites Violinkonzert mit dem Wiener Philharmonischen Orchester unter Hans Richter, und die Kritiker waren von seiner „brillanten Virtuosität"[2] und der „Süße seines Tons"[3] beeindruckt. Doch die Gelegenheit, die sich als der entscheidende Augenblick seines Lebens herausstellen sollte, kam erst fast zwei Jahre später, am 1. Dezember 1899, als Arthur Nikisch ihn für ein Konzert der Philharmonischen Gesellschaft als Solisten des Mendelssohn-Violinkonzerts nach Berlin holte. Zufällig befand sich Ysaye unter den Zuhörern; der gefeierte belgische Geiger sprang auf und applaudierte lautstark. Das begeisterte Publikum folgte seinem Beispiel, und Kreisler zählte fortan zu den großen Geigern seiner Zeit. Ysaye und Kreisler wurden später enge Freunde. Die vierte seiner Solosonaten widmete Ysaye Kreisler.

1901 begegneten die beiden einander erneut in Berlin: Ysaye sollte mit Nikisch und dem Philharmonischen Orchester das Beethoven-Konzert spielen, erkrankte aber nach der morgendlichen Probe. Kreisler sprang im letzten Augenblick ein und spielte ohne Probe großartig. Nicht nur, daß er keine Gelegenheit hatte zu proben, er mußte überdies mit einer geliehenen Geige spielen, da er seine eigene versetzt hatte, um den extravaganten Ansprüchen von „Mimi", seiner damaligen Geliebten, entsprechen zu können. Als typischer Wiener nahm der junge Kreisler das Leben, wie es sich ihm bot – und hübsche Mädchen fand er unwiderstehlich.

Als Kreisler am 7. Dezember 1900 zum zweitenmal in der Carnegie Hall in New York auftrat, erlebte er einen riesigen Erfolg. Vor allem Tartinis Teufelstriller-Sonate, in Kreislers eigener Bearbeitung für Solovioline und mit einer brillanten Kadenz versehen, riß Publikum und Kritik zu schwärmerischen Äußerungen hin. Auf New York folgte eine zwölfmonatige Tournee, die ihn auch in die großen Städte an der Westküste führte. Die Zuhörer strömten zu Tausenden in seine Konzerte.

An Bord des Schiffes, das ihn nach Europa zurückbrachte, lernte Kreisler die schöne rothaarige Harriet Woerz kennen, die er im darauffolgenden Jahr heiratete. Man hat Harriet als herrische und organisationswütige Frau beschrieben, aber sie war auch großzügig und furchtlos. Sie schützte den verwundbaren Fritz vor übereifrigen Bewunderern und sorgte dafür, daß er jedesmal heil aufs Podium gelangte. Kreisler kannte kein Lampenfieber, wenn er auftrat, aber im Privatleben lebte er sehr zurückgezogen.

Harriet war auch seine Managerin. Manche sagen, sie habe ihren Mann daran gehindert, selbst Entscheidungen zu treffen; andere wiederum behaupten, sie hätten einander aufs schönste ergänzt, gerade weil sie so gegensätzlicher Natur waren. Wie dem auch sei – Kreisler vergötterte sie, war vollständig abhängig von ihr und litt unter jeder Trennung. Allerdings brauchte er nur selten ihre Gegenwart zu entbehren, denn wohin Fritz auch ging, Harriet ging mit. Und als er bei Ausbruch des Ersten Weltkriegs zum österreichischen Heer einberufen wurde, ließ sie sich als Krankenschwester in ein Feldlazarett in der Nähe seiner Einheit verpflichten.

1902 debütierte Kreisler in London, doch mit geringem Erfolg. Die *Musical Times* nannte ihn kühl und ungenau „noch einen Ungar" und befand, daß es ihm „nicht gelang, den Eindruck eines großen Geigers zu vermitteln, wenn er auch mit Intelligenz, Zartheit des Ausdrucks und einer Kunstfertigkeit spielte, die Aufmerksamkeit erregte".

Als Kreisler wenige Jahre später in einem von Henry Woods Konzerten in der Queen's Hall spielte, hinterließ er einen völlig anderen Eindruck. Arthur Symons schrieb am 4. Mai 1907 in der *Saturday Review* über Kreislers Interpretation des Violinkonzerts von Beethoven, daß er „es spielte, als habe Beethoven es ihm persönlich nochmals offenbart ... Seine Seele scheint sich seiner Geige anzuvertrauen, und die Geige erzählt uns das Geheimnis ... Sein Spiel hat jene Energie, die in Anmut erblüht, ist von geschmeidiger verschleierter Beweglichkeit – einer Gewandtheit, die niemals Selbstzweck sein darf, etwas anderes bedeuten darf als das, was sie ausdrückt.“

Am 10. November 1910 fand die Uraufführung von Edward Elgars Violinkonzert statt, das Kreisler gewidmet ist. Dies geschah in der Queen's Hall anläßlich des Eröffnungskonzertes der 99. Veranstaltungssaison der Philharmonic Society. Elgar dirigierte selbst. Die Kritik lobte einstimmig alle Mitwirkenden. Der *Musical Observer* schrieb, daß „der Komponist fest entschlossen war, daß kein gewöhnlicher Geiger sich an die Arbeit machen durfte, da die Solopartie sehr schwierig ist“.

Gegen Ende 1914 wurde Kreisler nach einer Verwundung aus dem österreichischen Heer entlassen und ging erneut in die Vereinigten Staaten. Kaum war er gesund, gab er wieder Konzerte. Er war ein erfolgreicher Künstler, dem man hohe Honorare zahlte und der überdies seit 1903 beträchtliche Tantiemen aus seinen Schallplatten bezog. In seiner generösen Art spendete er einen Großteil seiner Einkünfte für österreichische Kriegswaisen und Verwundete in Europa. Das machte einen fatalen Eindruck auf die Amerikaner und erzürnte vor allem jene Amazonen, die sich „Töchter der Revolution“ nannten. Er wurde in einem solchen Maße öffentlich angegriffen, daß er 1917, als Amerika in den Krieg eintrat, alle Auftritte absagte, was für ihn immerhin einen Verlust von etwa 85000 Dollar bedeutete. Einfallsreich wie immer, nutzte Kreisler die Zeit, um eine Operette mit dem Titel „Apfelblüten“ zu komponieren, die später über ein Jahr lang am Broadway lief.

1919 kehrte Kreisler anläßlich eines Wohltätigkeitskonzerts in der Carnegie Hall aufs Podium zurück, wo Angehörige der oberen Zehntausend je 100 Dollar für ihre Plätze bezahlt hatten. Noch bevor er eine einzige Note gespielt hatte, applaudierten ihm die Zuhörer stehend fünf Minuten lang. Nach dem Konzert steigerte sich das Publikum in geradezu hysterische Beifallskundgebungen für den bescheidenen Künstler – der wegen seiner Vaterlandsliebe zwei Jahre zuvor das Podium hatte verlassen müssen. Damit war jedoch noch nicht das Ende der Feindseligkeiten gekommen. Eine neue militante Organisation, die „Amerikanische Legion“, tobte sich bei jedem Auftreten Kreislers aus. In der Cornell-Universität wurde mitten in einem Konzert das Kabel für das elektrische Licht durchgeschnitten, doch unbeirrt wie immer spielte Kreisler einfach im Dunkeln weiter.

Im Mai 1921 trat Kreisler auch wieder in Großbritannien auf, und sein Empfang in der Queen's Hall war überwältigend. Die Sängerin Nellie Melba krönte ihn nach dem ersten Konzert mit einem Lorbeerkranz, und nach dem zweiten Konzert wurde er von dem großen englischen Geiger Albert Sammons mit einem weiteren geehrt.

Mit seinem neuerlichen Auftreten in Paris wartete Kreisler jedoch bis zum Herbst 1924. Man bereitete ihm einen herzlichen Empfang, und das Publikum „jauchzte ihm stundenlang zu".[4] Für Kreisler war dies ein höchst ergreifendes Erlebnis. Die Franzosen erkannten ihn als den Größten seiner Zeit an, und zwei Jahre später ernannten sie ihm zum Offizier der französischen Ehrenlegion. Nun lag die Welt Kreisler zu Füßen. 1923 spielte er in China und Japan, 1925 in Australien und Neuseeland. Seine Platten wurden auf allen Kontinenten in großen Mengen verkauft, und sein 1925 erneuerter Vertrag mit der amerikanischen Plattenfirma Victoria Company sicherte ihm Tantiemen von 750 000 Dollar über eine Zeitspanne von fünf Jahren – der größte Betrag, der je einem Künstler gezahlt worden war.

Doch er war des Reisens überdrüssig geworden. Überall war er willkommen, aber nirgends zu Hause. Im Laufe der Jahre hatte er eine wertvolle Sammlung von Geigen, seltenen Büchern, Manuskripten und Kunstgegenständen aus aller Welt zusammengetragen, konnte sie aber nirgends unterbringen. 1924 kauften die Kreislers ein Grundstück von mehreren Morgen im Berliner Grunewald. Dort ließen sich Harriet und Fritz Kreisler mit all ihren Schätzen nieder, und erst 1939 siedelten sie in die Vereinigten Staaten über. Sie waren klug genug gewesen, ihre Büchersammlung rechtzeitig nach England in Sicherheit zu bringen, was ihnen die Deutschen übelnahmen. Während des Krieges wurde das Haus im Grunewald von Bomben dem Erdboden gleichgemacht. Als Kreisler davon erfuhr, war seine typische Reaktion, daß er sich als erstes erkundigte, ob irgend jemand dabei umgekommen sei.

Kreisler war vermutlich der sorgloseste Geiger aller Zeiten. Er hatte einen ausgeprägten Hang zum Glücksspiel, der sich an den Spieltischen äußerte, wann immer sich die Möglichkeit dazu ergab. Sein Spielernaturell zeigte sich auch in seiner Einstellung zu den Berufsrisiken im Leben eines Virtuosen. Zwischen den Konzerten übte er nie, und er nahm überhaupt nur selten seine Geige in die Hand. Er behauptete, es genüge, vor dem Spielen seine Hände in warmem Wasser zu waschen, um sie beweglich zu halten.

Der Kontrabassist Horace Green erinnert sich an einen Vorfall im Jahr

1933, als Kreisler seine historische Aufzeichnung des Violinkonzerts von Brahms mit dem London Symphony Orchestra unter Sir John Barbirolli machte. Bei der Probe öffnete Kreisler seinen Geigenkasten und mußte feststellen, daß die drei oberen Saiten gerissen waren. „Ach du meine Güte", seufzte er – aber mit einer Stimme, die nicht die geringste Beunruhigung erkennen ließ. Er zog einfach neue Saiten auf, und die Probe begann mit einer geringfügigen Verspätung. Die Aufzeichnung, die dabei herauskam, ist großartig – ein klingender Beweis dafür, daß Kreislers Spiel durch Mißgeschicke dieser Art nicht zu beeinträchtigen war.

Die Orchestermusiker verehrten Kreisler. Er hatte keinerlei Allüren und spielte sich nicht als Star auf. Er konnte einfach dasitzen und mit den Musikern plaudern, als sei er einer von ihnen. Die meisten großen Solisten seiner Zeit zählten zu seinen persönlichen Freunden, doch sein bester Freund war wohl Sergej Rachmaninow, mit dem er mehrere Platten machte. Das schöne Duo in A-Dur von Schubert und Beethovens Sonate op. 30 Nr. 3 in G-Dur gehören zu den Aufnahmen, die bis zum heutigen Tage faszinieren. Sie zeugen von der außerordentlichen Wahlverwandtschaft zwischen dem melancholischen Slawen und dem extrovertierten Wiener.

Es heißt immer wieder, Kreisler habe, da er selbst nicht zu üben pflegte und diese Methode kaum irgendwelchen Schülern hätte empfehlen können, keinen Unterricht gegeben. Aber wie Paganini hatte er *einen* Schüler: Es war David McCallum (1897–1972), der später viele Jahre lang das BBC Symphony Orchestra leitete und ein sehr guter Solist war. Er nahm bei Kreisler Unterricht, wann immer dieser sich in Großbritannien aufhielt. Und wenn es einen Geiger gegeben hat, dessen Ton dem Kreislerschen nahegekommen ist, so ist es McCallum gewesen.

Kreisler starb wenige Tage vor seinem siebenundachtzigsten Geburtstag im Januar 1962. Die Londoner *Times* rühmte in ihrem Nachruf die „Süße seines Tons", glaubte aber zugleich kritisch bemerken zu müssen, er habe „den Weg des geringsten Widerstandes genommen, der ihm aufgrund seiner großen Popularität geebnet war", und habe seine Programme „aus attraktiven, aber musikalisch nichtssagenden Stücken zusammengestellt, die das Publikum ergötzten und die er mit einer Mühelosigkeit spielte, die fast mechanisch wirkte".

Seine meisterhafte Beherrschung des Bogens fand keine Erwähnung, wie überhaupt auch die meisten Geiger um 1962 von ausschließlich technischen Problemen der linken Hand besessen waren.

Kreisler hat alle klassischen Violinkonzerte gespielt. Er war noch nicht zwanzig, als er bereits seine berühmten Kadenzen zu Beethovens Violinkonzert komponierte, die Milstein „epochemachend"[5] genannt und von denen der berühmte amerikanische Kritiker Henry T. Finck gesagt hat, „in ihnen sei das Wesen der Beethovenschen Musik enthalten wie in einem Tropfen Rosenöl der Wohlgeruch einer ganzen Blumenwiese".[6] Kreisler spielte auch Brahms' Violinkonzert hervorragend. Er hatte Brahms noch persönlich gekannt und erwarb später für 7000 Dollar das Autograph des Konzerts mit allen zusätzlichen Spielanweisungen von Brahms' eigener Hand. Kreisler spielte auch Kammermusik, nicht nur – wie etwa mit Thibaud, Casals und Bauer – vor einem begeisterten Publikum, sondern auch zu seinem eigenen Vergnügen, ein Luxus, für den er selten genug Zeit hatte.

1910 bekannte er dem *Musical Courier*: „Ich freue mich auf jeden Sommer, wenn Ysaye, Thibaud, Casals, Pugno und ich in Paris zusammenkommen. Ysaye und ich spielen abwechselnd die Bratsche, aber das komischste ist, daß wir alle immer die zweite Geige spielen wollen."

Keiner unter den Nachrufschreibern kam auf den Gedanken, von dem Menschen Kreisler zu sprechen. Wir hörten bereits von seiner Freigebigkeit gegenüber den Kriegswaisen des Ersten Weltkriegs. Während des Zweiten Weltkriegs spendete er alle Tantiemen aus seinen Plattenverkäufen in Großbritannien dem britischen Roten Kreuz und tat Ähnliches auch in den Vereinigten Staaten. 1947 ließ er seine in vierzig Jahren zusammengetragene Sammlung seltener Bücher und Manuskripte versteigern, denn er hielt es für unangebracht, solche Schätze zu behalten, während überall auf der Welt Menschen Not litten. Der Verkauf brachte 120 000 Dollar. Kreisler spendete die gesamte Summe für Wohltätigkeitszwecke.

Die Kritiker akzeptierten niemals wirklich Kreislers eigene Salonstücke. Doch gerade mit diesen anmutigen Piècen eroberte er die Welt. Diese Musik wollte das Publikum hören, dies waren die Stücke, die auf seinen Schallplatten millionenfach verkauft wurden. Und dabei sind sie alles andere als trivial. Einige Stücke sind äußerst schwierig zu spielen und sind in ihrer Art kleine Meisterwerke. Heute gehören sie zum festen Bestand des Solorepertoires erfolgreicher Geiger, und die äußerst unterschiedliche Art ihrer Interpretation zeigt nur, wie hintergründig diese Stücke sind. Man kann sie zart, ausgesprochen musikantisch und wohlphrasiert spielen, man kann ihnen aber auch durch übermäßiges Vibrato und sentimentale Schluchzer den Garaus machen. Thibaud hielt den „Tambourin chinois" für eines der besten Salonstücke, die je komponiert wurden. Es ist verteufelt schwierig und voller Fallen für jeden, der meint, Kreisler sei „leicht" oder „einfach".

Kreislers größte Sünde war der berühmte Schwindel, den ihm der bedeutende Kritiker Ernest Newman nie verzieh. In seiner Jugend hatte Kreisler das Repertoire an Stücken für Solovioline als allzu begrenzt empfunden. Als er für seine Konzertabende eine größere Zahl kurzer Stücke benötigte, schrieb er sie einfach selber – im Stil von damals völlig unbekannten Komponisten wie Vivaldi, Porpora, Pugnani, Dittersdorf, Stamitz und Couperin – und gab sie als „Arrangements" aus. Hätte er erklärt, es seien seine eigenen Kompositionen, so hätte man ihn nicht ernst genommen. Er hatte mit diesen Stücken auf Anhieb Erfolg, und die Kritiker beglückwünschten ihn zu seinen „Ausgrabungen". Heifetz, Enesco und andere nahe Freunde bekamen von dieser Täuschung Wind, und Kreisler selbst hatte des öfteren den wahren Sachverhalt angedeutet, aber niemand glaubte ihm. Schließlich entschloß er sich, offen zuzugeben, daß es sich um originale Kompositionen von seiner Hand und nicht um Transkriptionen handelte, und wies seine Verleger an, in ihren nächsten Katalog einen entsprechenden Vermerk aufzunehmen. Olin Downes, der wichtigste Musikkritiker der *New York Times*, schrieb einen sehr fairen Artikel, in dem er Kreislers Rechtfertigung für das, was er getan hatte, akzeptierte. Im übrigen waren die Kritiker bestürzt, wenn auch keiner in dem Ausmaß wie Ernest Newman. Die Schlacht, die in der Londoner *Sunday Times* wütete, wurde, soweit es Newman betraf, zu einer Cause célèbre. Was ihn so erboste, war der – wie er fand – unmoralische Charakter des Täuschungsmanövers. Die schöpferische Leistung ließ er als Entschuldigung dafür nicht gelten, da sie in seinen Augen gleich null war; denn im Stil Händels und Vivaldis könne zur Not jeder komponieren.

In einem Brief vom 10. März 1935 an die *Sunday Times* vertrat Kreisler die Ansicht, das Ansehen der Kritiker sei nicht im geringsten gefährdet, nur weil sich herausgestellt habe, daß das, was als gut bezeichnet worden sei, von einem anderen Komponisten stamme als ursprünglich vermutet. „Der Name ändert sich, der Wert bleibt." Kreisler fährt dann fort, daß ohnehin viele Leute geglaubt hätten, es handele sich um Originalkompositionen von seiner Hand, und daß selbst einem Newman nicht verborgen geblieben sei, daß die angeblichen „Arrangements" zumindest sehr frei gewesen seien.

Das letzte Wort in der Angelegenheit hatte der geistreiche Olin Downes: „Herr Kreisler hat zur Freude ganzer Völker und zum Repertoire des Geigers beigetragen. Sollen wir ihm dies mißgönnen? Sollte der Mann, der in der Dunkelheit das falsche Mädchen küßte, nun die Praxis des Küssens verdammen?"

Eine hübsche Anekdote aus der Zeit vor dem Ersten Weltkrieg zeigt die Verehrung, die man Kreisler entgegenbrachte. Er kramte in einem Antwerpener Antiquitätenladen, fand eine Geige und fragte nach dem Preis. Der Betrag schien Kreisler zu hoch, und um den Händler auf seine Fachkenntnisse zu prüfen, nahm er seine eigene, unbezahlbare Guarneri hervor und fragte ihn, ob er interessiert sei, sie zu kaufen. Der alte Mann liebkoste das

Instrument ehrfürchtig und sagte dann, er habe eine Amati zu Hause, die sein Kunde vielleicht sehen wollte. Er verschwand und kehrte kurz darauf etwas nervös zurück – ohne die Amati, aber in Begleitung eines Polizisten. „Dieser Mann ist ein Dieb. Er hat Fritz Kreislers Geige gestohlen", rief er. „Nehmen Sie ihn fest!" Kreisler konnte sich unglücklicherweise nicht ausweisen, weil sein Paß im Hotel lag. Plötzlich aber lächelte er, hob die Geige ans Kinn und spielte. Der Antiquitätenhändler strahlte, dann errötete er beschämt: „So kann kein anderer ‚Schön Rosmarin' spielen!"[7]

Ob Kreisler virtuose Stücke oder klassische Kompositionen spielte, seine Phrasierung war niemals oberflächlich, sein Ton war nie einfach nur brillant. In seinen Händen hatte jede Note eine Bedeutung und war integrierender Bestandteil der Komposition. Er war ein Redner auf der Geige und brachte es fertig, seine Zuhörer – Laien wie Fachleute – mitzureißen, wohin er wollte. Über die Verbindung Massart – Kreutzer – Viotti war er vom italienisch-französischen Einfluß durchdrungen. Durch Hellmesberger – Böhm – Rode – Robberechts – Viotti hatte er etwas von der Wiener, der belgischen und der italienischen Schule geerbt. Die Essenz dieser Einflüsse verwandelte er in einen Stil, der eine nur ihm eigene Verbindung von Kraft und Süße hatte. „Selbst in seinen bestechendsten technischen Meisterstücken war nie etwas von jener stählernen, maschinellen Perfektion, wie sie heutzutage üblich geworden ist", schrieb Martin Cooper in seinem Nachruf im *Daily Telegraph*.

Kreislers sogenanntes „unaufhörliches" Vibrato wurde von den Puristen kritisiert – insbesondere von den Anhängern Joachims, der das Vibrato ohnehin nur bei sehr ausdrucksvollen Passagen zuließ. Dabei war Kreislers Vibrato durchaus nicht „unaufhörlich", und es hatte auch nichts mit dem sentimentalen Vibrato eines Caféhausgeigers zu tun. Kreisler war der erste, der das Vibrato auf hohem Niveau zu einem Stilmittel machte. Es war immer schnell, von schmaler Schwingungsbreite, mit den Fingern fest auf der Saite. Gerade dies erzeugte den vibrierenden, goldenen Ton, den jeder Geiger – meistens ohne Erfolg – nachzuahmen versuchte. Heute bemühen sich die Geiger um ein Vibrato, das modulationsfähig ist, so daß es für die unterschiedlichen musikalischen Ausdrucksarten jeweils in anderer Form verwendet werden kann. Kreisler tat dies so natürlich, wie er atmete.

Carl Flesch faßt in seinen Erinnerungen sein bewunderndes Urteil über Kreisler so zusammen: „In der Geschichte des Violinspiels wird er nicht nur als genialer Anreger und Erweiterer des Bestehenden, sondern auch als wertvollstes Symbol einer ganzen Epoche weiterleben."[8]

Gingold, der kein Kreisler-Konzert versäumte, soll das letzte Wort über diesen meistgeliebten aller Geiger haben: „Wenn er aufs Podium trat,

forderte seine majestätische Haltung Aufmerksamkeit, noch bevor er eine
einzige Note spielte. Wenn er aber erst einmal seine Geige unter das Kinn
legte, war er völlig verwandelt. Eine gewisse Bescheidenheit und Demut
zeigten sich, wie wenn er sagen würde: ‚Ich würde gern für Sie spielen.' Es
kam mir vor, als ob Kreisler für jeden Zuhörer im Publikum persönlich
spielte, eine solche Ausstrahlung hatte er."⁹

Ein Franzose nach hundert Jahren

Jacques Thibaud

Mit wenigen bemerkenswerten Ausnahmen, wie etwa Wieniawski, waren
die meisten Geiger der Spitzenklasse aus der belgischen Schule Einheimische.
Im Falle der französischen Schule war es genau umgekehrt. Abgesehen von
Émile Sauret hatten die Franzosen seit fast hundert Jahren keinen hervorragenden Geiger gehabt.

Dann, ganz plötzlich, brachte Frankreich mit *Jacques Thibaud* seinen
größten Geiger hervor. Sein bezaubernder Ton, seine Beherrschung der
Technik sowohl der linken wie der rechten Hand, sein lebhafter Vortragsstil,
der besonders gut zum Charakter der französischen Musik paßte, verhalfen
ihm zu einem Ruf, der nie verblaßte. Seine interessante Persönlichkeit
gewann die Zuneigung aller, die ihn kannten, und mit seiner hohen, schlanken Gestalt, seinem phantastisch guten Aussehen eroberte er auf Anhieb die
Herzen seiner Zuhörer.

Thibaud wurde 1880 in Bordeaux geboren, in einer Familie, für die Musik
etwas Selbstverständliches war. Sein Vater war Geiger und Musiklehrer am
Ort, seine beiden Brüder spielten Cello und Klavier. Mit ihnen fand er sich in
späteren Jahren zu einem professionellen Klaviertrio zusammen.

Thibaud ist insofern eine Besonderheit unter den Geigern, als er ursprünglich Pianist werden wollte. Er war in der Tat auf den Tasten so gewandt, daß
er im Alter von fünf Jahren zum erstenmal als Solist auftrat. Zwei Jahre später
wurde er in ein Konzert mitgenommen, in dem Beethovens Violinkonzert
gespielt wurde. Die Musik rührte ihn zu Tränen. Er ließ seinem Vater keine
Ruhe, bis dieser einwilligte, ihm ein paar Stunden auf diesem Instrument zu
geben. Seine Fortschritte waren bald so beachtlich, daß Ysaye, der den
Neunjährigen spielen hörte, ihm eine glänzende Zukunft voraussagte und
ihn ermunterte weiterzulernen.

Thibaud ging mit dreizehn Jahren ans Pariser Konservatorium unter
Marsick, und drei Jahre später gewann er den ersten Preis. Um sein beschei-

denes Taschengeld aufzubessern, spielte Thibaud im Unterhaltungsorchester des Café Rouge, wo er von Édouard Colonne – dem Begründer der beliebten Concerts Colonne – entdeckt und sofort in dessen Orchester aufgenommen wurde. Eines Tages vertrat er einen kranken Konzertmeister. Sein Vortrag des Violinsolos im Vorspiel von Saint-Saëns' Oratorium „Sintflut" war eine Sensation, und bald war er mit Engagements als Solist so überhäuft, daß er sich gezwungen sah, seine Arbeit im Orchester aufzugeben. Er debütierte 1889 in Angers als Solist und trat in der Folge in über fünfzig Konzerten mit dem Colonne-Orchester auf.

1899 spielte Thibaud zum erstenmal unter Henry Wood in London. Er war fortan regelmäßiger Gast bei Woods Konzerten und wurde bald zum Favoriten des englischen Publikums. In Berlin spielte er 1901 – er war erst einundzwanzig Jahre alt –, und auch die Deutschen nahm er im Sturm. Als „der lange entbehrte Vertreter typisch französischen Geigenspiels", erzählt uns Flesch, war es „in erster Linie sein Ton, der zwar nicht umfangreich doch ungemein packend infolge einer bis dahin ungehörten, bestrickend süßsinnlichen Färbung den Hörer in seinen Bann zog".[1]

Die Amerikaner hörten Thibaud zum erstenmal im Jahre 1903 mit dem Wetzler Symphonieorchester in der Carnegie Hall, wo er Mozarts Violinkonzert in Es-Dur und Saint-Saëns' Konzert in h-Moll spielte. Die Kritiker erkannten vielleicht nicht Thibauds Größe, aber sie wußten doch, daß sie etwas Außergewöhnliches gehört hatten, wenn auch vielleicht die Feinheiten von Thibauds typisch französischer Vortragskunst das amerikanische Publikum nicht unmittelbar ansprachen. Der Kritiker der *New York Times* schrieb, daß sein Temperament „eher poetisch und anmutig denn feurig und ungestüm" sei, und lobte seinen warmen, reinen Klang.

1905 gründete Thibaud, der eine besondere Liebe zur Kammermusik hatte, das Trio Cortot-Thibaud-Casals – selten hat man drei so einzigartige Talente in einem derartigen Ensemble vereint erlebt. Von Anfang an hatte das Trio den größten Erfolg. Ihre Schallplattenaufzeichnung von Beethovens „Erzherzog-Trio" ist eines der denkwürdigsten Dokumente ihrer künstlerischen Leistung.

Während des Ersten Weltkriegs diente Thibaud in der französischen Armee. Obwohl er aktiv an vielen historischen Schlachten teilnahm – Ypern, Marne, Aisne, Arras, Verdun –, erlitt er nur eine leichte Verwundung. Noch vor Kriegsende wurde er entlassen.

In der Zeit zwischen den beiden Weltkriegen reiste Thibaud durch die ganze Welt und erwarb sich durch seine unvergleichlichen Interpretationen französischer Musik einen einzigartigen Ruf. Auch sein Vortrag der Violinkonzerte von Bach, Mozart und Beethoven fand stets großen Beifall, aber es war die Interpretation der Musik von Lalo, Chausson, Saint-Saëns und Franck, in der er Überragendes leistete. Seine Reisen brachten ihn in engen Kontakt mit Diplomaten und anderen hochgestellten Persönlichkeiten, von denen manche seine persönlichen Freunde wurden. Als sich Thibaud während des Zweiten Weltkriegs zurückzog – angeblich, um seine Memoiren zu schreiben –, war er in Wirklichkeit ein wichtiger Mitarbeiter des französischen Nachrichtendienstes und hatte mit zahlreichen militärischen Führern der Welt zu tun.

Nach Flesch ist es „stets die Wesensart des Menschen, die uns den Schlüssel zum Verständnis seiner Kunst bietet".[2] Nun, im Falle Thibauds war dies einfach. Er war Franzose, er liebte das Leben und er liebte die Frauen: Für ihn war das ewig Weibliche ein unverzichtbares Lebenselixier. Sein Spiel „war durchtränkt von der Sehnsucht nach sinnlichem Genuß, von verfeinerter, aber desto verführerischerer Unkeuschheit".[3] Es war indes weder vordergründig gefühlvoll noch übertrieben pathetisch, wenn man es auch durchaus als männlich bezeichnen konnte. Der für Thibaud so charakteristische einschmeichelnde Ton konnte durchaus mit dem Werben eines Liebhabers um seine Geliebte verglichen werden.

Von wesentlichem Einfluß auf das Geigenspiel anderer war seine Eigenart, länger angehaltene oder sonstwie akzentuierte Töne bewußt um eine Nuance zu tief anzusetzen, um sie dann auf die richtige Höhe zu ziehen. Das gehörte wesentlich zu seinem Spiel und verfehlte nie seine Wirkung. Wenn aber weniger vollkommene Künstler diesen Effekt nachzuahmen versuchten, war das Ergebnis verheerend.

Thibaud war ein enger Freund Kreislers und Ysayes. Eine Zeitlang nahm er bei dem großen Belgier Unterricht, und sein Spiel ließ den Einfluß des Meisters sehr wohl erkennen. Thibaud litt zwar für gewöhnlich nicht an Lampenfieber, aber er war ein leicht erregbarer Künstler, den die kleinste Ablenkung stören konnte. Aus diesem Grund versuchte er, sich eine Viertelstunde vor seinem Auftritt in der Stille auf die Musik zu konzentrieren.

Thibaud war der Meinung, die Musik habe die besondere Aufgabe, die Menschen vom Druck des Alltagslebens zu befreien. Er reagierte gereizt, wenn jemand behauptete, es sei die Aufgabe der modernen Musik, die Wirklichkeit der Gegenwart in all ihrer Häßlichkeit zu zeigen. „Die Leute wollen nicht ihre Nöte und Sorgen in der Musik widergespiegelt wissen; sie wollen ihnen entfliehen."[4]

Thibaud hatte nichts für Leute übrig, die nur ein Konzert besuchen, um den Solisten bei einem Fehler zu ertappen. Er behauptete, daß kein Künstler frei von Unvollkommenheiten sein könne. Nicholas Roth, ehemaliger Musikdirektor von Radio Den Haag, hat ihn viele Male in Holland gehört und einmal auch bei einem Konzertabend in der Londoner Wigmore Hall, als Thibaud bereits über siebzig war. „Alles, was er spielte", berichtet Roth, „war von einem wunderbaren französischen Charme. Ich hörte ihn Introduktion und Rondo capriccioso von Saint-Saëns spielen, und er machte Fehler. Er spielte falsch und er kratzte. Doch das Publikum applaudierte im Stehen, und die falschen Töne waren vergessen, kaum daß sie gespielt worden waren."[5]

Thibaud trat im Alter von dreiundsiebzig Jahren noch auf der ganzen Welt auf. Am 1. September 1953 zerschellte das Flugzeug, in dem er reiste, an einem der höchsten Berggipfel Frankreichs. Es gab keine Überlebenden.

In Ketten tanzen

Georges Enesco – Jan Kubelik

„Ich bin ein Sohn der Scholle, geboren in einem Land der Legenden. Mein ganzes Leben habe ich unter den Augen meiner Kindheitsgötter verbracht", schrieb der Rumäne *Georges Enesco* (1881–1955), einer der letzten großen Lehrmeister der Geige, die im 19. Jahrhundert geboren wurden.[1]

Wie Menuhin in seiner Autobiographie „Unvollendete Reise" schreibt, verlor Enesco nie den Kontakt zur Erde, obwohl die „Kindheitsgötter" ihn in die Welt hinaus schickten und er bereits um die Jahrhundertwende ein höchst erfolgreicher Virtuose geworden war, der in den großen Städten Europas auftrat. Er hatte seinen ständigen Wohnsitz in Paris, besaß aber auch einen ländlichen Zufluchtsort in Rumänien, der treffenderweise „Villa Luminisch" (Haus des Lichts) hieß.

Enesco wurde in Dorohoiu geboren, einem Dorf des Fürstentums Moldau, wo eine Bevölkerung von Türken, Griechen, Ungarn und Ukrainern lebte. Im Alter von sieben Jahren wurde er am Wiener Konservatorium unter Hellmesberger aufgenommen. Zwei Jahre später kam er in die Erwachsenenklasse und bestand die Abschlußprüfung, und mit zwölf errang er die höchste Auszeichnung für Geige. Kompositionslehre war schon für den jungen Enesco von größter Wichtigkeit, und bereits mit zehn Jahren schrieb er seine erste vierstimmige Fuge. Es war Hellmesberger – damals Konzertmeister des Wiener Opernorchesters –, der ihm die Grundbegriffe des Instrumentierens vermittelte. Enesco wohnte im Hause seines Lehrers, und Hellmesberger schmuggelte ihn Abend für Abend in die Oper, wo er ihn hinter den Pauken versteckte. Hier nahm der Junge die Vielfalt der Töne und Klangfarben in sich auf und lernte die Möglichkeiten eines jeden Instruments aus erster Hand kennen. Als er zum erstenmal ein Werk von Wagner gehört hatte, war der Junge regelrecht berauscht. Später erzählte er: „Ich wollte nicht zum Himmel blicken, denn ich hatte gesehen, daß alle seine Sterne in Wagners Musik waren."[2]

Von Wien aus ging Enesco nach Paris und wurde am dortigen Konservatorium ein Schüler Marsicks; außerdem studierte er Harmonielehre und Komposition bei André Gédalge und Gabriel Fauré. 1899 gewann er erneut den ersten Preis für Geige. Er hegte indessen gar nicht den Wunsch, ein Virtuose zu sein, ja, er wollte nicht einmal Geiger werden. Das Klavier, das er ausgezeichnet zu spielen verstand, gefiel ihm viel besser. Und noch größer war sein Wunsch, Komponist zu werden. (Daß sein ersten Werk, „Poème roumain", vom Colonne-Orchester in Paris gespielt wurde, als er noch Student war, schien ein vielversprechender Anfang zu sein.) Im übrigen spielte Enesco auch Cello und beherrschte acht Sprachen fließend.

Als junger Mann beschloß er nur deshalb, Geige zu spielen, weil er damit genug Geld verdienen konnte, um ein Stück Land in Rumänien zu kaufen. Er hatte vor, sich früh zurückzuziehen und bis an sein Lebensende zu komponieren.

> „Ich war versessen darauf und geizte mit jeder Minute, die ich meiner Geige widmen mußte. Ich machte mir zwar über meine Kompositionen keine allzu großen Illusionen, doch das Selbst-schöpferisch-Sein bedeutete mir weit mehr als ein Instrument, das mich für mein beharrliches Üben nicht eben reichlich belohnte. Oft habe ich die Geige in ihrem Kasten angeschaut und mir gesagt: ‚Du bist zu klein, mein Freund, viel zu klein.'"[3]

Ein Musikkritiker der *New York Times* schrieb am 23. Januar 1923 über Enesco: „Er ist vor allen Dingen ein Musiker und Interpret, der sich ausschließlich der Auslegung der Musik widmet und in keiner Weise der Zurschaustellung seiner technischen Fähigkeiten. Diese sind in der Tat beachtlich, doch dienen sie ausschließlich als Mittel zum Zweck ... Sein Spiel ist hervorragend wegen der erlesenen Reinheit der Intonation, vor allem bei Doppelgriffen." Man lobte ihn auch, weil er die Partita in d-Moll von Bach vollständig spielte, das heißt, mit sämtlichen Sätzen, und nicht, wie die meisten Geiger, nur die Chaconne auswählte, die er, wie es in der Kritik weiter hieß, „mit bemerkenswerter Gelassenheit und offensichtlicher Mühelosigkeit darbot".

Diese „offensichtliche Mühelosigkeit" zwar zweifellos das Ergebnis eines intensiven Bach-Studiums und seiner Liebe zu Bachs Musik von früher Kindheit an. Während seiner Pariser Zeit verbrachte Enesco jedes Jahr die Sommerferien in Rumänien. Bei einer dieser Gelegenheiten schenkte ihm die rumänische Königin Carmen Sylva die vollständige Werkausgabe der Bach-Gesellschaft. Sie wurde ihm für den Rest seines Lebens zum Gegenstand ständigen Studiums und zur Quelle immer neuer Freude. Viele Schüler Enescos haben bestätigt, daß er mindestens 120 Bach-Kantaten auswendig kannte.

Er erklärte seinen Schülern, der größte Teil von Bachs Musik sei Vokalmusik, also zu Texten geschrieben, und nur der geringere Teil sei reine Instrumentalmusik. Sie sollten daher die Kantaten studieren, um die Ausdruckskraft des musikalischen Gefüges aus dessen Verbindung zum Inhalt der Worte zu erfühlen. Hier lag für Enesco der Schlüssel zur richtigen Interpretation der Instrumentalwerke. Die amerikanische Geigerin Helen Dowling, die vier Jahre lang seine Schülerin gewesen war, sagte: „Es war eine Offenbarung, bei Enesco Bach zu studieren. Nach und nach begann die Musik zu einem zu sprechen, und man selbst mußte den Weg finden, die Worte den Zuhörern mitzuteilen."[4]

Enesco hielt jeden Sommer in Paris Meisterkurse ab. Mit Technik gab er sich kaum je ab, da er der Ansicht war, dies sei Aufgabe des regulären Lehrers. Er bemühte sich, seinen Schülern ein neueres und tieferes Musikverständnis zu vermitteln. Niemals verlangte er, daß sie so spielten wie er: Er gab ihnen vielmehr allgemeine musikalische Einsichten mit, die es ihnen erleichtern sollten, ihre eigenen Weg zu finden. „„Sie müssen lernen, in Ketten zu tanzen', pflegte er zu sagen. Damit wollte er zum Ausdruck bringen, daß man lernen mußte, sich frei zu bewegen und doch innerhalb des Rahmens zu bleiben, den der Komponist vorgab . . . Sein Universum war Musik, und er fühlte sich selbst als deren sehr bescheidener Diener. Nichts anderes zählte im Leben. Es war diese aufrichtige Hingabe an die Musik, die alle, die in seinen Wirkungskreis gerieten, geprägt hat."[5]

Flesch beschreibt Enesco als einen, der „wie ein einsamer Fels im Meere der Mittelmäßigkeit unter seinen musikalischen Landsleuten emporragt".[6] Es sei unmöglich zu wissen, welche der zahlreichen Begabungen dieses vielseitigen Musikers die größte gewesen sei: als Lehrer wie als Komponist, Dirigent, Geiger und Pianist habe er gleichermaßen Großes geleistet. Enescos Kompositionen werden heute nur selten aufgeführt. Sir Adrian Boult sagte von seiner berühmten ersten „Rumänischen Rhapsodie", daß „sie zwar musikalisch unmöglich sei, aber die virtuosen Möglichkeiten eines Orchesters auf schöne Weise zur Geltung bringe".[7] Im Alter von fünfzehn Jahren hatte Enesco in Berlin Joachim vorgespielt. Der große Lehrmeister spendete seinem Talent und Spiel ermunterndes Lob. Daraufhin zeigte Enesco seine eigene erste Violinsonate vor, die er in frühen Jugendjahren geschrieben hatte, und bat schüchtern um die Erlaubnis, sie spielen zu dürfen. Enesco spielte Klavier, und Joachim las die Geigenstimme mit. Als sie fertig waren, blickte der alte Mann entsetzt drein. „Aber nein", entgegenete er, „das ist ja moderner als César Franck!"[8]

Vielen ist Enesco heute vor allem als großer Lehrer in Erinnerung geblieben. Ida Haendel war bereits als Kind eine virtuose Musikerin gewesen, dennoch aber zunächst einmal von Flesch in einem seiner Zornesausbrüche abgewiesen worden. Da sie schon immer bei Enesco hatte studieren wollen, fuhr ihr Vater mit ihr nach Paris, um ihr dort von Enesco ein paar Extrastunden geben zu lassen. Obwohl sie noch so jung war, war sie sich bewußt, „dem genialsten und erhabensten aller menschlichen Wesen" gegenüberzustehen. „Seine geringe Körpergröße, seine gebeugte Gestalt [in späteren Jahren wurde Enesco von einem schweren Rückenleiden befallen] und seine unscheinbare Kleidung schienen seine geistige Größe erst recht vorteilhaft zur Geltung zu bringen."[9]

Enesco erarbeitete mit ihr ein Stück von Bach. „Er war bestimmt und kompromißlos . . . er entfernte alle Kinkerlitzchen, so daß die wahre Form und Anatomie der Musik sichtbar wurden." War die Musik erst einmal von allen Verzierungen befreit worden, klang sie zwar merkwürdig, aber Ida Haendel begriff, daß der Nachdruck, den Enesco auf die Reinheit der Linie legte, nur dazu diente, die wahre Größe des Werks zu erkennen. „Mir war, als hörte ich den Riesen Bach zum erstenmal."[10]

Viel später in ihrer Karriere besuchte Ida Haendel Enesco erneut in Paris und spielte ihm die Chaconne aus Bachs Partita d-Moll vor. Es war Enescos Geburtstag, und sie hatte ihm einen Kuchen mitgebracht. „Haben Sie die Chaconne bei mir gelernt?" fragte Enesco. „Nein, Meister, aber ich habe Sie damit in New York gehört." Sie wartete auf das Urteil. „So, wie Sie sie gespielt haben, war die Chaconne ein noch viel größeres Geschenk als der Kuchen."[11]

Ida Haendel stellt einen interessanten Vergleich zwischen Flesch und Enesco an. Enesco versuchte nie, einem Schüler seine Ratschläge aufzuzwingen, es waren eher Anregungen, die er ihm, während er mündlich vom Klavier aus unterrichtete, zuteil werden ließ. Flesch hingegen ging methodischer und klinischer vor.

Auch Menuhin hat in sehr jungen Jahren bei Enesco studiert, und er weiß heute noch den unermeßlichen Wert seines Unterrichts zu schätzen. „Eine Lektion war eine Inspiration, nicht eine Instruktionsstunde. Es wurde dabei musiziert, als sei ich das Orchester . . . Beim Begleiten am Klavier sang er die verschiedenen Stimmen . . . Was Enesco mich lehrte – durch Beispiel, nicht durch Worte –, war die in lebendige Botschaft verwandelte Note, die gestochen scharfe, bedeutungsbeladene Phrase, die zum Leben erweckte

Musikstruktur, und ich war bereit, das anzunehmen. Bis dahin hatte ich nicht gewußt, daß Musik eine so klare, vitale Form annehmen konnte."[12]

In völligem Gegensatz zu Enesco war sein Generationsgenosse *Jan Kubelik* (1880–1940) ohne Zweifel einer der hervorragendsten Techniker seiner Zeit. Als Ševčiks berühmtester Schüler machte er mit seinem Beispiel die „Methode" seines Meisters in der Welt der Musik allgemein bekannt. Die wichtigsten Eigenschaften seiner Vortragskunst leiteten sich von seiner technischen Meisterschaft her, und obwohl er die meisten klassischen Violinkonzerte in seinem Repertoire hatte, war er am glücklichsten, wenn er die gymnastischen Bravourstücke der virtuosen Zauberer vortrug.

1907 schrieb Richard Aldrich in der *New York Times*: „Es ist etwas Zurückhaltendes an ihm, wenn er spielt . . . und doch haben nur wenige die Macht wie Kubelik, die Sinne mit der reinen Schönheit seines Klangs, dem Charme seiner Kantilene, der Eleganz und Mühelosigkeit, mit der er alle technischen Schwierigkeiten meistert, so hinzureißen." Bei anderer Gelegenheit entdeckte Aldrich „in Kubeliks Vortrag von Mozarts D-Dur-Konzert einen Stil ungekünstelter Aufrichtigkeit und Kraft . . . Und doch war irgend etwas in seinem Spiel, das sofort von ihm abfiel, als er Wieniawskis Konzert in d-Moll zu spielen begann. Hier war er mehr zu Hause."

Kubelik wurde in Michle geboren, einem Städtchen vor den Toren Prags. Sein Vater war Gärtner und ein guter Geiger, der nebenher ein lokales Unterhaltungsorchester leitete. In seinen späten Jahren, als Kubelik in Beverly Hills, Hollywood, lebte, kehrte er den Lauf der Dinge um und wurde ein eifriger Hobbygärtner.

Den ersten Unterricht erhielt Kubelik von seinem Vater, nahm dann ein paar Stunden bei Karel Ondříček und kam mit zwölf Jahren ans Prager Konservatorium unter Ševčik. Bei diesem studierte er sechs Jahre lang und verließ nach einer Darbietung von Paganinis D-Dur-Konzert als anerkannter Virtuose das Konservatorium.

Sein Debüt in Wien im Jahre 1898 war nicht weniger erfolgreich, und er setzte von nun an das Publikum ganz Europas in Erstaunen. 1900 trat er zum erstenmal in der Londoner St. James' Hall in einem Richter-Konzert auf. Der Kritiker der *Musical Times* schrieb: „Gutes Orchesterspiel und tiefgründige Deutung der Klassiker sind ja auf ihre Weise ganz schön – aber was vermag das bei einem Londoner Publikum auszurichten gegen einen Geiger mit phänomenal entwickelter Technik, todsicherer Intonation, einem schönen Klang und einer geradezu unheimlichen Art, auch die größten Schwierigkeiten zu bewältigen." Er tadle Kubelik nicht, so fuhr der Verfasser der Kritik fort, weil er sich nicht an eine der vier klassischen Prüfsteine, nämlich

die Konzerte von Beethoven, Mendelssohn, Bruch und Brahms, herangewagt habe, sondern stelle nur fest, daß der Künstler sich offenbar „gegenwärtig darin gefällt, scheinbar unmögliche technische Schwierigkeiten zu überwinden. Wenn er älter ist, wird er sich vielleicht in gleicher Weise darin
gefallen, uns die Schönheiten und Tiefen, die in jenen Meisterwerken
verborgen liegen, zu offenbaren."

1902 reiste Kubelik nach Amerika, und auch hier gerieten seine Zuhörer
ob seiner Fingerfertigkeiten in Ekstase, wenngleich die Kritiker ihn man-
gelnder Gefühlstiefe bezichtigten. Nichtsdestoweniger häufte Kubelik ein
Vermögen an, indem er dem Publikum das gab, was es wünschte. Sein
kometenhafter Aufstieg als gefeiertes Wunderkind hatte zur Folge, daß er
mit noch nicht zwanzig Jahren bereits ein sehr reicher Mann war. Schon 1904
erwarb er eine Besitzung, komplett mit prunkvollem Schloß, für 160 000
Dollar – dem Reingewinn aus seiner ersten Tournee durch Amerika. Er
machte auch Plattenaufnahmen bei der Victor Company und strich beträchtliche Tantiemen ein. Als die gefeierte Sängerin Nellie Melba Gounods „Ave
Maria" auf Platte sang, war es Kubelik, der die obligate Violinstimme spielte.

1903 heiratete Kubelik eine ungarische Gräfin. Das jüngste ihrer Kinder
sollte der bedeutende Dirigent Rafael Kubelik werden.

Die amerikanische Presse mäkelte am Image des Geigers herum. Ständig
wußte sie von seinen Schlössern, seinen Beziehungen zur Aristokratie und
seinen „hoch versicherten Fingern"[13] zu berichten. Die Publizität seiner
Person hatte nicht unbedingt immer etwas mit Musik zu tun. 1902 sah
Kubelik sich gezwungen, Behauptungen zu widerlegen, er stehe unter dem
Einfluß eines Sekretärs, der ihn als eine Art Svengali – irgend etwas zwischen
Hypnotiseur und Guru – leite und die Einnahmen in die eigene Tasche
stecke.

Als er einmal den Fahrstuhl in einem Chicagoer Hotel betrat, bemerkte er
an der Wand ein Plakat, das ein Konzert des großen Pianisten Ignaz
Paderewski anzeigte. Er riß das Plakat herunter und schrie: „Das also tun Sie
für einen anderen Künstler, dabei bin ich es, der Ihr Hotel berühmt gemacht
hat!"[14]

In den frühen dreißiger Jahren erlitt Kubelik so manches Mißgeschick. Die
Wirtschaftskrise vertrieb ihn aus Europa, wo seine Spekulationen ihm
inzwischen fünf prunkvolle Besitzungen in Böhmen und Ungarn einge-
bracht hatten. Zu dieser Zeit besaß er auch sechzehn wertvolle Geigen, zu
denen seine berühmte „Kaiser"-Stradivari aus dem Jahre 1715 und seine
Guarneri del Gesù von 1735 gehörten. 1932 war er gezwungen, viele seiner
Schätze zu verkaufen, auch die del Gesù (die heute Kyung-Wha Chung
gehört); doch von seiner „Kaiser"-Stradivari trennte er sich nie.

Für eine Weile ließ sich Kubelik in Kalifornien nieder, wo er sich in ein bescheidenes kleines Landhaus in Beverly Hills zurückzog. Zwischen Obstgärten und hohen Hecken aus roten Poinsettiabüschen widmete er sich dem Komponieren und schrieb mehrere Konzerte und kleine Stücke für die Geige. 1938 erzählte er einem Reporter: „Ich entrichte der Filmindustrie den gebührenden Tribut, indem ich ihr Szenarios liefere ... Mein Sohn soll demnächst für ein Wiener Unternehmen in einem Film als Hauptdarsteller auftreten ... Vielleicht spiele ich darin auf meiner Geige."[15] Dazu ist es jedoch wohl niemals gekommen.

Später kehrte Kubelik nach Europa zurück und starb 1940 in Prag. In seinen letzten Lebensjahren trat er nur noch selten auf, denn sein Gehör verschlechterte sich so sehr, daß er nicht mehr ganz sauber spielen konnte. Er gehörte zu denen, deren Platz im obersten Rang der Geigerelite ihnen von einem aufkommenden neuen Talent streitig gemacht wurde. Es war Jascha Heifetz, von dem noch die Rede sein wird.

Ein faszinierender Aussenseiter

Bronislaw Huberman

Als Ida Haendel noch ein kleines Mädchen war, spielte sie *Bronislaw Huberman* (1882–1947) bei einem Bankett in Warschau vor. Noch vierzig Jahre später erinnert sie sich jenes Ereignisses:

> „Ich sah ihn an, das Idol von Tausenden, und ich konnte es kaum glauben. Er lächelte mir freundlich zu, und ich fand ihn schön. Ich sah keine seiner Unvollkommenheiten – das berühmte Schielen, die vorstehende Unterlippe und den übergroßen Kopf. Ich sah nur den großen Geist, der in diesem kraftvollen, entschlossenen Gesicht aufleuchtete und mich einen Augenblick lang an Beethoven erinnerte."[1]

Diese scharfsichtige Beobachtung des Kindes kam der Wahrheit sehr nahe. Huberman empfand eine Wahlverwandtschaft mit Beethoven, die über das Verhältnis zu seiner Musik hinausging. Er teilte die Liebe des Komponisten zur Menschheit und glaubte fest daran, daß ein vereintes Europa die einzige Lösung für den Weltfrieden sei. Deshalb unterstützte er die paneuropäische Bewegung und opferte viel Zeit und Geld dafür. Wie Beethoven sah er in der Musik eine einigende Kraft; er war „ein erhabener, versöhnender Geist ... der alle Zuhörer zu vereinen suchte".[2]

Huberman weigerte sich, im nationalsozialistischen Deutschland zu spie-

len, obwohl ihn der Dirigent Wilhelm Furtwängler in einem Brief eindringlich darum bat. Es war inzwischen eine Verfügung erlassen worden, derzufolge jeder Künstler „ungeachtet seiner Rasse oder Nationalität" auftreten
durfte. Furtwängler argumentierte, einer müsse den ersten Schritt tun, um
die Schranke niederzureißen. Huberman erkannte zwar Furtwänglers Bemühungen an, die Schwierigkeiten zu überwinden, aber er konnte die
Rassenverfolgung und die schmähliche Entthronung von Mendelssohn,
Rubinstein und Joachim, nur weil sie Juden waren, nicht verzeihen.[3] Er blieb
bei seinem Entschluß und trat nicht ein einziges Mal im Hitler-Deutschland
auf. Es gab noch andere, die diese Haltung einnahmen: Arturo Toscanini
weigerte sich, nach Bayreuth zu gehen, und Jacques Thibaud, ein Nichtjude,
lehnte ebenfalls Furtwänglers Einladung ab.

Bronislaw Huberman wurde in dem polnischen Städtchen Tschenstochau
als Sohn eines Rechtsanwalts geboren. Da der Junge schon früh Talent zum
Geigenspiel zeigte, förderte ihn sein Vater in jeder erdenklichen Weise.
Zunächst lernte er bei Mieczyslaw Michalowicz, einem Schüler Auers und
Lehrer an der Musikschule in Warschau, dann bei Isidor Lotto, der seiner-
seits bei Lambert Joseph Massart studiert hatte. Im Alter von sieben Jahren
trat das Kind bereits mit Spohrs zweitem Violinkonzert in einem öffentlichen
Konzert auf und spielte im Anschluß daran die Rolle des Primarius in einem
Quartett von Rode.

Als Huberman die Chance bekam, bei Joachim in Berlin zu studieren, war
er zehn Jahre alt, aber er blieb nur neun Monate bei ihm. Damals verstand
man nicht, warum er die Möglichkeit, bei einem der größten Lehrmeister zu
studieren, nicht wahrnahm. In späteren Jahren verriet er, daß ihn nicht nur
Joachims Schüler Karl Markees häufiger unterrichtete als der Meister selbst,
sondern daß er die Berliner Atmosphäre pedantischen Akademiebetriebs als
erstickend empfunden habe. Der ausgeprägte Individualismus, Kennzeichen
seiner Persönlichkeit, war bereits deutlich sichtbar; deshalb suchte er anderswo Unterweisung.

Huberman blieb auch nur kurze Zeit bei Hugo Heermann in Frankfurt
und Martin Marsick in Paris und erhielt dann keine weitere Ausbildung mehr.
Mit elf Jahren begann er seine Karriere als Solist. Er unternahm Gastspielrei-
sen in die wichtigsten Städte Europas – Amsterdam, Brüssel, Paris und ein
Jahr später London, wo ihn die Sängerin Adelina Patti hörte. Die Primadonna nahm ihn mit nach Wien und stellte ihn 1895 bei ihrem Abschiedskonzert
vor – was Flesch als einen geschickten Propagandaeinfall des Konzertagenten
wertete. Hubermans Zukunft jedenfalls war damit gesichert.

1896 spielte Huberman zum erstenmal Brahms' Violinkonzert. Viele
berühmte Musiker, sogar der Komponist selbst, saßen in der Direktionsloge

und warteten gespannt darauf, was wohl dieses Kind aus einem Werk machen würde, das viele erstklassige Geiger abgeschreckt hatte. Das Ergebnis war phänomenal. Der Brahms-Biograph Max Kalbeck erzählt uns, der Komponist sei vom ersten Bogenstrich an verblüfft gewesen. „Und als das Adagio kam, wurden seine Augen feucht. Nach dem Finale umarmte er den kleinen Jungen, dessen musikalisches Genie die genau richtige Interpretation des Konzerts erfaßt hatte."[4]

Mit jedem Konzert wurde Huberman in Europa berühmter. In Polen behandelte man ihn fast wie einen Gott. Nur in England wurde er seltsamerweise nie wirklich anerkannt. Menuhin begründet dies folgendermaßen: „Künstler, die eine ganz bestimmte Art von Kultur, Temperament, Rassenmischung verkörpern, gedeihen am besten in ihrem Heimatboden."[5] Als er zum erstenmal als erwachsener Künstler in den Vereinigten Staaten auftrat (er hatte 1897 als Wunderkind Konzerte in New York gegeben), wurde Huberman kein uneingeschränkter Erfolg zuteil. Richard Aldrich von der *New York Times* fand, daß sein „Talent eine gewisse Unfertigkeit zeigt". Er billigt ihm Bescheidenheit zu, und daß sein Spiel offensichtlich mehr der Musik selbst gelte als der effektvollen Darbietung. Es störten ihn aber Hubermans „gekrümmter Rücken" und seine Anspannung, um gewisse Effekte zu erzielen. „Sein Ton ist kraftvoll, zeichnet sich aber nicht durch Wärme oder gefälligen Klang aus." 1936 aber fand Alexander Ruppa, der Korrespondent von *The Strad* in Alexandria, Huberman habe „die seltene Gabe, die ganze Skala menschlicher Gefühle von der erlesensten Zartheit bis zur brutalsten Heftigkeit zu porträtieren".

Huberman scheint einer der ersten modernen Geiger gewesen zu sein, die etwas von der Verwandtschaft zwischen Psychologie und Musik ahnten. Für Huberman war Beethoven der Gipfel all dessen, was er in der Musik bewunderte; danach kam gleich Brahms, da dessen Musik auf die persönlichste Weise zu ihm sprach. Für ihn verband sich darin das Menschliche mit einer sublimierten Sinnlichkeit, die zugleich eine bewußte entsagungsvolle Haltung gegenüber drängenden Sehnsüchten offenbarte, das heißt weniger Leugnung dieser Wünsche als vielmehr Verzicht, Sühne und Vergebung.

Huberman hatte feste Vorstellungen von den Aufgaben eines interpretierenden Künstlers. Er sah ihn nicht als passiven Vermittler. Bei der Vorbereitung und Deutung eines Werkes kam es ihm vor allem auf zwei Dinge an: Entscheidend ist, daß der Zuhörer das Spielerlebnis des interpretierenden Künstlers bei der Wiedergabe des Werkes mitempfinden kann. Gleichzeitig „soll der Künstler dem Zuhörer die inneren Stürme und Geburtsschmerzen bewußt machen, die den Komponisten beim Schöpfungsakt durchschüttelten".[6] Um diese Wirkung zu erreichen, muß der Interpret jede kleinste

Einzelheit in bezug auf Tempo, Dynamik, Harmonie und Instrumentierung studieren. Huberman verfocht unerbittlich die Ansicht, daß der Wille des Komponisten immer beachtet werden müsse. Oft brauchte er lange, um ein Werk voll zu beherrschen. „Ich muß das Werk durchleben, bevor ich es richtig spielen kann. Dieser Augenblick kann kommen, wenn ich es zum ersten, fünften oder zehnten Mal auf dem Podium spiele: Kommt er aber nicht, so spiele ich diese Komposition nie wieder, egal, wieviel Kraft mich die Beherrschung dieses Stückes auch gekostet haben mag."[7]

Einer der strengsten Kritiker Hubermans war Carl Flesch. Er bemängelte seine mangelnde Ausbildung, sein Finger-Vibrato, seine überholte Technik der Bogenführung, seine eigenwillige Persönlichkeit und seine Gewohnheit, „die Interpretation eines Werkes seiner jeweiligen Stimmung und Laune zu unterwerfen", das jeweilige Werk „auf den Kammerton seines Ichs einzustimmen, statt sich selbst dem Werk anzupassen". Flesch meinte, Huberman werde der Nachwelt lediglich als „bemerkenswertester Vertreter eines unbeschränkten Individualismus, als faszinierender Außenseiter" in Erinnerung bleiben.[8] Hans Keller, der Herausgeber der englischen Ausgabe von Carl Fleschs Memoiren, ist allerdings anderer Ansicht: „Huberman war einer der größten Musiker, die mir je begegneten ... Viele Künstler haben seinen außergewöhnlichen Rang als Künstler, Geiger und Mensch bezeugt." Keller räumt ein, daß seine Technik immer individuell war und im wesentlichen von seiner momentanen Stimmung abhing, aber „wenn er ‚in Form' war, zeigte sein Spiel geradezu unheimliches Feuer, zeigte er eine virtuose Technik von äußerster Brillanz". Hans Keller entkräftet alle Einwände Fleschs gegen Hubermans Vibrato und seine Art, den Bogen zu halten. Was seine Tongebung betraf, so kennt Keller „keinen anderen Geiger, der sie so stilsicher den harmonischen und melodischen Gegebenheiten anpaßte."[9]

Von nachhaltiger Wirkung blieb Hubermans musikalische Pionierarbeit in Palästina. 1936 gründete er dort mit Unterstützung Toscaninis und anderer führender Musiker das Philharmonische Orchester Palästinas, das spätere Israel Philharmonic. Die wachsende Bedrohung im nationalsozialistischen Deutschland zwang viele Juden, in Palästina Zuflucht zu suchen. Das bewog Huberman, in diesem Land eine feste Einrichtung zu schaffen, auf der die Einwanderer aufbauen konnten. Die Resultate sehen wir im heutigen Israel. Sie sprechen für sich.

Ein grosser Engländer

Albert Sammons

Mehr als zweihundert Jahre lang, bis nach 1930, war Großbritanniens Musikleben von ausländischen Künstlern beherrscht. Das Publikum sprach den Briten das Charisma auswärtiger Musiker ab, wobei gerade Geiger von diesem Vorurteil besonders betroffen waren. Spohr, Paganini, Ysaye und Kreisler – sie alle hatten einen Namen mit magischem Klang. Als einzigen Ausweg sahen die britischen Künstler ein Studium im Ausland, um dann nach ein paar Jahren mit einem „-ski" oder „-ini" am Ende des Namens zurückzukehren.

Ein Musiker, der durch sein Schaffen viel für den Ruf der britischen Geiger getan hat, war der in London geborene *Albert Sammons* (1886–1957), von seinen Kollegen „unser eigener Albert" genannt. Sammons wurde in eine musikalische Familie hineingeboren. Sein Vater, ein guter Amateurmusiker, gab ihm die ersten Geigenstunden. Als elfjähriger Junge besuchte er tagsüber die Schule und spielte abends im Orchester eines Restaurants in der Nähe vom Piccadilly. Als er ein Jahr später von der Schule abging, war ihm das Spiel leichter Klassiker so vertraut, daß er freiberuflicher Musiker werden konnte. Er spielte im Palmenhof eines Hotels im Bezirk Harrogate oder bei einem Jagdball in den Grafschaften. Oft wurde er auch für einen besonderen Anlaß engagiert – als „Zigeunergeiger". Das „Original Ungarische Orchester"[1], mit dem er häufig spielte, mußte stets absolutes Schweigen bewahren, damit nicht herauskam, daß die einzige Sprache der Musiker breiter Londoner Cockney-Dialekt war.

Sein erster großer Durchbruch gelang Sammons 1908, als er ein kleines Orchester im Londoner Waldorf-Hotel leitete. Thomas Beecham hatte gehört, daß es dort einen ungewöhnlich versierten Geiger gebe, und so begab er sich zum Dinner ins Waldorf, um Sammons zu hören. Dabei bat er um ein Solo und wurde mit dem Finale aus Mendelssohns Violinkonzert belohnt. Allerdings verblüffte ihn – einen Dirigenten, der selbst den Ruf hatte, schnelle Tempi zu lieben – das rasche Tempo des Geigers. Er kritzelte auf eine Karte: „Großartig, aber das richtige Tempo ist . . .", und er notierte die Metronomziffer, um das richtige Zeitmaß anzugeben. Daraufhin spielte Sammons das Finale noch einmal – im erbetenen Tempo.[2]

Beecham gab Sammons sofort eine Stelle in seinem Orchester. Sammons nahm an, wurde wenige Monate später Konzertmeister und blieb fünf Jahre in dieser Stellung. In seinen Memoiren schrieb Beecham: „Dieser talentierte und einfallsreiche junge Mann entwickelte sich zum besten, vielseitigsten Konzertmeister, dem ich je irgendwo begegnet bin. Er besaß eine technische Gewandtheit, mit der er jede Aufgabe meisterte, hatte einen vollen warmen Ton, einen makellosen Rhythmus und behielt in schwierigen Situationen stets einen kühlen Kopf."

Sammons nahm ein paar Stunden bei John Saunders und Frederick Weist-Hill, einem Schüler Ysayes, aber – wie seine berühmten Vorgänger Paganini und Ole Bull – bildete er sich weitgehend selbst aus. Gleichwohl brachte er es durch beharrlichen Fleiß im Erlernen aller wichtigen Techniken zu einer meisterhaften Beherrschung seines Instruments, was ihn zu einem außergewöhnlichen Solisten und Lehrer machte.

Die Liebe zur Kammermusik bewog Sammons 1909 zur Gründung jenes Ensembles, das später als „London Quartet" berühmt wurde. Die gemeinsame Arbeit aber gab er zehn Jahre später – nicht ohne großes Bedauern – wieder auf, um sich ganz seiner solistischen Tätigkeit zu widmen.

Seine Karriere als Virtuose begann für Sammons 1911 mit einer hervorragenden Interpretation von Bruchs Violinkonzert in g-Moll. Noch im gleichen Jahr wurde Sammons zum Königlichen Hofmusiker ernannt, und 1912 spielte er Saint-Saëns' Violinkonzert in h-Moll in Gegenwart von König Georg V., Königin Mary und des bejahrten Komponisten in der Queen's Hall.

1913 war Sammons' Ruhm bereits ins Ausland gedrungen. Man gab ihm die Stelle des Konzertmeisters beim Symphonie-Orchester von Dieppe, das von Pierre Monteux geleitet wurde. Als dann aber im darauffolgenden Jahr der Krieg ausbrach, kehrte er in seine Heimat zurück.

Während des Krieges, als vielen ausländischen Solisten die Einreise erschwert war, begriff das britische Konzertpublikum, daß es in Albert Sammons ein beachtliches eigenes Talent besaß. Als Ysaye ihn zum ersten Mal hörte, rief er: „Endlich hat England seinen eigenen großen Geiger!"[3]

Vielleicht ist Edward Elgars Violinkonzert das Werk, mit dem Sammons am engsten verbunden war. Seit Kreisler es 1910 uraufgeführt hatte, war es schmählich vernachlässigt worden. Sammons spielte es zum ersten Mal am 23. November 1914 in der Queen's Hall. Zu dieser Zeit war Sammons einer der ganz wenigen Geiger, die sich an das Werk heranwagten. Lange und intensiv bereitete er sich darauf vor.

Sammons hat außerordentlich viel für die weltweite Durchsetzung des Elgarschen Werks getan. Der Komponist selbst war der Ansicht, daß niemand so wie Sammons bis zum Kern des Stückes vorgedrungen sei. Nach einem Konzert mit dem Hallé-Orchester schrieb John Barbirolli dem Geiger: „Wir fühlten uns geehrt, mit Ihnen durch die Aufführung des Elgar-

Konzerts verbunden sein zu dürfen. Dieses Ereignis wird lange in unserer Erinnerung weiterleben. "

Ein anderes schönes englisches Konzert, das im Schatten von Elgars Werk ein wenig vernachlässigt zu werden drohte, war das Sammons gewidmete Violinkonzert von Delius. Sammons studierte das schwer faßbare Werk eingehend, nachdem er es frisch aus der Feder des Komponisten bekommen hatte. Vieles hielt er für verbesserungswürdig. Obwohl Delius selbst Geige spielte und also etwas von der Violine verstand, waren einige Passagen vom spieltechnischen Standpunkt aus einfach nicht zu bewältigen. Delius war Sammons für dessen Anregungen dankbar und überarbeitete sein Werk. Am 30. Januar 1919 wurde es zum ersten Mal in einem Konzert der Philharmonic Society unter Leitung von Adrian Boult aufgeführt.

Diese Uraufführung kam allerdings erst nach einer geradezu dramatischen Vorgeschichte zustande, die beinahe alles zunichte gemacht hätte. Zu jener Zeit nämlich diente Sammons als einfacher Soldat bei der Grenadiergarde, in deren Orchester er am ersten Pult der Streicher saß. Auch spielte er als Klarinettist der Militärkapelle, obwohl er nie zuvor Klarinette gespielt hatte. Im letzten Augenblick, ausgerechnet am Abend vor der Generalprobe und dem Konzert, bekam er den Befehl, bei einem großen Ball in der Albert Hall zu spielen. Da er wußte, wie schwierig es sein würde, sich nach einer langen Nacht mit Tanzmusik auf ein höchst anspruchsvolles Werk einzustellen, bat er um Entbindung von dieser Aufgabe. Sein Kapellmeister aber schlug die Bitte ab. In höchster Aufregung eilten daraufhin zwei Direktoren der Royal Philharmonic Society in die Wellington-Kaserne, um sich beim Obersten und beim Adjutanten der Grenadiergarde für Sammons' Freistellung einzusetzen. Die Offiziere zeigten sich verständnisvoll und hoben die Entscheidung des Kapellmeisters auf. Damit war die Situation gerettet. Zur großen Zufriedenheit aller, mit Ausnahme des Kapellmeisters, erwirkte Sammons nicht lange danach seine vorzeitige Entlassung aus der Armee.

Das Delius-Konzert mit Sammons gibt es auf Schallplatte in einer Aufnahme von 1944. Allerdings wurde die LP-Neupressung nach alten Schellackplatten gemacht, da die Originalmatrizen bei einem Bombenangriff vernichtet worden waren. Das beeinträchtigt natürlich die Wiedergabe des Tons, wie im übrigen überhaupt die Plattenaufnahmen Sammons' geigerischen Qualitäten nicht gerecht werden.

Sammons' Interpretation des Violinkonzerts von Brahms war den Kritikern zufolge den besten Wiedergaben durch ausländische Geiger durchaus ebenbürtig. Beethovens Konzert hat er mehr als hundertmal gespielt, allein siebzigmal während des Zweiten Weltkriegs. Mendelssohns Violinkonzert liebte er sehr, hielt es jedoch für ein nur schwer zu meisterndes Werk; noch

heute sind die meisten Geiger derselben Ansicht. Gegen Bartóks Konzert
hatte Sammons einige Vorbehalte. Zwar war es seiner Meinung nach musikalisch sehr schön, nicht aber als eigentliches Violinkonzert geglückt, denn
seiner Ansicht nach schätzte Bartók die Größe des Geigentones im Verhältnis zur Lautstärke des vollen Orchesters falsch ein. Ernest Blochs Konzert
dagegen hielt er in dieser Hinsicht für vorbildlich.

Sammons war ein einfacher und bescheidener Mensch. Er machte sich
nichts aus den versnobten oberen Rängen des Musikbetriebs. Die Musiker
des Orchesters bewunderten ihn sehr; mit ihnen saß er nach der Probe oft
plaudernd zusammen. Viel häufiger ging es dann um Sport als um den
neuesten Klatsch aus der Welt der Musik. Auf die Frage, ob denn seine Golf-
Leidenschaft sein Geigenspiel nicht störe, scherzte Sammons: „Nein, im
Gegenteil. Wahrscheinlich stört mein Geigenspiel mein Golfspiel!"[4]

Als ein Liebhaber von Meisterviolinen besaß Sammons einige schöne
Instrumente von berühmten Geigenbauern. Viele Jahre lang spielte er eine
Guadagnini und später eine Stradivari. Seine Lieblingsgeige aber war eine
herrliche Matteo Gofriller aus dem Jahr 1696, die er bis zum Ende seiner
Konzerttätigkeit spielte.

Sammons hat auch komponiert. Neben einer Reihe ansprechender Solo-
werke für Geige veröffentlichte er unter dem Titel *Secrets of Technique* drei
Bände mit Etüden. Es ging ihm dabei um eine konzentrierte Methode des
Übens. „Er lehrte mich ganz genau", erinnert sich der Geiger Hugh Bean,
„wie man zehn Minuten auf die bestmögliche Art und Weise nutzt. Ein
Beispiel: Man trifft ziemlich spät zu einem Konzert ein, weil der Zug
Verspätung hat. Der Saal ist kalt, es gibt kein heißes Wasser, und man hat
noch zehn Minuten, um sich vorzubereiten. Er zeigte mir, wie man mit
derartigen Problemen fertig wird – und es steht alles in diesen kleinen
Büchern."[5]

Sammons war ein gewissenhafter und flexibler Lehrer. Von 1939 bis 1956
war er Professor für Violine am Royal College of Music. Ohne einer
bestimmten Schule anzugehören, hatte er seine Erfahrungen während vieler
Jahre im Orchester gewonnen. Er wußte, daß ein Musiker nie aufhört zu
lernen. Seine Bescheidenheit und Geradlinigkeit befähigten ihn zu einem
wirklichen Austausch mit seinen Schülern. Und was das Geigerische betraf,
so lautete seine Grundregel: „Konzentriere dich auf eine makellose Intonation. Du wirst dich niemals auszeichnen, bis deine Intonation nicht fehlerfrei
ist, denn sie und die künstlerische Deutung sind es, die den Unterschied
zwischen dem großen und dem mittelmäßigen Geiger ausmacht."[6]

Die russische Avantgarde
Efrem Zimbalist – Mischa Elman

Zwei der ersten großen Geiger aus der Schule Auers waren die Russen Efrem
Zimbalist und Mischa Elman. Wurden sie auch jahrelang als gleichwertige
Konkurrenten angesehen, so gab es doch eine Zeit, da Zimbalist vom
Publikum noch stürmischer gefeiert wurde als sein berühmter Rivale.

Efrem Zimbalist wurde 1889 als Sohn eines Berufsdirigenten in Rostow am
Don geboren und erhielt von seinem Vater eine hervorragende musikalische
Grundausbildung. Mit neun Jahren saß er bereits als Konzertmeister im
Orchester der Oper von Rostow. Im Alter von dreizehn Jahren kam er zu
Auer nach St. Petersburg, den er drei Jahre später wieder verließ, nachdem er
die Goldmedaille und das Rubinstein-Stipendium im Wert von 1200 Rubeln
gewonnen hatte.

Die darauffolgenden Jahre brachten dem jungen Zimbalist in jeder Hinsicht Erfolg. Noch im gleichen Jahr, in dem er – gerade achtzehnjährig – in
Berlin mit dem Brahmsschen Violinkonzert debütierte, begeisterte er das
Londoner Publikum mit einer hervorragenden Interpretation von Tschaikowskis Violinkonzert und Lalos „Symphonie espagnole", einem Werk,
für das er ein geradezu unheimliches Gefühl entwickelte; seit Sarasate habe es
so etwas nicht mehr gegeben, hieß es später. Als anerkannter Virtuose
unternahm er Tourneen durch ganz Europa, und überall bekam er über-
schwengliche Kritiken. Als erster Geiger wurde er vom Leipziger Gewandhaus zum Neujahrskonzert eingeladen, womit er sich in eine seit Joachim
bereits fünfzig Jahre währende Tradition einreihte.

1911 konzertierte Zimbalist zum ersten Mal in Amerika. Nachdem er
Glasunows Violinkonzert mit dem New York Philharmonic Orchestra unter
Leitung von Josef Stransky in der Carnegie Hall gespielt hatte, schrieb ein
Kritiker der *New York Times:* „Er ist bereits ein erstrangiger Virtuose im
besten Sinne des Wortes, ein reifer Künstler, der Gefühle aufzuwühlen
vermag, die auch nur anzurühren nicht vielen gegeben ist." Mit Blick auf die
eher dekorativen und brillierenden Passagen lobte der Kritiker nicht nur eine
„Technik von vollkommener Sicherheit", sondern auch „sein Talent, ein
oberflächliches Werk in etwas Edleres zu verwandeln, als ihm eigentlich
zukommt. Wenige Künstler sind so bescheiden wie Efrem Zimbalist, gehen
so in der Musik auf, die sie spielen."

Einige Tage später wurde Zimbalist bei einem Sonatenabend im gleichen
Saal als „ein Künstler von wahrlich bemerkenswertem Talent"[1] gepriesen.

Interessant ist, daß er in sein Programm mit Musik von Brahms, Paganini und Tschaikowski auch Stücke von York Bowen und Cyril Scott, zwei verhältnismäßig unbekannten englischen Komponisten, genommen hatte.

Am eindrucksvollsten war Zimbalist mit dem Präludium und der Fuge aus Bachs Solosonate in g-Moll, die „er mit großartiger Weite und Würde des Stils und eben jenem Ton spielte, der in seiner Kraft, Männlichkeit und Schönheit umso erstaunlicher ist, je öfter man ihn hört".[2]

Zimbalist komponierte recht viel für Violine, wenngleich kein Stück in das geläufige Repertoire Aufnahme gefunden hat. Hingegen werden seine sorgfältigen Forschungen und Anstöße zur Wiederbelebung früher Geigenmusik in Erinnerung bleiben. Zu seiner Zeit nämlich waren die Werke von alten Meistern wie Torelli, Uccellini und Bassani Geigern zumeist unbekannt.

Zimbalist war ein genialer und zugleich bescheidener Mensch, den seine Kollegen sehr bewunderten. Im Privatleben war er ein eifriger Sammler von Büchern und seltenen Manuskripten sowie ein großer Kenner von Weinen und Zigarren. Er liebte das gesellige Leben, und eine Einladung in sein Haus versprach stets einen vergnüglichen Abend. Auf ein üppiges Mahl pflegte ein Streichquartett zu folgen, und zum Abschluß des Abends spielte man Bridge oder Poker. „Wenn Sie kein wirklich guter Spieler sind", empfahl Donald Brook, der oft dabeigewesen war, „ist es besser, Sie lassen sich eine geistreiche Ausrede einfallen und gehen rechtzeitig weg."[3]

Im Oktober 1961 spielte ein kurzbeiniger, wohlbeleibter, kahlköpfiger kleiner Mann in London die Violinkonzerte von Brahms und Mendelssohn vor einem hingerissenen Publikum, das ihm mit einer stehenden Ovation dankte. Am nächsten Morgen war auch die Presse voll des Lobes für den großen Künstler, der sechsundfünfzig Jahre zuvor zum ersten Mal in einem schlecht sitzenden Anzug vor britischem Publikum aufgetreten war. Der Geiger war *Mischa Elman* (1891–1967); das Konzert fand neun Monate nach seinem siebzigsten Geburtstag statt.

Pianisten und Dirigenten scheinen unverwüstlich zu sein. Manche Sänger sind oft noch in späten Jahren zu Hochleistungen fähig. Elisabeth Schumann sang noch mit vierundsechzig Jahren, und Nellie Melba machte noch im siebten Lebensjahrzehnt Plattenaufnahmen. Doch in der gesamten Geschichte des Geigenspiels gibt es nur wenige Solisten, die bis ins Alter hinein mit wirklicher Präzision spielten; selbst Geiger wie Ysaye, Thibaud und Kreisler verschlechterten sich gegen Ende ihrer Karriere. Mischa Elman jedoch hatte von seinem herrlichen Ton und der perfekten Intonation bis ans Ende seiner Konzerttätigkeit nicht das geringste eingebüßt. Im Alter

Eugène Ysaye   Jan Kubelik

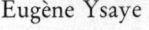

Fritz Kreisler, Georges Enesco und Jacques Thibaud in den vierziger Jahren

Bronislaw Huberman

Albert Sammons

Efrem Zimbalist

Mischa Elman

Joseph Szigeti

Jascha Heifetz

von sechsundsiebzig Jahren starb er bei der Arbeit. Er übte gerade für ein Konzert, als sein Herz versagte.

Elman war in Tolna, einem Dorf in der Nähe von Kiew, zur Welt gekommen, als Sohn eines jüdischen Lehrers, der Geige spielte. Als Mischa vier Jahre alt war, bekam er von seinem Vater die ersten Stunden. Seine verblüffenden Fortschritte veranlaßten die Eltern, ihn auf die Kaiserliche Musikschule nach Odessa zu schicken, wo er bei Alexander Fidelmann lernte. Eines Tages besuchte Leopold Auer die Schule und hörte den jungen Mischa spielen; er war vom Talent des Kindes so beeindruckt, daß er ihm sofort einen Platz am Konservatorium in St. Petersburg anbot. Da es aber einem Juden untersagt war, eine Schule außerhalb seines Wohnsitzes zu besuchen, erhoben die Behörden Einwände. Doch Auer drohte, von seinem Amt zurückzutreten, wenn keine Genehmigung für den Jungen erteilt werde, den er für das talentierteste Kind hielt, dem er je begegnet sei. Schließlich gewann Auer die Schlacht, und die ganze Familie Elman zog nach St. Petersburg.

Von Anfang an war Elman Auers Lieblingsschüler. Seine Fortschritte waren derart erstaunlich, daß Auer ihn 1904 einem kritischen Berliner Publikum vorstellte, das ihn stürmisch feierte.

Elmans Debüt in St. Petersburg war das Ergebnis einer List. Auer selbst war aufgefordert worden, Paganinis „Moto Perpetuo" und Mendelssohns Violinkonzert zu spielen, doch im letzten Augenblick schützte er eine Krankheit vor und schob sein Wunderkind auf das Podium. Jeder war von dem vorzüglichen Spiel des Kindes verblüfft, und man ließ den kleinen Mischa erst nach einem halben Dutzend Zugaben gehen.

Elman war dreizehn, als er am 21. März 1905 sein triumphales Londoner Debüt hatte. Er meisterte die Schwierigkeiten in Tschaikowskis D-Dur-Konzert, das Auer für unspielbar hielt, als seien sie „eine reine Bagatelle" (The Strad).

Ein Jahr später spielte Elman mit dem London Symphony Orchestra zum ersten Mal Brahms' Violinkonzert. Die *Musical Times* rühmte seine „erstaunliche Ausdruckstiefe und technische Meisterschaft". Viele seiner berühmten Vorgänger hatten sich an dieses Werk erst im reiferen Alter herangewagt, und manche hatten es überhaupt gemieden. Harold E. Gorst schrieb im Juni 1906 in der *Saturday Review*:

> „Elmans Genie ist so stark wie das eines Musikers, der sich langsam und in ganz natürlichen Schritten entwickelt hat ... Ich fand in ihm nicht einen jungen Burschen als frühreifen Könner auf der Geige, sondern einen musikalischen Giganten, der den meisten seiner Zeitgenossen haushoch überlegen ist ... Die trockensten technischen Passagen phrasierte er so meisterhaft, daß

sie gleichsam zu leben beginnen und musikalischen Sinn bekommen . . .
Mischa Elman hat das Stadium des bloßen Wunderkindes überlebt, weil sein
Genie eigenständig ist und nicht nur die nachahmende Geschicklichkeit eines
frühreifen Kindes."

Elman war siebzehn, als er zum ersten Mal in Amerika auftrat; am 10. Dezember 1908 spielte er in New York Tschaikowskis Violinkonzert mit dem
Russischen Symphonie-Orchester. „Verbunden mit einer erstaunlichen
technischen Präzision ist eine noch erstaunlichere Empfindsamkeit, und
alles wird von einem kraftvollen musikalischen und geistigen Intellekt
beherrscht, der geradezu unheimlich anmutet", schrieb James Gibbons
Huneker.[4]

Eine Woche nach diesem Konzert gab Elman einen Sonatenabend in der
New Yorker Carnegie Hall. Die *New York Times* beschäftigte sich mit
einer Eigentümlichkeit von Elmans Spiel, die von seinen Kritikern immer
wieder bemängelt werden sollte. Es hieß, sein Spiel sei nicht ohne „schwere
Fehler . . . Elman hat das im Überfluß, was wir unter ‚Temperament'
verstehen. Es ermangelt seinem Spiel an Ausgewogenheit und künstlerischer Zucht." Was Stimmen dieser Art Elman vorwarfen, war seine Ten-
denz, Pathos und Gefühl hervorzuheben, die angeblich auf Kosten der
Klarheit und Einfachheit des Spiels ging. Elmans eigene Antwort darauf
lautete schlicht: „Ich spiele, wie ich fühle."

Doch die kritischen Stimmen waren in der Minderheit, und Elman füllte
auch weiterhin die Konzertsäle zu beiden Seiten des Atlantiks. Kurz nach
seinem Erfolg in Amerika kehrte er nach Großbritannien zurück, denn er
hatte schon Jahre zuvor beschlossen, dort zu leben.

Als Elman, wie es öfter geschah, einmal vor der königlichen Familie
spielte, trat er mit zwei anderen berühmten Künstlern auf, nämlich mit der
Melba und mit Caruso. Die lebenslange Freundschaft zwischen dem großen
Tenor und Elman geht auf diese Begegnung zurück. Als Elman einige Jahre
später im Knickerbocker Hotel in New York wohnte, in dem auch Caruso
eine Suite hatte, trafen sich die beiden des öfteren, um gemeinsam zu
musizieren. Auch machten sie zusammen erfolgreiche Plattenaufnahmen.

Bei Ausbruch des Ersten Weltkriegs erhielt Elman eine Botschaft von
Nikolaus II., der ihm mit Rücksicht auf seine große Bedeutung als Künstler
Befreiung vom Militärdienst gewährte, da „Rußland nicht wünsche, daß
einem seiner großen Genies ein Leid geschehe".[5] Elman sollte nie mehr in
sein Geburtsland zurückkehren, doch wie alle slawischen Emigranten, die
ihre Heimat lieben, bekam er feuchte Augen, wenn man von Rußland
sprach. Als später das Tschaikowski-Museum in Klin wiederaufgebaut

wurde, stiftete er einen kompletten Satz seiner eigenen Tschaikowski-
Einspielungen.

1914 ging Elman in die Vereinigten Staaten, wo er 1923 eingebürgert
wurde. Zwei Jahre später heiratete er die Amerikanerin Helen Katten. Das
Hochzeitsgeschenk seiner Frau war die herrliche Madame-Récamier-Stradi-
vari, die Napoleon einst der berühmten Empire-Schönheit geschenkt hatte.
Die Elmans kauften das Instrument auf ihrer Hochzeitsreise in Paris für
zehntausend Pfund, was für die damaligen Verhältnisse ein außergewöhnlich
hoher Preis war.

Elmans lange Karriere war nicht ohne Höhen und Tiefen. Mit sechzehn
war er weltberühmt; doch schon wenige Jahre später bekam er die Konkurrenz des phänomenalen Fritz Kreisler zu spüren, der einen großen Teil der
Aufmerksamkeit des amerikanischen Konzertpublikums auf sich lenkte. Zu
jener Zeit tauchte überdies Jascha Heifetz als der gewaltigste Rivale von allen
auf, und zehn Jahre später nahm der zwölfjährige Menuhin die Welt im
Sturm. Außerdem gab es, aus der Schule Auers, den jungen Nathan Milstein,
und in den dreißiger Jahren gesellte sich ein weiterer Russe, David Oistrach,
zu der illustren Schar.

Gegen diese Konkurrenz behauptete sich Elman durch seine Zielstrebigkeit und sein Durchhaltevermögen – Eigenschaften, die nicht jeder Künstler
besaß. Bereits Auer hatte diese Eigenschaften bei dem jungen Mischa Elman
gesehen. Er war stets der Ansicht gewesen, daß ein Schüler mit großem
Talent und den richtigen physischen Voraussetzungen über das allgemeine
Niveau hinauswächst, wenn man ihn nur vor Aufgaben stellt, die mehr von
ihm fordern, als er zunächst zu leisten imstande ist. So ließ er den zwölfjährigen Elman versuchsweise bei einer öffentlich stattfindenden Prüfung den
ersten Satz aus Tschaikowskis Violinkonzert spielen. Bei der Probe kämpfte
der Junge verzweifelt mit den Terzenpassagen der Kadenz, und Auer ließ
ihn die Stelle mehrfach wiederholen. Dann sagte er dem Jungen, daß der
Tschaikowski offensichtlich zu schwer für ihn sei – er solle darum ein
anderes Stück vorbereiten. „Mit Tränen in den Augen, aber mit fester
Stimme", so erinnerte sich Auer, „versicherte er mir, daß er bei der Prüfung
die Stelle gut spielen werde."[6] Auer blieb skeptisch und verlangte nach wie
vor ein anderes Stück, wies ihn aber zugleich an, weiter an dem Tschaikow-
ski-Satz zu arbeiten. Bei der Generalprobe spielte Elman den Tschaikowski-
Satz fehlerlos.

1924 gründete Mischa Elman das nach ihm benannte Quartett, vielleicht
um angesichts der vielen großen geigerischen Begabungen um sich herum
nicht ausschließlich auf das Solistische angewiesen zu sein. Obwohl sein
Spiel auch in der Kammermusik den Virtuosen nicht verleugnen konnte,

hatte er mit dem Quartett großen Erfolg. Mit Mozarts B-Dur-Quartett riß es bei seinem ersten Konzert das Publikum hin[7], und die Aufnahme des Andante cantabile aus dem Quartett in D-Dur Nr. 1 op. 11 von Tschaikowski wurde in Europa und in Amerika ein ausgesprochener Verkaufsschlager.

Doch dann, als er die Fünfzig überschritten hatte, ließ sich Elman plötzlich wieder als Solist hören, und bis ans Ende seiner Tage zählte man ihn zu den führenden Geigern der Welt.

Elman hatte ein ausgeglichenes Temperament und war stets gutgelaunt. Er besaß Humor und erzählte gerne folgende Geschichte: Ein kleiner Junge kam nach seinen Konzerten regelmäßig zu ihm, um ihn um sein Autogramm zu bitten. Eines Tages fragte Elman ihn, wozu er so viele brauche. „Oh", antwortete der Junge, „ich tausche mit meinem Freund fünf Elmans gegen einen Kreisler."[8]

Kritisch stand Elman der zunehmenden Neigung von Musikern gegenüber, allzu rasche Tempi zu nehmen. Lehrmethoden, die den Schüler geradezu verführten, möglichst schnell zu spielen und rasche Tempi für das Wichtigste zu halten, hielt er für von Grund auf verfehlt, wie er insgesamt die Überbewertung einer rein mechanischen Technik ablehnte. Sam Appelbaum zitiert Elman in seinem Buch *With the Artists:* „Die Schüler vergessen allzu leicht, daß ihr Instrument seinem Wesen nach dazu da ist, klangliche Schönheit hervorzubringen, und daß es in dieser Hinsicht nur der menschlichen Stimme nachsteht. Ich lege größten Wert darauf, meinen Schülern klarzumachen, daß die Violine ein singendes Instrument ist – wir sollten sie dazu erziehen, lieber mit der Geige Musik zu machen, als auf ihr technische Kunststückchen vorzuführen." Elman war der erste Schüler Auers, der den Ruhm seines Lehrmeisters in die Welt hinaustrug. Durch ihn wurde der „russische" Bogengriff allenthalben bekannt, bei dem – einer Beschreibung Fleschs zufolge – „der Zeigefinger am Anfang seines dritten Gliedes seitlich auf die Stange drückt und sie zudem mittels seines ersten und zweiten Gliedes umklammert."[9] Wenn dieser Griff korrekt angewandt wird, führt der Zeigefinger den Bogen, während der kleine Finger mit seiner unteren Hälfte den Bogen beim Spielen lediglich berührt. David Oistrach demonstrierte mit seiner Bogentechnik diesen Griff auf klassische Weise. Wer Elman gehört hat, wird nie seinen herrlich dunklen, weichen Ton vergessen, der so unverwechselbar war und ganz zu ihm gehörte, wie es bei einem Kreisler oder Heifetz der Fall war. Flesch schreibt: „Vor allem ist es seine Tongebung, die, strotzend vor sinnlichem Wohllaut, italienischem Belcanto in orientalischer Aufmachung, ergreift, zuweilen sogar erschüttert. Seine Intonation ist glockenrein und erhöht damit auch den Reiz seines Tones."[10]

Dabei waren Elmans Hände klein und seine Finger kurz und dick, so daß er wie Sarasate unfähig war, bestimmte Werke von Paganini zu spielen.

Elmans Repertoire war groß und vielseitig. Er spielte Händel genauso großartig wie die Sonaten für Solovioline von Bach – und konnte gleich darauf, in einer völlig verwandelten musikalischen Atmosphäre, Lalos „Symphonie espagnole" erklingen lassen. In seinen Händen wurden Salonstücke von Saint-Saëns, Wieniawski und Massenet zu Meisterwerken. Zu seinen größten und prägenden Leistungen gehört die Interpretation des Tschaikowskij-Konzerts, wovon wir uns heute noch anhand einer Plattenaufnahme überzeugen können. Donald Brook faßt das Phänomen Elman treffend zusammen: „Das herausragende Merkmal seines Spiels ist nicht die technische Beherrschung des Instruments, auch nicht die Größe seines Tons, sondern jene hebräische Geistigkeit, die Künstler jüdischer Herkunft offenbar schwermütiger Musik geben können."[11]

DER GELEHRTE VIRTUOSE

Joseph Szigeti

Als *Joseph Szigetis* Buch *With Strings Attached* (*zwischen den Saiten*) erschien, schrieb ein Kritiker: „Als Verfasser persönlicher Erinnerungen hat er einen schwerwiegenden Fehler: Er spricht nicht gern über sich selbst. Sein Temperament scheint alles andere zu sein als das eines virtuosen Solisten." Szigeti sei offenbar „mehr an anderen Leuten und an der Musik als Kunst interessiert als an seiner eigenen Person".[1] Derselbe Rezensent erinnerte seine Leser daran, wieviel Zeit und Energie dieser Musiker auf die Förderung der Neuen Musik verwandt habe. Szigeti ist wahrscheinlich der Geiger, der die meisten Werke zeitgenössischer Komponisten aufgeführt hat. Viele davon sind ihm gewidmet.

Szigeti wurde 1892 in Budapest geboren, wo Zigeunergeiger zum festen Bestandteil des Alltagslebens gehörten; er konnte sich an keine Zeit erinnern, zu der in seinem Bewußtsein keine Musik gegenwärtig gewesen wäre. Sein Vater, der ihm die ersten Stunden gab, war Dirigent eines Caféhaus-Orchesters, und alle anderen Familienmitglieder spielten ein Saiteninstrument – sein Onkel, ein Mann von fast zwei Metern Länge, passenderweise den Kontrabaß.

Szigetis Mutter starb kurz nach seiner Geburt. So verlebte der Junge seine Kindheit teils bei Verwandten in Budapest, teils im Hause seiner

Großeltern in einem kleinen Karpatendorf namens Maramaros-Sziget – daher der Name Szigeti. Sein richtiger Name war Joska Singer.

Schon früh kam Joska an ein privates vorbereitendes Konservatorium in Budapest. Sein Lehrer, Mitglied des Opernorchesters, war ein freundlicher Mann, aber als Pädagoge unzureichend. Gleichwohl wurde Joska später, als er Hubay an der Musikakademie vorspielte, sofort in dessen Meisterklasse aufgenommen.

Szigeti hat sich seiner Lehrjahre bei Hubay stets dankbar erinnert, doch er war sich darüber im klaren, daß manches an der ungarischen Schule durchaus anfechtbar war, so etwa, daß man am Budapester Konservatorium außer dem üblichen Repertoire kaum etwas zu hören bekam. Hubay, ein Vertreter des etablierten Musikbetriebs, machte sich nichts aus der Musik von Bartók oder Kodály und war erstaunt, daß sein junger Schüler sich ausgerechnet dafür begeisterte. Hubay war zwar ein ausgezeichneter Lehrer und ein guter Musiker, doch als Schüler Joachims war er in vieler Hinsicht noch immer im Bann seines Meisters und dessen klassischen Interpretationsideals. Gleichzeitig wurde er durch den Ehrgeiz der Eltern, aus ihren Kindern Wunderkinder zu machen, in eine ganz andere Richtung gedrängt. Szigetis Lehrjahre dürften wohl davon beeinflußt gewesen sein, zumal die Welt des Geigenspiels von brillanten Spielern überschwemmt war, wie Elman und Zimbalist, die aus der russischen Schule Auers stammten und ein völlig neues, sinnliches Klangkonzept mitbrachten. Als sei dies noch nicht genug, mußte der junge Szigeti auch mit Kreisler konkurrieren.

Nach Szigetis Debüt in Budapest, wo er Viottis a-Moll-Konzert spielte, gab es keine sensationellen Erfolgsmeldungen, wie man sie damals von vielen seiner Zeitgenossen verbreitete. Budapest war zu jener Zeit einer der bevorzugten Plätze in Europa, wo man internationale Talente zu entdecken hatte. Szigeti erinnert sich an die „zigarrekauenden und in dicken Pelzmänteln einherstolzierenden" Impresarios, die um ihre Wunderkinder Vecsey und Kubelik herumschwirrten und sich häufig mit ihren „Schützlingen" zusammen photographieren ließen, als wollten sie zeigen, daß sie – „Hypnotiseuren gleich" – Anteil hatten an den „beinahe okkulten, schwindelerregenden Fähigkeiten derjenigen, für die sie die Werbetrommel rührten".[2] Szigeti zog es vor, sich auf die „Management"-Angebote derartiger Agenten nicht einzulassen.

1905, im Alter von dreizehn Jahren, trat Szigeti zum ersten Mal in Berlin auf. Er spielte im kleinen Bechstein-Saal; um an der Saalmiete zu sparen, fand das Konzert am Vormittag statt. Obwohl das Programm so schwierige Werke wie Bachs Chaconne, Ernsts Konzert in fis-Moll und Paganinis „Hexentanz" umfaßte, blieb das einzige Echo der Presse eine ehrenvolle

Erwähnung im *Berliner Tageblatt* vom 10. Dezember; gezeigt wurde eine Photographie mit der Unterschrift: „Ein musikalisches Wunderkind, Josef Szigeti."

Die darauffolgenden Monate verbrachte der dreizehnjährige Solist bei einer viertklassigen Sommertheater-Gesellschaft in einem kleinen ungarischen Erholungsort, wo er zwischen den einzelnen Akten ungarischer Volksoperetten als Solist auftrat. Alle Stücke waren vom Pianisten-Dirigenten so arrangiert, daß man sie mit dem kleinen, sieben- oder achtköpfigen Ensemble spielen konnte. Zwar förderte diese Erfahrung Szigetis musikalische Ausbildung nicht gerade, aber sie lehrte ihn eine Menge über die Tatsachen des Lebens.

Eine noch absurdere Beschäftigung für den Geiger, der als „der gelehrte Virtuose" bekannt werden sollte, war seine Anstellung beim Zirkus-Albert-Schumann-Varietétheater in Frankfurt am Main. Dem hatte sich zunächst Szigetis Vater widersetzt, als man aber eine große Gage bot, stimmte er unter der Bedingung zu, daß sein Sohn einen Künstlernamen annehmen dürfe. Als „Szulagi" machte Szigeti sein Debüt in den Musiksälen, trat mit Akrobaten auf, mit einer Hundedressurnummer und mit der farbigen amerikanischen Sängerin Abbie Mitchell und ihrer Gruppe „shuffle-tanzender, Spirituals singender, Banjo spielender junger Neger", genannt „The Tennessee Students".[3] In späteren Jahren, als Abbie Mitchell gefragt wurde, ob sie sich an den jungen Burschen erinnere, der zwischen den Zirkusnummern so schön Mendelssohns Violinkonzert gespielt habe, erzählte sie, er sei immer sehr ernst und verschlossen gewesen, aber beim Spielen sei sein Gesicht aufgeleuchtet, ja, es habe mit ihm eine vollständige Verwandlung stattgefunden. Sein Vater, der ihn aus den Kulissen heraus im Auge behielt, „umflatterte ihn von früh bis spät wie eine Henne ihr Küken".[4]

Im Winter 1906 spielte Szigeti zum ersten Mal in London, und zwar in der Bechstein (jetzt Wigmore) Hall. Das dortige Management bestand aus zwei Leuten, einem ehemaligen Musikkritiker sowie einem Finanzier von Theaterstücken, und so trat Szigeti abwechselnd mit einem Pianisten für die Salonstücke auf und mit einem kleinen Orchester, wenn er die Violinkonzerte von Ernst und Mendelssohn spielte. Szigeti erinnert sich seiner Verlegenheit, als man von ihm verlangte, einen Matrosenanzug aus Alpakastoff mit kurzen Hosen zu tragen und sich die Beine rasieren zu lassen.

Diese Konzerte hatten immerhin den Erfolg, daß sie ihm Engagements im ganzen Land einbrachten, vor allem in den Seebädern. Die Konzerte wurden von der National Sunday League veranstaltet, die sich bemühte, etwas Farbe in den trüben viktorianischen Sonntag zu bringen, und waren nach außen hin auf geistliche Musik beschränkt; aber natürlich nahm man, wann immer möglich, auch weltliche Stücke ins Programm. In seinen Memoiren erzählt Szigeti, daß daraufhin die Heilsarmee und andere religiöse Organisationen auf die Barrikaden gingen und alles taten, um überhaupt jede Sonntagsvorstellung zu verhindern. Einmal, so erinnert er sich, postierte die Heilsarmee vor dem Saal eine Blaskapelle, die zum Zeichen des Protests in voller Lautstärke aufspielte, während Szigeti drinnen versuchte, seinen Zuhörern den sinnlichen Charme eines Wieniawski-Konzerts zu vermitteln.

Als Szigeti vierzehn war, nahm ihn Hubay mit nach Berlin, um ihn Joachim vorspielen zu lassen. Der von der Gicht verkrüppelte Meister war so beeindruckt, daß er ihm vorschlug, seine Repertoire-Studien bei ihm abzuschließen. Szigeti und sein Vater wurden aufgefordert, Joachim beim Unterricht mit einer seiner Klassen an der Hochschule zu besuchen. Dort saß der alte Mann auf einem kleinen Podium mitten im Zimmer. Zwar hörte Joachim seinen Schülern zu und kritisierte sie, aber er hatte keine Geige mehr in der Hand. Trotz seiner jungen Jahre spürte Szigeti, daß sich zwischen ihnen keine lebendige Beziehung einstellen würde. Er lehnte Joachims Angebot ab, nicht nur wegen seines negativen Eindrucks, er empfand auch Hubay gegenüber eine gewisse Loyalität und hatte ihm versprochen, an dessen Sommerschule in Ostende zu studieren.

Während der nächsten sechs Jahre lebte Szigeti in England, wo ihn eine musikliebende Familie in Surrey aufnahm. Er kam etlichen Verpflichtungen im ganzen Lande nach und spielte 1908 zum ersten Mal das Violinkonzert von Hamilton Harty, das der Komponist ihm mit der Widmung „Für Joska Szigeti, in Freundschaft" zugeeignet hatte.

Während dieser Zeit ging Szigeti auch mit der legendären Nellie Melba und dem fünfundzwanzigjährigen John McCormack auf Tournee. Mit Busoni und Backhaus, die sich als Begleiter am Klavier abwechselten, und mit Philippe Gaubert, dem virtuosen französischen Flötisten, der – wie er selbst – die obligate Stimme zu einigen Koloraturarien der Primadonna spielte, bildeten sie eine interessante, wenn auch ungleiche Gesellschaft.

1913 entdeckte man, daß Szigeti an Tuberkulose litt. Die darauffolgenden drei Jahre verbrachte er in Davos. Die Kur verlief glücklicherweise erfolgreich, so daß er 1917 seine Karriere als Solist wiederaufnehmen konnte. Noch im selben Jahr wurde er zum Nachfolger Henri Marteaus an das Genfer Konservatorium berufen; die Stelle behielt er sieben Jahre lang. Während dieser Zeit trat er in allen wichtigen Städten Europas mit führenden Dirigenten auf und wurde ein großer Favorit Nikischs bei den Konzerten der Berliner Philharmoniker.

1925 lernte er in Genf durch einen Zufall Leopold Stokowski kennen und erhielt seine erste Einladung in die Vereinigten Staaten. Stokowski leitete damals das Philadelphia Orchestra und verpflichtete den jungen Geiger, im Dezember des gleichen Jahres Beethovens Violinkonzert zu spielen. Joseph Szigeti erinnert sich, wie er bei der ersten Probe mit kalten Fingern auf seinen Einsatz wartete und „beim herrlichen Seidenglanz des Orchesters" immer weicher in den Knien wurde.[5] Man rühmte seine sehr musikalische Interpretation des Stücks, doch zog er nicht den geradezu hysterischen Beifall auf sich, wie ihn andere Künstler bekamen. Und als Szigeti am 19. Dezember seinen ersten Konzertabend in New York gab, ließ sich auch die Kritik nicht hinreißen. Olin Downes von der *New York Times* schrieb jedoch immerhin:

> „Herr Szigeti scheint vor allem dann er selbst zu sein und auf wirkungsvolle Weise die verschiedenen Seiten seiner künstlerischen Persönlichkeit zu zeigen, wenn er nah an sein Publikum herankommen und die Musik verschiedener Komponisten vortragen kann. Er spielte gestern abend Tartini, Bach, Mozart, Bloch, Prokofjew, Veracini, Dvořák, Kreisler und Paganini.
>
> Es vollzog sich ein blitzschneller Wechsel zwischen dem strahlenden Mozart und dem wilden, rhapsodischen orientalischen Wesen eines Ernest Bloch. Seine beiden Stücke ‚Vidui' und ‚Nigun' sind in ihrer Kürze und Intensität der Stimmung meisterhaft . . . hebräisch in der emotionalen Kraft und der schroffen melodischen Kontur. Herr Szigeti spielte sie in ihrem wahren Charakter, ihrer ganzen Bedeutungsfülle . . ."

Bei den Konzertabenden in der Carnegie Hall standen meistens Stücke des klassischen Repertoires auf dem Programm, aber woanders wurde oft ein musikalischer Mischmasch verlangt, der Szigeti schwer zu schaffen machte. Das Publikum schlürfte förmlich ganze Programme in sich hinein, die nur aus Salonstücken bestanden. Einmal, während einer heftigen Auseinandersetzung mit dem Direktor einer der führenden Konzertagenturen, fuhr ihm dieser über den Mund: „Eines will ich Ihnen sagen, Mister Dschigeddi – und ich weiß, wovon ich spreche –, Ihre ‚Krüützer'-Sonate langweilt mein Publikum zu Tode!"[6]

Ein anderer Impresario war dafür bekannt, daß er hinter Topfpalmen versteckt auf der Bühne kauerte und das Publikum mit dem Opernglas beobachtete. Zufrieden war er nicht etwa, wenn das Publikum in tiefes Schweigen versank, sondern erst, wenn einer dem anderen zunickte und die Leute einander vor Begeisterung anstießen.

Trotz der Programmwünsche kommerziell orientierter Veranstalter baute Szigeti gewissenhaft seinen Ruf als „gelehrter" Interpret der großen Werke auf. Zu Beginn der dreißiger Jahre war er ein Geiger von Weltruhm. Seine Konzertreisen führten ihn zweimal rund um die Erde, und es gibt kaum ein Land, in dem er nicht aufgetreten wäre. Er spielte oft in der Sowjetunion –

das russische Publikum war für ihn eines der kultiviertesten der Welt. In seinen Erinnerungen erzählt er, wie es geschehen kann, daß dort ein unbekannter Künstler einen Saal füllt, der zu Beginn des Konzertabends noch halbleer ist. Wenn sich herausstellt, daß man es mit einer besonderen Begabung zu tun hat, schleicht sich ein Musikbegeisterter nach dem anderen aus dem Saal, ruft seine Freunde an und kehrt auf leisen Sohlen wieder an seinen Platz zurück. Die Neuigkeit wird weitergegeben, und nach und nach füllt sich der Saal. Allerdings haben sich auch schon Säle geleert, wenn der Solist enttäuschte.

Es war Szigetis Stil, der den anspruchsvollen Musikliebhaber ansprach. Alexander Ruppa von der Zeitschrift *The Strad* schrieb über ein Konzert am 21. März 1935 im Alhambra-Theater von Alexandria: „Szigeti hat das technische Rüstzeug eines Heifetz plus Musikalität." Ruppa beschreibt seinen Ton als „voll genug, etwas spröde, aber elastisch und außergewöhnlich gleichmäßig auf allen vier Saiten ... Die Krönung des Abends war entschieden Mozarts herrliches Konzert in D-Dur, das in seinen Händen zu einem funkelnden Juwel wurde. Alle Anmut und Musikalität des Stückes wurde von Szigeti mit erstaunlichem Geschick und höchstem Feingefühl zum Ausdruck gebracht ..." Interessant ist übrigens, daß Szigeti das ganze Programm mit Klavierbegleitung gab – und am Flügel saß kein Geringerer als Fürst Nikita de Magaloff, der sich als „höchst kompetenter und zugleich äußerst zurückhaltender" Partner erwies und alles ohne Noten spielte.

Carl Flesch bewunderte Szigeti als Mensch und Musiker, wenngleich er das kritisierte, was er „archaische" Bogenführung nannte. Szigeti hielt seinen rechten Arm näher am Körper als irgendein anderer Geiger – und nicht nur Flesch verurteilte diese Haltung. Aber das Ergebnis war, daß er den Bogen mit großartiger Elastizität führte. Ein Kritiker befand sogar, Szigeti habe „den elegantesten rechten Arm aller lebenden Geiger."[7]

Flesch hat vermutlich eher recht, wenn er Szigetis eigentliche Bedeutung in seinem besonderen Sinn für zeitgenössische Musik und moderne Programme sieht und weniger in der rein violinistischen Leistung. Er vergleicht ihn in dieser Hinsicht mit Joachim, der für die Musik seiner Zeit eine ähnliche Bedeutung gehabt habe. Szigeti verwandte viel Zeit darauf, seine Stücke sorgfältig zusammenzustellen, nicht nur nach chronologischen Gesichtspunkten, sondern unter besonderer Berücksichtigung ihrer „Stimmung und Dichte."[8] Seiner Meinung nach war die Reihenfolge, in der die Stücke gespielt werden, genauso wichtig wie die Anordnung, in der ein Künstler Gemälde an einer Wand aufhängt.

Szigetis Repertoire war enorm. Ernest Bloch verdankt ihm die Uraufführung seines Violinkonzerts – 1939 unter Beecham – und hat ihm das Werk gewidmet, weil er sicher war, daß es in seinen Händen eine kongeniale Interpretation erfahre werde. 1912 bereits hatte Szigeti das Violinkonzert seines Freundes Busoni unter Leitung des Komponisten in Berlin aus der Taufe gehoben.

Prokofjew betrachtete Szigeti stets als einen seiner besten Interpreten und widmete ihm sein erstes Violinkonzert. Auch Bartók, mit dem Szigeti eng befreundet war, sprach stets voller Hochachtung von seiner Kunst. 1939 spielten Szigeti, Benny Goodman und Endre Petri in New York zum ersten Mal Bartóks „Rhapsodie" für Klarinette, Geige und Klavier. Im darauffolgenden Jahr wurde das Szigeti und Goodman gewidmete Stück, nunmehr in „Kontraste" umbenannt, in seiner endgültigen dreisätzigen Form aufgeführt: Bartók spielte den Klavierpart.

Mit Platteneinspielungen hat sich Szigeti erst relativ spät befaßt – zu einem Zeitpunkt, als die Aufnahmetechnik bereits große Fortschritte gemacht hatte. Vom Ende des Ersten Weltkriegs an (erste Aufnahmen von ihm stammen allerdings schon aus dem Jahr 1908) machte er eine beträchtliche Zahl von Platten mit Werken von Bach, Mozart und Brahms bis hin zu Bartók (viele mit dem Komponisten am Klavier), Berg und Ives. Besondere Erwähnung verdient seine Einspielung der zehn Beethoven-Sonaten mit Claudio Arrau. Flesch pflegte zu sagen, Szigeti sei ‚konserviert' besser als lebend.[9]

Als Flesch und Szigeti 1937 ihre berühmte Aufnahme des Bachschen Doppelkonzerts unter Walter Goehr machten, spielten sich die beiden Künstler vor der Probe fieberhaft mit virtuosen Passagen warm und versuchten schon da, einander zu übertreffen. Bei der Aufnahme, so berichtet der Geiger Frederick Riddle, der im Orchester saß, „war es dann eher ein Wettkampf als ein Konzert".[10] Flesch war schwierig wie immer, und es hatte den Anschein, daß diesmal sogar Szigeti seine kühle Haltung aufgab, was zur Folge hatte, daß im Vivace der homogene Charakter der Musik verlorenging. Dies ist in der Wiedergabe deutlich spürbar: es besteht eine merkwürdige Distanz zwischen den beiden Solisten. Im langsamen Satz aber übernimmt Bach die Rolle des Mittlers, und alle Rivalität ist verschwunden.

Im übrigen war Szigeti bei seinen Kollegen äußerst beliebt und wegen seiner weit über die Musik hinausgehenden Interessen hoch angesehen. Er war ein unersättlicher Leser und ein geistreicher Gesprächspartner, ob es um naturwissenschaftliche Fragen ging – oder um den Sport: Cricket war seine große Leidenschaft, und er war der Ansicht, daß sportliche Betätigung für jeden Musiker ebenso unerläßlich sei wie eine gute Allgemeinbildung.

Bei Szigetis achtzigstem Geburtstag – ein Jahr vor dem Tod des Geigers – würdigte der amerikanische Kritiker Henry Roth in *The Strad* Szigetis

Persönlichkeit. Er rühmte seine Phantasie, seine geistige Größe und die heitere Aufgeschlossenheit gegenüber allen kühnen musikalischen Neuerungen. „Szigeti spielte stets mit einer intensiven inneren Kraft, die seine eigene Menschlichkeit auszustrahlen schien."[11]

Sechsundsechzig Jahre zuvor, 1906, hatte der vierzehnjährige Szigeti von einer der großen Gestalten der damaligen Zeit ein Autogramm bekommen[12]:

> Ich wünsche Dir,
> daß deine Kunst Dich befriede – dann wird sie andere
> erfreuen;
> doch das erste ist wichtiger.
> Herzlichst Ferruccio Busoni.

Szigeti hat diesen Rat sein Leben lang beherzigt.

König der Geiger

Jascha Heifetz

Als Heifetz 1920 zum ersten Mal in London auftrat, saß George Bernard Shaw unter den Zuhörern. Während seiner eigenen Tätigkeit als Musikkritiker hatte er scharfsinnig die musikalischen Böcke von den Schafen zu unterscheiden gewußt, und viele seiner Prophezeiungen hatten sich erfüllt. Der Vortrag des Neunzehnjährigen machte ihn sehr betroffen, und er schrieb ihm und machte eine geradezu unheimliche Voraussage[1]:

> Mein lieber Heifetz,
> Ihr Vortrag erfüllte mich und meine Frau mit Sorge. Wenn Sie einen eifersüchtigen Gott herausfordern, indem Sie mit solch übermenschlicher Vollkommenheit spielen, werden Sie jung sterben. Ich rate Ihnen dringend, jeden Abend, bevor Sie zu Bett gehen, ein paar falsche Töne zu spielen, statt zu beten. Kein Sterblicher sollte es wagen, so makellos zu spielen.
> G. Bernard Shaw

Heifetz' weltweiter Einfluß auf das Geigenspiel ist ungeheuer. Drei Generationen von Geigern haben ehrfürchtig seinen Namen geflüstert, und noch immer ist er ihr unübertroffenes Vorbild. Der amerikanische Schriftsteller und Geiger Henry Roth schrieb: „Wenn Heifetz nicht gelebt hätte, so hätte das Geigenspiel womöglich nie den Grad der Vollkommenheit erreicht, dessen es sich heute erfreut – eine Tatsache, die seine Kollegen überall offen zugeben!"[2] Heute spielt der berühmteste Geiger der Welt nicht mehr öffentlich, sondern lebt allein in einem großen, luxuriösen Haus im kalifornischen

Beverly Hills, von der Außenwelt durch vier Morgen Land und ein elektrisch
gesichertes Tor abgeschirmt.

Jascha Heifetz wurde 1901 als Sohn des Dirigenten des Wilnaer Symphonie-
Orchesters in Litauen, in Wilna, geboren. Von frühester Kindheit an war
Jascha für Musik empfänglich, und der Dreijährige bekam eine entsprechend
kleine Fiedel, die er innerhalb von einer Woche meisterte. Seinen ersten
Unterricht erhielt er vom Vater, den er jedoch bald überflügelte. Danach
kam er an die Kaiserliche Musikschule von Wilna. Er war noch nicht ganz
fünf Jahre alt, als er zum ersten Mal öffentlich auftrat, und zwar im
überfüllten Auditorium der Musikschule. Ein Jahr später spielte er vor mehr
als tausend Leuten Mendelssohns Violinkonzert.

Mit sieben bestand Heifetz die Abschlußprüfung an der Musikschule.
Man nahm ihn mit nach Petersburg, damit er Auer vorspiele. Heifetz wurde
nicht, wie allgemein angenommen wird, sofort in dessen Meisterklasse
aufgenommen, mußte vielmehr bis zu seinem neunten Lebensjahr warten,
bis er als Auers persönlicher Schüler aufgenommen wurde; noch immer war
er aber der Jüngste, der je am Petersburger Konservatorium zugelassen
worden ist.

Wie Heifetz selbst sagt, war Auer ein wunderbarer und unvergleichlicher
Lehrer. „Ich glaube nicht, daß es einen Lehrer auf der Welt gegeben hat, der
an ihn heranreichte. Fragen Sie mich nicht, wie er es gemacht hat; ich wüßte
nämlich nicht, wie ich es Ihnen erklären sollte, denn er verhielt sich jedem
Schüler gegenüber vollkommen anders."[3] Etwa sechs Jahre lang studierte
Heifetz bei Auer. Nie aber spielte er irgendwelche Etüden oder sonstige
technische Unterrichtswerke, und abgesehen vom Studium des Konzert-
und Sonatenrepertoires ließ ihm der Professor freie Hand.

Zwar waren Auers Schüler in der Regel technisch bereits so weit fortgeschritten, daß sie sich ganz auf die Interpretation konzentrieren konnten,
„doch hatte er immer alle möglichen technischen Finessen auf Lager, Hinweise zum Spiel wie zur Interpretation, die er seinen Schülern zeigte, wenn es
nötig war".[4] Auer schien nach dem Grundsatz zu unterrichten: Je mehr
Interesse und Fähigkeit ein Schüler an den Tag legt, um so mehr gibt er von
sich selbst. Der amerikanische Geiger Albert Spalding besuchte 1913 gelegentlich einer Konzertreise durch Rußland Auers Klasse. „Die anderen
Schüler", so berichtet Spalding, „wurden von diesem Miniatur-Hexenmei-
ster, der nicht viel älter als zehn Jahre alt war, in den Schatten gestellt." Und
Heifetz' Wiedergabe des schwierigen Violinkonzerts von Heinrich Wilhelm
Ernst beschreibt er so: „Die erste Kaskade der Finger-Oktaven wurde mit
geradezu lässigem Selbstbewußtsein in Angriff genommen. Der Ton war
stark, geschmeidig, ohne Schärfe, die Intonation makellos rein. In der

Phrasierung wurde so etwas wie innere Anmut spürbar." Auer schritt nervös
auf und ab und warf von Zeit zu Zeit einen Blick auf Spalding, um dessen
Reaktionen festzustellen. „Seine dunklen, ruhelosen Augen tanzten verzückt, als sich der Wunderknabe mühelos seinen Weg durch die qualvollen
technischen Probleme bahnte . . . dann wandte er sich ab und zuckte hilflos
die Achseln, wie um zu sagen: ‚Hat es je so etwas gegeben!'"[5]

Schon während der Zeit, da der junge Jascha noch am Konservatorium
war, gab er öffentliche Konzerte in Petersburg und vielen anderen russischen
Städten. Einmal spielte er in Odessa in einem Konzert unter freiem Himmel,
wo ihm 25 000 Menschen zujubelten. Berichte über ihn zirkulierten bereits
in ganz Europa, lange bevor er seine russische Heimat zum ersten Mal
verließ. Er war erst elf, als er unter Nikisch in Berlin debütierte und
Tschaikowskis Violinkonzert spielte. Nikisch war einer der wenigen Dirigenten, die als Geiger angefangen hatten, und er gab zu, nie etwas gehört zu
haben, das dem Spiel dieses Kindes gleichgekommen wäre. In der Folge
spielte Heifetz unter Nikisch in Wien und Leipzig und nahm das Publikum
im Sturm. Als er 1913 Bruchs g-Moll-Konzert im Leipziger Gewandhaus
spielte, erzählte man ihm, daß Joachim der einzige Geiger gewesen sei, der
genauso jung als Solist mit dem Orchester aufgetreten sei. Übrigens hörte ihn
Kreisler bei diesem Anlaß zum ersten Mal und machte Zimbalist gegenüber
die berühmte Bemerkung: „Sie und ich könnten genausogut unsere Fiedeln
nehmen und über den Knien zerbrechen."[6]

Der Scherz war gar nicht so abwegig. Zwar hatte Kreisler selbst nie unter
der Konkurrenz zu leiden, doch gab es bekannte Geiger, die von diesem
aufgehenden Stern überschattet wurden. Wir wissen, daß eines dieser Opfer
Jan Kubelik war, dessen Karriere durch den jungen Heifetz beeinträchtigt
wurde. Nach Flesch neigten viele Geiger um die Jahrhundertwende dazu,
Kubeliks Art, schnelle Passagen zu spielen, zu kopieren: klar, aber nicht zu
schnell. Nachdem Heifetz auf der Bildfläche erschienen war, „sind die
jungen Geiger vom Schnelligkeitsteufel besessen; sie versuchen, Rekorde
aufzustellen".[7]

Der Ausbruch des Ersten Weltkriegs machte dem internationalen Konzertleben ein Ende, und als hartnäckige Gerüchte über die bevorstehende
Revolution in Rußland zusätzliche Gefahr heraufbeschworen, beschloß
Heifetz' Vater, trotz des Krieges die Überquerung des Atlantiks zu wagen,
um seinem Sohn ein erstes Auftreten in Amerika zu ermöglichen. Dieses fand
am 27. Oktober 1917 in der New Yorker Carnegie Hall statt. Heifetz war
sechzehn Jahre alt, schlank, blauäugig und hatte schönes lockiges Haar. Er
erstaunte sein Publikum, zu dem die besten Musiker der Stadt gehörten,
nicht nur wegen seines brillanten Spiels, sondern auch wegen seines sicheren

Auftretens auf dem Podium. Zu seinem Programm gehörten Wieniawskis Violinkonzert in d-Moll, Paganinis 24. Caprice und Tartinis Variationen über ein Thema von Corelli. Der Kritiker der *New York Times* schrieb, es habe „nie einen bescheideneren Spieler gegeben . . . Mr. Heifetz erzeugt einen Ton von bemerkenswerter Schönheit und Reinheit; einen Ton von Kraft, Eleganz und Ausgeglichenheit . . . Sein Bogenstrich ist von seltener Spannkraft und Vitalität, ausgezeichnet in jeder Einzelheit, wie auch das Spiel seiner linken Hand, das bei allen Schwierigkeiten exakt ist." Und dann folgte die Untertreibung des Jahrhunderts: „Die technischen Fähigkeiten von Mr. Heifetz sind ungewöhnlich."[8]

Alle Musiker, die Zeugen dieses Wunders wurden, waren Mitglieder des New Yorker Musiker-Clubs „Bohemians", dem einige der gefeiertsten Künstler der Welt angehörten. Sie beschlossen einstimmig, zu Ehren von Heifetz am Samstag, den 29. Dezember 1917, im Biltmore Hotel ein Essen zu geben. Es kamen alle, die Rang und Namen hatten – Kreisler, Zimbalist, Franz Kneisel (vom Kneisel-Quartett) und viele andere. Es war diese Anerkennung durch die Bohemians, die Heifetz fest auf seinem Thron als „König der Geiger" etablierte. Seither ist er Mitglied dieses exklusiven Clubs geblieben. 1940 spielte er bei einem Konzert der Bohemians zu Ehren von Fritz Kreislers Geburtstag; Heifetz und Kreisler sind beide am 2. Februar geboren.

In dem Maße, wie Heifetz' Ruhm sich verbreitete, stiegen seine Einnahmen. Im Dezember 1919 erhielt er in den Vereinigten Staaten pro Konzert 2250 Dollar, den höchsten Betrag, der zu jener Zeit je einem vergleichbaren Künstler gezahlt wurde. Im November desselben Jahres erhielt Kreisler nur 2000 Dollar pro Abend, und er galt bereits als hochbezahlter Künstler.

Am 5. Mai 1920 trat Heifetz zum ersten Mal in der Londoner Queen's Hall auf. Auf Grund des außergewöhnlichen Erfolges seiner Schallplatten (in Großbritannien waren bereits 70000 Stück verkauft worden, noch ehe er einen Fuß auf britischen Boden gesetzt hatte) war der Saal schon lange vor dem Konzerttermin ausverkauft. Die *Musical Times* bezeichnete Heifetz' Auftreten „als die bisher größte Sensation der musikalischen Welt".[9] Heifetz bekam ein Angebot nach dem anderen und spielte stets vor überfüllten Sälen. Dieser Erfolg wiederholte sich überall, und sein Name wurde in jedem Erdteil bekannt.

Schließlich war Heifetz so beschäftigt, daß er etwa zweihundert Konzerte pro Jahr spielte. In den meisten Fällen erhielt er schwärmerische Besprechungen. Man pries sein untadeliges Spiel, seine ausgezeichnete linke Hand, seinen Arm, der den Bogen so wunderbar führte, seine Phrasierung, seine Musikalität. Es gab kaum Worte, um sein Genie angemessen schildern zu können. Nach einem Konzert, das er 1930 in der Queen's Hall in London gab, schrieb ein Kritiker, Heifetz hätte als Zugabe Paganinis „Moto Perpetuo" in einem unglaublichen Tempo gespielt. Er wandte sich zu seinem Nachbar und rief: „„Du lieber Himmel, das Tempo wird er niemals durchhalten!'" Er tat es indessen, und jede Note leuchtete wie ein glitzernder Diamant. Welch ein Spiel! Die Zuhörer sprangen auf und zollten ihm lautstark Beifall.[10]

Doch man warf Heifetz auch bestimmte technische Mätzchen vor – wie etwa im Fall von Bachs Doppelkonzert, dessen beide Stimmen er in einer Plattenaufnahme spielte. Sind es aber wirklich nur solche Spielereien, die seine Kritiker stören? Vielleicht wollen sie nicht glauben, daß ein Virtuose zwei Stimmen mit solcher Kunstfertigkeit und Ausdruckskraft zu spielen vermag? Hallt in ihnen nicht Shaws Sorge nach? Dabei ist der langsame Satz dieser Aufzeichnung nicht nur klanglich hinreißend, sondern auch sehr empfindsam musiziert.

Gleichwohl hat es Kritiker gegeben, die Heifetz beharrlich Kälte vorwarfen. „Wie kühl ist dieses blendende Spiel"[11], schrieb Henri Prunières nach einem Konzertabend in der Pariser Oper. Ein anderer fragte: „Seine technische Beherrschung ist noch immer, was sie war: so gut wie untadelig. Doch bildet und entwickelt er sich in anderer Hinsicht weiter?" Eben dieser Kritiker fand später, daß Heifetz im Laufe der Jahre begonnen habe, „das Gefühl wie den Intellekt anzusprechen".[12]

Vielleicht kommt die Bemerkung, die eine alte Dame 1922 beim Verlassen eines Konzertes machte, der Wahrheit am nächsten: „Was diesem jungen Mann zur wirklichen Größe fehlt, ist ein großer Kummer, eine schreckliche Enttäuschung: Denn nur dann wird er menschlicher werden. Heute ist er ein Geist ohne Körper."[13]

Nach Carl Flesch stellte Heifetz „einen Gipfelpunkt in der zeitgenössischen Entwicklung unserer Kunst dar". Er vergleicht dessen Finger- und Bogenarbeit mit einer „Maschine, die durch den Druck auf den Knopf sofort auf Höchstleistung eingestellt wird. Sein Ton ist von edlem Gehalt und bestrickender Schönheit, Lücken in seiner technischen Durchbildung sind nicht vorhanden". Gleichwohl kann Flesch nicht zulassen, daß diese Vollkommenheit makellos ist, und behauptet, daß Heifetz die russische Bogenhaltung übertreibe, und zwar in einer für gewöhnliche Sterbliche unbrauchbaren Weise. Er kritisiert auch seine schlechte Gewohnheit der Differenzierung der Tonstärke, „die sich bei den meisten Auer-Schülern findet"[14], und zwar in Form eines Decrescendo beim Abstrich und einem neu einsetzenden Forte beim Aufstrich.

Flesch schrieb seine Memoiren 1940, als Heifetz auf die Vierzig zuging und auf der Höhe seiner Karriere stand, doch das Rätselhafte an ihm war bereits lange spürbar gewesen. Flesch behauptet, Heifetz seien – „mozartisch" – die himmlischen Gaben in den Schoß gefallen. Er habe nie zu kämpfen brauchen, um seine Spieltechnik zu vervollkommnen. Das aber habe ihn dazu verleitet, seine seelische Disposition zu vernachlässigen, und er verfiele der Gewohnheit, „nur mit den Händen zu spielen und seine Seele im Dornröschenschlaf ruhen zu lassen".[15] Flesch führt als Ausnahme Heifetz' herrliche Aufzeichnung von Sibelius' Violinkonzert an, dessen außergewöhnliche Qualität eine völlig andere Haltung bezeuge. Flesch könnte recht haben, wenn er sagt, daß Heifetz' technische Unfehlbarkeit sein größter Feind gewesen sei.

Heifetz wurde oft als ein Mann mit einer Maske bezeichnet. Seine flachen tatarischen Gesichtszüge tragen, wenn er ungehalten ist, einen herablassenden Ausdruck. Doch seine Freunde aus früheren Jahren wissen von einem ausgeprägten Sinn für Humor und seinem boshaften Nachahmungstrieb zu berichten. Er war auch ein begabter Erzähler und machte sogar über sich selbst Witze. Auf einer Europatournee begleitete ihn ein gut aussehender farbiger Kammerdiener. Am frühen Morgen fuhren sie durch die Schweiz, und Heifetz schlief noch, als der Schlafwagenschaffner klopfte und sich erkundigte: „Um wieviel Uhr wünschen Seine Hoheit zu frühstücken?"[16] Heifetz glaubte, man habe ihn mit einem Adligen verwechselt, der incognito reiste, doch später stellte sich heraus, daß das gesamte Eisenbahnpersonal dachte, sein Kammerdiener sei ein Maharadscha und Heifetz gehöre zu seiner Begleitung.

Heifetz ist immer ein vielseitig interessierter Mensch gewesen. Als junger Mann war er ein Fotonarr und knipste alles, was ihm vor die Kamera kam. Er spielte ausgezeichnet Tennis und ist für seine Geschicklichkeit im Ping-Pong-Spiel bekannt. Er ist ein leidenschaftlicher Sammler seltener Bücher, und mitunter ist er auch bereit, einen Gast durch seine große Bibliothek zu führen. Bei solchen Gelegenheiten wird Heifetz' Stimme sanft, und seine Gesichtszüge entspannen sich, wenn er seine erste Dickens-Ausgabe und seinen Kelmscott-Chaucer liebkost. Er entschuldigt sich, nur einen vierten Folioband Shakespeare zu besitzen.[17]

Heifetz' letztes öffentliches Auftreten fand am 27. Oktober 1972 in Los Angeles statt. Gelegentlich spielt er noch mit Freunden Kammermusik. Sein selbst gewähltes Einsiedlerdasein gibt Anlaß zu Mutmaßungen. Manche sagen, Heifetz habe alles im Leben gehabt – Reichtum, Erfolg und die Huldigungen von Millionen, und nun langweile ihn das alles, und er mache sich nicht die Mühe, noch öffentlich zu spielen. Und doch übt er gewissenhaft – für Konzerte, die nicht mehr stattfinden.

Über Heifetz als Lehrer berichtet einer seiner Schüler, Eugene Fodor, der 1968 ein Stipendium bekam, um bei ihm zu studieren. Fodor war der erste Amerikaner seit Van Cliburn, der 1974 beim Tschaikowski-Wettbewerb in Moskau den ersten Preis gewann. Er gehört übrigens zu der wachsenden Zahl von Virtuosen, die auf modernen Instrumenten spielen, wie sie von Sergio Peresson, einem Italo-Amerikaner aus New Jersey, gebaut werden.

Als Fodor ihm vorspielte, war Heifetz reizend. „Es war eine wirklich erfreuliche Begegnung. Er war in jeder Hinsicht freundlich und hilfsbereit. Nachdem er mich angehört hatte, legte er seine Handfläche gegen die meine und sagte, ich hätte eine fürs Geigenspiel vollkommene Hand. Er meinte sogar, ich hätte mehr Glück als er, weil mein vierter Finger fast so lang wie mein dritter sei. Es war ein aufregendes Erlebnis."[18]

Man hat behauptet, Heifetz habe eine ungewöhnlich ausgebildete Hand: Sein Zeigefinger ist anormal lang, und sein kleiner Finger „fällt genau an die richtige Stelle, so daß er Oktaven oder Dezimen nie unrein spielt".[19]

Zweimal wöchentlich traf sich an der University of South California sieben Stunden lang die aus vier Studenten bestehende Klasse. Dies bedeutete, daß jeder Student zwei oder drei Stunden pro Woche bei Heifetz lernte. Fodor gesteht, daß er nie härter gearbeitet habe. „Mit einem solchen Mann ein Jahr lang zu arbeiten kam einem zehn Jahre währenden Studium gleich – so viel lernte man", sagt er. Als Beispiel schildert er Heifetz' Methode, das Stakkato-Spiel zu lehren. Heifetz ließ ihn fünfzehn Minuten lang Stakkati spielen, und während dieser Zeit umkreiste er ihn langsam und beobachtete seine Technik des Abstrich-Stakkatos. Beim Wieniawski-Violinkonzert bestand er darauf, daß Fodor die gleiche Kadenz spielte, mit der Auer ihm, Heifetz, das Stakkato beigebracht hatte. Heute ist Fodor für sein Stakkato im Abstrich und Aufstrich berühmt. Von seinem Lehrmeister sagt er: „Heifetz ist kein Pädagoge im üblichen Sinne des Wortes." Aber er teilt seine Einstellung zum Konzertieren und zu der Auffassung, so zu spielen, daß es jedesmal einmalig ist. „Es ist unmöglich, das zu beschreiben, denn es ist etwas, das einem nicht beigebracht werden kann. Man muß es fühlen."[20]

Leichter zu definieren sind andere pädagogische Grundsätze von Heifetz – so das Gebot, sieben Stunden täglich zu üben, oder – wie im Falle Fodors – das Verbot, Motorrad zu fahren.

Alles in allem ist Fodor davon überzeugt, als Wichtigstes von Heifetz gelernt zu haben, wie man nervöse Energie speichert und während des Spiels freisetzt. Dies ist etwas, das Heifetz sein Leben lang beherrschte und praktizierte. Vor der Öffentlichkeit zu spielen, erfordert eine ungeheure psychische und physische Anstrengung, und ein Künstler muß Reserven haben, um mit unvorhergesehenen Ereignissen fertig werden zu können.

Der Spieler des 20. Jahrhunderts muß sich überdies den zusätzlichen Risiken stellen, die der Fortschritt mit sich gebracht hat: jäher Klimawechsel, schlechte Akustik und die Folgen der Zeitverschiebung bei Jet-Reisen. Fodor sagt: „All dies muß berücksichtigt werden. Unter widrigen Bedingungen muß man sich mehr als hundertprozentig vorbereiten. Heifetz hat mich gelehrt, dies zu tun."

Fodor ist der Meinung, die Zuhörer hätten sich durch den starren, höflichen, sphinxhaften Ausdruck irreführen lassen, den Heifetz während seines Spiels zur Schau trägt. „Für mich wirkt es erfrischend. Alle Empfindungen sind auf die Musik konzentriert. Er erlaubt sich nicht den Luxus, Grimassen zu schneiden oder heftige Bewegungen zu machen, um vielleicht von etwas abzulenken, das die Hände nicht ganz perfekt beherrschen. Er lehrte mich, während des Spiels immer den Kopf auf die Hände zu richten. Auf diese Weise ist es sehr schwierig, sich übermäßig zu bewegen. Es ist schön, die Fingermechanik eines geübten Musikers zu beobachten: Der Anblick des reinen Spiels ist sehr viel befriedigender als der überflüssiger Gemütsbewegungen."[21]

Heifetz' großartiges, doch müheloses Spiel, sein Ton, die Genauigkeit der Intonation und seine Fähigkeit, eine unendliche Vielfalt von Nuancen in seinen Bogenstrich zu bringen, waren einzigartig. Und was seine musikalische Gestaltungskraft betrifft, so verfügte er über eine Sinnlichkeit des Ausdrucks, die nie in Sentimentalität abglitt. Auch in dieser Hinsicht war er einzigartig.

Als Mensch bleibt Heifetz ein Rätsel. Er will es so. Als Geiger wird sein Einfluß auch in den kommenden Jahrhunderten nachwirken.

EIN KIND DER REVOLUTION

Nathan Milstein

Als Szigeti 1924 eine Konzertreise durch Rußland machte, lud ihn Auers Tochter Nadine in ihr Haus ein, damit er einen jungen, vielversprechenden Geiger anhöre, „einen erstaunlich begabten jungen Mann, der mit einer gewissen Scheu seiner ersten Reise über die Grenzen nach Berlin entgegensah".[1] Szigeti versicherte ihm, daß man in Europa begeistert auf solche jungen Künstler seines Talents warte. Seine Voraussage sollte sich bewahrheiten: Der angehende Virtuose war *Nathan Milstein*.

Er wurde 1904 in eine Familie hineingeboren, die zwar musikliebend war, jedoch keine Berufsmusiker hervorgebracht hatte. Nathan war das mittlere

Kind von fünf Jungen und zwei Mädchen. Er gesteht, daß er von ihnen das bei weitem aggressivste war. „Ich glaube, meine Mutter ließ mich Geige spielen, weil sie hoffte, es würde mich davon abhalten, meine Geschwister und Freunde ständig zu verprügeln."[2]

Die ersten Unterrichtsstunden bei einem Lehrer der Stadt endeten abrupt, als falsche Noten mit körperlicher Züchtigung geahndet wurden. Mit sieben Jahren ging Nathan an die Musikschule in Odessa zu Stoljarski, dessen Methoden etwas konventioneller waren, und als er zwölf Jahre alt war, wurde er schließlich in Auers Klasse in Petersburg aufgenommen.

Milstein denkt an Auer mit Dankbarkeit zurück, weil er seinen Schülern ihre eigene Persönlichkeit beließ. Von dem guten Dutzend international berühmt gewordener Geiger, die bei Auer gelernt haben, sind alle nicht nur als menschliche Charaktere, sondern als Geiger vollkommen verschieden. Milstein sagt: „Ich kannte andere, die bessere Musiker als Auer waren und viel mehr wußten. Aber das ist nicht immer gut. Sie zwingen jedem dieselbe Technik und ihren eigenen Stil auf, mit dem Ergebnis, daß sie nicht einen einzigen Solisten von internationalem Rang ausgebildet haben. In einem bestimmten Stadium reicht es nicht, nur zu üben. Natürlich muß man seine Technik entwickeln, aber beim Geigenspiel kommt es darauf an, was man mit seiner Technik anfängt. Wenn man einen Lehrer hat, der zuviel weiß, wird man nie seinen eigenen Weg finden. Wenn man eine Karriere beginnt, muß man selbst wissen, wohin man geht."[3]

Als in Rußland die Revolution ausbrach und Auer emigriert war, mußte der dreizehnjährige Milstein – trotz der chaotischen gesellschaftlichen und politischen Verhältnisse – bei Konzerten spielen, die das Erziehungsministerium in Odessa und Umgebung veranstaltete. Die Bevölkerung, Griechen, Türken, Italiener, Juden und Russen, war sehr musikliebend; daher verfügte die Stadt über mehrere ausgezeichnete Musikinstitutionen, zwei Symphonie-Orchester, viele Repertoiretheater und eine gute Oper.

1922 lernte Milstein den jungen Pianisten Vladimir Horowitz kennen, der gerade das Konservatorium in Kiew absolviert hatte. Sie gaben eine Reihe von außerordentlich erfolgreichen Konzerten in der Provinz und traten schließlich auch in Moskau auf. Damals war der angesehene, kultivierte Lunatscharsky Volkskommissar für Volksaufklärung und Unterricht. Nach dem Besuch eines Konzerts der beiden jungen Künstler schrieb er einen Bericht in einer Moskauer Tageszeitung unter dem Titel „Kinder der sowjetischen Revolution". Das verhalf den beiden zu wirkungsvoller Publizität und brachte ihnen viele weitere Verpflichtungen ein. „Wir verdienten viel Geld, aber es gab nichts, wofür wir es hätten ausgeben können, und so gaben wir es Bettlern, die an jeder Ecke saßen. Bald kannten sie uns und warteten auf ihr Geld."⁴

Vermutlich war es Lunatscharskys Bericht zu verdanken, daß die jungen Musiker die Erlaubnis erhielten, Rußland zu verlassen, um eine Tournee durch Europa zu unternehmen. Milstein erinnert sich, daß dies ein Wendepunkt in seinem Leben war. „Am Weihnachtsabend 1925 reiste ich ab. Es war ein herrliches Gefühl. Damals wußte ich nicht, daß es ein Abschied für immer sein sollte. Vielleicht hatte ich eine unbestimmte Ahnung. Aber ich lief ja nicht davon, sondern verließ das Land ganz offiziell mit einem sowjetischen Paß. Ich kam einfach nie mehr zurück." Ihren ersten Besuch in Paris statteten sie der russischen Botschaft ab. Auf ihre Frage, wann sie nach Moskau zurückkehren würden, erklärte ihnen der Kulturattaché: „Bleiben Sie, solange Sie wollen. Sehen Sie sich um, lernen Sie und zeigen Sie den Kapitalisten, was für talentierte junge Künstler wir in unserem Lande haben."⁵

Sie ließen sich das nicht zweimal sagen. In Paris und in anderen Städten Frankreichs waren ihre Konzerte erfolgreich – doch ihren ersten wirklichen Triumph feierten sie in Spanien. Nach einem Probekonzert in Madrid wurden sie sofort für fünfzehn weitere Auftritte verpflichtet. Es folgte eine Reise nach Südamerika, wo sie alle zwei Tage spielten und insgesamt sechsundfünfzig Konzerte gaben. Milstein erinnert sich: „Es war ein herrliches Leben. Nachmittags spielten wir oft Bridge, verbrachten manchmal den ganzen Tag im Gebirge und kehrten eine halbe Stunde vor Konzertbeginn ins Hotel zurück. Über unser Spiel machten wir uns keinerlei Sorgen. Heute kann ich nicht einmal zu Mittag essen, wenn ich am Abend spielen muß."⁶

Innerhalb von zwei Jahren erspielte sich Milstein einen internationalen Ruf, der sich nach seinem Amerika-Debüt noch verstärkte. Er hatte das große Glück, Stokowski zu begegnen, der für viele junge Geiger der gute Geist gewesen sein muß; er war es, der Milstein die erste Gelegenheit verschaffte, mit einem großen amerikanischen Orchester zu spielen. Am 28. Oktober 1929 trat Milstein zum ersten Mal in Philadelphia mit Glasunows Violinkonzert auf. Im *Evening Bulletin* hieß es, der Solist sei „ein junger, dunkler, lebenssprühender Russe", der „auf einer Geige magische Dinge zu vollbringen" wisse, mehr besitze als nur sein erstaunliches technisches Rüstzeug, nämlich einen brillanten Geist, der die Musik zu einem klaren und symmetrischen Ganzen formt. Während der nächsten zehn Jahre bereiste Milstein die USA und Kanada und wurde 1943 Bürger der Vereinigten Staaten.

Als Milstein im Januar 1935 zum ersten Mal in Ägypten auftrat, nannte ihn Ruppa, der Kritiker von *The Strad,* „einen Stern erster Größenordnung" und lobte seine herrliche Bogentechnik, vornehmlich sein „sprühendes Spikkato in allen Tempi", das er „une cascade de perles" nannte. Der Kritiker kam dann auf Milsteins linke Hand zu sprechen: „Ihre Gewandtheit und Genauigkeit sind verblüffend, selbst in den schnellsten und anspruchsvollsten Passagen, und die Intonation bleibt durchweg von kristallener Reinheit." Doch Ruppa warnt: „Als Geiger ist man geblendet. Als Musiker ist man enttäuscht." Er war der Meinung, Milsteins temperamentvollem Feuer fehle die innere Überzeugungskraft, er bringe es nicht fertig, „seine Zuhörer zu erschüttern". Milstein, so schloß die Kritik, eigne sich weit besser für die Musik von Ernst, Wieniawski und Paganini als für die Werke von Corelli, Bach und Beethoven.

Am 14. November 1932 spielte Milstein zum ersten Mal vor einem britischen Publikum in der Queen's Hall. Auf seinem Programm standen die Violinkonzerte von Brahms und Tschaikowski, Dirigent war Malcolm Sargent. Am nächsten Morgen schrieb der Rezensent der *Times,* Milstein sei den Anforderungen des Brahmsschen Konzerts nichts schuldig geblieben „. . . seine klare Kantilene, seine orgelartige Doppelgrifftechnik, seine tadellosen Oktaven im Finale . . . kennzeichneten ihn als einen Geiger hohen Ranges; am Ende aber hatten wir das Gefühl, eher Milstein als Brahms gehört zu haben, und während er seine Kadenz spielte, fragten wir uns, ob er Brahms wohl ganz vergessen hatte."

Vier Jahre später, nach einem Konzertabend am 22. Oktober 1936 in Londons Wigmore Hall, schrieb der Kritiker der *Musical Times:* „Er spielte Vivaldis Sonate in A-Dur mit einem Feuer und einer Präzision, die einem geradezu den Atem nahm, eben weil sie einer Musik Leben einhauchte, die bis jetzt knochentrocken gewesen zu sein schien. Dies war der Vivaldi, den Bach bewunderte, und nicht der Pädagoge, als den ihn die meisten hinstellen." Weniger glücklich war der Kritiker mit Milsteins Interpretation der Beethoven-Sonate G-Dur op. 30, nicht weil die Ausführung etwas zu wünschen übrig gelassen hätte, vielmehr weil „einige der Gedanken Beethovens . . . für Milstein noch ein Buch mit sieben Siegeln sind" – eine interessante Bemerkung über das Spiel des Geigers, der weltweit als einer der großen Interpreten von Beethovens Violinkonzert Anerkennung erringen sollte.

Seither sind über vierzig Jahre vergangen, und noch immer spielt Milstein hervorragend. Wenn an jenen Einwänden je etwas Wahres gewesen sein sollte, so ist er seit langem über solche Kritik erhaben. Heute ist er für Interpretationen bekannt, die der genaue Gegensatz oberflächlicher Brillanz sind, auch wenn sein Spiel stets lebendig und kraftvoll ist. Seine Einspielung des Violinkonzerts von Karl Goldmark ist eines der vielen sprechenden Beispiele für sein Spiel, das bei aller Eleganz doch sehr gewissenhaft ist. Makellose Phrasierung, perfekte Intonation – bei Milstein gibt es keine Tricks. Seine angeborene Musikalität und sein ehrliches Spiel bringen die Musik zu außergewöhnlicher Wirkung. Es ist die Musik, die stets die Oberhand behält.

Milstein spielt ein Werk niemals genau gleich. Ein gutes Beispiel hierfür ist seine jüngste Aufzeichnung des Brahmsschen Violinkonzerts mit dem Wiener Philharmonischen Orchester unter Eugen Jochum. Milstein selbst ist der Ansicht, daß seine jetzige Interpretation romantischer sei als die seiner früheren Platten. Er behauptet, daß man sich in der Richtung entwickelt, die die Musik verlangt, und daß er heute eben Brahms so empfindet.

Er empfindet auch, daß sich sein Bach verändert hat. „Vor zwanzig Jahren habe ich die Bach-Solos gespielt . . . die Einstellung war weniger von der Improvisation als vom Spielerischen bestimmt. Bachs Musik hat immer etwas Improvisatorisches." Milstein vertritt die Ansicht, es sei wichtig, sich innerlich mit dem jeweiligen Komponisten zu beschäftigen, bevor man es wagen darf, seine Werke zu spielen. Und es ist Milsteins innerste Überzeugung, wenn er seinen Schülern den Rat weitergibt, den Auer ihm gab: „Üben Sie nicht mit den Fingern – üben Sie mit dem Kopf!"[7]

Noch immer ist Milsteins Spiel kraftvoll und aufregend. Mehrere neue Einspielungen sind geplant – Brahms, Beethoven und César Franck, und erst vor kurzem veröffentlichte er eine neue Kadenz für das Beethoven-Konzert. Milstein wohnt in Paris und London und hält Meisterklassen in der Schweiz ab. Für sein Alter ist er noch unglaublich rege.

Milstein hat ganz bestimmte Ansichten über die Musik und ihr Publikum in Vergangenheit und Gegenwart. Seiner Meinung nach ist nicht London, wie so oft behauptet wird, „das aktivste Musikzentrum der Welt", sondern, „genauso wie New York, nur ein riesiger musikalischer Supermarkt". Er behauptet, Musik sei zum Massenartikel geworden, so daß sie und die Kunst nicht länger „etwas Besonderes" seien. Nicht jeder, der in ein Konzert geht, ist damit auch wirklich der Musik verschrieben. Oft handelt es sich eher um eine gesellschaftliche Gewohnheit. Im 18. und 19. Jahrhundert aber hörte man Musik, weil man sie liebte und verstand. Beethoven „ging in die Häuser der Leute, um Quartette zu spielen – so kam es zu diesen Werken. Die Entstehung all der Kunstwerke, die wir heute bewundern, wurde von einer Elite ermöglicht: von den Päpsten beispielsweise und den Medici. Wären sie nicht gewesen, so hätten wir keine Ahnung von dem, was damals geschah. Um diese Liebe zur Musik und das Bedürfnis nach großen Künstlern zurückzugewinnen, brauchten wir wieder Könige und Fürsten. Wir brauchen eine Elite. Heute gibt es keine Gruppe, die wir geistig respektieren können; wir verlieren immer mehr an Boden."[8]

DER VIRTUOSE DES BELCANTO

Alfredo Campoli

Alfredo Campoli ist insoweit ein Einzelfall unter den Geigenvirtuosen unserer Tage, als er sich nicht nur sowohl leichter wie klassischer Musik widmet, sondern – was entscheidend ist – zwischen beidem vollendete Balance hält. Er tritt, inzwischen ein Mittsiebziger, noch immer auf, und sein Spiel hat nichts von seinem Schwung, von seiner Eleganz eingebüßt. In einer Zeit, in der es von uniformen Virtuosen wimmelt, erkennt man ihn sofort an seiner süßen, reinen Kantilene.

Alfredo Campoli, den wir als einen der großen Geiger Englands kennen, kam 1906 im Rom als Kind italienischer Eltern zur Welt. Sein Vater war Geigenprofessor an der Accademia di Santa Cecilia und Leiter des Orchesters am Teatro Massimo. Seine Mutter, Elvira Celi, war ein bekannter dramatischer Sopran; sie ging mit Caruso und Antonio Scotti auf Konzertreisen und ist oft in der Scala aufgetreten. Durch ein Engagement an der Covent Garden Opera kamen die Campolis nach England, wo sie sich für immer niederließen. Alfredo zeigte schon als Vierjähriger großes Interesse für die Geige und bekam den ersten Unterricht vom Vater, der auch sein einziger Lehrer blieb. So rasch machte er Fortschritte, daß er, noch nicht zehnjährig, in seiner Wahlheimat öffentlich auftreten konnte. Campoli erinnert sich, während des Ersten Weltkriegs im Matrosenanzug vor verwundeten Soldaten gespielt zu haben.

Im Alter von zwölf Jahren hatte Alfredo bei Musikwettbewerben bereits mehrere Preise, zwei Goldmedaillen und einen Silberpokal errungen. Um der Fairness gegenüber den anderen Kandidaten willen baten ihn die Preisrichter, auf die Teilnahme an weiteren Wettbewerben zu verzichten. Es wurde ihm jedoch gestattet, sich am Londoner Musikfestival in der Central Hall zu beteiligen, und er bekam für den ersten Satz des Mendelssohn-Violinkonzerts die Goldmedaille. Als der Sechzehnjährige am 18. Mai 1923 zum ersten Mal in der Wigmore Hall auftrat, stand im Konzertprogramm als Fußnote: „Geburtsschein kann in der Garderobe eingesehen werden", denn der kräftig gebaute Junge sah älter aus, als er den Jahren nach war.[1] Das Programm – es umfaßte Konzerte von Bruch und Wieniawski sowie die Nardini-Sonate D-Dur – hätte von einem erfahrenen Routinier ausgesucht sein können. Die *Morning Post* schrieb, Campoli habe „nicht wie ein Wunderkind, sondern wie ein voll ausgebildeter Künstler"[2] gespielt. Andere lobten seine exzellente Technik und seinen „satten Ton"[3]. Der wohl bedeutsamste Kommentar aber war: „Sein Talent scheint von jener Art zu sein, die Bestand hat."[4]

Campoli schien eine glänzende Karriere als Solist bevorzustehen, als sich die Folgen der Depression der zwanziger Jahre zu zeigen begannen, die auch vor der Musik und anderen Künsten nicht haltmachten. Nur die Schallplatten und das Radio erlebten trotz Wirtschaftskrise einen gewaltigen Aufschwung. Die zunehmende Konkurrenz dieser neuen Medien machte Konzertbesuche bald zu einem Luxus. Überall mußten Konzertsäle schließen, selbst Kreisler und Heifetz hatten Mühe, ihre Auditorien bis auf den letzten Platz zu füllen. Einige Musiker gaben ihren Beruf freiwillig auf. Zweifellos hat damals die Musikwelt Verluste erlitten, die sich auch nicht annähernd einschätzen lassen.

Campoli hatte insofern Glück, als man ihn für eine Reihe von Tourneen mit bekannten Künstlern – so mit den Sängerinnen Nellie Melba und Clara Butt – engagierte. Auch assistierte er seinem Vater beim Unterrichten. 1926 bekam Campoli den Auftrag, ein kleines Orchester zusammenzustellen, um für die Decca mehrere beliebte Klassiker einzuspielen. „Von einem Stück, von Heykins' Serenade, wurde binnen weniger Monate eine halbe Million Platten verkauft."[5] Nach zwei Jahren waren Campoli und sein Salonorchester in ganz England bekannt. Außerdem leitete er noch ein Trio und arbeitete mit mindestens sechs Ensembles in Filmstudios und bei anderen Gelegenheiten, wo musikalische Unterhaltung verlangt wurde. Als 1931 das Rochester Hotel eröffnet wurde, engagierte man Campoli mit seinem Salonorchester. Er war nicht nur ein großartiger Geiger, sondern erwies sich auch als ausgezeichneter Dirigent. „Ich habe mir", so erinnert er sich, „immer Mühe gegeben, das Orchester zum Singen zu bringen."[6] Doch nicht nur sein Spiel zog das Publikum in Scharen an, sondern auch seine persönliche Ausstrahlung.

Vater Campoli zeigte sich von der Beliebtheit seines Sohnes wenig beeindruckt. Er fand, dieser habe den falschen Weg eingeschlagen. Campoli aber bedauert bis heute nichts. „Ich schäme mich nicht, Unterhaltungsmusik gemacht zu haben. Ich glaube, deswegen bin ich sogar ein besserer Musiker geworden."[7] Trotz seiner Erfolge auf dem Gebiet der leichten Muse arbeitete Campoli ständig an seinem klassischen Repertoire. 1938 spielte er das Paganini-Konzert Nr. 1 beim ersten Promenade Concert unter Sir Henry Wood.

Während des Zweiten Weltkriegs entging Campoli nur um ein Haar der

Internierung. Sein Vater hatte sich nie in England einbürgern lassen. „Er lebte in der Vorstellung, es sei unmoralisch, seine angestammte Staatsangehörigkeit durch eine Unterschrift aufzugeben."[8] Der Sohn jedoch hatte ohne Wissen des Vaters bereits die britische Staatsbürgerschaft beantragt, die aber erst einige Wochen nach dem Kriegseintritt Italiens wirksam werden sollte. Campoli mußte Wagen und Radio abliefern – beides durfte ein „feindlicher Ausländer" nicht besitzen. Dann aber wurde Campoli eingeladen, vor Soldaten und Arbeitern der Rüstungsfabriken Konzerte zu geben, und bald durfte er seinen Wagen wieder fahren und erhielt auch sein Radio zurück.

Nach dem Krieg widmete sich Campoli ganz der klassischen Musik und erlangte rasch internationalen Ruhm. 1953 trat er zum ersten Mal in Amerika auf. Mit dem New York Philharmonic Orchestra unter George Szell spielte er die „Symphonie espagnole" von Lalo. Tourneen durch die USA und Kanada folgten. Seitdem ist Campoli in fast jedem Land der Erde aufgetreten: er war in allen Ländern des Commonwealth sowie zweimal in Rußland und Japan, wo er auch Platten eingespielt hat. In Moskau spielte er zum ersten Mal das Konzert, das ihm Arthur Bliss gewidmet hat, und das Publikum, das zum kritischsten der Welt gehört, bereitete ihm einen warmen Empfang. David Oistrach besuchte mehrere seiner Konzerte und kam hinterher ins Künstlerzimmer, um Campoli zu beglückwünschen.

Campolis Repertoire ist sehr umfassend – aber begrenzt, soweit es sich um zeitgenössische Musik handelt. „Das Violinkonzert von Walton liebe ich sehr", sagt er, „und ich habe es oft gespielt, aber weiter gehe ich nicht. Atonale Musik liegt mir nicht. Meiner Meinung nach ist sie eigentlich nicht für die Violine gedacht."[9] Campoli gibt offen zu, daß er vornehmlich für barocke und romantische Musik schwärmt; das Mendelssohn-Konzert hat er nach seiner Schätzung an die neunhundert Male gespielt. Für ihn ist die Geige ein singendes Instrument. „Man hat mich von Anfang an gelehrt", erinnert er sich, „auf der Geige *bel canto* zu spielen." Mein Vater fand, die Geige sei „das schönste Instrument von Menschenhand, weil es der menschlichen Stimme am ähnlichsten sei".[10] Professor Campoli pflegte seinem Sohn die Platten berühmter zeitgenössischer Sänger vorzuspielen. Alfredo hatte die Stimmen von Battistini, Lauri-Volpi und Gigli im Ohr, als er zum ersten Mal versuchte, den „singenden Ton" zu produzieren. „Man muß lernen, den Bogenstrich so zu beherrschen, daß jede Phrase ihren natürlichen Atem behält – wie beim Singen." Als Beispiel führt Campoli den Oktavensprung an. „Stellen Sie sich vor", erklärte er mir in einem Gespräch, „Sie seien Sänger. Dann würden Sie diesen Sprung auch nicht ruckartig und *staccato* machen. Das muß *legato*, ganz weich und glatt genommen werden. Und wenn man wieder herunterkommt, muß man sich entscheiden, ob der Auf- oder der Abstrich des

Bogens das Richtige ist. Toscanini konnte ein ganzes Orchester zum Singen bringen."

Was den Gebrauch des Schulterkissens betrifft, so behauptet Campoli, jede Form von Polster oder Stütze dämpfe die Schwingungen der Geige und beeinträchtige damit den Klang – eine Ansicht, die er mit Erica Morini, Milstein und Heifetz teilt.

Auf dem Podium läßt Campoli Zurückhaltung walten. Ein Kritiker bemerkte einmal: „Im Gegensatz zu manchen Geigern spielte Mr. Campoli das schnelle, furiose Finale des Tschaikowski-Konzerts aufrecht stehend anstatt auf allen Vieren."[11] Er hält die Violine vergleichsweise hoch und weit nach links. In dieser Stellung, so sagt er, könne der Geiger ohne Muskelverspannung frei und schnell die hohen Lagen erreichen. Campoli macht den Eindruck, mit seinem Instrument verwachsen zu sein. Der strahlende, singende Ton und der elegante, entspannte Bogenarm sind die besonderen Kennzeichen seines Spiels. Es ist darum nicht verwunderlich, wenn er auf die Frage, welches seine Lieblingsgeiger seien, antwortet: „Kreisler, Szigeti und Grumiaux."[12]

Viele von Campolis alten Schallplatten sind wieder neu herausgekommen, darunter die Violinkonzerte von Elgar, Saint-Saëns (Nr. 3), Beethoven und das Doppelkonzert von Brahms. Noch immer macht er neue Einspielungen, so erst 1976 sämtliche „Spanischen Tänze" von Sarasate. Auf der gleichen Platte kann man eine seiner Schülerinnen, die junge Neuseeländerin Belinda Bunt, mit einer vorzüglichen Wiedergabe von Sarasates „Navarra" hören.

In seiner langen Laufbahn hat Campoli gezeigt, daß der singende Ton, den Viotti, Spohr und deren Schüler so sehr liebten, beim Publikum am meisten „ankommt", ganz gleich ob Unterhaltungs- oder ernste Musik. Seit den ersten Anfängen der Geige war es immer der schöne Ton, der den Zuhörern im Gedächtnis haften geblieben ist.

Die Entertainer

Albert Sandler – Tom Jenkins – Max Jaffa – Reginald Leopold –
John Georgiadis

Wer von „großen Geigern" spricht, darf jene Virtuosen nicht unterschätzen, die nie die Chaconne von Bach gespielt haben, aber doch Millionen von Musikfreunden das Geigenspiel näherbrachten, indem sie die populären Klassiker gut spielten.

Vieles am ernsten Violinrepertoire ist höllisch schwer, aber auch die

Glanznummern der sogenannten Entertainer sind es. Sarasates „Zigeunerweisen" oder Bazzinis „Gnomen" sind hierfür Beispiele. Sie und Dutzende
von anderen muß ein Geiger auswendig lernen und jederzeit auf Abruf
spielen können. Im Londoner Palm Court Trio und ähnlichen Ensembles
gehören ausgefallene Publikumswünsche zum täglichen Berufsrisiko. Bit-
tet ein Zuhörer um Paganinis „Perpetuum Mobile" oder eine Transkription von Liszt, so kann der Geiger schwerlich einwenden, er müsse erst
heimgehen und sich die richtigen Fingersätze zurechtlegen. Campoli
wechselte vorübergehend aus rein finanziellen Gründen zur Unterhaltungsmusik über. Einer der großen Geiger jedoch, der sich ihr von vornherein und mit voller Absicht verschrieb, war der in London gebürtige
Albert Sandler (1906–48), ein Zeitgenosse Campolis, der leider schon im
Alter von zweiundvierzig Jahren einem Leberleiden erlag. Robert Lewin
schrieb über ihn:

> „Er war ganz dem zugewandt, was wir leichte Musik nennen. Nie im Leben
> ist er an die ernsten Klassiker herangegangen. Ein Naturtalent der Unterhal-
> tungsmusik und mit solch vielfältigen geigerischen Möglichkeiten begabt,
> daß sie schon fast an das Können der großen Virtuosen heranreichten,
> beherrschte er ein umfangreiches Repertoire von Sarasate bis zu ganzen
> Opernpotpourris ... Mit seinem reinen Ton, seiner trefflichen Phrasierung
> gewann er die Herzen von Millionen."[1]

Obwohl die Familie Sandler die Musik liebte, hatte es doch bis zu Alberts
Generation keinen Berufsmusiker unter ihnen gegeben. Dann aber plötz-
lich gleich drei: Albert, seinen älteren Bruder und seine Schwester. Vom
Bruder bekam Albert seinen ersten Unterricht – mit einer saftigen Ohrfei-
ge für jeden Fehler. Als Belohnung für seine Fortschritte schickte man ihn
zu dem Wiener Hans Wessely, einem Schüler von Hellmesberger, an der
Wiener Akademie. Für seinen wichtigsten Lehrer aber hielt Sandler Kalman
Ronay, einen Neffen Auers und Schüler Joseph Joachims.

Nach dem Abschlußexamen arbeitete Sandler für fünf Schilling pro Woche als Kinogeiger, hatte aber bald eine Stelle als Konzertmeister. Mit
sechzehn Jahren durfte er ein Orchester in einem der Lyons Corner Houses führen. Diese Filialen von Lyons Tea Shop lagen an strategisch wichtigen Punkten des Londoner West End: Oxford Street, Tottenham Court
Road, Marble Arch und The Strand. Das größte befand sich in der Cov-
entry Street. Seine Kundschaft setzte sich aus Einkaufsbummlern und
Theaterbesuchern zusammen. Es hatte vier Etagen mit verschiedenen Restaurants, jedes mit einer eigenen Musikkapelle. Das beliebteste lag im
ersten Stock; hier spielten die Musiker im Frack, und die Besucher konn-

ten zum Preis für eine Tasse Tee und ein Stück Kuchen einen Abend lang verzückt Albert Sandler und seiner Kapelle lauschen.

Bald rückte Sandler aus dem Corner House in den Grillroom des Trocadero auf, des Spitzenrestaurants von Lyons. Seine größte Chance aber bot sich ihm 1925, als Arthur Beckwith, Leiter der Kapelle des Grand Hotel in Eastbourne, mit dem Londoner Streichquartett auf Konzertreise in die USA ging und zudem sein erster Geiger erkrankte. Man bot Beckwith den Posten des Dirigenten beim Cleveland State Orchestra an, und er blieb in Amerika. Sandler bekam Beckwiths Stelle in Eastbourne in ebendem Augenblick, als die BBC ein Versuchsprogramm mit Sonntagskonzerten aus diesem Hotel startete. Die Sendung wurde ein Riesenerfolg und „Grand Hotel" zu einer Sendereihe, die fast ein halbes Jahrhundert lang ausgestrahlt wurde. Ein Jahr später beschloß die BBC, das Programm live zu senden. Es wurde zu einem der beliebtesten in der Geschichte des Rundfunks und der Name Sandler zum feststehenden Begriff. 1928 nahm Sandler ein zusätzliches Engagement als Musikdirektor des Park Lane Hotels an, wo er ein Ensemble erstklassiger Musiker leitete. Später bereiste er mit seinem „Albert Sandler-Trio" die großen Konzertcafés und Music-halls und wurde, wie man das in den dreißiger Jahren nannte, „Top of the Pops". Tausende, die Sandler aus dem Radio kannten, strömten herbei, um ihn live zu erleben, und wurden nicht enttäuscht. Ein Kritiker schrieb: „Mr. Sandlers Spiel besticht durch wunderbare technische Gewandtheit und tief empfundenes Gefühl . . . sein voller Ton, die fließende Glätte und der ausgezeichnete Stil . . . des Trios fesselten eine große Zuhörerschaft."[2] Obwohl Sandler ein massiger Mann war, mit großen, fleischigen Händen, die ein wenig an die von Ysaye erinnerten, war sein Spiel sehr zart. Sein Instrument war eine schöne, 1701 datierte Stradivari.

Sandler forcierte nie einen Ton wie so viele Salongeiger. Weder das Portamento noch das Vibrato übertrieb er. Er phrasierte besonders schön, „Tricks" waren ihm zuwider, eine Abneigung, die er mit Campoli teilte, der behauptet hat: „Spielt einer wirklich gut, dann machen auch die Virtuosenstücke Eindruck."[3] Sandler benutzte nie das Flageolett; er fand, das eigne sich nicht für große Restauranträume und Kinos, und vertrat die Meinung, in höheren Lagen gespielte Passagen trügen weiter – ohne an Tonqualität einzubüßen. Wenn er gehört werden wollte, spielte er nicht lauter, sondern eine Oktave höher, auf der E-Saite. Sein brillantes Spiel vermochte meist alle Fremdgeräusche zu übertönen.

Über seine Arbeit machte sich Sandler keine Illusionen. Er gab zu, daß viele der von ihm gespielten Stücke notwendigerweise das waren, was wir heute „Schnulzen" nennen würden, behauptete aber, er gehe an ein Stück

ohne inneren Wert mit derselben Sorgfalt und mit ebenso vielen Proben
heran wie an ein Meisterwerk. „Auch das Simpelste hat seine Schönheit,
wenn man es gut macht", pflegte er zu sagen.[4] Täglich erhielt er Verehrer-
post, und einmal schickte ihm eine Dame sogar einige mit rosa Fähnchen
geschmückte Geigen aus Marzipan.

Wenn es sein Dienst nur irgend zuließ, besuchte Sandler die Konzerte von
Heifetz und Kreisler. Er war selbst ein meisterhafter Interpret der Kreislerschen Stücke; nie spielte er an der Grenze seines Könnens, stets schien er
noch Reserven zu haben, auf die er jedoch selten zurückgriff. Das Wesentliche seiner Kunst war, daß er, ebenso wie Kreisler, jedes noch so einfache
Stück mit seiner Liebe zur Musik erfüllte, und daß ein fast unheimlicher
sechster Sinn ihn stets erraten ließ, was das Publikum am liebsten hören
wollte.

Der Geiger, der 1937 das Orchester im Grand Hotel Eastbourne übernahm –
im Anschluß an Sandlers unmittelbare Nachfolger Tom Jones und Leslie
Jefferies – war der damals siebenundzwanzigjährige *Tom Jenkins* (1910–57),
dessen Name ebenfalls in ganz England bekannt war, als er mit 47 Jahren viel
zu früh starb. Geboren in Leeds als Sproß einer walisischen Familie, lernte er
mit acht Jahren zu geigen. Auf unzähligen Musikwettbewerben gewann er
erste Preise und trat mit zwölf Jahren erstmals öffentlich auf. Mit vierzehn
begann er, sich einen ausgezeichneten Ruf als Solist zu erwerben, nachdem er
sein erstes Auftreten im Rundfunk bereits hinter sich hatte. Wie Sandler war
auch er eine Zeitlang als Geiger in einem Kino tätig und empfand es als gutes
Training, vom Blatt spielen zu müssen. Mit siebzehn wurde er Konzertmeister des Städtischen Orchesters von Harrogate, vier Jahre später beim
Städtischen Orchester von Hastings. Damals spielte er mit dem Orchester
die Violinkonzerte von Bruch und Brahms. Ein Kritiker schrieb: „Seine
Technik war durchweg sicher, und was das Beste war: Er vermittelte uns
nicht die Buchstaben, sondern den Geist dieser wundervollen Musik. Nirgends entdeckte man eine Spur von falschem Pathos. Gleichwohl holte er die
dem Werk zugrundeliegende romantische Schönheit ganz heraus."[5]

Ein Jahr später trat Jenkins als Solist mit dem Londoner Symphonieorchester unter Malcolm Sargent in der Queen's Hall auf und spielte das Violinkonzert von Brahms. 1936 studierte er ein Jahr lang bei Carl Flesch in
London, jedoch brachte diese Lehrzeit keinen Richtungswechsel in Jenkins'
Spiel, wie das sonst oft der Fall ist, wenn ein großer Lehrer einen bereits
fertigen Solisten unter seine Fittiche nimmt. 1950 nahm Jenkins auch noch
ein paar Stunden bei dem Auer-Schüler Sascha Lasserson. Im folgenden Jahr
wurde er nach Eastbourne berufen. Von dieser Zeit an enthielten alle

Sendungen des „Grand Hotel" zwei miteinander kontrastierende Violinsoli, das eine von hohem technischem Schwierigkeitsgrad – etwa Stücke von Wieniawski oder die „Hora Staccato" von Dinicŭ –, das andere ein ganz einfaches wie MacDowells „An eine wilde Rose". Mancher Professor an einer Musikhochschule riet seinen Schülern, sich Jenkins im Radio anzuhören, denn damals gab es noch nicht so viele Plattenaufzeichnungen wie heute. Als Jenkins davon erfuhr, achtete er noch sorgfältiger auf jedes Detail.

Jenkins war ein stiller, bescheidener Mensch und immer ziemlich überrascht, wenn man ihn für eine wichtige Persönlichkeit hielt. Er spielte einfach leidenschaftlich gern Geige, und es machte ihn glücklich, daß die Leute ihn hören wollten. Wie Campoli hörte er sich sehr oft Sänger an und faßte die Geige als ein singendes Instrument auf. Er gehörte zu den Virtuosen, die höchsten Ansprüchen des Solospiels genügt hätten, deren man sich aber immer nur als Entertainer oder Unterhaltungsmusiker erinnern wird.

In der Mitte der fünfziger Jahre lag die Führung des „Grand Hotel"-Programms vorübergehend in Händen eines weiteren erstklassigen Musikers: *Max Jaffa*. Seine Freundschaft mit dem Pianisten Jack Byfield und dem Cellisten Reg Kilby, die in den Studios der Londoner BBC spielten, führte zur Gründung des Max-Jaffa-Trios, das große Beliebtheit errang.

Der in London geborene Max Jaffa bekam als Sechsjähriger vom Vater eine Geige geschenkt mit der Weisung: „Du wirst Geiger!"[6] Nach einer Ausbildung in der Guildhall School of Music, wo er die Goldmedaille errang, wurde er erster Geiger im Scottish Symphony Orchestra. Er spielte unter Weingartner, Barbirolli und vielen anderen führenden Dirigenten. Später studierte er bei Sascha Lasserson.

Seinen Neigungen nach ist Max Jaffa der geborene Interpret des „klassischen" Repertoires, doch war ihm vom Schicksal ein anderer Wirkungsbereich bestimmt. Er ist in Film und Fernsehen aufgetreten, hat Konzertreisen durch die USA, Kanada, Südafrika und Rhodesien gemacht. In den letzten Jahren verbrachte er mit seiner Frau, der Kontra-Altistin Jean Grayston, und seinem Begleiter Vincent Billington jeweils sechs Winterwochen an Bord von Luxusdampfern und reiste rund um die Welt.

Im Alter von siebzehn Jahren hatte Jaffa ein für ihn entscheidendes Erlebnis. Um sein Studium zu finanzieren, spielte er die erste Geige in einem Orchester eines Londoner Hotels. Eines Tages erschien Kreisler dort. Jaffa bekam einen panischen Schrecken bei der Vorstellung, vor diesem großen Mann spielen zu müssen. Er gab sich die allergrößte Mühe. In der Pause kam der Ober und richtete ihm aus, Kreisler bitte ihn auf einen Drink an seinen Tisch. Als erstes entschuldigte sich Jaffa für die Art Musik, die er spiele.

Kreisler wies ihn zurecht: „Hören Sie mal, für Musik, ganz gleich welcher Art, braucht man sich nie zu entschuldigen. Auch ich habe in Caféhäusern gespielt." Nach einigen anerkennenden Bemerkungen über das Spiel des jungen Mannes fuhr Kreisler fort: „Wenn ich Ihnen einen kleinen Rat geben darf: Vergessen Sie in Ihrer ganzen Berufslaufbahn eines nicht, ganz gleich was Sie spielen oder wo Sie spielen, ganz gleich, wie schlecht das Stück ist – wenn Sie es wirklich gut vortragen, wird Ihr Spiel nicht darunter leiden, sondern den Wert eines jeden Stücks steigern."[7]

Der letzte in der Reihe der Konzertmeister von „Grand Hotel" war *Reginald Leopold*. Mehr als 18 Jahre lang hat er in dieser Sendung mitgewirkt.

Reg Leopold wurde in London geboren – als jüngstes von acht Kindern, die alle ein Instrument spielten. Mit vierzehn gewann er ein Stipendium für das Trinity College of Music und studierte dort unter dem in Ungarn geborenen Louis Pecskai, der noch Schüler von Hubay in Budapest gewesen war. Reg Leopold selbst hält jedoch einen anderen Einfluß für wichtiger, nämlich den Ludwig Lebels, eines Schülers des deutschen Cellisten David Popper. Die gründliche kammermusikalische Ausbildung bei Lebel war für ihn das Fundament, das ihm „später bei jeder Art Musik genützt hat".[8]

Im Lauf der Jahre hat Reg Leopold in mehreren berühmten Orchestern gespielt: im Trocadero und jahrelang bei den Savoy Orpheans unter Carroll Gibbons. Er saß neben Hugo Rignold, der später Dirigent sowohl beim Royal Liverpool Philharmonic wie beim Birmingham Symphony Orchestra geworden ist. 1934 lernte Reg Leopold Fred Hartley kennen, den Mann, „der die leichte Musik auf den neusten Stand brachte".[9] Als dieser das Fred-Hartley-Sextett zusammenstellte, machte er Rignold zum Konzertmeister, der seinerseits Leopold in die Gruppe brachte. „Hartleys Probenarbeit war hervorragend. Seine Präzision hätte dem besten Streichquartett der Welt zur Ehre gereicht."[10] 1956 leitete Reginald Leopold erstmals das „Grand Hotel"-Programm in der mit Zimmerpalmen geschmückten Konzerthalle des Funkhauses vor geladenen Studiogästen; für die Musiker galt Frackzwang. Er hat das achtzehn Jahre lang allsonntäglich live durchgehalten. Heute leitet Reg Leopold die London Studio Strings der BBC, und kürzlich hat er ein eigenes „Grand Hotel"-Trio zusammengestellt, um dem Drängen des Publikums nachzukommen, das sich betrogen fühlte, als das beliebte Programm abgesetzt wurde.

Nur wenige Angehörige der jüngeren Streichergeneration haben sich der leichten Seite der „Klassiker" zugewandt. Wenn sie sich von der ernsten Musik entfernen, verfallen sie meist der „folk music", dem Pop oder Rock.

Nathan Milstein

Alfredo Campoli

Albert Sandler

Reginald Leopold

Joe Venuti

Stephane Grappelli

Oben links: Maud Powell

Oben rechts: Gioconda de Vito

Erica Morini

Einer jedoch, der ganz oben in der Konzertwelt angesiedelt war und sich dann erfolgreich dem „Zigeunermusik- und Virtuosenrepertoire" zugewandt hat, ist *John Georgiadis*. Geboren in London als Enkel eines griechischen Großvaters und einer walisischen Großmutter, erinnert er sich an keinen einzigen Berufsmusiker in der Familie. „Mein Vater hat leidenschaftlich gern Geigenmusik gehört, saß als Junge auf den Podiumsstufen der Albert Hall und lauschte Kreisler und Menuhin. Als ich sechs war, fragte er mich, ob ich zum Geburtstag gern eine Geige hätte. Ich sagte ja, ich glaubte, es sei irgend so ein Spielzeug."[11]

Hätte Georgiadis die Qualen der nächsten vier Jahre gekannt, in denen der Vater ihn täglich zum Üben zwang, würde er das Geschenk wohl abgelehnt haben, wie er heute zugibt. Er sagt: „Ich war kein Wunderkind, aber ich war ganz gut. Ich hatte schon früh eine einigermaßen fehlerfreie Technik, die ich fast ausschließlich der Beharrlichkeit meines Vaters verdanke. Er hat mir geholfen, mein Spiel so zu verbessern, daß es den Anforderungen des Musikerberufs genügte."[12]

Mit zwölf gewann John Georgiadis ein Stipendium für die Royal Academy of Music und studierte bei Joan Rochford-Davies und Frederick Grinke. 1960 ging er für ein Jahr nach Paris zu René Benedetti – „ohne großen Erfolg".[13] Georgiadis' erstes berufliches Engagement war eine zwei Monate während Anstellung beim Hallé Orchestra unter Barbirolli: „Eine entscheidende Erfahrung; ich lernte in kurzer Zeit sehr viel." Es folgten Statistenrollen bei verschiedenen Orchestern. Georgiadis war dreiundzwanzig, als man ihn 1963 zum Konzertmeister des City of Birmingham Symphony Orchestra ernannte, und zwei Jahre später wurde er Konzertmeister des London Symphony Orchestra. Er spielte unter den größten Dirigenten der Welt und blieb – bis auf eine dreijährige Pause, in der er als Solist auf Konzertreise ging – auf diesem Posten, den er erst 1979 aufgab.

Während der erwähnten Pause fühlte sich Georgiadis mehr und mehr zur Unterhaltungsmusik hingezogen. Am Klavier begleitet von seiner Frau gab er zwei Abende mit Virtuosen- und Zigeunermusik, einen in einer Londoner Kirche und den zweiten in Wales. „Es waren Stücke, wie mein Vater und ich sie liebten. Mit dieser Musik war ich groß geworden." Binnen kurzer Zeit bot man ihm von überall her Engagements an. „In vier, fünf Jahren gaben wir an die 250 Abende. Ich glaube, daß diese Art Musik durchaus ihre Daseinsberechtigung hat. Das Publikum liebt sie, entweder weil sie in ihm alte Erinnerungen wachruft oder weil es mit diesen Programmen Gelegenheit bekommt, seltener gespielte Stücke zu hören."[14] Heute arbeitet er mit der in Mexiko geborenen Pianistin Pilar Fernandez und spielt „so ziemlich alles von Beethoven- und Brahms-Sonaten bis zu Ravels ‚Tzigane'."

Die virtuose Salonmusik ist in den fünfziger und sechziger Jahren aus dem Repertoire der Solisten so gut wie verschwunden gewesen; die Sonatenliteratur hat sie verdrängt. In den dreißiger Jahren prophezeite Carl Flesch, daß die vielfach vernachlässigte Musik Sarasates – besonders die „Spanischen Tänze" – eines Tages ihre verdiente Beliebtheit wiedererlangen würde. Heutzutage besteht wieder ein großes Interesse an diesen und anderen Salonstücken. Für Georgiadis gibt es bei der Wiedergabe der Virtuosenmusik keine Geheimnisse. „Man braucht eine gute technische Gewandtheit – die muß man sich erarbeiten –, und dann muß man die Musik ernst nehmen. Die Kunst, Paganini zu spielen, besteht darin, echte Musik daraus zu machen. Ich habe Leute gehört, die nicht einmal aus einem Brahms echte Musik gemacht haben."

Georgiadis fand neue Wege, seine Zuhörer mit den Eigentümlichkeiten der jeweiligen Musik vertraut zu machen: „Ich lasse meine mexikanische Begleiterin ein paar Schritte des Zapateado tanzen, ehe wir anfangen zu spielen – auch bei de Fallas ‚Spanischem Tanz'. Das Publikum findet das herrlich, und ich glaube, sein Vergnügen an solchen Stücken wird damit um eine Dimension bereichert."[15]

HEISSE RHYTHMEN AUF DER GEIGE

George Morrison – Eddie South – Stuff Smith – Joe Venuti –
Stephane Grappelli

Während der gesamten Geschichte der Violinmusik taucht immer wieder, in dem einen oder anderen Strang ihrer Entwicklung, der italienische Einfluß auf. Er überrascht am meisten auf dem Gebiet des Jazz. Das schwarze Amerika brachte nicht nur die Jazzmusik hervor, sondern in Eddie South und Stuff Smith auch zwei hervorragende Geiger, aber es waren zwei Musiker italienischer Herkunft, die die Jazzgeige in der ganzen Welt populär machten: Joe Venuti und Stephane Grappelli.

Aus einem 1968 in New York veröffentlichten Interview Gunther Schullers mit dem Geigenveteranen und Bandleader George Morrison erfährt man Interessantes über die Widerstände, denen sich in den Kindertagen des Jazz schwarze Musiker gegenübersahen.[1]

George Morrison, geboren 1891 in Fayette, Missouri, entstammt einer Familie, die viele Generationen geigender Musikanten hervorgebracht hatte. Diese Naturtalente spielten nach Gehör und kannten nur eine Art von Musik: den „square dance".

Als Fünfjähriger bastelte George sich eine Geige aus einem hohlen Maisstengel, einem Stück Holz und einer Schnur. An Stelle von Kolophonium benutzte er Holzkohle. Sein Bogen war ein Weidenast. Als er größer wurde, baute er sich Geigen aus Zigarrenkisten. Mit zehn Jahren kaufte er sich die erste wirkliche Geige – von dem Geld, das er sich als Schuhputzer in einem Frisiersalon in Boulder, Colorado, zusammenverdient hatte. Der Schullehrer gab ihm erste Musikstunden, und täglich saß er im Hof hinter dem Friseurgeschäft und übte Kreutzer-Etüden, das Notenblatt an ein Stück Steinkohle gelehnt. Er machte so verblüffende Fortschritte, daß man ihn später als Privatschüler zu Howard Reynolds gab, einem Lehrer von beachtlichem Renommee.

Zwölf Jahre lang studierte George Morrison bei Reynolds. 1911 meldete ihn sein Lehrer zu einem Wettbewerb seiner Schüler an – es waren zweiundvierzig und Morrison der einzige schwarze. Er errang den ersten Preis, ein Stipendium für das New-England-Konservatorium. Doch das Studium hat er nie angetreten. Er heiratete im selben Jahr und zog nach Denver, Colorado, wo er in den „parlor houses" der berühmten Bordellwirtin Mattie Silks Geige und Gitarre spielte.

Etwa um diese Zeit stieß George zum ersten Mal auf den Jazz. Er erinnert sich noch an die Improvisationen von Geigern, unter denen ein gewisser Benny Goodman hervorragte – nicht der berühmte Klarinettist gleichen Namens, sondern ein Geiger mit einer eigenen Band. Goodman regte George als erster dazu an, beliebte Melodien zu „verjazzen".

Jazz war eigentlich das einzige Gebiet, auf dem ein schwarzer Musiker auf Erfolg hoffen durfte. Obwohl George Morrison Musiktheorie und Komposition bei Horace Tureman, dem Leiter des Denver Symphony Orchestra, studiert und ein beträchtliches musikalisches Niveau erreicht hatte, kam doch die Anstellung in einem Orchester für ihn nie in Frage. Tureman sagte es ihm des öfteren ganz offen: „Wären Sie weiß, machte ich Sie zum Kapellmeister!"

Seine musikalische Ausbildung vervollständigte Morrison am Konservatorium von Chicago. Dann ging er nach New York, wo er es zu einer bescheidenen Berühmtheit brachte. Als er 1920 die Band des Carlton Terrace Hotels in New York leitete, erlebte er etwas, das er nie wieder vergaß. Allabendlich erwartete man von ihm einige Violinsoli, und als er bei einer solchen Gelegenheit eben Kreislers „Tambourin Chinois" gespielt hatte, trat ein Herr ans Podium und sagte: „Junger Mann, Sie sind ein sehr begabter Musiker. Hier ist meine Karte."

Morrison nahm die Karte erfreut, hätte aber beinahe die Geige fallen lassen, als er den Namen Fritz Kreisler las. Diese Begegnung hatte ein

unerwartetes Nachspiel. Kreisler, der nie Schüler genommen hatte, lud
Morrison in seine Wohnung und gab ihm im Laufe der Zeit sechsmal
Gratisunterricht: „Er hat mir beim fliegenden Stakkato im Mendelssohn-
Konzert", erinnert sich Morrison, „geholfen und mir gezeigt, wie man ein
schönes, sauberes Pizzikato zustande kriegt."[2]

Einer von Morrisons Mitstudenten am Columbia-Konservatorium war
Eddie South, „gelernter Musiker und einer der besten in der U-Musik . . . im
Jazz phantastisch . . ."[3]

Eddie South (1904–62), geboren in Louisiana, war in Chicago aufgewachsen, bekam die ersten Geigenstunden als Vierjähriger und studierte später an
der Chicago School of Music. Daniel Howard, der Jazzklarinettist, der in
vielen Gruppen mit South zusammen aufgetreten ist, dabei aber die Geige
spielte, regte ihn an, sich ganz dem Jazz zuzuwenden. Bekannt als „der
schwarze Engel der Geige", galt South bald als der beste Jazz-Violinist. Er
verfügte nicht nur über eine ausgezeichnete Technik, sondern besaß auch
eine große musikalische Ausdrucksfähigkeit. Seine Phrasierung, die Schönheit seines Tons waren nach allgemeinem Urteil den großen klassischen
Konzertsolisten vergleichbar.

In den zwanziger Jahren spielte South in Chicago und New York in
mehreren Gruppen, darunter bei Charlie Elgar, Erskine Tate und Jimmy
Wade. Ob es Jazz war oder sonstige „exotische" Musik, Zigeunerweisen,
Samba, Rumba, Bolero, Tango oder europäische Schlager, für Eddie South
war das Musikmachen so natürlich wie Atmen. Von 1928 an bis in die
vierziger Jahre leitete er seine eigene Gruppe.

Zwar halten ihn Kenner für einen der führenden Jazz-Solisten, aber richtig
berühmt wurde Eddie South nie, und hätte er nicht in den dreißiger Jahren in
Europa Platten eingespielt, sein Name wäre heute vermutlich vergessen. Die
Platten „Dinah" und „Fiddle Blues" gemeinsam mit Stephane Grappelli sind
ebenso hervorragende Beispiele seines Könnens wie etwa die Platte mit dem
ersten Satz von Bachs Doppelkonzert d-Moll, auf der die beiden Geiger das
Stück zunächst im Original spielen, um dann darüber zu improvisieren. Auf
der gleichen Schallplatte wird Eddie South von Django Reinhardt in „Eddies
Blues" begleitet – die Nummer gilt als „hervorragendstes Beispiel für gegeig-
ten Jazz".[4]

Hezekiah Leroy Gordon Smith (1909–65), bekannter unter dem Namen
„Stuff" Smith, ist der zweite überragende schwarze Jazzgeiger. Auch er fand
nicht die gebührende Anerkennung. In Portsmouth, Ohio, geboren, bekam
er anfangs einen ziemlich unorthodoxen Geigenunterricht von seinem Vater.

Mit fünfzehn schloß er sich einer Musikhall-Truppe an, tanzte und geigte. Später spielte er in verschiedenen Bands und bildete 1929 seine eigene. In den Jahren unmittelbar vor dem Zweiten Weltkrieg leitete er eine quicklebendige Dreimann-Kapelle im Onyx-Club in New York und brachte oft – einen zerknautschten Zylinder auf dem Kopf und manchmal einen Affen auf der Schulter – eine komische Nummer als Einlage zwischen seinen virtuosen Improvisationen. Doch sein komödiantisches Talent erwies sich als zweifelhafter Vorzug: kaum ein Kritiker nahm ihn ernst.

Smith war einer der ersten, der einen elektrischen Verstärker auf der Geige verwendete, was seinem Spiel etwas Machtvolles, Durchdringendes gab. Sein vibrierender Sington und sein Swing-Rhythmus vereinten sich zu einem „unübertroffenen Geigenspiel, wie man es im Jazz nie gehört hat".[5] Seine Improvisationen waren äußerst kühn. Milton Mezzrow nannte ihn „das verrückte Genie auf der Violine". Seine Platten zeigen ihn als all-round-Entertainer, nicht nur auf dem Gebiet der Geigenimprovisation. Seine Singstimme erinnert an die von Fats Waller, dessen Gruppe er 1942 für kurze Zeit übernahm. Smith hat auch Platten mit Herb Ellis und Dizzy Gillespie eingespielt und lieferte die Backgroundmusik für Nat King Cole in „After Midnight".

Joe Venuti (ca. 1890–1978), der als Giuseppe Venuti in Lecco am Comer See geboren wurde, brachte sich mit vier Jahren selbst das Geigespielen bei und bekam erst später richtigen Unterricht. Seine Eltern emigrierten in die Vereinigten Staaten, als er noch ein Kind war, und ließen sich in Philadelphia nieder. Einer seiner Spielkameraden – auch ein Emigrant aus dem Mittelmeerraum – war Salvatore Massaro, der spätere Gitarrist, der unter dem Namen Eddie Lang weltberühmt wurde. Die beiden Jungen taten sich zusammen und nahmen Unterricht auf ihren jeweiligen Instrumenten, doch waren sie so talentiert, daß sie häufig auch einfach die Instrumente tauschten. Beide waren geborene Improvisatoren. Bald zogen sie nach New York und fanden Arbeit in der rasch aufblühenden Schallplattenindustrie. Um die Mitte der zwanziger Jahre hatten sie bereits einen Ruf in der gesamten westlichen Welt. Ihre „Blue-Grass"-Serie, die damals entstand, zeigt die ganze Breite ihrer Fähigkeiten sowie ihren musikalischen Geschmack. Beide waren auch durchaus in größeren Ensembles zu Hause, was ihre großartige Version des „Beal Street Blues" belegt, die 1931 mit Benny Goodman und den Brüdern Teagarden aufgenommen wurde. Als Venuti 1978 starb, schrieb Sinclair Traill: „Diese zwei haben aus den Möglichkeiten der Violine und Gitarre auf dem Gebiet des Jazz das Beste gemacht. Was das Rhythmische anlangt, so standen sie sich beide in Präzision, Tonqualität und Ansatz in nichts nach: Immer blieben Geigen- und Gitarrenklang ausgewogen, stets war ihr musikalischer Geschmack der beste."[6]

Venuti und Lang arbeiteten für die beiden prominentesten weißen Bandleader der zwanziger Jahre: für Jean Goldkette und Paul Whiteman. Während seiner Zeit bei Whiteman brachte Joe sich einmal durch seinen Sinn für Schabernack in ernste Schwierigkeiten. Bei den Dreharbeiten zu „King of Jazz" teilte Whiteman der Band mit, sie seien hinter dem Zeitplan zurück, und bat um äußerste Anstrengungen bei den letzten Proben. Venuti füllte daraufhin den Schalltrichter des Sousaphons mit fünf Pfund Mehl. Der Mehlsturm, der über das Orchester fegte, kostete einen halben Drehtag. Joe wurde gefeuert und war ein halbes Jahr lang arbeitslos. Danach leitete Venuti viele Jahre lang erfolgreich eine eigene Band. Mit ihr trat er regelmäßig in Rundfunk-Programmen auf, oft zusammen mit seinem lebenslangen Freund Bing Crosby.

Während der vierziger und fünfziger Jahre arbeitete er ohne spektakuläre Erfolge. In den sechziger Jahren jedoch erwachte neues Interesse für sein Spiel und er ging auf Konzertreisen. In den siebziger Jahren sah man ihn oft auf Jazz-Festivals, und wenn er an Jam-Sessions teilnahm, inspirierte er noch immer alle anderen.

Bis ans Ende seines Lebens ist Venuti auf sein Spiel stolz gewesen. Er behauptete, zunehmendes Alter beeinträchtige in keiner Weise die musikalische Phantasie, man müsse nur länger üben, um seine Reaktionsfähigkeit zu erhalten. Seine erste Begegnung mit dem Jazz hat Venuti folgendermaßen geschildert: „Meine Familie stammt aus den Alpen und liebte den Rhythmus der dortigen Musik. Als ich zum ersten Mal Jazz hörte, schien er mir ganz vertraut zu sein und fiel mir besonders leicht." Eben diese „Leichtigkeit" machte Joe Venuti so berühmt. Seine Schallplatten beweisen ein Improvisationstalent, das wohl kaum jemand übertroffen hat.

Stephane Grappelli wurde 1908 als Sohn eines musikliebenden italienischen Philosophielehrers geboren. Seine Mutter, eine Französin, starb bereits, als er drei Jahre alt war, und man steckte ihn in ein ärmliches katholisches Waisenhaus. Als Sechsjährigen holte man ihn in die Schule Isidora Duncans in Bellevue bei Paris; er sollte auf einem Tanzabend einen Engel tanzen. ·Grappelli: „Tanzen konnte ich nicht besonders, aber ich sah aus wie ein echter Cherub. Nur wenn man *kein* Engel ist, wird's *difficile*."[7]

Hier hörte Stephane das Colonne-Orchester mit Debussys „Prélude à l'après-midi d'un faune". Es war seine erste Begegnung mit „leibhaftiger" Musik, und sie machte einen tiefen Eindruck auf ihn. Doch man schrieb Juli 1914, und wenige Wochen später wurde die Schule geschlossen. Stephanes

Vater ging zum Militär. Für das Kind, das einen kurzen Blick in eine andere Welt getan hatte, bedeutete das die Rückkehr ins Waisenhaus – diesmal in ein anderes, in dem fürchterliche Zustände herrschten. Die Kinder schliefen auf dem Fußboden und litten Hunger. Stephane flüchtete rechtzeitig und trieb sich auf den Straßen herum, bis sein Vater aus dem Krieg heimkehrte. Als Vater und Sohn wieder zusammen waren, erschien ihnen das eine Zimmer, das sie sich leisten konnten, wie das Paradies. Stephane wurde vom Vater in Konzerte mitgenommen, und sein Musikverständnis begann sich zu entwikkeln. Als er bald selbst ein Instrument spielen wollte, kaufte der Vater ihm eine billige Dreiviertelgeige. Diese kleine Fiedel liegt noch immer wohlgehütet in Grappellis Pariser Schreibtisch. „Ich liebe sie sehr, ich weiß noch, wie ich sie auf dem Heimweg fest an mich gepreßt habe; ein Wunder, daß sie dabei nicht kaputt gegangen ist."[8]

Binnen weniger Wochen meisterte der Zwölfjährige das Instrument – nach dem Gehör. Der Vater beschloß, der Sohn müsse nun Noten lesen lernen. Er borgte sich ein Buch aus der Leihbibliothek, nach dem sie sich gemeinsam eine notdürftige Kenntnis der Elemente des Solfeggio beibrachten. Stephane wollte bald beweisen, was er konnte, schloß sich Straßenmusikanten an und stellte fest, daß ihm seine Künste sogar ein bißchen Geld einbrachten: „Mein Vater war ein wunderbar findiger Kopf, aber ein Träumer – und mit Träumerei verdient man kein Geld. Da habe ich mich eben selbständig gemacht."[9]

Mit fünfzehn trat Stephane einer Musikkapelle bei, die Stummfilme im Kino begleitete. „Erst jetzt", erzählt er, „habe ich wirklich Noten lesen gelernt. Bei denen war ich ein Jahr, und wir mußten täglich zweimal drei Stunden spielen, dabei vieles vom Blatt, und zwar Musik aller Art: Mozart und Schlager."[10]

Ein Jahr später begann Stephane in Clubs zu spielen. Er verdiente hier nicht nur mehr als im Kino, sondern konnte das spielen, was er liebte: George Gershwin, Cole Porter und Irving Berlin. „Damals begann ich auch Jazz zu hören, was mir großen Eindruck machte. Ich hörte Louis Armstrong. Das hat mein Leben bestimmt: Ich beschloß, so etwas auf der Geige zu versuchen. Erst ging es nur langsam vorwärts, denn es war etwas völlig Neues, aber allmählich entwickelte es sich. Es war wie beim Improvisieren – irgendwann kam es wie von selbst."[11]

Inzwischen hatten die Grappellis ein billiges Klavier erstanden, und Stephane ging dazu über, sich selbst das Klavierspiel beizubringen, wie er es „beim Kochen und den meisten anderen Dingen tat: aus Büchern und durch Zuschauen".[2] Bald war er auf dem Klavier so geschickt wie auf der Geige; später lernte er auch noch Saxophon und Akkordeon.

Als er merkte, daß ihm die harmonischen Möglichkeiten des Klaviers besser zusagten, legte Stephane die Geige für vier Jahre in den Kasten und verdiente seinen Unterhalt auf Parties und im „Ambassadeurs" in Paris, wo allabendlich „fünfhundert Damen, Diamanten behangen, mit ihren reichen Freunden tafelten".[13]

Als Grappelli 1930 in einem Club auf dem Montparnasse spielte, lernte er den Zigeunergitarristen Django Reinhardt kennen. Vier Jahre später spielten beide im gleichen Orchester im Tea Room des „Claridge" in Paris. Damals kam ihnen der Gedanke, sich zusammenzutun. Grappelli stimmte eines schönen Tages, nachdem er eine Saite ausgewechselt hatte, plötzlich „Dinah" an und Django fiel ein. Von da an nutzten sie gewöhnlich die Pausen zum Improvisieren. Erst spielten sie Free Jazz miteinander, später gesellten sich der Bassist Louis Vola und Djangos Bruder Joseph mit seiner Gitarre zu ihnen. Schließlich übernahm Roger Chaput die dritte Gitarre. So entstand das erste moderne Jazz-Ensemble, das sich aus Spielern von Saiteninstrumenten zusammensetzte, eine der besten Gruppen der dreißiger Jahre: das Quintett des Hot Club von Frankreich. Der Erfolg war phänomenal, von überall her strömten die Menschen nach Paris, um das Quintett zu hören. Manche der vielen hundert Schellackplatten, die damals aufgenommen wurden, sind heute auf Langspielplatten umgeschnitten und wieder zu haben.

Im Krieg wurde Grappelli von den anderen Mitgliedern seines Quintetts getrennt; er blieb in England hängen. Später tat er sich für eine Weile nochmals mit Reinhardt zusammen, doch der enge Kontakt aus der Hot-Club-Zeit war dahin. Als Reinhardt 1953 im Alter von zweiundvierzig an den Folgen eines Schlaganfalls starb, verschwand auch Grappelli aus dem Scheinwerferlicht der Öffentlichkeit.

In den folgenden zwanzig Jahren spielte Grappelli mit den berühmtesten Jazz-Instrumentalisten und machte Aufnahmen mit ihnen, darunter mit Duke Ellington, Oscar Peterson und George Shearing – aber keiner von ihnen war Gitarrist. 1973 gründete Grappelli ein eigenes Ensemble aus Saiteninstrumenten mit dem Kanadier Diz Disley und seinem Trio – Diz Disley und John Etheridge, Gitarre, Brian Troff, String Bass. „Den fünften Stuhl lassen wir frei – für Django."[14] Dieses Ensemble führte Grappelli eine neue Generation als Publikum zu. Für die Älteren verkörpert er die Rückkehr zu einer verklärten Vergangenheit. Aber Grappelli hat die seltene Gabe, die Vergangenheit lebendig zu machen. Er ist nicht nur ein hervorragender Jazzgeiger, sondern vor allem auch ein großer Musiker.

Zusammen mit Yehudi Menuhin machte er 1978 eine Aufnahme von „Tea for Two", die ein großer „Hit" wurde. Sie traten auch gemeinsam im

Fernsehen auf. Die beiden Künstler, die aus so vollkommen verschiedenen Welten stammen, arbeiteten mit einer Eintracht zusammen, die staunen machte. Grappelli hat dafür nur ein bloßes Achselzucken übrig und meint: „Um mal ganz ehrlich zu sein: Ich habe überhaupt keine Technik. Ich halte, glaube ich, instinktiv den Bogen richtig. Aber wenn ich mit Yehudi spiele, wird mir klar, wieviel ich noch zu lernen habe. Ich beobachte seine perfekte Fingerhaltung; *alors*, das kann ich nicht, das habe ich nie gelernt. Und jetzt ist es zu spät dazu. Aber wir haben viel Spaß, wenn wir miteinander spielen." Grappelli gesteht, daß ihn nur eines nervös macht, nämlich mit Streicherbegleitung aufzutreten: „Weil ich weiß, die spielen viel besser Geige als ich."[15] Einmal probten er und Menuhin miteinander. Plötzlich sah Menuhin ihn verblüfft an und sagte: „Stephane, was du da machst, ist auf der Geige *unmöglich*!"[16]

Diese „Unmöglichkeiten" bleiben unerklärlich. Grappelli meint: „Meine Improvisationen sind jedesmal anders. Wenn ich aufs Podium trete, weiß ich nicht, was passieren wird, bis es passiert. Wenn ich beim Improvisieren in Hochform bin, bin ich wie ein Schlafwandler: ich vergesse dann sogar, daß vor mir Leute sitzen."[17]

So jung wie das Jahrhundert

Marie Hall – Maud Powell – Erica Morini – Gioconda de Vito

„Nach unserer Meinung ist die Geige kein Instrument für eine Dame – an Ihrer Stelle würde ich Klavier oder Harfe lernen", antwortete die Zeitschrift *Choir* am 12. September 1863 auf die Anfrage einer Leserin. Damals waren Geigerinnen sehr selten, und die wenigen, die sich Lady Hallé zum Vorbild nahmen, hatten große Vorurteile zu überwinden.

Musikalische Lehranstalten nahmen ungern weibliche Geigenschüler. In der ersten Hälfte des vorigen Jahrhunderts gab es beispielsweise an der Londoner Royal Academy of Music keine einzige Schülerin für dieses Instrument. 1872 hatten sie dann *eine*, und um die Jahrhundertwende ein paar mehr. Was aus denen wurde, die es zu einem Abschluß brachten, wissen wir nicht. In den Orchestern wehrte man sich heftig gegen die Aufnahme weiblicher Mitglieder. Ein Einwand lautete, der Dirigent könnte in Gegenwart von Damen nicht unbefangen fluchen.

Eine Geigerin, die es in den achtziger Jahren des vorigen Jahrhunderts schaffte, war die in Cheltenham geborene *Emily Shinner*, eine Schülerin von Joachim in Berlin. Sie machte als Solistin und Quartettmitglied erfolgreich

Karriere und wurde überall in England sehr gelobt. 1887 gründete sie das erste nur aus Damen bestehende Streichquartett.

Marie Hall (1884–1956), die erste britische Geigerin von internationalem Ruf, wurde in Newcastle-upon-Tyne geboren und spielte ihr Instrument schon als Kind auf den Straßen, von ihrem Vater auf der Harfe begleitet. Als sie zehn Jahre alt war, wurde Edward Elgar auf sie aufmerksam und brachte ihr einige Grundbegriffe bei. Später bekam sie Unterricht von Wilhelmj, Max Mossel und Johann Kruse, einem Mitglied des Joachim-Quartetts. 1899 gewann sie gegen vierzig Mitbewerber einen Studienplatz an der Royal Academy of Music, konnte es sich aber finanziell nicht leisten, ihn anzunehmen. Ein Jahr später hörte Kubelik sie spielen; auf seinen Rat hin ging sie nach Prag und studierte bei Ševčik, der geäußert haben soll, er habe selten, wenn nicht gar nie, einem so großen Talent Unterricht erteilt. Als sie 1903 mit dem Queens Hall Orchestra unter Henry Wood musizierte, wurde sie der *Musical Times* zufolge „nach dem Tschaikowski-Konzert sechsmal und nach Wieniawskis ‚Faust-Fantasie‘ nicht weniger als neunmal aufs Podium gerufen".

1902 rechnete man Marie Hall schon zu den führenden Virtuosinnen Europas. Sie unternahm damals Konzerttourneen rund um die Erde und wurde überall wie eine Königin gefeiert. Sie scheute sich auch nicht, sowohl zeitgenössische Musik als auch Werke von weniger bekannten Komponisten zu spielen. Mit viel Erfolg stellte sie Vaughan Williams' „Lark Ascending" dem Publikum vor. 1911 heiratete sie ihren Impresario, und mit der Zeit sah man sie seltener auf dem Konzertpodium. Doch ihr Name gehört für immer zu denen der großen Damen der Geige.

Die erste Amerikanerin, die als Geigerin weltweite Berühmtheit erlangte, war *Maud Powell* (1868–1920). In Peru, Illinois, als Kind eines amerikanischen Vaters und einer deutschen Mutter geboren, bekam sie schon als Vierjährige Klavierunterricht und nahm mit acht Jahren Geigenstunden bei William Lewis aus Chicago. Fünf Jahre später schickte man sie nach Deutschland, wo sie am Leipziger Konservatorium bei Henry Schradieck studierte. Binnen eines Jahres erhielt sie ihr Diplom und wurde aus achtzig Anwärtern für einen Platz am Pariser Konservatorium ausgewählt. Dort wurde sie Schülerin von Dancla. Ihre Ausbildung beschloß sie dann bei Joachim an der Berliner Musikhochschule.

Maud Powell erreichte sehr rasch internationalen Ruf und bereiste Europa und Amerika. Die Kritiker feierten sie als eine der hervorragendsten Geigerinnen der Zeit. Sie debütierte 1882 in England und zwei Jahre später in New

York, wo sie bei einem der Konzerte der Philharmonischen Gesellschaft Dvořáks Violinkonzert zum ersten Mal zu Gehör brachte. Später begab sie sich auf Konzertreisen durch Deutschland und Österreich und gründete bei ihrer Rückkehr nach New York im Jahre 1892 als erste Amerikanerin ein eigenes Streichquartett. In späteren Jahren kam sie noch oft nach Europa und wurde vor allem ihres außergewöhnlich umfangreichen Repertoires wegen berühmt.

In ihrem Testament vermachte Maud Powell ihre schöne Guadagnini-Violine „der nächsten großen Geigerin". Das Instrument wurde 1921 der sechzehnjährigen Wienerin *Erica Morini* nach ihrem Debüt in der Carnegie Hall überreicht. Sie nahm die Geige sehr stolz entgegen, doch waren ihre Hände noch zu klein dafür. Dieses Mädchen ist heute eine elegante Dame in den Siebzigern, die 1976 nach einer Pause von zehn Jahren aufs Podium zurückkehrte, um ihr fünfundfünfzigjähriges Konzertjubiläum zu feiern und das Publikum erneut zu bezaubern.

Erica Morinis Familie ist italienischer Herkunft, sie selbst aber wurde 1905 in Wien geboren. Den ersten Unterricht bekam sie von ihrem Vater, der dort eine Privatmusikschule leitete. Mit drei Jahren war sie bereits absolut tonsicher und versteckte sich gewöhnlich hinter dem großen Kachelofen im Übungsraum, um „Falsch!" zu rufen, wenn einer der Schüler verkehrt spielte oder sang. Ihr Vater setzte sie dann ans Klavier, und sie schlug mit ihrem winzigen Finger den richtigen Ton an.

Bei einer „Überraschungs-Fête" für Franz Joseph von Österreich steckte man sie beim Spielen hinter einen Wandschirm. Als sie dann hervorkam, war der Kaiser sprachlos vor Überraschung, daß ein fünfjähriges Kind wie ein Erwachsener gespielt hatte. Er nahm sie auf den Schoß und fragte sie, was sie zur Belohnung haben wollte. „Eine Puppe mit Klappaugen", sagte sie.[1] Der Wunsch wurde erfüllt.

Erica Morinis weitere Entwicklung war sensationell. 1913 wurde die Achtjährige in Ševčiks Meisterklasse in Wien aufgenommen, als einziges Kind dieses Alters. Sie erinnert sich noch genau an Ševčiks einzigartige Methode, die Technik der linken Hand zu lehren. „Wenn ein Schüler einen besonders schwierigen Lauf üben mußte, ließ er ihn den Lauf erst einmal rückwärts spielen, danach ging es viel leichter."[2]

Im gleichen Jahr errang Erica Morini in Wien einen doppelten Sieg: nicht nur trat sie erstmals öffentlich auf, sie durfte auch an den Beethoven-Festspielen teilnehmen. Bald darauf erfolgte ihr deutsches Debüt unter Nikisch mit dem Leipziger Gewandhausorchester. „Es war das wichtigste Ereignis meines Lebens. Ich war das einzige Kind, das dort hat spielen dürfen." Nach dem Konzert äußerte Nikisch: „Das ist kein Wunderkind, das ist ein Wunder – und ein Kind."[3]

Während des Ersten Weltkriegs waren Ericas Auftritte auf Mitteleuropa begrenzt: Deutschland und Österreich–Ungarn hießen sie willkommen. Als sie zum ersten Mal in Bukarest auftrat, kannte sie noch niemand. Nur etwa zwanzig Plätze waren besetzt. Man nahm sie freundlich auf, und sie hoffte, am folgenden Tag, für den wieder ein Konzert vorgesehen war, vor einem größeren Publikum zu spielen. Und in der Tat hatte sich die Neuigkeit rasch verbreitet. Der Bürgermeister der Stadt mußte eine Anordnung erlassen, wonach nur zwei Billetts pro Person verkauft werden durften, damit möglichst alle Leute die gleiche Chance erhielten, die junge Geigerin zu hören. Er selbst postierte sich an den Eingang, um dafür zu sorgen, daß der Anweisung auch Folge geleistet wurde.

1917 begannen die Folgen des Weltkriegs das Gesicht Europas zu verändern, und Oscar Morini brachte seine Frau und seine sechs Kinder nach Amerika. Obwohl Erica erfolgreiche Konzertreisen unternahm, debütierte sie doch erst 1921 in New York. Artur Bodanzky dirigierte das New York Philharmonic Orchestra, und sie spielte Mendelssohn, Vieuxtemps und Mozart. Die Presse feierte sie begeistert. Bei dieser Gelegenheit überreichte man ihr die Maud-Powell-Guadagnini. In der folgenden Zeit trat Erica Morini mit sämtlichen großen Symphonieorchestern der Welt auf. 1968, bei ihrem letzten Besuch in Israel, gab sie zwölf Konzerte mit dem Israel Philharmonic Orchestra vor ausverkauften Sälen sowie – wegen der großen Nachfrage – zwei zusätzliche Konzerte. Ein wenig von ihrem besonderen Zauber gibt eine Kritik wieder, die nach einem Violinabend 1931 im Hunter College in New York erschien. „Die Künstlerin nahm alles Technische des Spiels weitgehend zurück. Ihr verinnerlichtes Spiel gab uns das Gefühl, sie spiele für sich allein und wir dürften zuhören."[4]

Erica Morini wurde immer wegen ihres „duftigen lyrischen Tons" und ihrer vollendeten Technik besonders gelobt. Sie sagt dazu: „Mein großes Glück war, daß ich durch meinen Vater die Grün- und Joachim-Methode für die rechte und die Ševčiks für die linke Hand mitbekam."[5] Als sie unter George Szell das Mendelssohn-Violinkonzert spielte, schrieb Louis Biancolli in der *New York Telegram and Sun*: „Das war wirklich Mendelssohn, der Dichter und Sänger. Es ist heute so neu wie die gestrige Aufführung." An dieses Erlebnis denkt Erica Morini gern: „Mit George Szell zu arbeiten war eine unvergeßliche Freude."

Sie hat viele Stücke selten gespielter „Klassiker" in ihr Repertoire aufgenommen und ist der Ansicht, daß allzu viele Geiger sich auf die neuesten Werke stürzen und dabei die Schönheiten älterer Musik übersehen. Als

Beispiel nennt sie Spohrs „Gesangsszene", in der die ganze Skala technischer Finessen enthalten ist: Spiccato, Staccato, Gelegenheiten zur Anwendung guter Grifftechnik und herrliche Passagen, in denen sich der Solist bei Phrasierung und Stil von der besten Seite zeigen kann. Erica Morini hat alle Spohr-Konzerte gespielt und rät jedem Geiger, sie in sein Repertoire aufzunehmen. Sie hat auch die Viotti-Konzerte Nr. 22 und 23 gespielt und bedauert sehr, daß die Musik dieses Komponisten heute allzusehr vernachlässigt wird.

Erica Morini ist, wie auch Lady Hallé, eine der wenigen Frauen, die ohne Schulterstütze oder Kissen spielen. Sie sagt: „Ich habe meine eigene Methode, das Instrument mit dem Hals zu stützen. Ohne Schulterkissen ist man viel mehr *eins* mit dem Instrument."[6] Sie hat viele Geiger zu ihrer Auffassung bekehrt. Als sie 1930 mit einigen Mitgliedern der Wiener Philharmoniker arbeitete, brachte sie schließlich sämtliche Streicher dahin, das Schulterkissen abzulegen.

Heute lebt Erica Morini in New York zusammen mit ihrem italienisch-amerikanischen Ehemann umgeben von Schätzen, die sie in aller Welt gesammelt hat. An der Wand ihres Wohnzimmers hängt ein gesticktes Leinentaschentuch in einem Rahmen, ein Geschenk der Musikgesellschaft von Madrid: Es ist das Taschentuch, das Sarasate bei jedem Auftreten in der Brusttasche trug. Er vermachte es testamentarisch „dem besten Interpreten meiner ‚Spanischen Tänze‘".[7]

In den fünfziger Jahren beherrschte ein Name die Geigenwelt: *Gioconda de Vito* (geboren 1907), deren Interpretationen des klassischen und romantischen Repertoires ihr in ganz Europa eine konkurrenzlose Berühmtheit eintrugen. Trotz Einladung von Toscanini und Charles Munch ist sie nie nach Amerika gereist. 1961, im Alter von vierundfünfzig Jahren, zog sie sich vom Konzertleben zurück. Sie war der Ansicht, „den Höhepunkt ihres Könnens erreicht zu haben".[8]

Gioconda de Vito entstammt einer kultivierten, musikliebenden Familie des Städtchens Martina Franca in Süditalien. Als kleines Kind war ihr erstes Instrument die Mandoline. Als Achtjährige begann sie sich selbst das Geigen beizubringen. Binnen sechs Wochen konnte sie das 9. Konzert von Bériot spielen. Ersten Unterricht bekam sie von ihrem Onkel, einem Berufsmusiker; Theorie lehrte sie der Dirigent der Städtischen Musikkapelle. Im Alter von elf Jahren kam sie ans Konservatorium von Pesaro, als Schülerin von Remy Principe. Zwei Jahre später erhielt sie ihr Diplom, und als Sechzehnjährige debütierte sie in Rom mit dem Violinkonzert von Tschaikowski.

Beim Internationalen Musikwettbewerb 1932 in Wien errang Gioconda de

Vito den ersten Preis. Zwei Jahre später löste sie Teresa Tua als Lehrerin für Geige an der Accademia di Santa Cecilia in Rom ab. Ende der dreißiger Jahre wurde sie allerorts als Solistin eingeladen. Vom Vorstand der Akademie waren ihr nur dreißig Tage im Jahr für Konzerte außerhalb zugebilligt, und die waren meist durch ihre Tourneeverpflichtungen in Deutschland voll ausgefüllt. Dann kam der Krieg und viele europäische Städte mußten auf ihren versprochenen Besuch weitere Jahre warten.

1948 debütierte Gioconda de Vito in der Londoner Royal Albert Hall mit dem Violinkonzert von Brahms. Dem Publikum gefiel das Feurige, Beschwingte ihres Spiels sehr gut, die Kritiker lobten ihre exquisite Phrasierung und ihre Musikalität. Man überschwemmte sie mit Angeboten aus ganz Großbritannien. Bei den Edinburgher Festspielen trat sie zusammen mit Menuhin und Stern im „Festival der Geige" auf.

Gioconda de Vito hat sich während ihrer gesamten Konzertlaufbahn beharrlich geweigert, Stücke moderner Komponisten zu spielen – mit zwei Ausnahmen: einer Komposition von Castelnuovo-Tedesco, die im Wiener Internationalen Musikwettbewerb als Prüfungsstück vorgeschrieben war, und einem Konzert von Pizzetti. Letzteres war eigens für sie geschrieben, in betont archaischem Stil. Die bloße Erwähnung von Schönberg, Bartók, Berg und Strawinsky ließ sie entsetzt schaudern. Selbst Konzerte von Elgar und Sibelius schienen ihr für ihren speziellen Vortragsstil ungeeignet. Sie wies immer wieder auf den Wert des klassischen italienischen Repertoires hin und hielt beispielsweise Paganinis Capricen für „musikalisch wunderschön". Ihr Lieblingskomponist aber ist Bach, und ein Bach-Stück mußte stets herhalten, wenn sie sich im Künstlerzimmer vor dem Konzert warmspielte.

Ihr liebstes Violinkonzert aber war das von Brahms, und ihre Einspielung mit Rudolf Schwarz und dem London Philharmonic Orchestra ist eine ihrer überzeugendsten Interpretationen. Sie hatte ihre ganz eigenen Vorstellungen, die manchmal verblüfften, so etwa ihre Gewohnheit, das Solo im Brahmskonzert mit einem Aufstrich einsetzen zu lassen, um einen volleren Klang zu erzielen. Ihre überragenden Wiedergaben der Konzerte von Bach, Beethoven und Brahms sind Marksteine in der Geschichte des Violinspiels. 1953 schrieb Eric Blom: „Die Art, wie sie das Gleichgewicht hält zwischen heiterer Grazie und einer bebenden inneren Leidenschaft, die man stets in ihrem Spiel spürt, die aber nie ungehemmt durchbricht, ist – wenn nicht einzigartig, zumindest unter den derzeitigen Geigern sehr schwer anzutreffen."[9]

Herz und Hirn – die untrennbare Einheit
David Oistrach

Yehudi Menuhin und David Oistrach haben sich bei ihren zahlreichen
Begegnungen oft auch über persönliche Dinge unterhalten. Einmal fragte
Menuhin den russischen Geiger, ob er je daran gedacht habe, in den Westen
zu gehen. In seiner aufrichtigen Art sagte Oistrach: „Ich verdanke dem Staat
alles. Er hat die Verantwortung für meine Erziehung getragen und ließ mir
die denkbar beste musikalische Ausbildung zuteil werden. Meine Familie
lebt in der Sowjetunion. Es wäre illoyal von mir, fortzugehen."[1] Seine
Loyalität kam Oistrach teuer zu stehen. Noch als alter und kranker Mann
hatte er ein viel zu großes Arbeitspensum zu bewältigen. Von den Verant-
wortlichen kam keiner auf den Gedanken, ihm zu raten, sich einmal ein
wenig Ruhe zu gönnen und nicht mehr ganz so oft aufzutreten. Bis zu seinem
Tod in Amsterdam im Jahre 1974 war sein Terminplan restlos ausgebucht.
Oistrach starb im Alter von 66 Jahren.

Geboren wurde *David Fjodorowitsch Oistrach* 1908 in Odessa. In seiner
Familie liebte man die Musik. Sein Vater, ein armer Buchhalter, spielte Geige
und leitete den Chor des Opernvereins, seine Mutter war Sängerin und
Schauspielerin. Später erzählte Oistrach: „Wie sehr ich mein Gedächtnis
auch anstrenge, ich sehe mich als Kind nicht anders als mit einer Geige. Ich
war dreieinhalb Jahre, als der Vater eine Spielzeuggeige mit nach Hause
brachte, und auf ihr spielend, konnte ich mich mit Vergnügen den Straßenmusikanten vorstellen." Sein Eifer wurde belohnt, als er im Alter von fünf
Jahren eine richtige Achtelgeige geschenkt bekam. Oistrach erinnert sich
seiner ersten Auftritte: „Manchmal stellte ich mich mit meiner Geige mitten
auf den Hof, vor mir irgendwelche Noten, die ich damals noch gar nicht
lesen konnte, aber zum Schein sah ich in sie hinein. Umringt von Knirpsen
kratzte ich eifrig vor mich hin. Die Töne, die ich dem kanariengelben
Instrument entlockte, erschienen mir göttlich schön. Das war so hinreißend,
daß ich, fünfjährig, schließlich eine richtige Violine, eine Achtelgeige, in die
Hände gelegt bekam . . ."[2]

Noch im selben Jahr ging der kleine David auf die Musikschule von
Odessa. Sein Lehrer war Pjotr Stoljarski, der auch begabte Kinder armer
Eltern unterrichtete – unregelmäßig, dafür aber kostenlos. „Von den ersten
Stunden an", so erinnert sich Oistrach, „brachte er mir die Liebe zu
beharrlicher Arbeit bei, in der auch Freude am Schöpferischen war . . . Er
hatte die große, glühende Seele eines Künstlers und eine außerordentliche

Liebe zu Kindern. Er arbeitete mit uns mit unglaublichem, ansteckendem Enthusiasmus von sieben Uhr morgens bis zum späten Abend . . .".[3]

Schon damals zeigten sich Oistrachs ausgezeichnetes musikalisches Gedächtnis und sein besonderes Gefühl für Form und Rhythmus. Doch vor allem war die für sein Alter hochentwickelte musikalische Vorstellungskraft bemerkenswert. Er war jedoch kein Wunderkind. Stoljarski besaß genügend Einsicht, das Talent des Kindes langsam reifen zu lassen. Mit fünfzehn wurde Oistrach in die ebenfalls von Stoljarski geleitete Meisterklasse am Konservatorium aufgenommen. Im Orchester spielte er zunächst als Bratschist an einem der hinteren Pulte. Bald jedoch wurde er zum Konzertmeister ernannt, und nach einigen Monaten trat er als Solist mit Bachs a-Moll-Violinkonzert auf. Dann, ein Jahr später, gab er in Odessa einen Sonatenabend, dem eine Tournee durch die Ukraine folgte. Von seinem achtzehnten Lebensjahr an nahm Oistrach keinen Unterricht mehr. Die nächsten beiden Jahre unternahm er ausgedehnte Konzertreisen durch die Sowjetunion, wo sich die Kunde von einem neuen, überragenden Geiger rasch herumsprach. Überall spielte er vor ausverkauften Konzertsälen. 1928 trat er zum ersten Mal in Leningrad auf, und zwar mit dem Tschaikowski-Violinkonzert unter der Leitung von Nikolai Malko. Mit einer stehenden Ovation huldigte das Publikum dem neuen Meister. Ein Jahr später erlebte er in Moskau den gleichen Erfolg.

1930 heiratete Oistrach. Seine Frau Tamara gab ihm zuliebe ihre Karriere als Konzertpianistin auf und war auch später auf seinen vielen Auslandstourneen stets dabei. Im April 1931 wurde ihr Sohn Igor geboren, der selbst ein großer Geiger werden sollte.

Bald gehörte auch das Unterrichten zu Oistrachs Aufgaben, denn 1934 bekam er eine Dozentenstelle am Tschaikowski-Konservatorium in Moskau. Er und seine Familie zählten nun zu den wenigen Privilegierten im Lande, und sie konnten eine Dreizimmerwohnung in der Hauptstadt beziehen.

1936 wurde Oistrach Zweiter beim Wieniawski-Wettbewerb in Warschau; der erste Preis ging an die damals fünfzehnjährige Ginette Neveu. In demselben Wettbewerb wurde Ida Haendel der erste Polnische Preis zugesprochen. Die damals siebenjährige Geigerin war, wie sich Ida Haendel später erinnerte, „von Oistrachs schönem Ton und seiner hervorragenden Technik ganz hingerissen".[4]

Im Jahr darauf nahm Oistrach die erste Hürde auf dem Weg zu weltweiter Anerkennung. Er gewann in Brüssel den Preis der Königin beim Ysaye-Wettbewerb, der in jenem Jahr, dem Andenken des großen belgischen Virtuosen gewidmet, zum ersten Mal stattfand. Ysaye hatte zeit seines

Lebens die Idee eines Wettbewerbs für Geiger verfochten. Er war stets für die Freiheit im Geistigen wie in der Musik eingetreten, und er wußte, daß junge Musiker, um sich in diesem Sinne frei entfalten zu können, finanzieller Mittel bedurften. Verwirklicht wurden diese Pläne erst nach seinem Tode, und zwar durch die belgische Königin Elisabeth, die Ysaye, ihrem verehrten Geigenlehrer, in Freundschaft verbunden gewesen war. Lionel Giraud-Mangin, damals Direktor der Académie des Beaux Arts, erinnert sich des bewegenden Augenblicks, als der unbekannte Russe das einstimmige Urteil der Jury und die stehende Ovation des Publikums entgegennahm: „Die Königin bat den jungen Mann in ihre Loge und präsentierte ihn dem Publikum, das in weitere Beifallsstürme ausbrach."[5] Bei der Gründung der den Wettbewerb tragenden Ysaye-Stiftung im Jahre 1961 wurde Oistrach zu ihrem Präsidenten berufen. Später wurde der Ysaye-Wettbewerb in „Concours Musical International Reine Elisabeth" umbenannt.

Der Erfolg von Brüssel trug Oistrach zahlreiche Angebote aus dem Ausland ein. Thibaud, der zu den begeistertsten Mitgliedern der Jury gezählt hatte, drängte Oistrach, sobald wie möglich nach Paris zu kommen. Aber die Sowjetunion gewährte damals Künstlern nur zögernd die Genehmigung zu Reisen ins Ausland, und schließlich kam auch noch der Kriegsausbruch dazwischen.

Oistrach, inzwischen am Moskauer Konservatorium zum Professor für Violine ernannt, blieb im Lande, unterrichtete und konzertierte.

Nachdem Hitlers Truppen 1941 in die Sowjetunion einmarschiert waren, war er viel unterwegs, um vor Fabrikarbeitern und Frontsoldaten zu spielen. Das geschah oft unter äußerst beschwerlichen Bedingungen. Während der Belagerung Leningrads spielte er das Tschaikowski-Konzert bei Temperaturen weit unter dem Gefrierpunkt in einer ungeheizten Halle, begleitet von einer Hintergrundmusik aus Geschützdonner und Sirenengeheul.

Bei Kriegsende hatte Oistrach in Rußland den Höhepunkt seiner Karriere erreicht – aber noch immer gab es keine Anzeichen für Konzertreisen ins Ausland. Auch ein gemeinsames Auftreten mit ausländischen Künstlern, die in der Sowjetunion gastierten, begegnete Schwierigkeiten. In seinem 1973 in Ost-Berlin erschienenen Essay zu Evelyn Richters fotografischem „Arbeitsporträt" David Oistrachs schreibt der Musikwissenschaftler Ernst Krause, Oistrach habe 1945 in Moskau zusammen mit Menuhin Bachs Doppelkonzert gespielt. Das trifft jedoch nicht zu. Zwar begegneten die beiden Geiger in jenem Jahr einander zum ersten Mal, aber zu einem gemeinsamen Auftreten in der sowjetischen Hauptstadt kam es, wenn man Menuhins Erinnerungen in seiner Autobiographie „Unvollendete Reise" folgt, bei dieser Gelegenheit nicht.

Mit großer Erwartung hatte Menuhin dem Zusammentreffen mit dem Geiger, von dem er soviel gehört hatte, entgegengesehen. „Wir landeten auf dem Moskauer Flugplatz, und dort, in Wind und Wetter des November-nachmittags, am Fuß der herangeschobenen Gangway, direkt auf dem Rollfeld, stand David Oistrach, der in den folgenden dreißig Jahren bis zu seinem viel zu frühen Tode ein unschätzbarer Freund war." Oistrach hieß den Künstler-Kollegen in seiner Heimat willkommen, und zwischen beiden entstand sofort ein freundschaftliches Gefühl geistiger Verwandtschaft und Vertrautheit. Ständige Verbote und bürokratische Hindernisse belasteten Menuhins Besuch in Moskau. Er verließ die Stadt, ohne daß er Oistrach gehört, geschweige denn mit ihm gemeinsam gespielt hätte. Zu letzterem kam es erst zwei Jahre später, als sie beim Festival des Prager Frühlings Bachs Doppelkonzert aufführten. Dort hatten sie sich bereits im Vorjahr wiederge-sehen bei Oistrachs erstem Auftreten im Ausland nach dem Kriegsende. Für Menuhin war das gemeinsame Spielen mit Oistrach eine wichtige Erfahrung:

> „Wir sollten dasselbe Werk in Paris, Brüssel und vielen anderen Städten spielen. Unser gemeinsames Spiel war für mich nicht nur wegen der persönli-chen Beziehung zwischen uns interessant, sondern auch weil ich dabei er-kannte, wie viel in mir noch an Russischem war. Meine Eltern stammten aus Rußland, und wir beide – Oistrach und ich – hatten den gleichen russisch-jüdischen Hintergrund. Es war verblüffend, wie sehr sich unser Stil beim gemeinsamen Spiel ähnelte. Aus unserer Verbindung zogen wir beide großen Gewinn. Ich aus den bereits erwähnten Gründen und er, weil er in jener unmittelbaren Nachkriegszeit vielleicht manche Dinge erfuhr – denn schließ-lich war er sein ganzes Leben in Rußland gewissermaßen eingemauert gewesen und wußte kaum etwas von dem, was in der westlichen Welt vor sich ging."⁶

Endlich fielen die Reisebeschränkungen. Für Oistrach begann die lange Reihe seiner Auslandskonzerte. Dabei trieb ihn nicht etwa der persönliche Ehrgeiz eines weltweit gefeierten Musikers, sondern der Glaube an eine Mission.

Er wollte den großen Einfluß seiner Persönlichkeit dazu benutzen, der Welt die spezifischen Traditionen des russischen Violinspiels vorzuführen. Vor allem lag ihm daran, seine Ideen an die jüngere Generation weiterzu-geben.

Oistrach werde „seinem Ruf voll gerecht", schrieb der Korrespondent der Musikzeitschrift *The Strad* nach einem Konzert des Russen in Paris zu Beginn der fünfziger Jahre. Die Qualitäten seines Spiels seien „eine Klasse für sich". Seine Interpretation von Mozarts fünftem Violinkonzert in A-Dur (KV 219) mit dem Geiger Jacques Thibaud als Dirigenten sei „weiträumig, anmutig und männlich" gewesen, ohne die üblichen verniedlichenden Geziertheiten der Phrasierung. „Bei aller Lebendigkeit, Wärme und Kraft der Emotion vergewaltigen seine Gefühle weder die Musik noch das Instrument." Besonders beeindruckt zeigte sich der Kritiker davon, daß Oistrach „nie in Eile war, was bei jedem Musiker unter sechzig heute sonst geradezu unvermeidlich erscheint. Die Wesenszüge seines Spiels sind Vornehmheit, Aufrichtigkeit und jene Einfachheit, die auf einer meisterlichen Beherrschung der Kunst beruht."

Nach England kam Oistrach erst 1954 – jedenfalls für die britische Öffentlichkeit, denn er hatte schon einige Jahre zuvor als Mitglied einer Delegation vor geladenen Gästen in der Londoner sowjetischen Botschaft gespielt.

Am 10. November 1954 spielte Oistrach, am Klavier begleitet von Wladimir Yampolsky, in der bis zum letzten Platz ausverkauften Royal Albert Hall Beethovens erste Sonate in D-Dur und die ihm gewidmete Sonate in f-Moll von Prokofjew. Eine ungewöhnliche Wahl war Schumanns selten gespielte Fantasie in C-Dur, komponiert für Joachim und bearbeitet von Kreisler, ein wegen angeblich „unviolinistischer" Passagen wenig beliebtes Werk. Aber gerade damit und mit Ysayes Ballade Nr. 3 erwarb sich Oistrach das besondere Lob der Kritik: „Die Doppel- und Mehrfachgriffe wurden so sauber intoniert und mit so geschmeidiger Bogenführung ausgeführt, daß man kaum merkte, wie schwierig sie zu spielen sind."[7]

Ebenfalls im Jahr 1954 gab Oistrach mit dem Philharmonic Orchestra unter Leitung von Norman del Mar sein erstes Orchesterkonzert in England. Er spielte das Brahms-Konzert und ein Konzert Khatchaturians, wobei dieses vom Komponisten selbst dirigiert wurde. Da Heifetz eine Woche zuvor das Brahms-Konzert in London gegeben hatte, blieben Vergleiche nicht aus. Der Kritiker der *Times* gab Oistrach den Vorzug: „Heifetz' Spiel war reine Objektivität . . . während Oistrachs Spiel mehr klassische Empfindung zeigte, eine stärkere Identifikation des Interpreten mit dem Komponisten." Der langsame Satz habe „in seiner Sanftheit und Süße an Kreisler erinnert".

Seit dem Kriegsende waren in Europa und Amerika bei verschiedenen Plattenfirmen Aufnahmen Oistrachs erschienen, die ihm den Ruf eines Geigers mit einem großen Ton von ungeheurer Kraft und Fülle eingetragen hatten. Als er schließlich in westlichen Konzertsälen auftrat, also selber zu hören war, nahm er sein Publikum nicht nur durch seine schlichte, unaffektierte Art ein, sondern auch durch seinen alles andere als gewalttätigen Ton. In seinem Spiel war auf einmal eine Raffinesse und Zartheit, die ganz anders war als der künstlich verstärkte Ton der Plattenaufnahmen – und viel schöner.

In Amerika spielte Oistrach zum ersten Mal am 20. November 1955. Die New Yorker Carnegie Hall war restlos ausverkauft. Zahlreiche Zuhörer hatten sich sogar auf dem Podium niedergelassen. Das Publikum jubelte ihm immer wieder zu und entließ ihn erst nach mehreren Zugaben. Am nächsten Morgen schrieb Howard Kaufman in der *New York Times*:

> „In Tartinis Teufelstriller-Sonate zeigte er eine meisterhafte Beherrschung aller technischen Anforderungen. Seine eindrucksvollste Eigenschaft ist jedoch die Durchdachtheit und Sensibilität seiner Kunst. Er ist ein Geiger, dem es zweifellos nicht in erster Linie darauf ankommt, seinem Publikum durch schiere technische Brillanz den Atem zu nehmen."

Über Oistrachs Interpretation des langsamen Satzes der Sonate Nr. 1 in D-Dur op. 12 von Beethoven schrieb Kaufman: „Der Aufbau war klassisch, der Ausdruck jedoch nicht ohne einen Anflug romantischen Gefühls."

Jener Novembertag dürfte einzigartig in der Geschichte des berühmten Konzertsaals sein. Um halb drei gab Mischa Elman ein Konzert, Oistrach spielte um halb sechs, und drei Stunden später betrat Nathan Milstein die Bühne. Eine ganze Schar hochberühmter Musiker befand sich im Saal, als Oistrach auftrat. „Es war sehr schmeichelhaft", erzählte er später, „zu wissen, daß dort der große Kreisler, der wundervolle Geiger Francescatti, Elman, Milstein, der Bratschenvirtuose Primrose, die gefeierten Sänger Paul Robeson und Elisabeth Schwarzkopf und der Dirigent Monteux zugegen waren. Die Anwesenheit Kreislers war es, die mich mehr als alles andere erregte. Als ich den Geiger sah, in Gedanken versunken, meinem Spiel lauschend, dann aufstehend und mir zuapplaudierend, war ich so überwältigt, daß ich zu träumen glaubte . . ."

Nachdem Oistrach 1952 zum 125. Todestag Beethovens in Ostberlin gespielt hatte, konzertierte er – im Anschluß an eine Japantournee – 1954 erstmals in Westdeutschland: In einer Folge umjubelter Konzerte in Hamburg, Düsseldorf, Köln, Mönchengladbach, Stuttgart und München spielte er die Konzerte von Brahms und Tschaikowsky sowie Kammermusik. Amüsiert vermerkt Ernst Krause, daß eine Agentur den Russen als „weltberühmtesten Geiger" anpries und ein Kölner Kritiker ihn als „Wundergeiger" bestaunte.[8]

Zu jener Zeit gab Oistrach neben seinen internationalen Tourneen und Plattenaufnahmen mit Firmen in mehreren Ländern jährlich noch über neunzig Konzerte in der Sowjetunion und vernachlässigte bei alledem auch seine Lehrtätigkeit am Moskauer Konservatorium nicht. Denn er liebte seine fünfzehn Meisterschüler aus aller Welt, und ihm war keine Reise zu weit, um dabei zu sein, wenn sie an internationalen Wettbewerben teilnahmen. Ihre großen Erfolge – um mit Victor Tretjakow, Walerij Klimow, Wiktor Pickeisen und Oleg Kagan nur einige zu nennen – zeugen von Oistrachs Lehrkünsten.

Die Russen führen die erstklassige Technik ihrer Solisten vor allem darauf zurück, daß all ihre großen Musiker auch unterrichten oder wenigstens eine zeitlang unterrichtet haben. Sie bekennen sich zu Auer und seiner Schule, die sich über Vieuxtemps und Wieniawski auch von den Italienern, namentlich von Viotti und seinen Schülern, herleitet. Obwohl die späteren Generationen Auers Prinzipien verändert haben, ist das russische Geigenspiel, wie man es heute kennt, nach wie vor fest in dieser Schule verankert.

Als das auffallendste Merkmal von Oistrachs Spiel erkannte Howard Taubman, ebenfalls in der *New York Times,* „seine warme, entflammende Empfindsamkeit, die Herz und Hirn untrennbar miteinander verbindet". Im Tschaikowski-Konzert „verlieh er der Klangfülle Würde, ohne ihren Charakter zu zerstören. Er war lyrisch, aber nicht gefühlsselig." Mozart näherte sich Oistrach, „indem er sich den Stil des 18. Jahrhunderts mit Männlichkeit und Raffinement zugleich anverwandelte". Für die Werke zeitgenössischer russischer Komponisten galt Oistrach der sowjetischen Kulturpolitik als wichtiger Propagandist. Schostakowitsch widmete ihm seine beiden Konzerte.

Stand er auf dem Podium, wirkte sein Spiel völlig mühelos. Ein Londoner Kritiker fand es einmal geradezu bedauerlich, daß technisch schwierige Passagen bei Oistrach kaum als solche zu erkennen seien, da, wie er meinte, das Vergnügen, einen Virtuosen zu hören, zur Hälfte darin liege, Zeuge ihrer Bewältigung durch einen phänomenalen Könner zu sein. Das Geheimnis der scheinbaren Leichtigkeit war Oistrachs scharfes, analytisches Bewußtsein musikalischer Probleme. Er verbrachte Stunden damit, Partituren zu studieren und Bänder abzuhören. Die mechanischen und technischen Schwierigkeiten waren längst gemeistert, wenn er das Podium betrat. Dann gab es nur noch Oistrach und die Musik. Er spielte so, wie er war: ehrlich und uneitel und erlaubte sich gegenüber der Musik keine Freiheiten.

Seine hervorragende Technik genügte strengsten Maßstäben. Trotz seiner kräftigen Statur war seine Strichführung über die gesamte Bogenlänge elegant und gleichmäßig. Nach seinem Auftritt in Paris im Jahre 1953 schrieb der Kritiker der Zeitschrift *Strad:* „Mit nur knapp fünf Zentimetern am Frosch gelingt Oistrach beim Aufstrich noch eine weitere, vollendet phrasierte Note. Erst danach geht er am äußersten Bogenende in völlig glattem Fluß in den Abstrich über."

Frederick Riddle hat als Erster Bratschist des Royal Philharmonic Orchestra Oistrachs Spiel aus nächster Nähe beobachten können. „Seine Bogenführung", so berichtet er, „war ein wunderbares Beispiel der Auerschen Schule. Der kleine Finger wird beim Ende des Abstrichs abgehoben und der

Zeigefinger gestreckt. So bleibt das Handgelenk beim Hinaufstreichen weit
unten. Eine schön anzuschauende Bewegung, die überall in der Welt von
großem Einfluß auf das Geigenspiel war."[9]

Ricci erzählt eine Anekdote, die bezeichnend ist für Oistrachs Verhältnis
zur Musik. Jemand fragte ihn: „Welches ist das schwierigste Stück, das Sie
spielen?", worauf Oistrach antwortete: „Die schwierigsten Stücke spiele ich
nicht!" Damit befindet er sich – mit Szigeti etwa – in der guten Gesellschaft
derer, denen die Musik mehr bedeutet als vordergründige Feuerwerksbrillanz.

Zu Oistrachs größten Freuden gehörte es, gemeinsam mit seinem Sohn
aufzutreten. Als sie 1961 in London die Doppelkonzerte von Bach und
Vivaldi spielten, berichtete die *Times* von einer „vollkommenen Übereinstimmung in Auffassung und Ausdruck. Ihrer beider Persönlichkeiten verschmolzen in einem einheitlichen künstlerischen Konzept."

Der Privatmann Oistrach war ein unermüdlicher Sammler. Seine Moskauer Wohnung quoll förmlich über von Instrumenten, Noten, Büchern und
allen möglichen Erinnerungsstücken. Kameras und mechanisches Spielzeug
faszinierten ihn. Oft lächelten seine Kollegen über ihn, wenn er ihnen stolz
und aufgeregt wie ein Kind seine neueste Erwerbung vorführte. Außerdem
war er ein guter Schachspieler und verfolgte interessiert die internationalen
Turniere. Ihm selbst war sein Sohn der liebste Partner.

Auch nachdem er schon längst ein weltberühmter Solist war, pflegte
Oistrach nach wie vor engen Kontakt zu seinen Kollegen im Orchester. Er
erinnert darin an Kreisler, einen Mann, der auch zeit seines Lebens frei von
jeglichem Hochmut bleib. Sein Freund und Impresario Victor Hochhauser
hält ihn für

> „den mit Abstand bedeutendsten Menschen, dem ich je begegnet bin – und
> dabei schließe ich die großen Namen nicht aus. Er vereinte in sich das tragische
> Empfinden des russischen und des jüdischen Volks. Er wollte nichts als in
> Ruhe Geige spielen, unterrichten und vielen Menschen Freude bereiten. Man
> war gern mit ihm zusammen. Er besaß einen herrlichen Sinn für Humor, war
> nie auf Kosten anderer grausam oder zynisch. Am meisten lachte er über sich
> selbst."[10]

Und Yehudi Menuhin faßt Oistrachs wichtige Rolle so zusammen:

> „Nachdem der Erste Weltkrieg und die Revolution dem erneuernden Einfluß
> der bedeutenden russischen Schule auf unsere Geiger-Welt ein Ende bereitet
> hatten, war Oistrach der erste, der ihn wiederbelebte. Jahrzehntelang waren
> Mischa Elman und Jascha Heifetz die Fackelträger der russischen Tradition
> gewesen, und ich möchte für mich das bescheidene Verdienst in Anspruch
> nehmen, Oistrach in einer Zeit gespannter Beziehungen zwischen Rußland

und Amerika davon überzeugt zu haben, daß das amerikanische Publikum ihn freundlich aufnehmen würde. Tatsächlich brachte man ihm auf Anhieb grenzenlose Zuneigung, Bewunderung und Dankbarkeit entgegen, und so konnte er die Tradition der großen russischen Geiger fortsetzen, die den Atlantik dreißig Jahre zuvor überquert hatten."[11]

Ein musikalisches Universum

Yehudi Menuhin

Es gibt nur wenige Geiger, die in der Musikwelt einen so nachhaltigen Eindruck hinterlassen haben wie der junge Menuhin, dessen Name schon international bekannt war, bevor er mit seinen schwachen Händen seine Geige selbst stimmen konnte. Als er am 26. Juni 1976 aus Anlaß seines fünfzigjährigen Geiger-Jubiläums in Philadelphia spielte, schrieb James Felton vom *Evening Bulletin:*

> „Dieser Mann wirkt völlig alterslos. In seiner zurückhaltenden Art ist er immer der elegante Geiger, der virtuosen Kunststückchen aus dem Weg geht und die Melodie in all ihrer Schönheit sucht. Menuhin gehört nicht zu den Geigern, die ihr Instrument etwas höher stimmen, um einen bewußt hellen, durchdringenden Ton zu erzielen, oder in wilder Leidenschaft die Haare ihres Bogens zerfetzen. Mendelssohns Violinkonzert war eine ideale Wahl für ihn ... Menuhin ging es mit liebevoller Sanftmut und einem angedeuteten Lächeln an, als stellten er und sein Instrument sich als Partner vor ... Seine Kadenzen enthielten sich jeglichen Gepränges, und er wurde diesem überwältigend lyrischen Werk mit wohlerwogener Nachdenklichkeit gerecht. Die Aufführung bewies in jeder Minute Geschmack. In seiner typischen Art bestand Menuhin darauf, den Applaus mit allen Musikern auf der Bühne zu teilen, als habe man Kammermusik miteinander gespielt."

Yehudi Menuhin wurde am 22. April 1916 in New York als Sohn eines jüdischen Lehrers geboren. Die Eltern besaßen keine Reichtümer, doch große Liebe zur Musik, und schleppten den Sohn bereits mit vierzehn Monaten in Konzerte. Der Knabe begeisterte sich derart für die Musik, daß man ihm schon mit vier Jahren eine kleine Violine schenken mußte.

Sein erster Lehrer war ein Mann, „der Jungen und Mädchen dutzendweise mit Unteroffiziersmethoden zu Virtuosen drillte"[1], der nicht viel von den Klassikern und noch weniger von den wahren Feinheiten des Violinspiels verstand. Als er fünf Jahre alt war, entschied man sich für den Unterricht bei Louis Persinger. Und am 29. Februar 1924 trat der siebenjährige Yehudi im

Oakland Auditorium auf: Er wurde von Persinger am Klavier begleitet und spielte, eingeschoben in ein Orchesterkonzert, Bériots ‚Scène de Ballet‘. Vor einem gespannten und aufmerksamen Publikum geigte er ein Jahr später zum ersten Mal mit dem San Francisco Symphony Orchestra Lalos „Symphonie espagnole"[2]. Menuhin erinnert sich noch heute, wie ihn der Dirigent hochhob, umarmte und wie sein Bart sich „anfühlte wie eine feuchte Kleiderbürste". Einen Monat vor seinem neunten Geburtstag gab Yehudi in der Scottish Rite Hall in San Francisko sein erstes großes Konzert. Im Herbst desselben Jahres 1925 zog Persinger nach New York, wohin die Menuhins ihm folgten.

Yehudis Debüt in New York war nicht jenes Konzert in der Carnegie Hall, das ihn über Nacht berühmt machte, sondern fand schon ein Jahr zuvor, am 17. Januar 1926, mit Persinger als Begleiter, im Manhattan Opera House statt. Neben dem Impresario Walter Damrosch befanden sich keine namhaften Persönlichkeiten im Publikum, mit drei Ausnahmen: in der ersten Reihe hatten einige ältere Herren Platz genommen, die für ihren Konzertbesuch gute Gründe hatten, es waren Jascha Heifetz, Mischa Elman und Max Rosen.

Im Herbst 1926 fuhr die ganze Familie Menuhin – Vater, Mutter, Yehudi und seine beiden Schwestern Hephzibah und Yaltah – nach Europa. Die Geldmittel für diese Reise stiftete der wohlhabende Anwalt Sydney Ehrman, einer der bekanntesten jüdischen Philanthropen von New York. Yehudi gab seine beiden ersten Konzerte auf dem alten Kontinent in Paris: mit dem Orchester Lamoureux unter dem Dirigenten Paul Paray. Mit großem Erfolg spielte er die ‚Symphonie espagnole‘ von Lalo und das Tschaikowski-Konzert.

In Brüssel durfte er dem berühmten Eugène Ysaye vorspielen. Als ehemaliger Schüler Ysayes hatte Persinger seinem Schützling ein Bild seines Lehrers vermittelt, das Ehrfurcht einflößte. Doch als Yehudi der legendären Gestalt gegenüberstand, war er enttäuscht: „Anstelle des Giganten meiner kindlichen Phantasievorstellungen traf ich ein allzu menschliches Wesen in einer allzu menschlichen Umgebung an."[3] Menuhin spielte den ersten Satz aus Lalos „Symphonie espagnole", wozu Ysaye, um eine Orchesterbegleitung anzudeuten, auf seiner Geige die Akkorde zupfte. Nachdem Menuhin geendet hatte, sagte Ysaye: „Du hast mir eine Freude gemacht, mein Kleiner, eine große Freude." Dann forderte er Yehudi auf, einen A-Dur-Dreiklang über vier Oktaven zu spielen. Der erstaunte Knabe „tastete wie eine blinde Maus auf dem Griffbrett herum". Die Folge war, daß Ysaye ihm nicht nur anbot, ihn zu unterrichten, sondern ihm gleich einen ersten Rat gab: „Du tätest gut daran, Yehudi, Tonleitern und Arpeggios zu üben."[4] Rückblickend glaubt Menuhin, daß seine lange Suche nach einem richtigen musikalischen

Verständnis möglicherweise verkürzt worden wäre, hätte er Ysayes Angebot
angenommen. Doch schon als Zehnjähriger weigerte er sich instinktiv, eine
ihm fremde Methode zu erlernen, und war nicht bereit, etwas schon Vorge-
fertigtes zu übernehmen. „Musik war für mich völlig lebendig, ein ursprüng-
liches Ausdrucksmittel. Endloses Erarbeiten von totem Material hätte vielleicht mein Spiel stumpf gemacht, statt ihm Glanz zu verleihen."[5]

Später übte Georges Enesco einen äußerst wichtigen Einfluß auf Menuhins
Spiel aus. Eine innere Beziehung zu Enesco hatte er schon im Alter von acht
Jahren anläßlich eines Konzerts in San Francisco gewonnen:

> „Ich verfiel ihm, ehe ich die erste Note von ihm gehört hatte. Sein Auftreten,
> seine Haltung, seine wundervolle schwarze Mähne, alles kennzeichnete ihn als
> freien Menschen, ungebunden wie ein Zigeuner, ungezwungen, natürlich,
> schöpferisch begabt und voller Feuer."[6]

Die entscheidende Begegnung mit Enesco hatte Yehudi später, nach einem
Pariser Konzert des Geigers, den er allein in der Garderobe aufsuchte. Er
konnte Enesco überreden, ihn am nächsten Morgen, früh um sechs Uhr,
anzuhören. Nachdem Enesco, während er die Koffer zur Abreise packte,
den jungen Menuhin spielen gehört hatte, erklärte er sich bereit, ihm einige
Stunden zu geben, deren jede

> „eine Inspiration war, keine Instruktionsstunde. Es wurde dabei musiziert, als
> sei ich das Orchester, das unter seiner Leitung spielt ... Beim Begleiten am
> Klavier sang er die verschiedenen Stimmen ... Was Enesco mich lehrte –
> durch Beispiel, nicht durch Worte – war die in lebendige Botschaft verwandel-
> te Note, die gestochen scharfe, bedeutungsbeladene Phrase, die zum Leben
> erweckte Musikstruktur".[7]

Im Rückblick auf die Beziehung zu Enesco stellt Menuhin fest:

> „Heute ist sein direkter Einfluß in der Gesamtkonzeption der Arbeit unterge-
> gangen, deren einzelne Elemente sich nicht mehr bis zu den Ursprüngen
> zurückverfolgen lassen. Es kostet mich Mühe, mich an einzelne Aussagen
> Enescos zu erinnern, doch ich weiß, daß all mein Tun noch immer von ihm
> geprägt ist."[8]

Im Herbst 1927 waren die Menuhins wieder in New York, wo Yehudi zwei
Konzerte zu geben hatte – eines sollte am 26. November mit dem New York
Philharmonic Orchestra in der Carnegie Hall stattfinden. Als Fritz Busch
erfuhr, daß er das Beethoven-Konzert mit einem Elfjährigen als Solisten
dirigieren sollte, soll er geäußert haben: „Man läßt ja auch Jackie Coogan
nicht den Hamlet spielen." Doch revidierte er seine Haltung, nachdem
Yehudi ihm im Hotel vorgespielt hatte. „Mein lieber Junge, du darfst alles
mit mir spielen, wo und wann immer du willst." Nur das Orchester blieb bei

seiner kritischen Haltung, vor allem nachdem der kleine Junge dem Konzert-
meister seine Geige zum Stimmen gereicht hatte. „Doch am Schluß des ersten
Satzes", so erinnert sich Menuhin, „wußte ich: jetzt hast du sie gewonnen".
Der junge Solist war glücklich: „Es war ... nicht der Triumph über ihre
Skepsis, sondern das Bewußtsein, unter Musikern aufgenommen zu sein, die
ihr Fach verstanden."[9]

Das Konzert war ein uneingeschränkter Erfolg, und viele der dreitausend
Zuhörer ließen ihren Tränen freien Lauf, als Fritz Busch den kleinen Jungen
umarmte, der wie ein erfahrener Virtuose gespielt hatte.

Am nächsten Morgen schrieb Olin Downes in der *New York Times:*

> „Menuhins Technik ist bei aller Brillanz fein abgestimmt. Sie nimmt keine
> Tricks zu Hilfe, sondern beruht auf einer soliden Grundlage und ist beherrscht
> von angeborener Sensibilität und Geschmackssicherheit. Die Behauptung,
> seine Konzeption des Beethoven-Konzerts sei ausgereift, mag unglaubhaft
> klingen – doch genau so ist es. Wir kennen nicht viele Geiger, die Beethoven,
> auch nach jahrelanger Erfahrung, mit einem so richtigen Gefühl für seine Form
> und seinen Gehalt gespielt haben."

Im Frühjahr 1929 fuhren die Menuhins wieder nach Europa, und diesmal gab
Yehudi, kurz vor seinem dreizehnten Geburtstag, jenes Konzert, das den
Beginn seiner großen Karriere markiert: Am 12. April 1929 spielte er mit den
Berliner Philharmonikern die Konzerte von Bach, Beethoven und Brahms.
Der Dirigent hieß Bruno Walter. Berlin galt damals als der musikalische
Mittelpunkt der westlichen Welt, und es war zahlreichen Musikern, wie etwa
Fritz Busch, gut möglich, auch ohne Auslandsgastspiele vom Musizieren zu
leben. Dies traf durchaus nicht auf die Musiker anderer Länder zu: Wer etwa
in den Vereinigten Staaten, deren Musikszene noch weitgehend von Deutschen beherrscht war, als ein Musiker von internationalem Rang gelten
wollte, mußte sich unbedingt zuerst auf dem deutschen Konzertpodium
durchgesetzt haben.

Der Gedanke eines längeren Aufenthalts in Europa war von Enesco
ausgegangen, der Yehudi zum Studium bei Adolf Busch – einem Bruder Fritz
Buschs – in Basel geraten hatte. Menuhins bisweilen übertrieben leidenschaftlicher Vortrag hat Enesco vermutlich bewogen, einen völlig anders
gearteten Unterricht vorzuschlagen, um diesen „Fehler" zu korrigieren.
Yehudi studierte zwei Sommer lang bei Busch.

> „Sein Unterricht förderte eher meine musikalischen Kenntnisse als meine
> geigerische Entwicklung. Enescos Beschwingtheit und Glanz fehlten ihm,
> doch er war ein überzeugter Vertreter des reinen klassischen Stils, ein besonne-
> ner, ernsthafter, durch und durch lauterer Musiker, der mit Bach und Beetho-
> ven aufstand und schlafen ging. Ich finde, daß besonders die Kammermusiker

ihm wissentlich oder unwissentlich noch immer großen Dank schulden für seine künstlerische Aufrichtigkeit und unerschütterliche Verläßlichkeit."[10]

Im November 1929 fuhren die Menuhins zum ersten Mal nach England. Yehudis Debut in der Queen's Hall sowie das Konzert in der Royal Albert Hall wenige Tage später waren ausverkauft. In ihrer Beurteilung ließen sich die Londoner Kritiker zwar nicht von ihrer gewohnten Reserviertheit musikalischen Wunderkindern gegenüber abbringen, doch wagte nach dem Konzert in der Queen's Hall, mit dem London Symphony Orchestra unter Fritz Busch, die *Times* das Kompliment, daß bei solch bemerkenswerter Leistung des Solisten sein Alter keineswegs berücksichtigt werden dürfe:

> „Menuhins Darbietung war, auch an absoluten Maßstäben gemessen, sehr gut. Er verfügt über eine bemerkenswerte Technik ... und sein Ton war stets musikalisch, wenn er auch keine große Fülle besaß. Obwohl sein Spiel mehr als kühle Perfektion ausdrückte, fehlte doch weitgehend echtes Gefühl. Er beachtete alle wesentlichen Punkte, doch die subtileren Nuancen entgingen ihm ... Dennoch spricht für das Können des Knaben, daß sein Vortrag eines technisch wie in der Empfindung derart anspruchsvollen Werks sich durchaus auf gleichem Niveau beurteilen läßt wie Interpretationen erwachsener Musiker."

In die Musikgeschichte ging dann Menuhins zweiter Auftritt in England im Jahr 1932 ein, der ihm noch heute klar im Gedächtnis haftet. Frederick Gaisberg, der für Plattenaufnahmen zuständige Manager von His Master's Voice, hatte den Besuch deswegen angeregt, um dem Violinkonzert Edward Elgars die gebührende Aufmerksamkeit zu verschaffen. Zwar konnte die herrliche Platten-Aufnahme mit Albert Sammons aus dem Jahr 1929 seiner Meinung nach nicht übertroffen werden, doch träumte er von einer Aufnahme, in der Elgar sein Werk selbst dirigierte. Gaisbergs Überlegung war, daß Yehudi Menuhin „als jugendlich biegsamer, vorurteilsfreier Geiger"[11] am ehesten auf die Vorstellungen und Anweisungen Sir Edwards würde eingehen können. Im Frühjahr 1932 fand in den Aufnahmestudios in der Abbey Road die erste Begegnung des über siebzigjährigen Komponisten mit dem sechzehnjährigen Yehudi statt. Gaisberg notierte: „Yehudi, der mit seinem wachen Verstand alle Anweisungen sofort erfaßte, erhielt großes Lob und Ermunterung von Sir Edward."[12] Und Menuhin selbst erinnert sich, daß Sir Edward nicht im mindesten wie ein Komponist aussah, sondern eher wie ein englischer Landedelmann, dem eine Hundemeute als Begleitung gut gestanden hätte. Als der Begleiter Ivor Newman und Menuhin zu spielen begannen, unterbrach Elgar schon wenige Takte nach Beginn der Solopassage und erklärte, er sei überzeugt, daß alles wunderbar gehe: Man möge ihn bitte entschuldigen, doch er müsse nun zum Rennen. Die von ihm verbreitete

Atmosphäre des Vertrauens wirkte sich fruchtbar aus. Elgar machte auf Menuhin einen unvergeßlichen Eindruck: „Er betrat das Aufnahmestudio sehr würdig, aber ohne jede Spur von Wichtigtuerei. Er dirigierte im Grunde so gut wie nicht, wie um sich niemandem aufzudrängen. Bei ihm war alles Gelassenheit und Gleichmut.“[13]

Im Anschluß an die erfolgreiche Aufnahme wurde das Elgar-Konzert einige Monate später in der Royal Albert Hall aufgeführt. In der ersten Hälfte spielte Menuhin unter dem Dirigenten Sir Thomas Beecham Werke von Bach und Mozart, und in der zweiten Hälfte dirigierte Sir Edward Elgar „von einem rotsamtenen Hocker aus“[14] sein eigenes Konzert. Yehudi Menuhin gedenkt des Abends mit Stolz: „Mit Englands beliebtestem Komponisten und auch noch seinem berühmtesten Dirigenten auftreten zu dürfen, war wie die Verleihung der Ehrenbürgerurkunde oder die Aufnahme in einen intimen Familienkreis.“

Und Gaisberg erinnert sich:

> „Die Albert Hall war bis auf den letzten Platz besetzt. Ein erlesenes und erwartungsvolles Publikum, wie man es nur in London findet, hatte sich versammelt, um dem aufregenden und ergreifenden musikalischen Zusammenwirken des fünfzehnjährigen (sic) Jungen und des fünfundsiebzigjährigen Komponisten zuzuhören. Nie habe ich einen derart spontanen Enthusiasmus erlebt wie nach dieser Aufführung. Immer wieder wurden der alte Herr und der Junge Hand in Hand auf das Podium zurückgerufen.“[15]

Am nächsten Morgen stand in der *Times:* „Menuhins Spiel hat eine einzigartige musikalische Qualität. Sein nicht übermäßig kraftvoller Ton ist stets von schöner Geschmeidigkeit, und die gesamte Aufführung wirkt meisterhaft leicht. Beeindruckend war die seelenvolle Phrasierung und die allgemeine Lebendigkeit seines Spiels.“

Auch Elgar war beglückt. Er dankte Gaisberg in einem Brief für „das Zustandekommen dieser wunderbaren Aufführung. Yehudi war hervorragend, und er hätte dieses Konzert bestimmt nie kennengelernt, wenn Sie das Unternehmen nicht in Gang gebracht hätten“.[16]

In den folgenden Jahren wurde Yehudi Menuhins Name immer berühmter, und der Künstler verdiente mit seinen Konzerten und Plattenaufnahmen viel Geld. Aber er gab sich damit nicht zufrieden. Ein Jahr vor seinem einundzwanzigsten Geburtstag nahm er für zwölf Monate Urlaub vom Konzertpodium: er hatte das Bedürfnis, zu studieren und sich mehr seinem Privatleben zu widmen, das ihm durch die gnadenlosen Zwänge des öffentlichen Musizierens als herumreisender Virtuose verwehrt worden war. Dann stürzten die Kriegsereignisse und eine wenig glückliche, früh geschlossene

Ehe Menuhin in einen Zustand der Unruhe und Unentschiedenheit. In dieser Zeit begann er erstmals die Art seines Spiels näher zu analysieren, denn er hatte sein Instrument bisher eher instinktiv gespielt:

> „Dafür, daß ich über meine Interpretation nicht nachgedacht, sie nicht analysiert hatte, die Maschine sozusagen weiterlaufen ließ, ohne sie je zu zerlegen oder zu überholen, war mein Spiel gut. Doch ich spürte: so würde es nicht weitergehen. Ich mußte die technischen Grundlagen begreifen, ehe ich jene Leichtigkeit zurückgewann, die mir früher eigen gewesen war und die mich jetzt zu verlassen drohte. Ich merkte auch, daß ich schlechte Gewohnheiten angenommen hatte. Zweifach gewarnt, ging ich daran, die Grundprinzipien zu erforschen, was jahrelang dauerte. Im Grunde bin ich noch heute nicht damit fertig, und jeder Tag beschert mir neue Erkenntnisse . . .“[17]

Menuhin studierte die Unterrichtswerke Carl Fleschs und D. C. Dounis' von Anfang bis Ende, diskutierte alle Probleme mit seinen Freunden und nahm weiteren Unterricht. Doch er erzielte wenig Fortschritte.

Erst Antal Dorati, einem Schüler Bartóks in Budapest, gelang es, Menuhins Selbstzweifeln ein Ende zu setzen. In New York stellte er ihn dem emigrierten Béla Bartók vor, dem Menuhin die erste Violinsonate vorspielte, woraufhin der Komponist ausrief: „Ich dachte, so könne man einen Komponisten erst spielen, wenn er längst tot ist.“[18]

Bei dieser ersten Begegnung bat Menuhin Bartók um eine Komposition für ihn: „Ich hoffte nicht auf ein drittes Violinkonzert, nur auf ein kleines Stück für Solovioline.“[19]

Menuhin konnte nicht vorhersehen, daß sein Auftrag mit einem Meisterwerk belohnt würde. Als er die Partitur im März 1944 in Händen hielt, schien sie ihm zunächst fast unspielbar, doch der erste Eindruck hatte getrogen:

> „Die Solosonate ist ausgezeichnet spielbar, wunderbar für die Geige geeignet, eines der dramatischsten und befriedigendsten Stücke, die ich kenne, und seit Bach wohl die wesentlichste Komposition für Solovioline, ein Stück äußerster Kontraste. Der erste Satz, Tempo di Ciaconna, überträgt das größte Werk Bachs für Solovioline, den letzten Satz der Partita d-Moll, ins Ungarische, frei, aber diszipliniert. Dann kommt eine gewaltige Fuge, vielleicht das aggressivste und brutalste Musikstück meines Repertoires, gefolgt von der völlig heiteren Melodie mit den raschen, schwer faßbaren, tanzähnlichen Rhythmen des Presto. Daß ich diese herrliche Musik veranlaßte, ist mir eine Quelle der Befriedigung, und daß ich sie Bartók, ehe er starb, noch selbst habe vorspielen können, bleibt ein wichtiges Ereignis meines Lebens.“[20]

Zwischen dem Komponisten und dem Interpreten ergab sich eine interessante Zusammenarbeit. In Bartóks ursprünglichem Entwurf sollte die Wiederholung der Sechzehntel-Passage im letzten Satz in Viertelton-Intervallen gespielt werden – den Noten zwischen den Halbtönen der temperierten chromatischen Tonleiter. In der westlichen Musik waren die Vierteltöne seit langem so gut wie ausgestorben, anders in der orientalischen und in der Zigeunermusik. Bartók ließ Menuhin die Wahl, diese Passagen auch in Halbtönen zu spielen, wofür der Geiger sich entschied, da bis zur Aufführung des Werks nur wenig Vorbereitungszeit blieb und das exakte Hervorbringen von Vierteltönen technisch außerordentlich schwierig ist.

Bartók, der an Leukämie litt, war bereits todkrank, als er Menuhin aus Asheville, North Carolina, schrieb:

> „Die ‚Spielbarkeit‘ einiger Doppelgriffe macht mir ziemliches Kopfzerbrechen. Auf der letzten Seite gebe ich Ihnen verschiedene Möglichkeiten an. Auf jeden Fall hätte ich gern Ihren Rat. Ich schicke Ihnen hier zwei Kopien. Wären Sie so freundlich, in einer davon die erforderlichen Änderungen in der Bogenführung zu notieren, die unbedingt notwendigen Fingersätze zu ergänzen und mit anderen Vorschlägen an mich zurückzuschicken? Bitte vermerken Sie auch, was unspielbar ist. Ich werde dann versuchen, es zu ändern."[21]

Menuhin machte nur wenig Änderungsvorschläge, „weil ich das, was er geschrieben hatte, schwierig, aber durchaus möglich fand".

Bartóks Solosonate wurde am 26. November 1944 in der bis unter das Dach vollbesetzten Carnegie Hall uraufgeführt. Auf der Bühne saßen Hunderte von Angehörigen der Streitkräfte. Olin Downes von der *New York Times* erklärte, die Sonate sei in Bartóks „neuestem und kühnstem dissonanten Stil gehalten ... Das Werk ist ein Prüfstein für Gehör, Intelligenz und Aufnahmefähigkeit auch des sachkundigsten Hörers". Nach dem ersten Anhören enthielt sich die Kritik einer Bewertung des inneren Gehalts der Sonate, heute ist sie als eines der großen Violin-Solowerke unserer Zeit längst anerkannt.

In den folgenden Jahren nahm Menuhin seine Konzerttätigkeit in den USA sowie in anderen Ländern wieder auf. Die alte Beziehung zu seinem Publikum war bald wieder hergestellt. Auch sein Privatleben verlief in freundlicheren Bahnen: Nachdem die erste Ehe mit einverständlicher Scheidung geendet hatte, heiratete Menuhin 1947 „die schöne und ausgezeichnete Tänzerin" Diana Gould, mit der er bis heute „in vollkommener gegenseitiger Übereinstimmung"[22] lebt.

Ein wichtiges Kapitel in Yehudi Menuhins Leben ist sein humanitäres Engagement, das ihm stets ebenso wichtig war wie seine Konzerttätigkeit. Kurz nach dem Krieg unternahm er mit Benjamin Britten als Partner am Klavier eine Europatournee. Dort kam es zu deprimierenden Begegnungen, etwa beim Konzert vor befreiten Insassen von Konzentrationslagern. Im Laufe seines Künstlerlebens hat Menuhin Konzerte zur Unterstützung von Flüchtlingen gegeben, für Bedürftige und die Opfer von Hungersnöten und Überschwemmungen in aller Welt. Es gibt nicht viele Länder, in denen er nicht aufgetreten ist.

Für das deutsche Musikleben war es von eminenter moralischer Bedeutung, daß Menuhin nach dem Krieg mit Furtwängler spielte, einem Dirigenten, der das nationalsozialistische Deutschland nicht verlassen hatte. Damit reichte ein Jude den Deutschen die Hand zur Versöhnung.

1952 besuchte er, auf Einladung des Premierministers, Indien und hat seither den Austausch indischer Künstler mit dem Westen gefördert. 1957 begründete er das noch heute bestehende Musikfestival im schweizerischen Gstaad, er übernahm von 1959 bis 1968 die künstlerische Leitung des englischen Bath Festival. In Bath rief Menuhin ein neues Orchester ins Leben; zahlreiche international bekannte Künstler bewog er, dort aufzutreten. Seine Programme boten eine Mischung aus klassischer und moderner Musik, daneben probierte er neue Formen aus: So tanzten etwa Margot Fonteyn und Rudolf Nurejew zu Menuhins Geigenvortrag eines Satzes von Bartóks Solosonate.

Von all seinen Initiativen steht Menuhin die nach ihm benannte Schule in Stoke d'Abernon in Surrey vermutlich am nächsten. Sie wurde 1963 gegründet, um begabten Jugendlichen eine umfassende musikalische Ausbildung zu ermöglichen: Die Lehrerschaft setzt sich aus den besten Streichern der ganzen Welt zusammen. Menuhin erhebt sogar den Anspruch, die an seiner Schule gepflegte Kammermusik stehe auf einem höheren Niveau als alles, was in Rußland oder den USA musiziert werde.

> „Es ist vor allem wichtig, die jungen Leute so auszubilden, daß sie eine ihrem Talent entsprechende Position ausfüllen können. Der Bedarf an Solisten, Orchestermusikern, Quartettspielern oder Lehrern wird durch die jeweiligen Gegebenheiten bestimmt. Ein Junge etwa hat sich entschlossen, Komponist zu werden. Es ist auch möglich, daß einige weiter an die Universität gehen, um Musikwissenschaftler zu werden. Eine derart vielseitige und breitgefächerte musikalische Ausbildung findet man nicht überall. In Rußland und in anderen Ländern werden sämtliche Schüler zu Solisten ausgebildet und sind dann enttäuscht, wenn sie im Orchester landen."[23]

Menuhin begrüßt, daß das britische Demokratieverständnis auch den Musikbetrieb beeinflußt habe. Nirgends sei die gesellschaftliche Kluft, das Klassendenken zwischen Solisten, Orchestermusikern oder Lehrern auch nur mehr annähernd so groß wie früher.

> „Natürlich gibt es noch eine gewisse Spezialisierung, doch meine Schule

vermittelt das Bewußtsein, daß jeder von uns genauso wichtig ist wie der andere. Vor allem kann der junge Musiker mit dieser vielseitigen Ausbildung eine größere Ausdruckstiefe und größeren Widerhall erreichen; er entwickelt ein feineres Gehör für die anderen Stimmen der Partitur und verfolgt aufmerksamer, was im Orchester vorgeht."[24]

Yehudi Menuhins klassischer Geigenstil läßt sich in direkter Linie von den alten italienischen Meistern, insbesondere von Viotti ableiten. Sowohl durch seinen Lehrer Enescu, sodann Marsick, Habeneck und Baillot, als auch über die Linie Busch, Hess, Joachim, Böhm und Rode führt seine Kunst zurück zu Viotti. Das heißt in Begriffen der geigerischen Ästhetik: Virtuosität wird dank musikalischer Vertiefung auf den zweiten Rang verwiesen. Diese Musikalität zeigt sich besonders im Duo-Spiel Menuhins mit seiner Schwester Hephzibah und vor allem bei den Sonaten Beethovens.

Menuhin hat die Kunst des Violinspiels auf vielfältige Art bereichert. Das vielleicht zwingendste Beispiel seiner reifen, verinnerlichten Kunst gibt uns seine Interpretation des langsamen Satzes von Beethovens Violinkonzert. Andere Höhepunkte sind seine Aufnahmen sämtlicher Partiten und Sonaten für Solovioline von J. S. Bach. Er ist einer der vielseitigsten, neugierigsten, offensten Interpreten der Gegenwart: Mit dem berühmten Sitarspieler Ravi Shankar hat er indische Musik und mit Stephane Grappelli sogar Jazz gespielt. Yehudi Menuhin ist ein universeller, schöpferischer Musiker.

DER GEBORENE VIRTUOSE

Ruggiero Ricci

Zwei Jahre nachdem er den jungen Menuhin „herausgebracht" hatte, stellte Persinger dem Publikum von San Franzisco ein weiteres Wunderkind vor: *Ruggiero Ricci.* Auch ihm gelang der schwierige Übergang vom Kinderstar zum erwachsenen Virtuosen: Ricci gilt noch heute als ein Geiger von Weltklasse.

Ruggiero Ricci wurde 1918 in San Bruno, Kalifornien, geboren. Er war das dritte von sieben Kindern, Sohn eines eingewanderten italienischen Posaunisten. In einer Anwandlung von anglophilem Enthusiasmus hatte die Familie ihren Namen zunächst in Rich umgeändert und ihren Sohn nach dem damaligen Präsidenten ihrer Wahlheimat ‚Woodrow Wilson' genannt. Erst als sich Ruggieros eminente musikalische Begabung zeigte, griff man wieder auf das melodiösere Italienisch zurück. Doch in Riccis Paß ist sein Name noch heute als ‚Woodrow Wilson Rich' eingetragen.

Den ersten Musikunterricht erhielt Ruggiero frühzeitig von seinem Vater. Er kann sich nicht erinnern, jemals *keine* Geige besessen zu haben. Neben dem künstlerisch erfreulichen Gedanken, in Ruggiero vielleicht einmal einen zweiten Menuhin zu haben, war für die mittellose Familie vor allem die Aussicht auf Geldeinkünfte durch ein musikalisches Wunderkind verlokkend. So wurde das Kind um zwei Jahre jünger ausgegeben – um seine Auftritte noch sensationeller zu machen.

Im Alter von sieben Jahren spielte Ruggiero erstmals bei Persinger vor und wurde seiner Assistentin Elizabeth Lackey anempfohlen. Persinger war dermaßen von seinem Talent überzeugt, daß er Miss Lackey veranlaßte, den Jungen zu sich nach Hause zu nehmen, wo sie ihm Pflegemutter und Lehrerin zugleich sein sollte. Zusätzlich zum täglichen Unterricht bekam Ruggiero regelmäßig Stunden von Persinger. Die erste Belohnung für seinen Fleiß erhielt der Junge im Alter von acht Jahren mit der Goldmedaille bei einem örtlichen Wettbewerb. Ein Jahr später wurde ihm als jüngstem von dreiundzwanzig Kandidaten das Oscar-Weil-Stipendium gewährt.

Im schwarzen Samtanzug und mit einer Dreiviertelgeige für dreißig Dollar gab Ricci am 15. November 1928 in der Scottish Rite Hall in San Franzisco sein erstes öffentliches Konzert: Mit Persinger am Klavier spielte er Stücke von Vieuxtemps, Saint-Saëns sowie Wieniawski und rundete sein Programm mit einem glänzenden Vortrag des Mendelssohn-Konzerts ab. Das Publikum und die Kritiker begrüßten ihn mit einmütigem Urteil, das lautete: „Geradezu genial."

Ein Jahr später trat Ruggiero zum ersten Mal mit Orchesterbegleitung auf. In New York spielte er mit dem Manhattan Symphony Orchestra unter Leitung von Henry Hadley das Mendelssohn-Konzert, was Olin Downes zu der Bemerkung veranlaßte: „Es war vom ersten Augenblick an offenbar, daß der Junge etwas zu sagen hat, daß er mit angeborenem Temperament spielt, mit musikalischer Sensibilität und Geschmack. Diese Eigenschaften vermögen wesentlich stärker zu beeindrucken als die bloß perfekte Beherrschung des Instruments . . . Hier spielte jemand, der für dieses Instrument geschaffen ist."

Ein ausverkauftes Auditorium, das die damalige Rekordeinnahme von 6000 Dollar erbrachte, hieß den zehnjährigen Ruggiero im folgenden Jahr bei seinem Debüt in der Carnegie Hall willkommen. Das Publikum jubelte und wollte ihn nach dem Konzert nicht mehr von der Bühne lassen. Statt der üblichen Blumen wurde dem jungen Künstler ein Modellflugzeug überreicht, und in seiner Garderobe häuften sich Spielzeug und Süßigkeiten.

Eine Reihe von Konzerttourneen durch die USA trug Ricci viele weitere Bewunderer ein, doch die Zwänge und jene Einsamkeit, die Wunderkinder

in ihren Entwicklungsjahren belasten, hinterließen durchaus ihre Narben. So
stand er einmal im Mittelpunkt eines Rechtsstreits, als sich New Yorks
Bürgermeister ‚Jimmy' Walker gezwungen sah, ein ausverkauftes Konzert in
der New Yorker Carnegie Hall abzusagen, da Riccis Betreuer wegen „Aus-
beutung von Kinderarbeit" angeklagt war. Der Geiger erinnerte sich später:
„Mit neun hat mich ein hemmungsloser Kritiker einmal den größten lebenden Geiger genannt. Seither war ich ständig dieser Art von Leistungszwang
ausgesetzt." Mit sarkastischem Humor erfand er ein Rezept gegen Frühvoll-
endete: „Zuerst sollte man die Eltern aller Wunderkinder erschießen und
dann das Kind an die Wand stellen und Schluß machen."[1]

Das Londoner Publikum hörte Ruggiero erstmals im Alter von vierzehn
Jahren mit dem London Symphony Orchestra unter Sir Hamilton Harty.
Die Kritiker waren nicht geneigt, dem überschwenglichen Lob der amerikanischen Presse Glauben zu schenken, doch „er spielte Mendelssohns Werk
mit so vollkommener Selbstverständlichkeit, als sei es ihm in die Wiege gelegt
worden, ja, als sei er dieses Stückes bereits ein wenig überdrüssig". So urteilte
der Kritiker der *Times*, der auch die technischen Fähigkeiten des Knaben
lobte und dann schloß: „Als Zugabe spielte er ein Solo-Präludium von Bach
und bewies sein musikalisches Verständnis damit gründlicher als durch alles
vorhergehende. Hier war mehr zu erkennen als die getreuliche Nachahmung
eines reifen Vortrags. Es besaß spontane Impulsivität und rhythmische
Lebendigkeit. Hier zeigte sich der Künstler im Kind."

Ricci konnte diesen Erfolg in allen europäischen Hauptstädten wiederholen. Auch in Berlin jubelte ihm das Publikum zu, darunter drei berühmte
Herren: der Reichskanzler von Papen, Gerhart Hauptmann und Albert
Einstein. Als er unter Dohnányi in Budapest spielte, nannte ihn Kreisler den
größten musikalischen Genius seit Mozart. Eine etwas analytischere Be-
trachtung verfolgte der Kritiker und Musikwissenschaftler Henry Roth bei
seiner Beschreibung des jungen Ricci, den er zum ersten Mal im Alter von
vierzehn Jahren mit dem Hollywood Bowl Orchestra hörte:

„Nach dem schwungvoll vorgetragenen schwierigen Konzert Nr. 5 von
Vieuxtemps spielte er mehrere Stücke mit Klavierbegleitung, darunter den
Walzer Nr. 2 aus der Serenade in C von Tschaikowski-Auer und Sarasates
‚Introduktion und Tarantella'. Kein Zweifel – eine glänzende violinistische
Begabung. Sein großer, tragender Ton besaß die heute für eine Solisten-
Karriere unerläßliche intensive Resonanz, und seine Technik war bereits von
virtuosem Zuschnitt. Reine Linien, klare Phrasierung und Sorgfalt im Detail
charakterisierten sein musikalisches Vorgehen, und sein Spiel war insgesamt
erfüllt von einem Ausdruck der Kühnheit. Er besaß nicht die imaginative
Expressivität und innere Vergeistigung des jungen Menuhin, doch besaß Ricci

eine erkennbar eigene Aura, die reiches Erblühen zu einem Künstlertum von
außerordentlichem Format verhieß. Zu jener Zeit waren in dem Knaben Ricci
in jugendlicher Ausprägung bereits die besten Elemente des erwachsenen Ricci
angelegt."[2]

Nachdem Ricci über vierzehn Jahre lang Konzerte gegeben und ein höheres
Jahreseinkommen als der Präsident der Vereinigten Staaten erreicht hatte,
wurde er im Alter von vierundzwanzig Jahren für drei Jahre zur Luftwaffe
der amerikanischen Armee einberufen. Da er häufig auf Veranstaltungen der
Armee und in Krankenhäusern zu spielen hatte ohne geeignete Begleitinstru-
mente, sah er sich gezwungen, die Violin-Literatur nach Stücken ohne
Begleitung zu durchforschen. Die Sololiteratur für Geige –, ohne die oft
mißliche Aufgabe, Differenzen zwischen Solist und Begleiter zu bewältigen –, sollte ihn in Zukunft noch viel stärker interessieren. Gleich nach
seiner Entlassung aus der Armee gab er im November 1946 in der New
Yorker Town Hall ein Konzert, dessen Programm Bachs Solosonate in
a-Moll, Ysayes e-Moll-Sonate op. 27 Nr. 4, Hindemiths Sonate op. 31
Nr. 2, zwei Capricen von Paganini und unbegleitete Stücke von Wieniawski
und Kreisler umfaßte. Seitdem gab Ricci überall, so auch in New York,
London, Paris und Berlin, Geigen-Konzerte ohne Begleitung, in der Überzeugung, daß die Literatur für Solovioline im besonderen Maß den vielfälti-
gen Klang- und Ausdrucksmöglichkeiten dieses Instruments entgegen-
komme.
Die spezifischen Schwierigkeiten des Solorepertoires überwand Ricci
durch das intensive Studium Paganinis. Er wird daher gelegentlich von jenen,
die makellose Technik – trotz zahlreicher historischer Gegenbeweise – nicht
mit musikalischem Können gleichsetzen, zum „Paganini-Experten" abge-
stempelt. Dabei verfügt Ricci nicht nur über ein ausgeprägtes Verständnis für
den musikalischen Ausdruck, sondern sein Spiel besitzt nachgerade puristi-
sche Züge. Ricci glaubt, daß sich diese Züge möglicherweise in der frühen
Reaktion auf Persinger gebildet haben, der mit seinem eleganten Stil das
Portamento liebte. Riccis Aversion gegen dieses Hinüberziehen der Töne,
gegen *Glissandi,* ist in seiner Meinung begründet, daß zuviel „Gefühl" zu
einer Überinterpretierung verführt.
Schon als Kind begann Ricci in der Musik strukturelle Gesetzmäßigkeiten
zu erkennen. „Keiner meiner Lehrer hat es mir beigebracht. Ich mußte ihre
Bedeutung selbst herausfinden."[3] Er konzentrierte sich konsequenterweise
auf das Werk Paganinis und begann mit einer sorgfältigen Analyse der
vierundzwanzig Capricen, die er nach einem System aufgliederte. So konnte
er Paganinis Eigenheiten des Fingersatzes, des Lagenwechsels und der

Bogenführung präzise erkennen. Dementsprechend sagt er: „Über die Technik habe ich von Paganini mehr gelernt als von allen meinen Lehrern."[4] Ricci ist einer der wenigen Geiger, die alle vierundzwanzig Capricen in einem Konzert gespielt haben, und er machte vor mehr als zwanzig Jahren als erster eine Gesamtaufnahme der Capricen auf Schallplatte. Vor kurzem hat er eine Neuaufnahme der Paganini-Capricen im Direktschnittverfahren vorgenommen, die als authentische „Live"-Wiedergabe erheblich höhere Anforderungen an den Musiker stellte als das übliche Aufnahmeverfahren mit Einzelschnitten.

Ricci hat einen runden und intensiven Ton und er kann sein Vibrato beliebig variieren. Sein Bogenstrich ist außerordentlich kraftvoll, in seiner brillanten Beherrschung der Technik wird er nur von wenigen erreicht. Trotz seiner kurzen Finger gelingt es Ricci dank einer breiten Hand, große Intervalle mühelos zu greifen. Dabei benutzt er seinen Daumen als Angelpunkt und wechselt die Lagen nur wenig. Sein linkshändiges Pizzikato ist als „haarsträubend" beschrieben worden, seine Triller als „elektrisierend" und seine Flageoletts als „hauchartig transparent".[5] Mit ähnlichen Superlativen werden seine Stakkatos und Spikkatos belegt. Die Grundlagen für solchen technischen Standard und die perfekte Intonation erwarb Ricci durch konzentriertes Üben von Tonleitern in Terzen, Sexten, Oktaven und durch die Übertragung von Klaviermusik auf die Geige. „Für die Technik des Violinspiels ist es von unschätzbarem Wert, Klaviermusik zu üben, vor allem Transpositionen." Diese Ansicht vertritt auch Nathan Milstein, mit dem sich Ricci auf einer langen Bahnfahrt die Zeit einmal damit vertrieb, daß sich beide Künstler sämtliche Etüden Chopins auswendig vorspielten.

Angesichts von Riccis brillantem technischen Können ist man leicht versucht, andere Aspekte in seiner künstlerischen Arbeit zu übersehen. Mit Joachim und Szigeti kann er sich durchaus als Programmerneuerer messen: Er beherrscht vermutlich das größte und originellste Repertoire aller lebenden Geiger. Ein Beispiel: In einem Konzert des Jahres 1969 umfaßte sein Programm Prokofjews Sonate für zwei Violinen, eine Reihe von Liedern für Sopran und Violine von Villa-Lobos und Saint-Saëns „Fantasie" für Violine und Harfe. Als erster Geiger spielte Ricci in New York Prokofjews Solosonate in D-Dur. 1964 trug er in einer Serie von vier Abenden in New York fünfzehn große Violinkonzerte vor, mit denen er musikalische Entwicklungen vom Barock bis zur Avantgarde aufzeigte, und 1974 trat er als Partner Ernst Bitettis mit einem Programm für Violine und Gitarre auf.

Ricci ist der Moderne gegenüber betont aufgeschlossen: Mit dem New York Philharmonic Orchestra unter Leonard Bernstein spielte er als Welturaufführung ein Violinkonzert des Argentiniers Alberto Ginastera. Auch Werke des Komponisten Gottfried von Einem, Alexander Goehr und Joseph White wurden von Ricci zum ersten Mal aufgeführt. 1978 komponierte Gerard Schumann in enger Zusammenarbeit mit Ricci sein erstes Violinkonzert, zur Feier von dessen fünfzigjährigem Wirken in der musikalischen Öffentlichkeit.

Auf dem Podium wirkt der zierliche Ricci – er mißt nur 1,60 Meter – eher unauffällig und seine Bewegungen sind vollkommen organisch. Er ist kein Anhänger fanatischen Übens vor einem Konzert, vor allem bei romantischer Musik: „Ich kann romantische Musik *spielen*, aber ich kann sie nicht üben. Wenn mein Vortrag vom Gefühl her spontan sein soll, muß ich das Podium mit einer Bereitschaft zu Spontaneität betreten. Nur dann gelingt es mir, mich selbst zu überraschen."[6]

Die Überraschung spielt überhaupt für ihn eine gewisse Rolle. So kam es schon einmal vor, daß er bei einer Probe die Geige ansetzte, um ein Mozart-Konzert zu spielen, und plötzlich entdeckte, daß das Orchester mit einem anderen Konzert Mozarts begann. Glücklicherweise gelang es ihm immer noch rechtzeitig „umzuschalten".

Bei anderer Gelegenheit, einem Konzert in Boston, hatte Ricci mit dem Veranstalter vereinbart, daß er die Bühne nach dem letzten Stück ohne Zugabe verlassen würde, um einen Flug nach Lissabon zu erreichen. Das Konzert verlief glänzend bis zum Ende, im Publikum herrschte gespannte Stille. Einen Moment lang überlegte Ricci, ob das Publikum wohl zu gerührt sei, um ihm zu applaudieren, und als nichts geschah, verließ er nervös lächelnd schließlich das Podium. Auf der Fahrt zum Flughafen fragte ihn der Manager: „Warum haben Sie die beiden letzten Sätze der Hindemith-Sonate eigentlich nicht gespielt?" Ricci schnappte nach Luft. „Hindemith? Ich habe Prokofjew gespielt!"[7]

Riccis Wissen von der Geigentechnik und sein praktisches Können sind phänomenal. Über gelegentliche Virtuosenfeindlichkeit im heutigen Musikbetrieb äußert Ricci übrigens Befremden:

> „Irgendwie wird Virtuosität seit geraumer Zeit stigmatisiert, als sei sie etwas Verächtliches. Doch das ist Unsinn. Es soll nur bedeuten, daß man sein Instrument völlig meistert, denn die Geige an sich ist ein Instrument für Virtuosen. Schlägt man die entgegengesetzte Richtung ein, bereitet man ihrem Leben ein Ende. Nach dem zweiten Weltkrieg haben die Solisten aufgehört, kurze Stücke zu spielen, und damit begannen wir unser Publikum zu verlieren. Da wir bei jedem Auftritt Sonaten spielten, blieben die Leute fort, die virtuose Stücke hören wollten. Doch ich denke, daß sich glücklicherweise diese rigide Haltung bei der Programmgestaltung zu ändern beginnt. Kürzlich hörte ich

den großen russischen Geiger Kremer. Er spielte ‚Die letzte Rose des Sommers' und es war wunderschön."[8]

„Ich liebe die Violine wie Kreisler sie gespielt hat", sagt Ricci, „und ich höre mir lieber ‚Liebesleid' gut gespielt an als Beethoven schlecht gespielt". Ricci vermag eben wie sein bedeutender Vorgänger, beiden Komponisten gerecht zu werden.

Das Streben nach Schönheit

Ginette Neveu – Ida Haendel

Im Pariser Studio Carl Fleschs begegnete Ida Haendel zum ersten Mal einer weiteren Schülerin ihres Lehrers: Es war ein junges Mädchen von etwa sechzehn Jahren, das der erst siebenjährigen Ida durch ihre Größe und ihren kräftigen Körperbau großen Respekt einflößte. Die tiefe, rauhe Stimme, das kurzgeschnittene Haar und der kräftige Hals ließen sie sehr maskulin wirken. Ida verschlug es die Sprache, als die Ältere Wieniawskis fis-Moll-Konzert zu spielen begann. „Ich starrte sie fasziniert an, und obwohl ich noch ein Kind war, erkannte ich, daß ich einer außergewöhnlichen Künstlerin zuhörte. Einer Künstlerin, die sich ganz und gar der Musik verschrieben hatte und so in ihr aufging, daß für sie nichts anderes mehr existierte ... Schon damals war ihr Spiel intensiv und leidenschaftlich, sie verfügte über einen vollen Ton und ein weites Vibrato ... Ihr dramatischer Zugriff hatte die Gewalt eines Vulkans."[1] Das junge Mädchen war *Ginette Neveu.*

Ginette wurde in Paris als Tochter einer Familie geboren, in der seit vielen Generationen die Musik gepflegt wurde. Ihr Vater spielte ein Streichinstrument, und ihre Mutter war Geigenlehrerin. Ihr Bruder Jean, ein guter Pianist, wurde später ihr Begleiter.

Schon als sie noch im Kinderwagen saß, konnte Ginette Melodien nachsingen, die sie nur ein einziges Mal gehört hatte. Als man das kleine Mädchen zum ersten Mal in ein Konzert mitnahm, wurde sie durch die Musik Chopins zu Tränen gerührt. So bekam Ginette eine Viertelgeige und erhielt den ersten Unterricht von ihrer Mutter. Aufgrund ihrer raschen Fortschritte und im Hinblick auf ihren bereits geplanten Eintritt ins Pariser Konservatorium übernahm Madame Talluel von der Ecole Supérieure de Musique ihren weiteren Unterricht. Madame Talluel erinnert sich, daß Ginette bereits mit fünf Jahren sensationelle musikalische Anlagen zeigte und einen Arbeitseifer, der für ein Kind dieses Alters ganz einzigartig war. Sogar ganz leichte

Stellen übte sie mehr als fünfzigmal, und wenn Madame erklärte „Das
genügt", wandte Ginette ein: „Aber es soll doch schön sein."[2]

Mit sieben gab Ginette mit dem Konzert von Max Bruch ihr Debüt in der
Salle Gaveau. Zwei Jahre später gewann sie zwei erste Preise: den Preis der
Ecole Supérieure de Musique sowie den von der Stadt Paris verliehenen Prix
d'Honneur für ihre Darbietung des Mendelssohn-Konzerts. Daraufhin wur-
de sie in die Schweiz eingeladen, um in Winterthur die Konzerte von
Mendelssohn und Nardini zu spielen. Man nannte sie einen „Mozart in
Petticoats" und sagte ihr nach, sie besitze „schon jetzt eine ausgefeilte
Technik, einen vollen, gleichmäßigen Ton von großer Schönheit, meister-
hafte Bogenarbeit und eine deutliche Artikulation".[3]

In Paris nahm Ginette sodann Stunden bei Enesco, der von ihrem Temperament außerordentlich beeindruckt war. Bei der Arbeit an Bachs Chaconne
unterbrach Enesco sie einmal und erklärte: „Ich spiele diese Stelle anders."
Ohne mit der Wimper zu zucken entgegnete Ginette: „Ich spiele diese
Musik, wie ich sie verstehe und nicht in einer Art, die mir fremd ist."[4]
Solchen Widerspruch hätte sich Enesco von niemandem außer von Ginette
gefallen lassen. Er lächelte nur und bedeutete ihr weiterzuspielen.

Im November 1930 wurde Ginette in das Konservatorium aufgenommen,
wo sie nicht nur Violine, sondern bei Nadia Boulanger auch Komposition
studierte. Im Juni des folgenden Jahres gewann sie bereits den Premier Prix.
Einen derartigen Triumph hatte die Welt nicht mehr erlebt, seit fünfzig Jahre
zuvor Wieniawski diesen Preis errungen hatte. Im Jahr darauf nahm Ginette
am Wiener Wettbewerb teil, bei dem sie allerdings nur den vierten Platz
erreichte. Diese Enttäuschung sollte jedoch ein interessantes Nachspiel
haben: Einer der Juroren war von ihrem Spiel so beeindruckt, daß er ihr seine
Visitenkarte mit folgender Nachricht ins Hotel schickte: „Wenn Sie nach
Berlin kommen können, würde ich mich ohne einen Gedanken an persönlichen Gewinn für die musikalische Ausbildung der jungen Violinistin verbür-
gen." Die Einladung stammte von Carl Flesch.[5]

Da die finanziellen Mittel der Familie durch die Wien-Reise erschöpft
waren, vergingen zwei Jahre, bis Ginette und ihre Mutter nach Berlin fahren
konnten. Als Flesch sie dort das zweite Mal spielen hörte, erklärte er: „Mein
Kind, dir hat der Himmel eine Gabe verliehen, und ich habe nicht die
Absicht, daran zu rühren. Ich kann dir lediglich auf rein technischem Gebiet
ein paar Ratschläge geben."[6] Ginette studierte vier Jahre lang bei Flesch in
Deutschland und in Belgien, und sie betrachtete diese Zeit später als den
wichtigsten Abschnitt ihres Lebens.

Mit sechzehn nahm sie am Warschauer Wettbewerb teil und errang dort
den ersten Preis vor dem sechsundzwanzigjährigen David Oistrach. Als sie

in Hamburg mit dem Brahms-Konzert unter Jochum debütierte, eroberte sie das Publikum im Sturm. Ginette Neveu wurde nun in ganz Europa als Virtuosin ersten Ranges gefeiert. Von Deutschland aus reiste sie nach Rußland, wo sie zwischen Moskau und Baku überall mit der gleichen Begeisterung empfangen wurde. In Baku spielte sie bei Temperaturen von über dreißig Grad in einem Freiluft-Amphitheater – vor einem Auditorium von zehntausend Menschen. Auf jeder Station ihrer vierundzwanzigtausend Kilometer langen Bahnreise überreichte man ihr Blumen, so daß in ihrem Abteil gegen Ende der Reise kein Platz zum Sitzen, geschweige denn zum Üben mehr blieb.

Ob Berlin, Paris oder Amsterdam – überall wollte man diese außergewöhnliche junge Geigerin hören, deren Leben nur noch aus Kofferpacken und Reisen bestand. Im Jahre 1936 überquerte sie zum ersten Mal den Atlantik, und die Begeisterung der Amerikaner kannte kaum Grenzen.

Als 1939 der Krieg ausbrach, setzte die Neveu ihre Konzerttätigkeit in Frankreich fort, bis dann 1940 die Besetzung des Landes durch die Deutschen ihren Reisen ein Ende machte. In den folgenden vier Jahren führte sie ein zurückgezogenes Leben, übte und schrieb selber beachtliche Kompositionen. Kategorisch lehnte sie es ab, in Berlin und Stuttgart zu konzertieren, obwohl man ihr enorme Gagen bot. Mit Ausnahme gelegentlicher Konzerte mied Ginette Neveu die Öffentlichkeit in jenen Jahren.

Am 24. März 1945 gab sie ihr Londoner Debüt in der Royal Albert Hall und wählte dafür Beethovens Violinkonzert. *The Strad* rühmte ihre „meisterhafte Technik mit einem außerordentlich weitgespannten Bereich von Klangfarben und einen Bogenarm, den zu betrachten eine Freude ist".

Im folgenden Jahr spielte sie am selben Ort das Brahms-Konzert und als Zugabe Ravels „Tzigane". Der Kritiker des *Daily Mail* meinte damals: „Ihr Konzert war das beste, was wir seit Kreisler gehört haben. Ich kenne keine Geigerin, und nur wenige männliche Kollegen, die ihr gleichkommen."[7]

In den nächsten drei Jahren lag die Welt Ginette Neveu zu Füßen. Über ihr Debüt in der Carnegie Hall am 13. November 1947 schrieb der als besonders anspruchsvoll geltende amerikanische Kritiker Virgil Thomson:

> „Ginette Neveu . . . ist eine große Künstlerin, denn sie hat Ton, Technik und Temperament. Und sie ist eine interessante Künstlerin, weil sie völlig aus sich heraus Rhythmus und eine besonders intensive Fähigkeit, sich mitzuteilen, besitzt. Wir haben nicht oft Gelegenheit, Brahms' Violinkonzert mit solchem Atem und soviel Vornehmheit interpretiert zu hören und zugleich so voller Anmut."

Nach ihrem Auftritt mit dem Philadelphia Symphony Orchestra im Jahr darauf schwärmte Thomson: „Ginette Neveu ist ohne Frage die größte Geigerin, die wir haben, und ich wage zu behaupten, daß sie auch absolut gesehen zu den größten Geigern unserer Zeit zählt."[8] Wo auch immer sie auftrat, übte die Neveu dieselbe Wirkung auf das Publikum aus. Nach ihrem Konzert in Budapest, wo das Violinspiel den Menschen im Blut liegt, schrieb ein Kritiker: „Zwei der größten zeitgenössischen Geiger würden zusammengenommen nicht eine Ginette Neveu ergeben." Der französische Botschafter erklärte ihr, als er sie am Bahnhof verabschiedete: „Sie haben mehr für unser Land getan, als ich es je vermöchte."[9]

Obwohl Ginette Neveu von Flesch und Enesco ausgebildet worden war, vertrat sie keine bestimmte Schule, sondern entlehnte der französischen, belgischen oder russischen Schule, was ihr jeweils als beste Lösung eines technischen Problems erschien. Als einziges bereitete ihr der Umgang mit dem Stakkato gewisse Schwierigkeiten, und auch da erreichte sie nach langen Jahren des Studiums jene absolute Vollkommenheit, die für sie kennzeichnend war. Ihre Art, den Bogen zu halten, verblüffte die Fachleute immer aufs Neue, denn an einem Tag hielt sie ihn wie Heifetz und am nächsten wie Francescatti, ein andermal wieder schien sie den Bogen wie Thibaud zu streichen. Ein Wiener Kritiker, dem dieses Rätsel zu schaffen machte, bemerkte dazu:

> „Was an ihr so fasziniert, ist die vollkommene Harmonie zwischen ihrem augenblicklichen Spiel und ihrer überaus bemerkenswerten Persönlichkeit. Ohne einer bestimmten Schule den Vorzug zu geben, beherrscht sie mit ihrer unvergleichlich konzentrierten rechten Hand sämtliche technischen Variationen. Dabei drückt sich in ihrem Spiel stets auch ihre vornehme Gesinnung und ihr empfindsames Gemüt aus. Die herausragenden Züge von Ginette Neveus künstlerischer Persönlichkeit erschöpfen sich nicht in der noch so glanzvollen Art, wie sie den Ton bildet, und nicht in der unglaublichen Sicherheit, mit der sie bei einem diabolischen Pizzikato den Bogen handhabt. Gestalten und Neu-Erschaffen – das macht ihr Talent aus."[10]

Der Mensch Ginette Neveu war voller Gegensätze. Schon früh besaß sie die Fähigkeit, sich völlig in sich zurückzuziehen und der Außenwelt eine Maske scheinbarer Gleichgültigkeit zuzukehren. Ihr geistiges Vermögen schöpfte sie aus ihrem Innern. Bevor sie das Konzertpodium betrat, bestand sie stets darauf, sich ganz allein in ihrer Garderobe auf ihren Auftritt vorzubereiten.

Eine ganz andere Seite ihrer Persönlichkeit zeigte sich in der tatkräftigen, lebhaften jungen Frau voll unermüdlicher Energie. Sie liebte ausgedehnte Wanderungen, schwamm, ritt, spielte Tischtennis und war eine ausgezeichnete Schachspielerin. Im Urlaub war sie gesellig und zu allem aufgelegt. Alles, was Ginette unternahm, betrieb sie intensiv und großzügig. Ihre

Maxime im Leben wie in der Musik, was für sie nicht voneinander zu trennen war, lautete: „Strebe nach dem Höchsten – strebe nach Schönheit.[11]"

Sie hatte die Angewohnheit, Gedanken und Überlegungen in einem Notizbuch aufzuschreiben, und ihr künstlerisches Verantwortungsgefühl könnte nicht klarer ausgedrückt werden als in folgendem Auszug:

> „Gut zu spielen, besser zu spielen, das muß das einzige Bestreben eines Virtuosen sein; für den konzertierenden Musiker ist es von größter Wichtigkeit, daß seine Individualität immer klarer zum Ausdruck kommt. Vor wirklich schwierige technische Probleme, die mir am meisten zu schaffen machen und zugleich auch am fruchtbarsten sind, stellen mich Komponisten mit einer starken Persönlichkeit. Sie verfolgen das Wesentliche ihrer musikalischen Idee bis zu ihrem logischen Ende, ohne allzuviel Rücksicht auf den Interpreten zu nehmen."[12]

Auf dem Höhepunkt ihrer außergewöhnlichen Karriere starb Ginette Neveu im Alter von dreißig Jahren. Sie kam auf dem Weg nach Amerika bei einem Flugzeugabsturz über den Azoren ums Leben. Ihre kostbare Stradivari fest an sich gepreßt, „starb sie wie sie gelebt hatte, mitten aus einem bewegten Leben herausgerissen".[13] Ihr Bruder Jean kam mit ihr ums Leben. Ginette hatte gerade in ihr Notizbuch geschrieben:

> „Nichts Großes wird erreicht ohne die Einsamkeit der Berufung, und wahre Größe ist, vielleicht eine nach außen hin leuchtende Einsamkeit ... Die Menschen sind manchmal zaghaft, weil sie sich vor dem Tod fürchten. Aber der Tod ist etwas Erhabenes, das man sich seinem eigenen Leben und seinen inneren Idealen gemäß verdienen muß. Unser trauriges Verweilen auf dieser Erde ist nichts als eine Zeit großen Leidens, das die Menschen nicht annehmen wollen."[14]

„Selbst für unsere Zeit, in der die Geiger scheinbar mit einer Fingerfertigkeit auf die Welt kommen, die ihre Vorläufer erst nach langem, fleißigem Üben erlangten, ist ihr Können außergewöhnlich. Sogar in den kompliziertesten Passagen des Konzerts und der Kadenz war ihrem Spiel nicht die leiseste Anstrengung anzumerken oder etwa mangelnde Vollkommenheit. Noch verblüffender bei einem so jungen Mädchen war jedoch die Stimmigkeit der Interpretation, die nicht nur eine gute Ausbildung und jugendliche Energie verriet, sondern auch ein kraftvolles Temperament." Diese Sätze schrieb Ferruccio Bonavia im *Daily Telegraph* am 1. Februar 1937, nachdem *Ida Haendel* zum erstenmal mit dem Brahms-Konzert unter Sir Henry Wood in der Queens Hall aufgetreten war. Sie war damals neun Jahre alt.

Inzwischen sind mehr als vierzig Jahre vergangen, und noch immer gibt sie zahlreiche Konzerte und macht in der ganzen Welt Schallplattenaufnahmen. Ida Haendel gehört zu den wenigen Wunderkindern, die das Versprechen ihrer Begabung auch als erwachsene Musiker einzulösen vermochten, und wird heute zu den größten Violinisten der Welt gezählt.

Ida Haendel wurde 1924 in der kleinen polnischen Stadt Chelm als Tochter armer jüdischer Eltern geboren. Ihr Vater hatte einst selbst Geige spielen wollen, war aber von seinen frömmelnden, streng orthodoxen Eltern daran gehindert worden, nach deren Vorstellung Geiger nur auf Hochzeiten spielten. Nathan Haendel lief von zu Hause fort und wurde Maler. Er schwor sich jedoch, daß, sollte er je ein musikalisch begabtes Kind haben, er alles in seiner Macht Stehende tun würde, um dessen Anlagen zu fördern. Mit dreieinhalb Jahren brachte sich Ida auf der Geige, die ihrer Schwester gehörte, selbst die ersten Melodien bei. Von da an wußte ihr Vater, daß er nun sein Versprechen einlösen mußte. Im Laufe der folgenden Jahre warf man Nathan Haendel immer wieder vor, er betreibe die Karriere seiner Tochter mit allzu großem Nachdruck. Doch wo Talent und Ehrgeiz zusammentreffen, gehen sie gerne eine innige Verbindung ein, und ein Vater, dessen Kind so überaus begabt ist, wird es schwerhaben, seine eigenen Motive genau auseinanderzuhalten.

Schon in ihren ersten Lebensjahren zeigte Ida enorme Leistungen. Mit vier wurde sie in die Chopin-Musikschule in Warschau aufgenommen und vom Schulgeld befreit. Sie studierte bei Michalowicz, einem ehemaligen Schüler Auers in Petersburg, der auch Huberman unterrichtet hatte. Im folgenden Jahr gewann sie mit dem Beethoven-Konzert den Huberman-Wettbewerb.

1935 gingen die Haendels nach Paris, um Ida bei Joseph Szigeti, der sie in Warschau gehört hatte, studieren zu lassen. Doch Szigetis Pläne hatten sich plötzlich geändert, so daß aus dem Vorhaben nichts wurde. Durch eine zufällige Begegnung mit Ignaz, dem Bruder des Pianisten Arthur Rubinstein, wurde jedoch eine Verbindung zu Carl Flesch hergestellt. Flesch war so beeindruckt, daß er sich bereit erklärte, Ida kostenlos zu unterrichten. Schon nach kurzer Zeit fuhr Ida nach Warschau zurück, um am Nationalen Wettbewerb teilzunehmen, wo sie mit Wieniawskis d-Moll-Konzert den ersten Preis gewann.

Flesch hatte es nie für erforderlich gehalten, Ida technische Übungen aufzugeben: er ließ sie gleich die Capriccios Paganinis spielen. Das erste Stück, das sie mit ihm einstudierte, war Sarasates „Carmen Fantasie", und sie spielte sie bald zu Fleschs vollkommener Zufriedenheit. Doch als Ida, die die technisch anspruchsvollen virtuosen Stücke ohne Schwierigkeiten absolviert hatte, von Flesch mit den Klassikern vertraut gemacht wurde, ergaben sich unerwartet Probleme. Flesch gab ihr die Kreutzersonate, die sie in wenigen

Stunden einübte. Doch als sie dann erstmals mit einem eigenständigen
Pianisten als Partner konfrontiert wurde, statt mit dem gewohnten Begleiter,
geriet sie hoffnungslos aus dem Takt. Flesch war wütend. Im Anschluß daran
fragte Ida ihren Vater, ob all diese Striche und Zahlen in den Noten vielleicht
etwas bedeuteten. Nathan Haendel war entsetzt: „Willst du damit sagen, daß
du das nicht weißt?" „Natürlich nicht!" erwiderte Ida. „Es hat mir ja
niemand erklärt!"[15] Tatsächlich, dieses wunderbar begabte Kind konnte
nicht ordentlich Noten lesen; sein Gedächtnis war so vollkommen, daß
niemandem der Gedanke gekommen war, es könne in solch elementaren
Grundfragen Lücken haben. Diesem Mangel war bald abgeholfen. Später
erinnerte sich Ida Haendel an ihre frühe Zeit: „Sobald ich ein Werk technisch
gemeistert hatte, gab es keine anderen Probleme mehr. Mein Spiel war
instinktiv musikalisch ... Ich brauchte Jahre um zu begreifen, daß es
notwendig ist, zuerst die Gedanken, die Strukturen und den Stil, die die
großen Kompositionen bedeutender Komponisten ausmachen, zu studieren
und zu analysieren . . ."[16]

1935 fand Idas Pariser Debüt mit einem Sonatenabend in der Salle Gaveau
statt, als sie gerade sieben Jahre zählte. Ihr erstes Konzert mit Orchester gab
sie im Casino von Monte Carlo. Nach diesen Erfolgen glaubte Flesch, daß
Ida nun für ihren ersten Auftritt in London reif sei, wo er zu jener Zeit lebte.
Pflichtschuldigst reisten die Haendels, die damals finanziell nicht gerade auf
Rosen gebettet waren, nach London. Nathan Haendel malte Portraits, und
Ida verdiente sich ein bißchen Geld, indem sie gelegentlich in vornehmen
Häusern spielte. Schließlich brachte Flesch die Haendels mit dem Impresario
Harold Holt zusammen, der für Ida ein Engagement bei einem Sonntagskon-
zert mit Beecham fand. Ein Problem war allerdings, daß Kinder unter
vierzehn Jahren damals in England auf dem Konzertpodium nicht auftreten
durften. Und da man nicht noch vier Jahre warten wollte, machte Harold
Holt seinen Schützling ganz einfach gegenüber der Öffentlichkeit vier Jahre
älter. Den Zeitungen erklärte er, bei der ersten Information habe es sich um
einen Irrtum gehandelt. Der kleine Schwindel funktionierte, zumal Ida
Haendel schon mit zehn Jahren eine fähige Virtuosin war.

Bereits als Kind war sich Ida Haendel der Isolation bewußt, die aus ihrer
musikalischen Begabung erwuchs: „Je mehr ich mir selbst überlassen war,
desto mehr zog ich mich in mich selbst zurück; als ich älter wurde, baute ich
eine Mauer um mich herum auf, die für andere immer schwieriger zu
durchdringen war. Ich bin jetzt zu dem Schluß gekommen, daß die besonderen Umstände, unter denen ein Künstler meist aufwächst, insbesondere,
wenn er als Wunderkind anfängt, zu einem einsamen, nach innen gekehrten
Leben führen. Auch die Tatsache, daß man nicht zur Schule geht, wo Kinder

lernen, mit anderen umzugehen und sich einzuordnen, spielt dabei eine Rolle."[17]

Ihr erster Violinabend in der Queen's Hall mit Ivor Newton als Begleiter war kein uneingeschränkter Erfolg. Flesch hatte ihr für diesen Anlaß von einem seiner Schüler leihweise eine Stradivari-Geige in normaler Größe besorgt, doch war sie zu groß für Idas kleine Hände. Zum erstenmal in ihrem Leben war sie nervös, so daß sie sogar eine Stelle des Mozart-Konzerts verpatzte. Obwohl die Kritiker sich sehr zurückhaltend äußerten, räumten sie ein, daß sie ein bemerkenswert talentiertes Kind sei und mit großem Geschick musiziere. Bei dem Brahms-Konzert, das sie im Februar 1937 gab, von dem bereits an anderer Stelle die Rede war, hatte Ida dann eine Violine in passender Größe.

Im Sommer desselben Jahres entschlossen sich die Haendels zu einer Reise nach Polen, um ihre Familie wiederzusehen. Flesch protestierte, denn er fand, Ida brauche seine Anleitung jetzt mehr denn je und erklärte, daß er nichts mehr mit ihnen zu tun haben wolle, wenn sie auf ihrem Plan beharrten. Unbeirrt von seinen Drohungen machten sich die Haendels auf die Reise. Unterwegs hatte Ida Gelegenheit, in Paris einige Stunden bei Enesco zu nehmen. Sie erinnert sich: „Es ist schwer, den Unterschied zwischen Flesch und Enesco zu beschreiben. Flesch war ein phantastischer Lehrer und wußte genau, wie er die Fehler seiner Schüler korrigieren konnte. Er hatte etwas von einem Chirurgen an sich, wenn er genau auf den Punkt zielte, auf den es ankam, und er verstand auch, es einem begreiflich zu machen. Enesco verschwendete keine Zeit damit, einem zu erklären, daß es so oder so sein sollte; er machte es vor und versuchte mir zu vermitteln, was er im Sinn hatte. Dann sagte er ‚Geh nach Hause und mach es richtig'. Und irgendwie schaffte man es."[18] Als Flesch von Idas Stunden bei Enesco erfuhr, war er beleidigt und schrieb Nathan Haendel einen scharfen Protestbrief. Als sie sich in London wieder trafen, erklärte Flesch ihm, es schade seinem Ruf, wenn einer seiner Schüler zu einem anderen Lehrer gehe. Er wollte nicht mehr wahrhaben, daß er sich von ihnen losgesagt hatte. Der Unterricht wurde also wieder aufgenommen, und der Vorfall geriet in Vergessenheit.

Während der Kriegsjahre reiste Ida durch ganz England, um Konzerte vor Soldaten, vor Verwundeten in Lazaretten und vor Fabrikarbeitern zu geben. Nach dem Krieg unternahm sie Tourneen nach Amerika, Kanada, und 1949 auch nach Südafrika. Einen geradezu überwältigenden Erfolg erlebte sie bei ihrem ersten Besuch in der Sowjetunion im Jahre 1959.

Ida Haendels Spiel ist niemals gleichförmig oder auch nur vorhersehbar geworden, obwohl sie seit über fünfzig Jahren Konzerte gibt. Jeder Auftritt ist eine neue Erfahrung, und ihre bedingungslose Hingabe an die Musik vermag selbst hartgesottene Kritiker in Euphorie zu versetzen. Als sie im Oktober 1975 mit dem Montreal Symphony Orchestra das Beethoven-Konzert gespielt hatte, gestand Jacob Siskind von der *Montreal Gazette*, es habe „ihm völlig die Sprache verschlagen", obwohl die Haendel mit demselben Werk bereits mehrmals zuvor in Montreal aufgetreten war. „Diese Interpretation", so erklärte er, „war von weit tieferer Inspiration als alles, was ich zuvor von dieser ausgezeichneten Künstlerin gehört habe. Das Finale, das so häufig abfällt ... erschien wie aus makellosem Marmor gemeißelt, und der gesamte Vortrag war von einer Unbedingtheit, die den Zuhörer mit sich riß, bis kein Widerstand mehr möglich war".[19]

Viele halten Ida Haendels Interpretation des Brahms-Konzerts für den Höhepunkt ihrer künstlerischen Leistungen. Sie hat es seit ihrer Kindheit gespielt, doch ihre reifste Deutung dieses Werkes entstand erst durch die Zusammenarbeit mit dem rumänischen Dirigenten Sergiu Celibidache. Die Aufnahme des Konzerts in London mit Celibidache war für Ida Haendel

> „zweifellos ein Meilenstein in meinem Leben als Musikerin. Celibidache brachte eine unvergleichliche Größe und Weiträumigkeit in die Musik. Damals begann ich, Brahms aufrichtig zu verehren. Mit seinem großen Schatz an herzbewegenden Themen und ursprünglichen Harmonien erschien er mir nun als der Komponist, der am meisten in sich vereint. Bei den lyrischen Stellen fühlte ich mich von Brahms angerührt wie von keinem anderen Komponisten, und der Aufbau seiner atemberaubend grandiosen musikalischen Strukturen ließ meinen Puls schneller schlagen, machte mich geradezu schwindlig".[20]

Obwohl Ida Haendel auf der Bühne ein natürliches Selbstvertrauen ausstrahlt, ist sie im Privatleben scheu und zurückhaltend. Sie spricht acht Sprachen und liest viel. Äußerlich ist sie von kleiner Gestalt, und das blasse Gesicht wird ganz von ihren schönen grau-grünen Augen beherrscht. Im persönlichen Kontakt nimmt ihr warmherziges Wesen sehr für sie ein. Ida Haendel ist ein schlichter, offener Mensch und hat keine jener Affektiertheiten, die bisweilen mit dem Erfolg einhergehen. Gleichgültigkeit ist für sie die schlimmste Sünde, eine Verletzung der menschlichen Würde.

,The Elder Statesman'
Isaac Stern

Für „ein der Musik und der Humanität gewidmetes Lebenswerk"[1] wurde
Isaac Stern im Jahre 1975 der erste Albert Schweitzer-Preis verliehen. Unter
den amerikanischen Geigern gibt es heute wohl niemanden, dem seine
Kollegen mehr Achtung entgegenbringen als dem „elder statesman", dem
großen alten Herrn des Violinspiels. Längst wird sein geigerisches Können
als Selbstverständlichkeit angesehen; bewundert wird er – darüberhinaus –
als ein unermüdlicher Organisator und Inspirator, ob es um die Rettung der
Carnegie Hall geht oder darum, für ein hochbegabtes Einwandererkind
einen Zahnarzt aufzutreiben.

Isaac Stern wurde 1920 in Kriminiez, einer kleinen Stadt an der polnisch-
russischen Grenze geboren und kam bereits im Alter von wenigen Monaten
nach San Francisco. Mit sechs Jahren begann er, Klavier zu spielen. Als er
jedoch zwei Jahre später erstmals den Klang einer Geige hörte, entschied er
sich für dieses Instrument. Stern besuchte das Konservatorium von San
Francisco und studierte bei Naoum Blinder, dem Konzertmeister des San
Francisco Symphony Orchestra. Blinder war ein Schüler Brodskys, der in
Wien bei Hellmesberger studiert hatte – und so ergibt sich über Hellmesber-
gers Lehrer Robberechts eine direkte Verbindung zu Viotti. Mit fünfzehn
Jahren gab Isaac sein Debüt, als er mit seinem Lehrer und dem San Francisco
Symphony Orchestra Bachs Doppelkonzert spielte.

Danach gab der junge Stern eine Reihe von Violinabenden in den Städten
der Pazifikküste und trat mit dem Los Angeles Symphony Orchestra auf. Im
Oktober 1937 debütierte der Siebzehnjährige in New York. In der New
York Town Hall hatte sich ein großes Publikum eingefunden, dem der junge
Stern, von Arpad Sandor am Klavier begleitet, mit Tartinis „Teufelstrillerso-
nate" und Glasunows Violinkonzert ein anspruchsvolles Programm bot. Die
New York Times lobte „seine umfassende Technik und sein durchdachtes,
direktes Spiel", bemängelte jedoch, daß „er den Bogen zu fest aufdrückt und
die Saiten zu wenig vibrieren läßt". Der Kritiker wandte ein, daß dies „auf
den tieferen Saiten großen Wohlklang erzeugt, in den oberen Lagen jedoch
häufig schrill klingt".[2] Sterns New Yorker Konzert im Jahr darauf wurde von
Publikum und Kritik gleichermaßen als voller Erfolg gewertet. Seine Karriere als Musiker ersten Ranges hatte begonnen.

Wenn man ihn heute fragt, wo oder wann diese frühen Konzerte genau
stattfanden, kann Stern selbst keine präzise Antwort darauf geben. Weder

hat er selbst Zeitungsausschnitte gesammelt, noch einen Agenten damit beauftragt, da er nicht glaubte, daß sie je für Dritte von irgendwelchem Interesse sein könnten.

Nach seinem siebzehnten Lebensjahr erhielt Stern keinen Unterricht mehr im eigentlichen Sinne. Er sagt dazu: „Für meine Fehler war ich selbst verantwortlich. Es ging mir um die Entwicklung einer persönlichen und intellektuellen Beziehung zur Musik als Idee, die auch eine Art ist, sein Leben zu gestalten. Ich habe das nicht als Beruf oder als Sprungbrett zu einer Karriere aufgefaßt, sondern als einen ständigen Austausch mit Menschen, die sich Gedanken über etwas gemacht haben, Gefühle und Sorgen hegen, und dabei muß man zunächst seine eigene Denkweise, die eigenen Gefühle und Sorgen verstehen lernen."[3] Daß diese philosophische Betrachtungsweise Früchte getragen hatte, zeigte sich deutlich bei Sterns erstem Violinabend in der Carnegie Hall. Diesmal hatte die *New York Times* keine Vorbehalte. Er erzeugte mit den Saiten einen voluminösen, runden, singenden Ton, und seine Ausdrucksmöglichkeiten reichten von breitgefächerten dynamischen Effekten bis zu den sensibelsten Klangabstufungen. Den Bogen handhabe er mit bemerkenswerter Kontrolle und gebrauchte die Linke mit unfehlbarer Genauigkeit. Der junge Künstler führte uns sämtliche Aspekte eines Könnens vor, das zur Interpretation der von ihm gewählten anspruchsvollen Kompositionen unerläßlich ist.[4] Das Programm enthielt Bachs g-Moll-Solosonate, Mozarts Sonate in e-Moll und Brahms' Sonate in d-Moll.

In den folgenden Jahren hat Isaac Stern mit fast allen bedeutenden Orchestern der Welt gespielt und unter fast allen großen Dirigenten. Dieser vielseitige Künstler hat praktisch die gesamte klassische und zeitgenössische Violinliteratur auf Platten aufgenommen und ist im Fernsehen und in Filmen aufgetreten – einmal in dem amerikanischen Film „Tonight we sing" als Darsteller Ysayes.

Stern ist nicht nur ein großer Geiger, sondern auch ein vollendeter Musiker. Diese beiden Begriffe sind für ihn so untrennbar miteinander verbunden wie ein Mensch mit seinem Schatten. Stern ist mit den Orchesterpartituren sämtlicher Stücke, die er interpretiert, vertraut. Er kann seine Phrasierung und seinen Stil auf die Erfordernisse eines Orchesters abstimmen und hat die Geduld, so lange mit den Musikern zu arbeiten, bis alle zufrieden sind. Er weiß, wie Musik aufgebaut ist und welche Harmonien einem Tonsatz zugrundeliegen. Für ihn ist „die logische Verknüpfung harmonischer Strukturen bereits ein wesentlicher Bestandteil des Gehörs"[5], woraus sich folgern läßt, daß dieses Prinzip auch für die Hand gilt. Das erst gibt Sterns Phrasierung ihr besonderes Gewicht: Alles basiert auf einer

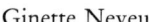
Ginette Neveu

Ida Haendel

David Oistrach

Yehudi Menuhin

Isaac Stern

Ruggiero Ricci

Arthur Grumiaux

Henryk Szeryng

Josef Hassid

tiefen inneren Logik, und wenn man ihn danach fragte, könnte er wahrscheinlich bei jeder Note begründen, warum er sie so und nicht anders spielt.

Als Musiker fühlt er sich ganz den Intentionen des Komponisten, wie er sie versteht, verpflichtet. Wenn wir Stern zuerst dabei beobachten, wie er Mozart spielt, und dann erleben, wie er einen Tschaikowski in Angriff nimmt, können wir feststellen, daß sich nicht nur sein Stil, sondern auch Gesichtsausdruck und Körperhaltung verändern. Die innere Verpflichtung gegenüber der Musik wurde zum Kennzeichen von Sterns Kunst.

Wie kam es zu dieser Entwicklung? Stern selbst meint, in seiner Jugend habe ihn am nachhaltigsten geprägt, daß er mit den Mitgliedern des San Francisco Symphony Orchestra Kammermusik spielte. „Ich war ein junger Bursche, der nicht allzu schlecht Geige spielte, der Interesse zeigte, und die Älteren nahmen mit mir das ganze Kammermusikrepertoire durch."[6] Die Liebe zur Kammermusik hat sich Isaac Stern bis zum heutigen Tag bewahrt. Obwohl ihm nur wenig Zeit bleibt, trommelt er immer wieder ein paar Freunde zusammen, mit denen er musizieren kann. Selbst nach äußerst arbeitsreichen Tagen haben sich solche Kammermusiksitzungen schon bis spät in die Nacht hineingezogen. Der Öffentlichkeit präsentiert sich Sterns Begeisterung für Kammermusik unter anderem in seinem berühmten Klaviertrio mit dem Pianisten Eugene Istomin und dem Cellisten Leonard Rose. Die drei Musiker haben sämtliche Trios von Beethoven, Brahms und Schubert auf Platten eingespielt und auch Fernsehaufnahmen davon gemacht.

Während seiner Laufbahn stand Stern die meiste Zeit über in ständiger Verbindung mit Pablo Casals und Ivan Galamian, deren Vorstellungen die Streicher unserer Zeit nachhaltig beeinflußt haben. Seine enge persönliche und berufliche Beziehung zu Galamian dürfte Sterns Auffassungen vom Violinspiel, besonders was den analytischen Aspekt betrifft, bereichert haben. Mit Casals hat Stern in Prades Kammermusik gespielt, als Casals auf dem Höhepunkt seines Könnens stand. Sterns Ansichten zu Fragen der Musik haben vieles mit den Überzeugungen Casals gemeinsam. So wurde Casals einmal von einem Dirigenten gefragt: „Maître, welches Tempo hätten Sie gern?" Casals biß auf seiner Pfeife herum und antwortete ruhig: „Das richtige."[7] Diese Antwort hätte ebensogut von Stern kommen können, denn er ist ein Künstler, der alles so spielt, daß es für ihn Gültigkeit hat.

Zielstrebigkeit ist eine weitere Eigenschaft Sterns. Besonders deutlich zeigte sie sich in seinen Bemühungen, die Carnegie Hall vor dem Abriß zu bewahren. Im Jahre 1959 hatten die Eigentümer der Carnegie Hall Musikliebhaber in ganz Amerika mit der Erklärung schockiert, daß das alte Gebäude abgerissen und an seiner Stelle ein neues errichtet werden sollte. Isaac Stern organisierte daraufhin eine Gruppe von Leuten, die sich für die

Erhaltung der Carnegie Hall einsetzen wollten. Noch am Vorabend seiner Abreise zu einer langen Tournee nach Europa fand in seinem Haus eine Versammlung statt, bei der das „Citizens Committee for Carnegie Hall" gegründet wurde.

Dank rascher Aktionen des Komitees wurden im Staatsparlament zwei entsprechende Gesetzesvorlagen angenommen, und um die Zustimmung der zuständigen städtischen Kommission positiv zu beeinflussen, schickte das Komitee ein Telegramm an den New Yorker Bürgermeister Wagner: „Die Carnegie Hall jetzt aus ‚Gründen der Nützlichkeit' abzureißen, wäre eine Unverantwortlichkeit, die den Vereinigten Staaten und unserem Ansehen in der gesamten zivilisierten Welt großen Schaden zufügen würde."[8] Unterschrieben war dieses Telegramm von Casals, Bernstein, Piatigorski, Heifetz, Horowitz, Ormandy, Szell, Kreisler, Elman, Munch und Stern.

Im April 1960 wurde die Genehmigung zum Kauf des Gebäudes erteilt und im Mai der Vorstand der Carnegie Hall Corporation gebildet, deren Präsident Isaac Stern wurde. Zwischen Auftritten in Genf und London flog Stern dann nach New York, um an dem historischen Wiedereröffnungskonzert mitzuwirken, bei dem die New Yorker Philharmoniker von Leonard Bernstein dirigiert wurden. Die Rettung der Carnegie Hall war der Höhepunkt zahlreicher Aktionen, die Stern in allen Einzelheiten organisierte, wenn es darum ging, um für irgendeinen Zweck finanzielle Mittel zu sammeln.

Stern hat noch eine weitere wichtige Aufgabe übernommen – er fördert vielversprechende junge Talente:

> „Es bereitet mir eine ganz besondere Freude, den wunderbaren Leistungen junger Kollegen wie Pinchas Zukerman, Itzhak Perlman, Miriam Fried, Sergiu Lica und anderen zuzuhören, zu erleben, wie sie mit Kraft, Brillanz, Autorität und Lust am Spielen musizieren . . . all diese jungen Leute haben wir gehört, als sie noch Kinder waren . . . Wenn ich von Zeit zu Zeit neben ihnen auf dem Podium stehe und beobachte, wie diese gesunden, vitalen, begabten jungen Menschen die Tradition des Violinspiels fortführen, und wenn ich dann weiß, daß ich einen Anteil an dieser Entwicklung habe . . . so ist das für mich die größte Befriedigung."[9]

Stern ist sich bewußt, daß die Anforderungen an den Künstler ständig steigen und daß der Wettbewerb um die Plätze an der Spitze härter ist als je zuvor. Doch er glaubt, daß wir die großen Gestalten der Vergangenheit – Huberman, Kreisler, Joachim, Sarasate – manchmal unterschätzen:

> „Diese Menschen besaßen nicht nur Beweglichkeit und Anmut, sondern verfügten über eine Meisterschaft und beherrschten ihr Spiel mit einer majestätischen Autorität, die sie zu etwas ganz besonderem machte. Diese Autorität,

glaube ich, finden wir heute seltener. Vielleicht nur in ganz wenigen Ausnahmefällen. Was mir am meisten an den jungen Leuten gefällt, die ich eben erwähnte, ist, daß sie zwar alle gut spielen, aber jeder vollkommen anders musiziert als der andere. Jeder von ihnen hat seine eigenen Ansichten, vertritt seine individuelle Auffassung. Eines ist ihnen jedoch allen gemeinsam – sie bitten nicht, daß du zuhörst . . . sie fordern wirklich dein Gehör."[10]

Diese Haltung spiegelt sich durchaus auch in Sterns Spiel wider. Mit den Füßen steht er fest auf dem Boden, doch im geistigen Bereich ist er der, der allgemeingültige Wahrheiten, allgemeinmenschliche Gefühle vermitteln will. Stern hat nie das Bedürfnis verspürt, auf musikalischem Gebiet gewissermaßen das Rad neu zu erfinden. Seine Lehrer waren die Meister der Klassik und des neunzehnten Jahrhunderts, und er wurzelt auf ganz positive und gesunde Weise in dieser Vergangenheit. Auch mit den zeitgenössischen musikalischen Tendenzen hat er sich eingehend auseinandergesetzt, bis er schließlich seinen ganz persönlichen Stil fand. Erst dann ist jene vollkommene Hingabe möglich, auf der jedes große Künstlertum beruht. So erklärt Stern mit der für ihn charakteristischen Logik: „Wenn man sich nicht mit der Geige einläßt und nicht mit ihr spricht, dann kann man sie auch gleich von einer Maschine spielen lassen."[11]

Nach dem Herzen eines jeden Musikers

Arthur Grumiaux

Für *Arthur Grumiaux* ist Virtuosität nur „ein Mittel zum Zweck". Die Musikalität seines Spiels war für ihn stets das Wichtigste. Grumiaux, der als einer der bedeutendsten Geiger unserer Zeit gilt, wird als natürlicher Nachfolger von Vieuxtemps, Ysaye und César Thomson angesehen, die wie er aus der berühmten belgischen Schule hervorgegangen sind. Seine werkgetreuen Interpretationen der Klassiker und sein von Musikalität durchdrungener Vortrag moderner Werke haben auf seine Zeitgenossen wie auf die jüngere Generation beträchtlichen Einfluß ausgeübt. In einer Zeit, in der jeder danach strebt, wie Heifetz zu spielen, ist es geradezu erfrischend, einen Geiger zu entdecken, der sich um einen harmonischen Ausgleich zwischen Virtuosität und den musikalischen Ansprüchen des Komponisten bemüht.

Arthur Grumiaux wurde 1921 in dem kleinen Dorf Villers-Perwin in der wallonischen Provinz Brabant geboren. Er wuchs bei seinen Großeltern mütterlicherseits auf, und sein Großvater, der sich sein vielseitiges musikalisches Können als Autodidakt erworben hatte, weckte als erster das Interesse

des kleinen Arthur an der Musik. Als der Junge drei Jahre alt war, beobach-
tete der Großvater ihn einmal bei dem Versuch, mit Hilfe von zwei Holz-
stücken Geige zu spielen. An der Art, wie das Kind seinen eingebildeten
Bogen mit großer Genauigkeit handhabe, erkannte er einen ausgeprägten
Sinn für Rhythmus und kaufte ihm eine Viertelgeige. Er gab ihm einige
Stunden Geigenunterricht und erklärte ihm die wichtigsten musikalischen
Grundbegriffe. Die Noten der Tonleiter hatte Arthur rasch gelernt, und er
setzte seinen Großvater in Erstaunen, als er wenige Tage später die Tonhöhe
der Kirchenglocken als Noten aufzählte: Arthur besaß das absolute Gehör.

Mit fünf Jahren gab Arthur in einem Kino mit achthundert Plätzen sein
erstes Konzert. Das Publikum reagierte dankbar und bat ihn, zum Abschluß
des Programms die Nationalhymne, die Brabanconne, zu spielen. Arthur
hörte nach wenigen Takten auf, klagte, daß alle Zuhörer saßen und weigerte
sich weiterzuspielen, ehe nicht alle aufgestanden waren. Das Publikum
leistete nicht nur seiner Anordnung Folge, sondern blieb auch auf den
Füßen, um zu applaudieren. Zur Belohnung bekam er ein großes Schaukel-
pferd, das er „im Triumph nach Hause ritt".[1] Erst jetzt vertraute er dem
Großvater seine kostbare Geige an, die er sonst nie aus der Hand gab.

Ein Jahr später begann Arthur auch mit Klavierstunden und machte auf
beiden Instrumenten so gute Fortschritte, daß er schon als Sechsjähriger am
Musikkonservatorium von Charleroi aufgenommen wurde, obwohl sonst
Schüler erst ab elf dort Zutritt hatten. Fünf Jahre später schloß er die Schule
mit Auszeichnung für *beide* Instrumente ab und erhielt daraufhin einen Platz
am Konservatorium in Brüssel. Da es unmöglich war, zusätzlich zum
allgemeinen Lehrplan beide Instrumente zu studieren, mußte Arthur die
schwere Wahl zwischen Klavier und Geige treffen. Da er sich nicht entscheiden konnte, wählte schließlich der Großvater für ihn die Violine.

Durch den „vortrefflichen Unterricht und die Freundlichkeit"[2] von Alfred
Dubois, einem früheren Schüler Ysayes, machte der Junge so große Fort-
schritte, daß er mit vierzehn sein Debüt im Palais des Beaux Arts in Brüssel
geben konnte, bei dem er Konzerte von Vieuxtemps und Paganini spielte.
Nachdem der Achtzehnjährige 1939 den Prix Vieuxtemps gewonnen hatte,
ging er auf Anraten von Dubois nach Paris, um im Juni und Juli Enescos
Sommer-Meisterklasse zu besuchen. Grumiaux sagt: „Der Kontakt mit
diesem großen Meister, das Privileg, ihm vorspielen zu dürfen und die
Atmosphäre, die er in der Klasse schuf, offenbarten mit jene unerläßliche
Klarheit, die ein wesentlicher Bestandteil der Werke großer Komponisten
ist."[3]

Grumiaux war jetzt bereit für den Beginn einer internationalen Karriere.
Er kehrte nach Brüssel zurück, um den von der belgischen Regierung

gestifteten Sonderpreis für Virtuosen entgegenzunehmen, und ist bis heute der einzige Träger dieser Auszeichnung. Durch den Kriegsausbruch wurden jedoch alle Pläne zunichte gemacht. Die Besatzungsmacht hatte verfügt, daß Studenten und Bühnenkünstler alle drei Monate einen Antrag auf Befreiung von der Zwangsverpflichtung zur Fabrikarbeit stellen mußten. Grumiaux wurde zu Dubois' Assistenten ernannt und erhielt damit einen Aufschub, doch den Deutschen blieb sein Können nicht lange verborgen, und so übten sie Druck auf ihn aus, Konzertmeister der Dresdner Staatskapelle zu werden. Als Patriot war es Grumiaux unmöglich, das Angebot anzunehmen, lieber tauchte er unter. Von dieser Zeit bis zur Ankunft der Befreiungsarmee lebte Grumiaux in der Illegalität, stets an wechselnden Orten verborgen, um der Gefangennahme zu entgehen.

Auf die britische Armee folgte sehr bald die für die Organisation der Truppenunterhaltung zuständige Einheit, ENSA. Ihr musikalischer Direktor, Walter Legge, organisierte umgehend Probespielen für belgische Künstler und bot Grumiaux Engagements in England und Europa an, sobald er ihn gehört hatte. Die Künstler, die im Auftrag von ENSA auf Reisen gingen, waren international anerkannte Interpreten. Sie gaben ihre Vorstellungen an jedem Ort, wo es nur irgendwie möglich war, eine Bühne oder ein Podium aufzubauen. Als Konzertsaal diente ihnen jeder denkbare Raum, vom Zelt über die Fabrikskantine bis zum Krankensaal. Oft mußten die Künstler unter den schwierigsten Umständen auftreten, hatten nur behelfsmäßige Garderoben und spielten in eiskalten Hallen. Bei anderen Gelegenheiten war die Umgebung fast luxuriös, wie bei Grumiaux' erstem Konzert im Opernhaus von Gent. Unter Barbirolli trug er dort das Mendelssohn-Konzert vor, ohne Proben. Grumiaux: „Für gründliche Vorbereitung war in dieser schlimmen Zeit kein Platz. Manchmal lagen wir unter Geschützfeuer, wenn wir spielten, und gleichzeitig fielen Bomben. Besonders schlimm war es in Holland."[4]

Legge war so beeindruckt von Grumiaux, daß er ihn für seinen ersten Plattenvertrag mit His Masters Voice engagierte und ihm die Partitur von William Waltons Violinkonzert zum Geschenk machte, einem spätromantischen Werk mit ungeheuer schwierigem Solopart. Grumiaux hatte das Werk innerhalb von drei Wochen für seine erste Aufführung auf dem europäischen Festland einstudiert. Auf einem ausgebleichten, blaßgrünen Verfielfältigungspapier hat sich das Programm erhalten, in dem mitgeteilt wird, das Konzert sei von NAAFI (Navy, Army, Air Force Institutes) organisiert und präsentiere das Belgische Nationalorchester mit dem Dirigenten Constant Lambert.

Walton hatte das Konzert für Heifetz geschrieben, der es zum erstenmal

im Dezember 1937 in Cleveland, Ohio, spielte, und sich die Aufführungs-
rechte für zwei Jahre reservieren ließ. Daher wurde es erst im Jahre 1941 von
Henry Holst zum erstenmal in England aufgeführt: Der Komponist selbst
dirigierte dieses Londoner Konzert. Grumiaux hat sich seither das Werk
zueigen gemacht und es unter den meisten großen Dirigenten gespielt, unter
anderem auch mit dem Komponisten.

Nach Kriegsende verbreitete sich Grumiauxs Ruf rasch in ganz Europa.
Über eine Aufführung des Brahms-Konzerts, das Sir Adrian Boult am
6. März 1946 in der Albert Hall dirigierte, berichtete der Kritiker der *Times:*

> „Die in Stil, Ton und Intonation gleichermaßen klassische Reinheit seines
> Spiels wurde mit romantischer Wärme erfüllt. Im Rhythmischen war seine
> Phrasierung geschmeidig und zugleich eindrucksvoll gestaltet, ohne daß er die
> vorgeschriebenen Tempi mißachtet hätte. Wo anders fände man eine derartige
> Verbindung musikalischer Tugenden, die Brahms so gerecht würde?"

1951 überquerte Grumiaux zum erstenmal den Atlantik und gab sein Debüt
in Boston mit dem Boston Symphony Orchestra. Unter dem Dirigenten
Ernest Ansermet spielte er das Mozart-Konzert in G-Dur KV 216 und
Ravels „Tzigane". Er hatte einen triumphalen Erfolg. Bei seinem nächsten
Konzert mit dem von Rafael Kubelik dirigierten Chicago Symphony Orche-
stra wurde zum ersten Mal die Regel außer Kraft gesetzt, daß Solisten keine
Zugaben spielen: das Publikum hörte erst auf zu applaudieren, als Grumiaux
sein Instrument wieder zur Hand nahm.

Für die darauf folgende Konzertsaison luden die Dirigenten von sechs
führenden amerikanischen Orchestern Grumiaux als Solist zu Gastspielen
nach Amerika ein, nachdem sie ihn zuvor in Europa gehört hatten. Die
Amerikaner identifizierten ihn mittlerweile mit dem Mozart-Konzert KV
216 und wollten vor allem dieses Werk hören. Die *Minneapolis Morning
Tribune* schrieb: „Er beherrscht die subtile Kunst, die Klangfarbe und das
Gewicht eines Tons innerhalb der Phrase zu variieren, und gestaltet auf diese
Weise eine zwingende und bedeutungsschwere musikalische Aussage . . .
Bei der hauchzarten Kadenz des zweiten Satzes hielten die Zuhörer den
Atem an." Ein anderer Kritiker schrieb: „Alles war mit einem seidigen Ton
gespielt, der ohne sichtliche Anstrengung seitens des Interpreten unmittelbar
dem Instrument zu entströmen schien."[5]

Mitte der fünfziger Jahre war Grumiaux der erste Solist in neuerer Zeit, der
Paganinis wiederentdecktes Konzert Nr. 4 in d-Moll spielte. Das Werk war
ursprünglich von Paganini in Paris aufgeführt worden und dann verschollen.
Seine dauernde Angst, bestohlen zu werden, hatte Paganini veranlaßt, den
Orchesterpart und die Noten für den Solisten an verschiedenen Orten

aufzubewahren. Ein italienischer Sammler namens Gallini gelangte später in den Besitz des Soloparts. Jahre später wurde die Orchesterpartitur in einem Stapel Papiere entdeckt, die ein Bettler zum Verkauf angeboten hatte und schließlich von Gallini erworben. Am 7. November 1954 spielte Grumiaux das Konzert in der Salle Pleyel mit dem Orchester Lamoureux. Dirigent war ein Sohn des Sammlers Gallini. Am Tag nach der Aufführung wurde eine Aufnahme des Konzerts gemacht, und die Nachfrage nach der Platte war schon im voraus so groß, daß sie bereits drei Tage nach dem Konzert veröffentlicht wurde.

Grumiaux ist heute ein auf der ganzen Welt sehr gefragter Künstler, der leider nur selten in England zu hören ist. Er hat eine Reihe klassischer Werke aufgenommen, so etwa Bachs Solosonaten und -partiten. Es sind jedoch vor allem seine sensiblen Mozartinterpretationen, die ihm den Respekt und die Bewunderung seiner Kollegen eingetragen haben. Seine innere Beziehung zu dem für Mozart charakteristischen Gefühlsausdruck scheint angeboren und drückt sich in seiner Linienführung, in der Beachtung aller Details und seiner makellosen Phrasierung aus. Seine Einspielungen der Mozart-Konzerte 1956 anläßlich des Mozartjahres in Wien sind Meisterwerke. Die Einspielung des langsamen Satzes aus dem Divertimento für Streichtrio (KV 563) ist sicherlich einer der Höhepunkte in der Geschichte der Tonaufnahme. Nachdem er Grumiaux Mozart spielen gehört hatte, schrieb Francis Poulenc: „Einige Sekunden lang erlebte ich das große, ganz seltene Glück, Tränen der Freude zu vergießen."[6]

Kurz vor seinem Tod schlug Dinu Lipatti Grumiaux brieflich vor, ein Duo zu bilden und die Sonaten von Bach, Beethoven und Brahms aufzunehmen. Lipatti starb jedoch, bevor sie Gelegenheit hatten, miteinander zu arbeiten. Wenig später lernte Grumiaux beim Pablo Casals Festival in Prades die Pianistin Clara Haskil kennen. Dort gaben sie das erste ihrer zahllosen gemeinsamen Konzerte. Ihre Aufnahmen der Sonaten Mozarts und Beethovens zeigen nicht nur hervorragendes musikalisches Können, sie lassen auch die reiche innere Beziehung erkennen, die bei einer solchen künstlerischen Zusammenarbeit unerläßlich ist. Grumiaux mißt seiner Freundschaft mit Clara Haskil große Bedeutung bei. Für ihn war sie eine jener glücklichen Konstellationen, wie sie nur einmal im Leben vorkommt. Er berichtet: „Bei unserem ersten Aufnahmetermin waren wir schon nach weniger als einer Stunde probebereit zur Aufnahme. Unsere Auffassungen der Werke stimmten gedanklich und gefühlsmäßig völlig überein."[7]

In dieser Beziehung hat Grumiaux den meisten seiner Kollegen gegenüber einen entschiedenen Vorteil: Da er immer auch Klavier gespielt hat, ist er mit beiden Parts des Duos gleichermaßen vertraut. Einen überzeugenden Beweis dieses Könnens gibt die wohl einzigartige Aufnahme von 1957. Grumiaux spielte bei Brahms' Sonate in A-Dur, sowie bei Mozarts Sonate in Es-Dur (KV 481) sowohl die Violine als auch den Klavierpart.

Grumiaux' Repertoire umfaßt auch Werke von Bartók, Strawinsky und Berg, seine Aufnahme des Violin-Konzerts von Alban Berg ist als „eine seiner glänzendsten Leistungen" beschrieben worden. Ein Kritiker meinte, daß er zwar über die Technik verfüge, „die Schwierigkeiten des Werks scheinbar mühelos zu bewältigen", sie aber im Gegensatz zu anderen großen Vertretern seiner Zunft nicht dazu einsetzte, „demonstrativ vorzuführen, was für ein großer Geiger er ist".[8]

Avantgardistische Musik hat für Grumiaux keinen Reiz. Auch er vertritt den Standpunkt: „Die Geige ist ein ‚singendes' Instrument und nicht für merkwürdige Geräusche oder Klangeffekte gebaut."[9] Er ist stolz auf das reiche Erbe der belgischen Schule des Violinspiels, die weltweite Bedeutung durch Viotti, de Bériot und Vieuxtemps erlangte. Deren Werk wurde später von Massart und Marsick in Paris fortgesetzt, in New York von Musin und in jüngerer Zeit von Thomson und Ysaye. Zu den berühmten Trägern dieses Erbes zählen Kreisler, Thibaud, Wieniawski und Sarasate. Am Brüsseler Konservatorium vermittelt Grumiaux heute den Reichtum dieser Tradition seinen eigenen Schülern.

Grumiaux' Auftreten auf der Bühne ist zurückhaltend und ohne Effekthascherei. Nur durch den Wohlklang seines Geigenspiels spricht er zu seinen Zuhörern. Damit ist er das genaue Gegenteil jenes Typs von Interpreten, der beim Spielen ruckartige Bewegungen macht und in krampfartige Zuckungen verfällt. Grumiaux' angeborenes Stilempfinden durchdringt jede seiner Gesten, bis hin zum Halten des Bogens, den er in der klassischen franko-belgischen Art mit dem zweiten Glied des Zeigefingers auf der Bogenstange hält. Es liegt Grumiaux fern, sich selbst für einen großen Virtuosen zu halten. Sein größtes Vergnügen ist es, jeden Sommer Künstlerkollegen um sich zu scharen, mit denen er bei einem Festival in einer kleinen belgischen Stadt Kammermusik macht. Von seinen Kollegen wird er zu Recht als „Musiker nach dem Herzen eines jeden Musikers" bezeichnet.[10]

Der Diplomat und der „Polenjunge"

Henryk Szeryng – Josef Hassid

Der Name Henryk Szeryng ist heute allgemein bekannt, doch nur wenige kennen den Namen Josef Hassid. Beide Künstler wurden, im Abstand von fünf Jahren, in Polen geboren. Im Alter von über sechzig Jahren kann Szeryng als Inhaber eines Diplomatenpasses noch immer die ganze Welt bereisen. Hassid starb nach einer mißlungenen Hirnoperation mit siebenundzwanzig Jahren in einer Nervenklinik; er litt an Schizophrenie.

Henryk Szeryng wurde 1918 in Warschau als Sohn einer musikliebenden, reichen jüdischen Industriellenfamilie geboren. Mit fünf Jahren erhielt er von seiner Mutter die ersten Klavierstunden. Zwei Jahre später gab ihm sein Bruder, der ein guter Amateurgeiger und von Beruf Jurist war, Geigenunterricht. Die Violine übte großen Reiz auf Henryk aus, weil sie im Vergleich zum Klavier ein so kleines Instrument war; und er war fasziniert davon, daß sich mit einem solchem Instrument ein großer Konzertsaal füllen ließ. Da er gute Fortschritte machte, durfte er bald bei Maurice Frenkel studieren, der in Petersburg Schüler und Assistent Auers gewesen war. Erst heute erkennt Szeryng, wieviel er Frenkel verdankt und wie sehr die verschiedenen Schulen des Violinspiels in Wirklichkeit „voneinander abhängen, ineinander verflochten und eng miteinander verwandt sind".[1]

Als Huberman den zehnjährigen Henryk das Mendelssohn-Konzert spielen hörte, war er so beeindruckt, daß er ihm die Empfehlung gab, bei Flesch in Berlin zu studieren. Henryk folgte diesem Rat; er blieb drei Jahre lang bei Flesch. 1932 zog die Familie nach Paris, wo der junge Szeryng die Bekanntschaft zahlreicher namhafter Dichter, Maler und Komponisten machte und bei Nadia Boulanger Komposition studierte. Als Henryk das erste Mal Thibaud und Kreisler hörte, war er überwältigt vom französischen Geigenstil. Kreislers Eleganz, seine Finesse und seine ganze Ästhetik der Violinkunst unterschieden sich wesentlich von allem, was Szeryng bis dahin von seinen Lehrern erfahren hatte. Über Thibaud berichtet er: „Er besaß bei weitem nicht die Technik von Heifetz oder Elmans Gewalt, und doch war sein Spiel, besonders wenn er gut aufgelegt war, ... ganz einzigartig und unvergleichlich."[2] Dieser zweifache Einfluß bewog Szeryng, ein weiteres Studium am Pariser Konservatorium zu absolvieren. Und nachdem ihm der begehrte erste Preis für Violine verliehen worden war, schloß er 1937 sein Studium ab und begann eine Karriere als Solist.

Szeryng war einundzwanzig, als Hitler in Polen einmarschierte; er melde-

te sich sofort als Freiwilliger zur polnischen Armee. Da er sechs Sprachen
fließend beherrschte, wurde er zum Dolmetscher und Verbindungsoffizier
im Stab von General Sikorski ernannt. So bekam er die Erlaubnis, auf allen
Reisen seine Geige mit sich zu führen. Bei mehr als dreihundert Konzerten
für Kranke und Verwundete konnte er mitwirken. Er erkannte, nicht zuletzt
bei seinen Auftritten in Kriegsgefangenenlagern, jene verbindende und
befriedende Kraft der Musik, die die Menschen und Völker unterschiedlich-
ster Nationen und Rangordnungen miteinander zu vereinen vermag. Überhaupt steht Szeryng allen musikalischen Sprachen aufgeschlossen gegenüber,
er interessiert sich für Folk, Pop, Rock und Jazz, findet auch in ihnen jene
Kraft wieder, durch die die klassische Musik auf die Menschen wirkt. Jazz
spielt er, der ein guter Pianist ist, zur Entspannung auch selbst.

1942 begleitete Szeryng den polnischen Exilpremierminister (Sikorski)
nach Lateinamerika, um eine Zuflucht für 4 000 polnische Kriegsflüchtlinge
zu erkunden. Beeindruckt von der Menschlichkeit, mit der die Mexikaner
die Heimatlosen aufnahmen, kehrte er nach dem Krieg nach Mexiko zurück,
um dort zu lehren. 1946 wurde er mexikanischer Staatsbürger. Noch heute
ist er offizieller Kulturbotschafter der mexikanischen Regierung und beschäftigt sich als solcher vor allem mit der Förderung kulturellen Austauschs
zwischen Ländern, die keine diplomatischen Beziehungen miteinander haben; „weil ich glaube, daß Musik unbedingt Vorrang vor der Politik haben
sollte".[3]

Im Herbst 1954 gab Arthur Rubinstein eine Reihe von Klavierabenden in
Mexiko. Überwältigt von Rubinsteins herrlichem Vortrag ging Szeryng
hinter die Bühne, gratulierte ihm und sprach ihn in seiner polnischen
Muttersprache an. Der berühmte Pianist war freudig überrascht, einen
polnisch sprechenden „Mexikaner" kennenzulernen, und schlug für den
nächsten Tag ein Zusammentreffen vor.

Szeryng mußte Rubinstein vorspielen, und dieser war vom künstlerischen
Rang des Geigers so stark beeindruckt, daß er ihn, nach zwölf Jahren
Abwesenheit, zur Rückkehr aufs Konzertpodium geradezu drängte. Eine
Begegnung mit dem Impresario Sol Hurok führte umgehend zu einer
Konzerttournee durch die Vereinigten Staaten, und 1956 unternahm Szeryng
seine erste Europatournee.

Szeryng war sechsunddreißig Jahre alt, als er in den Konzertsaal zurückkehrte, und heute, fast drei Jahrzehnte später, musiziert er in aller Welt,
nimmt Schallplatten auf und ist ein überaus aktiver Lehrer (an der Musikfa-
kultät der Nationaluniversität von Mexiko City leitet er die Abteilung für
Streicher, die 1946 von ihm gegründet wurde). Szeryngs Repertoire umfaßt
alle klassischen Konzerte und zahlreiche moderne Werke, darunter auch

zeitgenössische Kompositionen mexikanischer Komponisten. So spielte er etwa beim Edinburgh Festival 1966 die europäische Erstaufführung des Violinkonzertes seines Freundes Carlos Chavez, das er einen Monat zuvor uraufgeführt hatte.

Beträchtliches Aufsehen erregte Szeryng mit der ersten Aufführung neuerer Zeit von Paganinis verloren geglaubtem dritten Violinkonzert, die am 10. Oktober 1971 mit dem London Symphony Orchestra unter Alexander Gibson in der Royal Festival Hall stattfand. Es war lange angenommen worden, das Manuskript sei in den Napoleonischen Kriegen zerstört worden, doch Szeryngs zähe Nachforschungen förderten es wieder zutage: Seit vielen Jahren hatte er nach diesem Konzert gefahndet und war daher hocherfreut, als er die Bekanntschaft zweier über achtzigjähriger Urenkelinnen Paganinis machte. Die Damen schlugen Szeryng vor, weitere Kompositionen des Maestros zu spielen, und zeigten ihm schließlich einen Stapel Noten, mit denen sich seit über hundert Jahren niemand mehr befaßt hatte. Szeryng machte sich die lohnende Mühe, verschiedene lose Blätter wieder zusammenzufügen – „Wir brauchten fünf Tage, um den ersten Satz zusammenzustellen! – und schließlich hatten wir ein vollständiges Konzert entdeckt."[4] Zwei führende italienische Musikwissenschaftler identifizierten es später als das fehlende Konzert Nummer drei und bestätigten seine Authentizität. Szeryng machte auch eine Aufnahme des Werks, und die Platte wurde am Tag nach dem Konzert veröffentlicht. Stanley Sadie schrieb dazu in der *Times:*

> „Es kamen Spikkati von atemberaubender Geschwindigkeit vor, mit Tonfolgen so gleichmäßig wie aufgereihte Perlen; es gab Doppelgriffe in Oktaven, Terzen, Sexten und Dezimen, manchmal mit eingestreuten Trillern; auf blitzende linkshändige Pizzikati und ausgedehnte mehrstimmige Passagen, die manchmal Doppelgriffe erforderten – ich beginne mich zu fragen, wieviele Finger Szeryng besitzt? . . . Die Flageoletts klangen ungewöhnlich melodisch und rein, der Strich war klar und rhythmisch, der Ton von strahlender Silbrigkeit . . . Ich hätte einen etwas leidenschaftlicheren Ausdruck begrüßt und einen rhythmisch freieren Stil mit stärkeren Anklängen an Zigeunermusik gewünscht. Immerhin wurde Paganini nachgesagt, mit dem Teufel im Bunde zu stehen – und wiewohl Szeryng mit teuflischer Brillanz spielte, war sein Klang von allzu engelhafter Reinheit und Schlichtheit."

Diese Ansicht vertrat auch Peter Stadlen im *Daily Telegraph:* „Mit unverwüstlicher Liebenswürdigkeit führte uns Szeryng das Unspielbare vor und war damit zu mindestens neunundneunzig Prozent erfolgreich, aber man wird ihm wohl nicht nachsagen können, mit dem Teufel im Bunde zu stehen." Diese Reinheit, die für Szeryngs Spiel kennzeichnend ist, mag nicht unbedingt das ideale Ausdrucksmittel für Paganini sein, doch bei Bach ist sie unerläßlich. Szeryngs Aufnahmen von Bachs Solosonaten und -partiten werden von vielen als die schlechthin gültigen Interpretationen dieser Werke angesehen. Der Kritiker des *Daily Telegraph* schrieb nach Szeryngs Wiedergabe der dritten Bach-Partita in der Queen Elizabeth Hall 1973: „Das ‚Preludio' entfaltete einen fast hypnotischen Impetus, als mit naturhafter Unausweichlichkeit Phrase auf Phrase folgte und Bachs unvergängliche melodische Erfindungskraft durch die weiteren Sätze strömte."

Szeryng hält eine genaue Kenntnis der individuellen wie der sozialen und historischen Lebensumstände eines Komponisten für ausgesprochen wichtig. Es fällt ihm leichter, ein Werk zu interpretieren, wenn er sich mit den Einflüssen und Ideen vertraut gemacht hatte, mit denen sich auch der Komponist auseinandersetzen mußte.

Seine Konzertreisen und die vielseitige Tätigkeit als Diplomat vermittelten Szeryng intensive Einblicke in das musikalische Leben zahlreicher Länder. Bestürzt war er beispielsweise, als er entdeckte, daß es in ganz Israel, trotz vieler hervorragender Violinvirtuosen, keine einzige Stradivarigeige gab. Bei einem Konzert zur Feier des fünfundzwanzigsten Geburtstages des Staates Israel im September 1972 wurde dieser Makel von Szeryng getilgt: Er schenkte dem Land ein herrliches Meisterwerk Stradivaris, die „Herkules" aus dem Jahre 1734. Dieses Instrument hatte sich einst in Ysayes Besitz befunden und war ihm nach einem Petersburger Konzert gestohlen worden. 1925 tauchte sie in Paris wieder auf, gekauft wurde sie von der Frau des Dirigenten Charles Munch, der sie zum Geschenk erhielt.

Szeryng hat die Geige in „Kinor David" umbenannt: „die Leier Davids."

Als Kreisler den Knaben *Josef Hassid* im Hause Fleschs gehört hatte, erklärte er: „Ein Geiger wie X [hier nannte er einen sehr berühmten Namen] wird alle hundert Jahre geboren – einer wie Hassid nur alle zweihundert Jahre."[5] Josef Hassid wurde 1923 in einem armen jüdischen Elternhaus in Suwalki, einer abgelegenen polnischen Stadt nahe der russischen Grenze, geboren. Da seine Mutter sehr früh starb, oblag dem Vater, einem musikliebenden Buchhalter, die Erziehung des Knaben. Die ersten Geigengriffe brachte sich Josef selbst bei, mit sechs Jahren bekam er seinen ersten geregelten Unterricht. Als ihm der Geigenlehrer der Stadt nichts mehr beibringen konnte, schickte man den Jungen nach Warschau, wo er bei einem Geiger namens Krystal Stunden nahm.

Mit zehn wurde er in Michalowicz' Klasse an der Chopin-Musikschule in Warschau aufgenommen. Hier begegnete er seiner ersten ernsthaften „Rivalin", einem fünf Jahre jüngeren Mädchen – Ida Haendel. In ihrer 1970 in

England erschienenen Autobiographie *Woman with Violin* schreibt sie: „Als ich ihn hörte, war ich noch zu jung, um an seinem Talent Gefallen zu finden, und sein langsames Vibrato beeindruckte mich nicht im geringsten." Ida beherrschte bereits ein rasches Vibrato, das sie, kurz nachdem sie zu spielen angefangen hatte, wie von selbst gelernt hatte. „Damals hielt ich das Vibrato für das allerwichtigste, und da Josef Hassid auch technisch noch nicht so weit war wie ich, fand ich ihn bald völlig uninteressant. Doch Vater erkannte in diesem schwarzgelockten Knaben mit dem runden Gesicht und einem stets freundlichen Lächeln eine ungeheure Begabung. Und wir wurden bald zu Rivalen – zumindest in den Augen unserer Eltern und der Öffentlichkeit." In der folgenden Zeit trat Josef erfolgreich bei einer Reihe von Konzerten in Warschau auf und beteiligte sich schon mit zwölf Jahren am Wieniawski-Wettbewerb. Da ihn sein Gedächtnis im Stich ließ, konnte er jedoch keinen der ersten Plätze erringen. Es war jenes historische Jahr 1935, in welchem Ginette Neveu den ersten und David Oistrach den zweiten Preis gewann.

Um diese Zeit hörte Huberman Josef Hassid zum ersten Mal spielen und empfahl ihm den Unterricht bei Carl Flesch, bei dem bereits Ida Haendel studierte. Idas Vater wandte sich im Namen Josefs an Flesch und konnte darauf Hassids Vater als erstem mitteilen, daß sein Sohn nicht nur als Schüler angenommen sei, sondern auch umsonst unterrichtet werde. In seiner Antwort schrieb Hassid an Nathan Haendel: „Als mein Josef diese Neuigkeit erfuhr, hat er eine ganze Stunde lang vor Freude getanzt."[6]

1937 begann Josef, mit der Teilnahme an einem Sommerkurs in Spa in Belgien, das Studium bei Carl Flesch, der tief beeindruckt von Josefs Talent war und glaubte, für sein Alter besitze er ein außerordentliches musikalisches Verständnis und Wahrnehmungsvermögen. Flesch meinte später einmal, Hassid sei der begabteste Schüler gewesen, den er je gehabt habe. Technisch brauchte er ihm nichts mehr beizubringen, allein seinen Stil galt es zur Vollendung zu führen.

Bei diesem Sommerkurs geschah noch etwas anderes: Josef verliebte sich heftig in eine seiner Mitschülerinnen. Das Mädchen erwiderte seine Gefühle, doch war sie Nichtjüdin, und aus religiösen Gründen waren beide Familien absolut gegen die Verbindung. Sie vereitelten jede weitere Begegnung, und es gelang ihnen tatsächlich, die Romanze zu zerstören. Der Name des Mädchens wird noch heute geheimgehalten. Josef, der seit seiner frühen Kindheit unter dem Fehlen weiblicher Gefühlszuwendung gelitten hatte, wurde zutiefst erschüttert durch diese Erfahrung.

Doch mittlerweile begann seine Karriere Gestalt anzunehmen. 1938 trat er zum ersten Mal in London auf: Das Konzert fand im Haus von Sir Philip Sassoon in Park Lane statt und diente der Unterstützung von Ben Shemen,

einem Ausbildungsheim in Palästina für Flüchtlingskinder aus Mittel- und
Osteuropa. Die Kritiker waren begeistert und nannten Hassid einen geborenen Geiger.

Als 1939 der Krieg ausbrach, entschlossen sich die Hassids in London zu
bleiben. Harold Holt nahm Josef unter seine Fittiche und arrangierte einen
Violinabend sowie mehrere Konzerte. Durch das außerordentliche Verständnis des Aufnahmeleiters von His Master's Voice, Walter Legge, kam
es zu einem wohl noch nie dagewesenen Vorfall. Josef Hassid wurde schon
einige Wochen *vor* seinem ersten Auftritt eingeladen, Genrestücke aufzunehmen. Gerald Moore, der Hassid bei diesen Aufnahmen begleitete, erinnert sich lebhaft an ihn:

> „Ich . . . war sofort von seiner Genialität überzeugt. Er war ein sehr reservierter, um nicht zu sagen schüchterner Junge und hatte kein Selbstvertrauen,
> außer wenn er seine Geige in der Hand hielt . . . Wenn er übte, war er so tief
> und zielgerichtet konzentriert wie ein ausgereifter Virtuose. Ich sage dies mit
> Bedacht, denn für einen Londoner Auftritt übten wir mehrmals, als ich gerade
> umzog und meine Sachen zeitweise im großen Haus eines Freundes untergebracht waren – Tische, Kommoden, Schränke, Schreibtische, das Klavier und
> Kisten mit Porzellan, alles war durcheinander. Doch nichts störte ihn."[7]

Gerald Moore begleitete Josef Hassid auch bei seinem ersten Auftritt in der
Wigmore Hall am 3. April 1940. ‚Der junge polnische Geiger' stand auf den
Plakaten angekündigt, doch sein Programm, das Corellis ‚La Folia', Werke
von Debussy und Schubert, sowie Paganinis ‚I Palpiti' enthielt, hätte auch
das Können altbewährter Geiger auf die Probe gestellt. Die *Times* erklärte
ihn zu einem ‚reifen Künstler', bewunderte den ‚geschmeidigen und vollen
Ton' bei Corelli und lobte ‚die Tiefe seines musikalischen Verstehens' bei
einer Solosonate von Bach.

Drei Wochen später trat Hassid zum ersten Mal von einem Orchester
begleitet in der Queen's Hall auf: Dieses Konzert mit dem London Philharmonic Orchestra diente der Unterstützung des Polnischen Fürsorgefonds
und wurde von Gregor Fitelberg dirigiert, der jetzt selbst Flüchtling, früher
Dirigent des Warschauer Rundfunkorchesters gewesen war. Die *Times*
schrieb, der nachhaltige Eindruck seines Violinabends sei „mehr als bestätigt
worden . . ., als er nach einem eher zögernden Anfang Tschaikowskis
bravourösen Stil kühn erfaßte. Im lyrischen langsamen Satz war sein Ton von
ausdrucksvoller Schönheit". Ida Haendel, die diese Aufführung miterlebte,
erinnert sich: „Als wir sahen, wie er das Podium bestieg, wußten wir, daß er
alle Herzen für sich gewinnen würde. Mit seinem ungebärdigen schwarzen
Haar und seiner bescheidenen Art war er eine wirklich charmante Gestalt."[8]

Hassid bestritt noch drei weitere Konzerte, und His Master's Voice bot ihm einen Plattenvertrag an, der unter anderem die erste Aufnahme von Waltons Violinkonzert vorsah. Doch diese Pläne wurden nicht mehr verwirklicht. Hassid begann launisch zu werden, war depressiv und litt an Gedächtnislücken. Wochenlang rührte er seine Geige nicht an und geriet zunehmend in Konflikt mit seiner Umwelt: gegen seinen Vater entwickelte er Aggressionen. Mehrmals unterzog er sich einer psychiatrischen Behandlung, die jedoch nur teilweise Erfolg hatte. Als unheilbar schizophren wurde er schließlich in eine Nervenklinik in Epsom eingewiesen.

In den folgenden, tragisch überschatteten Jahren zog sich Hassid immer mehr in sich selbst zurück und entfremdete sich allem, was mit Musik zu tun hatte. Er bestritt sogar energisch, selbst jemals Geige gespielt zu haben. Ein Brief Carl Fleschs an Hassid aus dieser Zeit erinnert eindringlich an die Hoffnungen, die er für die Zukunft seines Schülers gehegt hatte. „Ich hoffe, Sie tun alles in ihrer Willenskraft stehende, um sobald wie möglich wieder gesund zu werden", schrieb er. „Ein großer Künstler wie Sie ist es der Welt schuldig, wieder aktiv zu werden."[9] Im November 1950 unterzog sich Hassid einer Gehirnoperation, von der er sich nicht mehr erholte. Acht kurze Stücke auf vier Schellackplatten sind das einzige, was uns als akustische Erinnerung an sein Genie erhalten blieb. Aber sie sind ein hinreichender Beweis dafür, daß er einer der größten Geiger dieses Jahrhunderts war.

DIE GROSSEN AMERIKANISCHEN LEHRER

Louis Persinger – Josef Gingold – Ivan Galamian

Nachdem die Ära der Auer, Flesch und Enesco zu Ende gegangen war, übernahm das Jahrhundert dankbar ihre Schüler. Sascha Lasserson führte die Tradition Auers fort, bis er im Juli 1978 im Alter von achtundachtzig Jahren starb. Max Rostal, der zu Fleschs bekanntestem Schüler wurde, unterrichtet in der Schweiz, während Menuhin und Helen Dowling einen Teil jenes subtilen, doch nachhaltigen Einflusses an ihre Schüler weitergeben, den Enesco auf sie ausgeübt hat.

In den Vereinigten Staaten haben zwei ehemalige Schüler Ysayes, Louis Persinger und Josef Gingold, einen bedeutenden Beitrag zur Entwicklung des Violinspiels geleistet. Und dort lebt auch der größte Lehrer unserer Zeit, Ivan Galamian, der bei Lucien Capet in Paris studierte und keiner der wichtigen ‚Schulen' angehört.

Louis Persinger (1887–1966) wurde in Rochester, Illinois, geboren und am Leipziger Konservatorium ausgebildet. Er beendete sein Studium bei Ysaye in Brüssel. Zunächst wirkte er als Konzertmeister der Berliner Philharmoniker und des Königlichen Opernorchesters in Brüssel, dann wurde er 1915 zum Konzertmeister und stellvertretenden Dirigenten des San Francisco Symphony Orchestra ernannt. Nach Auers Tod im Jahre 1930 übernahm er dessen Lehrstuhl an der Juilliard School in New York.

Am bekanntesten wurde Persinger durch seine Fähigkeit, talentierte Kinder zu unterrichten: Menuhin und Ricci waren die berühmtesten. Helen Dowling, die ebenfalls als Kind bei Persinger studierte, lobt seine Fähigkeit, die Musik als etwas Lebendiges zu vermitteln:

> „Er legte großen Wert darauf, daß die Musik als Einheit aufgefaßt wurde. Wenn man eine neue Komposition angehen sollte, begann er die Stunde damit, uns die Begleitung oder den Orchesterpart auf dem Klavier vorzuspielen. Dazu las man die Noten der Violinstimme mit, so daß die Komposition bereits bekannt war, bevor man die Solostimme zu üben begann. Jedes Stück, das man eventuell einmal mit Orchesterbegleitung spielen würde, erläuterte er mit großer Ausführlichkeit und erklärte, an welchen Stellen den meisten Orchestern Fehler unterliefen und wie man es schafft, seinen eigenen Part unbeirrt weiterzuspielen. Wir waren nur Kinder, aber für unsere Interpretationen war es von entscheidender Bedeutung, nicht nur die Violinstimme erlernt zu haben."[1]

Helen Dowling erinnert sich auch an Persingers Begabung, die rein technische Seite des Phrasierens zu lehren:

> „Man mag alle Musik der Welt in sich tragen, aber solange man nicht die Technik besitzt, sie aus sich herauszuholen, geht überhaupt nichts. Und gerade das konnte Persinger hervorragend vermitteln. Man muß nicht mit seinen Interpretationen übereinstimmen, aber Phrasieren ist eine Technik, und wenn man gelernt hat, wie man phrasiert, kann man seine eigene Interpretation entwickeln. Es ist wie beim Erlernen einer Sprache – zu Anfang muß man langsam artikulieren."[2]

Persinger besaß eine unendliche Geduld. Menuhin berichtet: „Die Milch der frommen Denkungsart mag für eine Solistenkarriere nicht der rechte Antrieb sein, doch sie machte Persinger zu einem idealen Lehrer für einen lernbegierigen Schüler."[3] Menuhin erzählt eine Geschichte, die eine weitere Seite von Persingers Charakter beleuchtet. Der Lehrer hatte dem achtjährigen Yehudi versprochen, er dürfe mit dem Beethoven-Konzert anfangen, wenn er zuvor Mozarts Konzert in A-Dur gelernt habe. In acht Stunden konzentrierten Übens lernte er das Mozart-Konzert auswendig und spielte es Persinger vor. Menuhin schreibt:

> „Ein grausamerer Mensch hätte meinem Affen Zucker gegeben, mich gelobt und dann Leierkastenmusik vorgeschlagen. Zum Glück wurde Persinger

dieses eine Mal wütend. ‚Geh nach Hause', sagte er zornig mitten im Andante, ‚und gebrauch deinen mathematischen Verstand. Rechne dir den exakten Rhythmus jeder Figur selber aus. Ich will dich erst wiedersehen, wenn du über jede Note in jedem Satz nachgedacht hast'."⁴

Josef Gingold wurde 1909 in Rußland geboren und kam 1920 in die Vereinigten Staaten. Er war zuerst Schüler bei Vladimir Graffman in New York und verbrachte später zwei Jahre bei Ysaye in Brüssel.

Gingold war Mitglied des NBC Symphony Orchestra unter Toscanini sowie Konzertmeister der Symphonieorchester in Detroit und Cleveland, als das Cleveland Symphony Orchestra von George Szell geleitet wurde. Während seiner dreizehn Jahre in Cleveland bestritt Gingold fünfzehn Konzerte als Solist. 1960 wurde er schließlich Mitglied des Lehrkörpers an der Musikschule der Universität von Indiana in Bloomington, wo er jetzt den Ehrentitel eines ‚Distinguished Professor of Music' trägt. In den letzten fünfundzwanzig Jahren war er Vorstand der Kammermusikabteilung in der Meadowment School of Music im Staat New York. Zusätzlich zu seiner Lehrtätigkeit, seinen Plattenaufnahmen und Konzertauftritten in den Vereinigten Staaten, hat Gingold Meisterklassen am Pariser Conservatoire National de Musique und an der Toho Musikschule in Tokio abgehalten. Darüber hinaus hat er seine Wahlheimat als Jury-Mitglied bei einer Reihe von internationalen Violinwettbewerben vertreten: beim Queen Elizabeth-Wettbewerb, sodann beim Paganini-, Wieniawski-, Leventritt-, Sibelius- und Tschaikowski-Wettbewerb. Mehr als dreißig Werke des klassischen und modernen Violinrepertoires wurden von ihm herausgegeben. Es gibt eine hochinteressante Gingold-Aufnahme von Stücken Kreislers, die ihn als Meister des reinen Stils zeigt.

Gingold hat eine bemerkenswerte Gabe Wissen zu vermitteln, und seine warmherzige Persönlichkeit macht ihn überdies bei allen sehr beliebt. Miriam Fried, die bei ihm studierte, bevor sie zu Galamian an die Juilliard School ging, verdankt ihm Etliches: „Gingold führte mich in eine Richtung, die ich nie zuvor bedacht hatte. Er weckte mein Gefühl für Klänge und zeigte mir, wie sich die Geige vom Klavier unterscheidet und wo ihre Möglichkeiten liegen. Diesen Aspekt hatte ich zuvor vernachlässigt, und ich bin Gingold seither immer dankbar, daß er mir diese neue Dimension erschlossen hat."⁵

Im Jahre 1903 in Täbris im Iran geboren, als Sohn armenischer Eltern, kam *Ivan Galamian* im Alter von zwei Monaten nach Rußland. Sein Vater war ein musikliebender Geschäftsmann. Als Ivan sich mit acht Jahren für die Geige zu interessieren begann, schickte man ihn auf die Schule der Philharmonischen Gesellschaft in Moskau, an der er von Mostras, einem Schüler

Sibors, unterrichtet wurde. Ivans Studienabschluß fiel in die Zeit der Revolution von 1917, und er floh nach Deutschland, erreichte schließlich Paris und wurde hier Schüler von Lucien Capet, der „musikalisch wie auch pädagogisch einen bedeutenden Einfluß"[6] auf ihn ausübte.

In seiner Jugend erwarb sich Galamian einen Ruf als virtuoser Interpret; er unternahm in den zwanziger Jahren erfolgreiche Europatourneen. Doch seit seinem dreizehnten Lebensjahr zeigte er Interesse am Unterrichten. So führte er etwa ein Tagebuch, in welchem er ausführlich die Fortschritte seiner Schüler festhielt. Als Capet 1923 begann, einige überzählige Schüler an ihn weiterzureichen, fing Galamian an, sich ernsthaft mit dem Beruf des Lehrers zu befassen.

1930 wurde Ivan Galamian zum Vizepräsidenten des Russischen Konservatoriums in Paris ernannt und war von 1936 bis 1939 Mitglied des Lehrkörpers an der École Normale de Musique in Paris. 1939 emigrierte er in die Vereinigten Staaten und erhielt 1944 die amerikanische Staatsbürgerschaft.

Im gleichen Jahr wurde Galamian von Efrem Zimbalist, dem damaligen Direktor des Curtis Institute, zum Mitglied der Fakultät berufen. Seine „Heimat" fand Galamian dann zwei Jahre später an der Juilliard School, an der er sich im Lauf der Jahre einen Ruf erwarb, der nur mit dem Auers in Petersburg verglichen werden kann.

Heute findet Galamians Unterricht ausschließlich in seinen New Yorker Privaträumen statt. Nur in den Sommermonaten wechselt man in die von ihm 1944 begründete Meadowmount School in den Adirondack Mountains (in Westport im Staat New York). Bis vor kurzem noch begann er seinen Arbeitstag um acht Uhr morgens und beendete ihn nicht vor sechs Uhr abends. Seit seinem fünfundsiebzigsten Geburtstag beginnt er den Unterricht um neun Uhr, doch er zögert zuweilen nicht, einen faulen Studenten noch vor dieser Zeit anzurufen und zu fragen: „Warum übst du nicht?"

Galamian hat eine strenge Auffassung vom Üben. „Wenn wir die Entwicklung bekannter Künstler analysieren, erkennen wir, daß in fast jedem Fall der Erfolg der Karriere von der Qualität des Übens abhängig war . . . Der Unterricht ist nicht alles. Kinder wissen nicht, wie sie allein arbeiten sollen. Der Lehrer muß dem Kind ständig zeigen, *wie* es üben soll."[7]

Diese Forderung des richtigen Übens ist einer der wichtigsten Gesichtspunkte von Galamians Unterricht. Sein Grundsatz ist, daß der Schüler ein Gefühl der Verantwortlichkeit für seine Technik und speziell für die Ausarbeitung einer Übungsroutine zu entwickeln hat. Im Meadowmount verbringen Galamian und seine Assistenten beträchtliche Zeit damit, den Schülern in ihren Übungskabinen zuzuhören, um ihnen dann Ratschläge zu geben. Sidney Mann, der dem verstorbenen Frances Kitchner in England 1969 assistierte, einen von Galamians Unterrichtsmethode inspirierten Kurs abzuhalten, faßt seine Erfahrung so zusammen: „Wenn man aus der Nachbarkabine hört, wie jemand zwei Kreutzer-Etüden übt, einen Satz aus einem Konzert und eine Solosonate von Bach – das meiste davon auswendig – dann wird man wirklich besser."[8]

Eine besondere Stärke von Galamians Methode ist die konstruktive, die ökonomische Nutzung der zur Verfügung stehenden Zeit. So sollte „der Lehrer schon von einem frühen Stadium in der Entwicklung des Schülers dessen persönliche Initiative fördern, gleichzeitig bemüht sein, die Erkenntnisse des Studenten, seinen Geschmack und sein Stilempfinden zu verbessern".[9]

Ein weiterer wichtiger Aspekt von Galamians Unterricht drückt sich in seinen Maximen der Unparteilichkeit und Beständigkeit aus. Er selbst hatte in Rußland einen Lehrer gehabt, der sich allerlei Stimmungen hingab, so daß alles davon abhing, wie er sich jeweils fühlte. „Ich habe mir vorgenommen, niemals derart auf Schüler zu reagieren . . . Ich habe Geduld und lehre meine Studenten geduldig zu sein. Ganz besonders bemühe ich mich um Geduld, wenn ich ihre Versuche sehe, einen eigenen Weg zu finden."[10] Er betont: „Der Lehrer darf nie sein höchstes Ziel aus den Augen verlieren, daß es seine Aufgabe ist, dem Studenten zur Selbständigkeit und Unabhängigkeit zu verhelfen."[11]

Manche seiner Studenten halten Galamian für zu streng, nur die Erfolgreichen äußern keine Klagen. So etwa Miriam Fried: „Er gibt sich nicht mit weniger zufrieden, als dem, was er selbst sich vorstellt. Wenn er nicht überzeugt ist, daß du deine individuelle Höchstleistung erreicht hast, läßt er dich eine Woche lang dasselbe Stück spielen." Eine klassische Äußerung Galamians ist: „Zu fünfundneunzig Prozent machst du das schon sehr gut – jetzt wollen wir die letzten fünf Prozent schaffen."[12]

Die Koreanerin Kyung-Wha Chung berichtet, wie Galamian seine Studenten für das Konzertpodium vorbereitet: „Es ist wie bei einem stark geschminkten Schauspieler. Sieht man ihn aus der Nähe, ist das Make-up zu grell, aber auf der Bühne wirkt es perfekt. Galamians Unterricht ist auf diese Wirkung hin konzipiert. In einem Zimmer klingt es vielleicht übertrieben, aber auf dem Podium ist es phantastisch."[13]

Galamian räumt ein, daß das heute verlangte Niveau höher liegt als vor dreißig oder selbst zwanzig Jahren. „Geiger haben heutzutage eine stärker entwickelte Technik, und sie halten sich im Musikalischen getreuer an den Text der Komposition."[14] Auch das geforderte Repertoire ist viel umfangreicher als früher: „Als ich in Paris bei Capet studierte, mußte ich etwa ein Dutzend Konzerte lernen; heutzutage sind es eher an die fünfzig."[15]

Es besteht kein Zweifel, daß Galamian einen einzigartigen Beitrag zur Entwicklung des Violinspiels geleistet hat. Sein ganzes Leben galt dem Studium und der Einübung aller Details dieser Kunst. Sein 1964 in London erschienenes Buch *Principles of Violin Playing and Teaching* enthält genaue Anweisungen und Erläuterungen zu jedem geistigen oder physischen geigerischen Aspekt. Galamian faßt seinen wichtigsten Grundsatz wie folgt zusammen:

> „Das Endziel und die einzige Daseinsberechtigung aller Instrumentalstudien ist die Interpretation. Die Technik ist lediglich ein Mittel, um dieses Ziel zu erreichen, das Werkzeug im Dienst der künstlerischen Interpretation."[16]

Als Galamian einmal von einem Journalisten gefragt wurde, wer von all seinen Schülern die herausragendste Begabung zum Geiger besessen habe, antwortete er ohne zu zögern: „Michael Rabin. Er besaß ein ganz außerordentliches Talent – er hatte keine Schwächen, niemals!"[17] Der 1937 geborene *Michael Rabin* hinterließ schon bei seinem ersten Auftreten als Wunderkind einen ungeheuren Eindruck. Er starb 1972, auf dem Höhepunkt einer brillanten, doch von Drogenproblemen und psychischer Instabilität überschatteten Karriere im Alter von fünfunddreißig Jahren. Es wäre interessant gewesen, die Entwicklung einer derartigen Begabung, die an den jungen Josef Hassid erinnert, den vielversprechendsten Schüler Carl Fleschs, zu verfolgen.

Dagegen sind drei andere Schüler Ivan Galamians überaus aktiv. Selbst in einer Zeit, die reich an glänzenden Virtuosen ist, sind ihre Namen stets präsent, wenn von herausragenden Geigern die Rede ist. Es sind die beiden Israelis Itzhak Perlman und Pinchas Zukerman sowie die Koreanerin Kyung-Wha Chung.

Das „Galamian-Trio"
Itzhak Perlman – Pinchas Zukerman – Kyung-Wha Chung

Wurde das Violinspiel zu Beginn des zwanzigsten Jahrhunderts von den Schülern Auers beherrscht, so dominieren an seinem Ausgang die Studenten Galamians. Von der jüngeren Generation haben Perlman, Zukerman und Kyung-Wha Chung internationalen Ruhm erlangt, wobei jeder der drei einen ausgeprägten persönlichen Stil besitzt, ein Ergebnis von Galamians Unterrichtsprinzip, seine Studenten ihren eigenen Weg finden zu lassen.

Chung drückt in ihrem Spiel am nachhaltigsten die unverhaltene Emotionalität aus und hat eine ausgesprochene Vorliebe für das romantische Repertoire. Perlman und Zukerman sind trotz ihrer engen persönlichen und beruflichen Verbundenheit völlig unterschiedlich. Perlman ist ein nachdenklicher und feinsinniger, doch zugleich aufregender Musiker, der sich technisch und musikalisch stets in der Gewalt hat. Zukerman ist ungestümer. Er ist der geborene Virtuose. Gillian Widdecombe sagt: „Die besondere Feinheit und Leichtigkeit seines Stils scheint von seinem wunderbaren Bogenarm herzuführen, der ein Spikkato so frei und flüssig gestaltet, daß es wie die natürlichste Sache der Welt klingt und nicht wie ein Höhepunkt technischen und musikalischen Könnens."[1]

Itzhak Perlman wurde 1945 in Tel Aviv in Israel als Sohn eines eingewanderten polnischen Friseurs geboren. In seinem Elternhaus war die Musik Bestandteil des täglichen Lebens, und so hatte er seit er denken konnte den Vorsatz, Geige zu spielen.

Mit vier erkrankte Itzhak an Polio, die zu einer Lähmung seiner Beine führte. Doch die Krankheit und ihre Folgen vermochten seine Ambitionen nicht zu schmälern. Den ersten Geigenunterricht erhielt er an der Musikakademie in Tel Aviv, und mit zehn Jahren hatte er bereits zahlreiche öffentliche Auftritte absolviert.

Perlman betont nachdrücklich, daß er kein Wunderkind gewesen sei: daß weder seine Eltern noch seine Lehrer jemals Druck auf ihn ausgeübt hätten. Er liebte sein Instrument und spielte gern vor Publikum. Da seine Eltern seiner Behinderung mit gesundem Menschenverstand begegneten, kam ihm nie in den Sinn, daß an seinem Wunsch, als körperlich behindertes Kind eine Karriere als Geiger zu machen, irgendetwas Außergewöhnliches sein sollte.

Mit dreizehn reiste Itzhak nach Amerika, um bei der Ed Sullivan Show im Fernsehen aufzutreten. Dieser Erfolg zog eine dreimonatige, von Ed Sullivan organisierte Tournee nach sich, bei der eine Handvoll talentierter Kinder in den Ballsälen von Luxushotels präsentiert wurden, um einem schläfrigen Publikum, das reichlich gespeist und getrunken hatte, virtuose Stücke vorzuspielen. Als Garderobe diente ihnen die Küche, und dort saßen die jungen Künstler bis lange nach Mitternacht, um auf ihren Auftritt zu warten. Rückblickend gesteht Perlman, daß ihn nach derartigen Bedingungen zu Beginn seiner Karriere heute kaum noch etwas schrecken kann.

Trotz dieser zwiespältigen ersten Erfahrungen in Amerika entschloß sich Itzhak, in New York zu bleiben, und er erhielt Stipendien der American-Israeli Cultural Foundation um bei Galamian und seiner Assistentin Dorothy Delay zu studieren.

Am 5. Mai 1963 fand Perlmans Debut in der Carnegie Hall statt: Mit der National Orchestral Association und dem Dirigenten John Barnett spielte er das Wieniawski-Konzert in fis-Moll. Da die Zeitungsdrucker streikten, erschienen keine Kritiken dieses Konzerts.

Nachdem Perlman ein Jahr später in der Carnegie Hall den Leventritt – Wettbewerb gewonnen hatte, wurde er für eine Reihe von Konzerten mit führenden amerikanischen Orchestern engagiert, und sein alter Förderer, Ed Sullivan, lud ihn wieder zu seiner Fernsehshow ein. Sein neuer Agent, Sal Hurok, schickte ihn nun auf eine Tournee quer durch die Vereinigten Staaten, die ihn in fünfzig große Städte führte. Der Beifall galt nicht nur Perlmans großem Talent, sondern auch seiner gewinnenden Persönlichkeit, seinem sprudelnden Temperament.

Im Januar 1965 kehrte Perlman, nach einer Abwesenheit von fünf Jahren, für eine Folge von acht Konzerten in seine Heimat Israel zurück. Als jugendliche Begabung hatte er das Land verlassen, jetzt war er ein ausgereifter Virtuose. Ein großes Erlebnis war es für Perlman, als er das Podium des Mann Auditoriums in Tel Aviv betrat, um mit dem Israel Philharmonic Orchestra zu spielen. Das Publikum hieß ihn mit ohrenbetäubendem Beifall willkommen. „Jedes Kind in Israel träumt davon, eines Tages mit dem IPO zu spielen ... und dann wird der Traum Wirklichkeit ..."[2]

Im Mai desselben Jahres trat Perlman mit den New Yorker Philharmonikern unter dem Dirigenten William Steinberg in der Philharmonic Hall auf und wurde fünfmal zurück aufs Podium gerufen. Mit zwanzig hatte er sich als Künstler ersten Ranges durchgesetzt. Als er mit dem Detroit Symphony Orchestra unter Sixten Ehrling beim Eröffnungskonzert des Carnegie Festivals als Solist auftrat, um das Sibeliuskonzert zu spielen, schrieb Howard Klein in der *New York Times:*

> Ein wahrhaft sensationeller Geiger ... Der Ton war voluminös, warm, pulsierend und stets ungeheuer rein. Das Oktavenspiel wurde nur übertroffen durch die Art, mit der Perlman den kurzen Abschnitt mit den Akkorden im letzten Satz bewältigte ... Es war auf sämtlichen Wahrnehmungsebenen eine reine Freude, ihn spielen zu hören: auf der technischen, der musikalischen und der menschlichen. Denn der stämmige junge Mann besitzt jene besondere Eigenschaft, welche die Musik über alle technischen Einzelheiten hinaushebt und das ist sein tiefes Gefühl.[3]

Im März 1968 kam Perlman zum ersten Mal nach England und spielte in der Royal Festival Hall in London mit dem London Symphony Orchestra das Tschaikowski-Konzert. Ebenfalls 1968 unternahm er mit dem Israel Philharmonic Orchestra eine Englandtournee und bestritt im August mit der Cellistin Jacqueline du Pré und Daniel Barenboim eine Reihe höchst erfolgreicher Konzerte bei den sommerlichen Musikveranstaltungen in London, den South Bank Summer Concerts. In dieser Zeit trat er auch erstmals gemeinsam mit Vladimir Ashkenazy auf; diese berufliche und menschliche Partnerschaft dauert inzwischen seit über zehn Jahren an. Mit der Gesamtaufnahme der Beethovenschen Violinsonaten haben die beiden Musiker bewiesen, daß sie ihre künstlerische Konzeption mit Hilfe überragender technischer Meisterschaft umzusetzen verstehen.

Perlman und Ashkenazy ergänzen sich als Duo-Partner vorzüglich. Perlman ist der Ansicht, daß sein Spiel beim gemeinsamen Musizieren eine neue Dimension hinzugewinnt. Im Fall der ersten Beethoven-Sonate brauchten sie zweieinhalb Jahre, um das angestrebte Maß an Übereinstimmung und Interpretationsreife zu erreichen.

Im Licht seines meteorhaften Aufstiegs zum Ruhm wirkt es überraschend, daß Perlman selbst seine Entwicklung als gleichmäßig und kontinuierlich empfindet. Er räumt ein, daß diese Entwicklung möglicherweise anders verlaufen wäre, hätte er nach dem Leventritt-Wettbewerb noch an anderen Wettbewerben teilgenommen. „Ich habe ihn gewonnen, und damit aufgehört"[4], sagt er und glaubt, daß es seine eigenen Probleme mit sich bringen, in Wettbewerben zu siegen. (Perlman hatte neunzehn Konkurrenten, die alle hervorragende Geiger waren.) Die Eröffnung, man sei der beste einer solchen Gruppe, wirke fast erschreckend. Tatsächlich trifft der plötzliche Umschwung in der gesamten Lebenssituation die meisten jungen Künstler viel zu überraschend: Der unbekannte Student, der sich dieser Ausscheidung stellt, wird, nachdem er gewonnen hat, mit sechzig oder siebzig Konzerten im Jahr konfrontiert. Perlman ist überzeugt, daß das Höchstniveau nicht über lange Zeit aufrecht erhalten werden kann; irgendwann kommt zwangsläufig ein Abfall, denn „der Adrenalinspiegel ist nicht immer so hoch wie unter dem Streß eines Wettbewerbs."

Perlman empfindet es durchaus als anregend, vor Publikum zu spielen, und leidet im allgemeinen nicht unter Lampenfieber. Merkwürdigerweise macht ihn aber, trotz seiner regelmäßigen Plattenaufnahmen, das Mikrophon nervös. Er hält es im Gegenteil für schwierig, ohne Publikum zu spielen und muß sich während der Aufnahmen bemühen, die erforderliche Anspannung aufrechtzuerhalten. Anders bei Aufnahmebedingungen wie anläßlich einer Tournee im Jahre 1975, als er und Pinchas Zukerman ganz Europa bereisten und ihr Duo-Spiel auch aufgenommen und gefilmt wurde. Für die beiden eng befreundeten Künstler bedeutete solches Musizieren und Einspielen von Platten ein beglückendes Erlebnis. Perlman erinnert sich: „Die Förmlichkeit verschwindet einfach . . . und keiner muß sich bemühen, den Schein zu wahren. Vor allem wenn ich mit Pinky spiele, wissen wir beide, was der andere will. Wir spielen aus der Eingebung des Augenblicks." Hier wird einer der ehernen Grundsätze seines Lehrers Galamian in die

Praxis umgesetzt: „Die beste Interpretation hat immer etwas von der Natur
einer Improvisation, bei der der Künstler sich von der Musik mitreißen läßt,
die Technik vergißt und sich der Inspiration des Augenblicks überläßt."[5]

Perlmans makellose Technik der Linken und seine entspannte Bogenhaltung versetzten selbst Orchestermusiker in Erstaunen, die ihm aus der Nähe
zusehen können. „In seinem Spiel liegen eine Freude und ein Schwung, so
daß Carnegie Hall-Veteranen bis an die Tage des jugendlichen Heifetz
zurückdenken müssen, um in ihrer Erinnerung auf etwas Gleichartiges zu
stoßen."[6]

„Man könnte ihn als einen Menschen beschreiben, der zum Geiger geboren
ist; er ist einer jener seltenen Musiker, die wie von Natur aus oder aus innerer
Inspiraton mühelos spielen. Seine Geige wirkte wie ein Teil seiner selbst"[7],
schrieb Joan Chissell in der *Times,* nach dem ersten Auftreten des einund-
zwanzigjährigen Zukerman im August 1969 in der Queen Elizabeth Hall in
London. Begleitet von Daniel Barenboim hatte er Werke von Mozart,
Beethoven, Brahms und Schönberg gespielt.

Pinchas Zukerman wurde 1948 in einem Dorf bei Tel Aviv als Sohn eines
jüdischen Geigers und Klarinettisten geboren. Schon vor seinem sechsten
Lebensjahr beherrschte Pinchas die Blockflöte und Klarinette gut genug, um
seinen Vater sowie Gelegenheits-Ensembles zu begleiten, die bei Hochzeiten
und sonstigen Feierlichkeiten aufspielten. Mit sechs begann Pinchas Geige
zu spielen und erhielt zunächst von seinem Vater Unterricht. Mit acht wurde
er zur Musikakademie in Tel Aviv, ebenso zum Israelischen Konservatorium
zugelassen. Hier betreute ihn Ilona Seher, die in Budapest Schülerin Hubays
gewesen war. Pinchas war nicht nur ihr bester Schüler, sondern er verbrachte
zusätzlich zu seinem Unterricht an der Akadmie viele Stunden in ihrem
Heim, um Duette und Kammermusik zu spielen.

Im Alter von dreizehn hatte Pinchas bereits den größten Teil des gesamten
Violinrepertoires studiert. „Von der rein physischen Fertigkeit her", berichtet Gillian Widdecombe, „war er sehr wohl in der Lage, von den Capricen
Paganinis bis zu den Standardkonzerten alles zu bewältigen, obwohl er es
natürlich in einer kindlich-naiven Art vortrug".[8]

Als Casals und Stern 1961 Israel besuchten, hörten sie Pinchas spielen. Sie
waren sehr beeindruckt, und Stern empfahl dem Jungen, seine Ausbildung in
New York fortzusetzen. Zudem erbot er sich, ihn dort in allen persönlichen
Angelegenheiten zu betreuen. Obwohl Stern ihn nicht unterrichtete, hielt er
ein wachsames Auge auf seinen Schützling; er arrangierte auch, daß Zukerman bei den Eltern von Eugene Istomin, dem Pianisten des Stern-Trios,
leben konnte.

Ein Stipendium der America-Israeli Cultural Foundation half sein Studium bei Galamian an der Juilliard School zu finanzieren, wo sich sein Talent rasch entwickelte. Die fünf Jahre, die Zukerman bei Galamian studierte, waren eine überaus fruchtbare Periode; so saßen Perlman und Kyung-Wha Chung neben ihm an den vorderen Pulten des Studentenorchesters. Zukerman ist überzeugt, daß Galamians Genialität als Lehrer vor allem auf seiner Flexibilität beruht – eine Meinung, die von fast allen seinen Schülern geteilt wird.

1967 gewann Zukerman gemeinsam mit Kyung-Wha Chung den Leventritt-Preis, was zu einer Reihe von Konzerten und Violinabenden in großen amerikanischen Städten führte. Der begabte junge Musiker, der den Eindruck vermittelte, sämtliche Werke der Violinliteratur mühelos zu beherrschen, errang bedeutenden Erfolg beim Publikum; sein wunderbarer Ton rief die Erinnerung an große Namen in der Geschichte des Violinspiels hervor.

Ein Jahr später schloß die CBS einen Exklusivvertrag mit Zukerman ab. Seine erste Aufnahme, das Tschaikowski-Konzert, entstand mit dem London Symphony Orchestra unter Antal Dorati in England. Zukermans meisterhafte Technik und seine Musikalität versetzten selbst die routinierten Orchestermitglieder in ungläubiges Staunen.

Zukermans New Yorker Debüt fand im Februar 1969 in der Philharmonic Hall statt. Mit den New Yorker Philharmonikern unter Bernstein spielte er das Mendelssohn-Konzert. Die *New York Times* berichtet, der Zwanzigjährige habe „das Ereignis hinter sich gebracht, als sei es nicht mehr als ein Kinderlied. . . . Er bringt die körperlichen Voraussetzungen für einen Spitzenvirtuosen mit. Seine Bogenführung und der Fingersatz sind einfach perfekt, und er führt die schwierigsten Passagen mit größter Leichtigkeit aus. Sein Ton ist nicht gewaltig, aber er ist flexibel und besitzt eine ansprechende poetische Qualität".[9]

Im Frühjahr desselben Jahres überquerte Zukerman den Atlantik, um beim Brighton Festival zum ersten Mal vor der englischen Öffentlichkeit aufzutreten. Mit Daniel Barenboim spielte er im Royal Pavillon Stücke für Klavier und Geige. Danach gaben Zukerman und Jacqueline du Pré unter Barenboim, der das New Philharmonic Orchestra dirigierte, eine überwältigende Interpretation von Brahms' Doppelkonzert.

Barenboim und Zukerman hatten sich erst wenige Monate zuvor in New York kennengelernt, als der Ältere ein Konzert mit dem English Chamber Orchestra sowie Zukerman als Solisten in der Carnegie Hall dirigierte. Die berufliche Verbindung hat sich seither zu einer engen Freundschaft beider Künstler entwickelt, die auch Perlman miteinschließt. Gemeinsam mit Jac-

queline du Pré traf man zu denkwürdigen Aufführungen zusammen: Bei der
Fernsehaufnahme von Schuberts ‚Forellenquintett' im Jahr 1969 spielte
Zukerman die Viola, (die er ebenfalls erstklassig beherrscht), Zubin Mehta
den Kontrabaß und Daniel Barenboim Klavier.

Pinchas Zukerman hat die Physis eines Athleten und verfügt über eine
unerschöpfliche Energie. Sein Freund und Kollege Christopher Nupen
beschreibt ihn als den „im Geistigen wie im Materiellen großzügigsten
Menschen, den ich kenne. Er ist immer bereit zu geben".[10] Zukermans
Lebensfreude und sein großer Sinn für Komik vermitteln manchmal den
Eindruck völliger Unbekümmertheit. Vielleicht nimmt er sich selbst nicht
akademisch ernst, aber Leute, die ihn gut kennen, wissen, daß die Musik ihn
völlig verwandelt. Durch seine reichen angeborenen Gaben wirkt alles, was
er anfaßt, auf den ersten Blick einfach und natürlich, doch diese offenkundi-
ge Mühelosigkeit beruht auf Zukermans traumwandlerischer Sicherheit in
der musikalischen Auffassung, die auch seine Kollegen immer wieder in
Überraschung versetzt.

Zukermans zunehmendes Interesse am Dirigieren und an der Leitung von
Kammerorchestern darf als Entfaltung dieser besonderen Begabung verstanden werden. Er hat das starke Bedürfnis, seine musikalischen Fähigkeiten auf
einem viel breiteren Gebiet als der Geigenliteratur zu entwickeln. So war es
für Zukerman immer eine Freude, mit dem English Chamber Orchestra zu
musizieren. Seit September 1980 ist er musikalischer Direktor des St. Paul
Chamber Orchestra, das von vielen als das beste Kammerorchester der
Vereinigten Staaten angesehen wird.

Kyung-Wha Chung wurde 1949 in Südkorea als Tochter eines Anwalts
geboren. Von ihren sechs Geschwistern haben fünf ebenfalls Musik studiert,
auch sie versuchen, eine musikalische Laufbahn in der westlichen Welt
aufzubauen. Mit vier Jahren bekam Kyung Klavierstunden, ohne sich aber
mit dem Instrument besonders anzufreunden. Da Sie alle Übungsstücke
nach dem Gehör spielte, versäumte man zunächst, ihr das Notenlesen
beizubringen. Kyung bekam dann eine kleine Geige, auf der sie sich selbst
unterrichtete. Vom ersten Ton an, erzählt sie, „wußte ich, daß das mein
Lebensinhalt ist".[11]

Im Alter von neun Jahren spielte Kyung mit dem Seoul Philharmonic
Orchestra das Mendelssohn-Konzert. Bis dahin war sie von mindestens
sechs Lehrern unterwiesen worden. Mit zwölf ging sie auf eine von der
koreanischen Regierung geförderte Konzerttournee durch Japan. 1961
brachten die Eltern Kyung in die Vereinigten Staaten, wo sie zunächst
Privatunterricht von Galamian erhielt und dann ein Vollstipendium für die

Juilliard School gewann. Wie alle Galamian-Schüler hegt auch Chung Respekt und Bewunderung für ihren Lehrer.

Als Musikerin, die mit Begeisterung auf dem Podium steht, und kein Interesse daran hat, zu unterrichten, gesteht Chung ohne falsche Scham: „Ich habe immer gern vor Publikum gespielt, und je mehr Leute da unten sitzen – desto aufregender. Galamin spürt so etwas sofort: Er weiß, ob du ein Solist bist oder ein Lehrer oder beides. Er hat jedem etwas zu geben, so daß man sich ganz seiner Art entsprechend bei ihm entfalten kann."[12] Im Alter von neunzehn Jahren teilte sich Chung 1967 den ersten Preis des Leventritt-Wettbewerbs mit Zukerman. Kurz darauf gab sie ihr Debüt mit den New Yorker Philharmonikern und erhielt sofort zahlreiche Konzert-Angebote. Doch Chung fühlte sich für eine internationale Karriere noch nicht reif, zog es vor, noch ein weiteres Jahr zu studieren.

1970 kam Kyung-Wha Chung nach Europa. Am 13. Mai spielte sie in der Royal Festival Hall bei einer Wohltätigkeits-Gala mit dem London Symphony Orchestra das Tschaikowski-Konzert. Es wurde eine Sensation: Als völlig Unbekannte war sie aufs Podium gekommen und als sie abtrat, brachte das Publikum ihr stehend Ovationen dar. Kritiker sehen im allgemeinen davon ab, derartige Konzerte zu besprechen, da sie Künstlern, die ohne Gage auftreten, nicht zu nahe treten möchten. Gillian Widdecombe handelte gegen diese Gepflogenheit, weil „ein derart erregendes musikalisches Ereignis größere Beachtung verdient hat als nur den jubelnden Beifall eines ausverkauften Hauses; selbst das London Symphony Orchestra verharrte am Schluß reglos auf seinen Sitzen, um seiner Begeisterung Ausdruck zu verleihen". Der Kritiker fuhr fort:

> „Ich habe Zweifel, ob Heifetz diese Noten je exakter gespielt hat, und es ist lange her, seit Oistrach oder Stern das Konzert so kongenial gespielt haben. Doch das Herrliche und Anrührende an dieser Aufführung war weder die selbstbewußte Virtuosität, noch die Vitalität und Intensität des ersten Satzes, auch nicht die stählerne Kraft, mit der Miss Chung alle Brüche und Kanten dieses ungefügen Werks beherrschte. Dies waren alles wunderbare Einzelheiten, doch am schönsten und beglückendsten war die gewaltige Expressivität ihres Vortrags: die melodiöse, zarte Phrasierung, die im langsamen Satz voller Weichheit und Zärtlichkeit ertönte. Es war schönstes Violinspiel in höchster Vollendung."[13]

Nach ihrem spektakulären Erfolg in der Festival Hall wurde Chung für dreißig weitere Konzerte in England verpflichtet. Sie trat in fünf Fernsehsendungen der BBC auf und unternahm mit Previn und dem London Symphony Orchestra eine Tournee durch den Fernen Osten.

Edward Greenfield, der Musikkritiker des *Guardian*, begleitete sie auf dieser Tournee. Er erzählt eine Begebenheit, die Licht wirft auf die Atmosphäre, in der dort musiziert wurde: Man wollte das Tschaikowski-Konzert proben, und Chung wartete angespannt und konzentriert auf ihren Einsatz. Die ersten Geigen begannen die Introduktion zu spielen – aber nicht die des Tschaikowski, sondern des Mendelssohn-Konzerts. Mit einem blitzartigen Reflex setzte Chung die Violine an, um die hier viel früher einsetzende Solostimme nicht zu verpassen. Dann ging ihr aber doch auf, daß man ihr einen Streich gespielt hatte, sie reagierte zornig und zugleich kichernd, stampfte mit dem Fuß auf. Sie war wohl böse, daß man sie hatte hereinlegen wollen, offensichtlich aber auch amüsiert, daß sie das berühmte Orchester zu einem solchen Streich überhaupt verleitet hatte.[14]

Chungs Repertoire umfaßt die meisten Standardwerke, von denen sie viele bereits vor ihrem amerikanischen Debüt beherrschte. Seither hat sie ihr Repertoire um bedeutende Werke erweitert, die nicht nur ihren Willen beweisen, eine persönliche Wahl zu treffen, sondern auch ihre Fähigkeit, Herausforderungen unbeschadet zu begegnen. So redete André Previn ihr heftig zu, das Walton-Konzert zu lernen, doch Chung war zunächst mißtrauisch und in ihrer Bescheidenheit nicht einmal ganz sicher, den hohen Anforderungen des Werkes gerecht zu werden. Mittlerweile empfindet sie das Konzert Waltons als „ein reiches und lohnendes Werk".[15] Chungs Aufnahme des Stücks – gemeinsam mit dem Strawinsky-Konzert – bestätigt dies nur.

Das Elgar-Konzert ist ein weiteres modernes Werk, mit dem sich Chung im Lauf der Zeit intensiv auseinandergesetzt hat. Die 1977 erschienene Einspielung dieses Konzerts fand die ungeteilte Bewunderung der Kritik. Ihre Affinität zu diesem ausgesprochen englischen Werk, das die Anmut der edwardianischen Epoche atmet, erklärt sie selbst: „Ich kann nicht entscheiden, ob es englisch oder etwas anderes ist. In Europa existiert eine Tradition, und dort kann man eine Interpretation immer mit denjenigen vergleichen, die einem vertraut sind. Aber für mich ist dies ein ganz neues Werk, das ich zunächst als *Musikstück* studiere. Ich muß seine Struktur, seine Form, auch die Tonart lernen. Ich kann es mir nur vorstellen, wie diese Musik für Engländer klingt. Im Osten haben wir keine Vorbilder, auf denen wir aufbauen können."[16] Dieses Fehlen der westlichen Musiktradition bedeutet für Chung, auf vorgedachte Konzeptionen und Vorstellungen verzichten zu müssen. Möglicherweise ist es aber gerade diese unbelastete Frische, die Chungs Musizieren zu einem so eindrucksvollen Erlebnis macht.

Chung ist eine Verehrerin des romantischen Repertoires. Obwohl sie Bach, Mozart, Bartók, Prokofjew, Sibelius, Strawinsky und Berg spielt, enthalten ihre Programme auch Chaussons „Poème" und natürlich die

Werke von Dvořák, Kreisler, Saint-Saëns und Wieniawski. Außerdem gehört sie zu den wenigen Geigern, die das Vieuxtemps-Konzert spielen: „Diese Komponisten des neunzehnten Jahrhunderts werden stark vernachlässigt. Ihre Musik ist für die Geige geschrieben, sie trägt ihre Bedeutung in sich selbst." Chung begegnete beispielsweise beträchtlicher Skepsis, als sie Max Bruchs „Schottische Fantasie" lernen wollte, die außer Heifetz nur wenige Geiger gespielt haben. Galamian verstand ihren Entschluß kaum und versuchte sie davon abzubringen. „Aber ich war fest entschlossen", sagt Chung „und ich wußte, daß ich recht hatte".[17]

Im Anfangsstadium der Ausbildung übt Galamian manchmal durchaus heftigen Druck auf seine Schüler aus. So riet er Chung davon ab, am Brüsseler Wettbewerb teilzunehmen, da er sie für einen Auftritt in Europa noch nicht reif genug glaubte. Beim Leventritt-Wettbewerb, der praktisch vor Chungs Haustür stattfand, machte er dann ein Zugeständnis. Galamians Urteile sind offensichtlich fundiert, denn Chungs Karriere verlief bis jetzt organisch und ohne Krisen, und bei ihren Auftritten wirkt sie stets in Bestform.

Auf den ersten Blick läßt man sich durch Chungs zierliche Gestalt darüber hinwegtäuschen, daß sie über große geistige und körperliche Kraftreserven verfügt. Als überaus disziplinierte Musikerin strebt sie nach Vollendung in jedem Bereich ihres Spiels. Chung besitzt eine persönliche Ausstrahlung, wie sie vielen großen Vermittlern von Musik eigen ist; etwa Kreisler oder Menuhin. Doch verläßt sich Chung nicht nur auf ihr künstlerisches „Charisma", um ihr Publikum zu begeistern. Ihre Überlegungen gehen über das rein Musikalische hinaus. Nochmals auf das neunzehnte Jahrhundert zurückgreifend, denkt sie darüber nach, daß die Geiger jener Zeit fast alle auch Komponisten waren. „Ihre Konzerte bestanden aus ihrer eigenen Musik und der ihrer Freunde. Die Musik war nur ein Bestandteil ihres Lebens. Daneben lebten sie in der Philosophie, bildenden Kunst und Literatur. Sie waren vielleicht noch ganzheitliche Menschen. Heute sind wir alle Bestandteil einer gewaltigen Maschinerie und es besteht die Gefahr, daß wir uns alle von ihren Mechanismen verschlingen lassen und vergessen, daß auch ein Musikerleben viele Facetten hat."[18]

DAS ENGLISCHE PHÄNOMEN

Ralph Holmes

Violinvirtuosen angelsächsischer Herkunft sind eine große Ausnahme, und es hat nur eine Handvoll Namen Bestand vor der Geschichte. *John Banister* und *Henry Holmes* wurden bereits erwähnt.

John Dunn (1866–1940) studierte unter Schradieck am Leipziger Konservatorium, erlangte beträchtlichen Ruhm als Solist und war ein brillanter Interpret der Werke Paganinis. Bis in jüngste Zeit wurde der zwanzig Jahre später geborene *Albert Sammons* für den einzigen englischen Geiger gehalten, dessen Begabung internationalen Ansprüchen genügte.

Ein Schüler Sammons ist der Neuseeländer *Alan Loveday*, der heute Professor am Royal College of Music in London und ein ausgezeichneter Solist ist.

Als Sohn eines Geigers begann Loveday im Alter von drei Jahren auf einer speziell für ihn angefertigten Achtelgeige zu spielen und wurde zunächst von seinem Vater unterrichtet. Mit neun spielte er dem Budapester Streichquartett vor, das eine Tournee durch Neuseeland machte. Die Musiker waren von der Begabung des Jungen dermaßen beeindruckt, daß sie in seiner Heimatstadt Palmerston ein Benefizkonzert gaben, mit dem der Grundstock zu einem Fonds geschaffen wurde, der sein Studium in England finanzieren sollte. Sammons hörte den elfjährigen Jungen 1939 kurz nach seiner Ankunft in England und prophezeite ihm eine große Zukunft. Loveday wurde Sammons Privatschüler und setzte sein Studium später unter seiner Anleitung am Royal College of Music fort.

Als Loveday im August 1946 bei einem Freiluftkonzert eine Interpretation des Tschaikowski-Konzerts spielte, lobte der Kritiker des *Strad* seinen „wunderbar samtigen Ton, den er ohne ersichtliche Anstrengung erzeugte" und hob seine reine Intonation hervor. Lovedays Fähigkeit, diese Reinheit selbst bei raschen Tempi in den höchsten Lagen aufrechtzuerhalten, war stets ein besonderes Merkmal seines Stils.

Dann erschien *Ralph Holmes.* Nach seinem Solistendebüt in der Carnegie Hall in New York 1966, bei dem er mit dem Houston Symphony Orchestra unter Sir John Barbirolli Vaughan Williams „The Lark Ascending" und Ravels „Tzigane" gespielt hatte, beschrieb ihn der Kritiker des *World Telegram*, Louis Biancolli, als „überaus seltenes englisches Phänomen, ein Konzertgeiger, mit dem in den oberen Rängen der internationalen Violinhierarchie gerechnet werden muß".[1] Heute nimmt Holmes eine gesicherte Position in diesen oberen Rängen ein. Im Juli 1978 war er neben Yehudi Menuhin, Yfrah Neaman, Wolfgang Schneiderhan, Spiwakow und anderen Geigern von internationaler Reputation Mitglied der Jury beim Internationalen Carl-Flesch-Wettbewerb in London.

Ralph Holmes wurde 1937 in Kent in eine Familie hinein geboren, für die Musik eine entscheidende Rolle spielte. Sein Vater war Lehrer und spielte Geige und Klavier, seine Mutter war ausgebildete Sängerin, hatte jedoch ihre beruflichen Ambitionen bei der Heirat aufgegeben.

Als sein Vater in der Armee diente, versteckte sich der vierjährige Ralph unter dem Flügel und versuchte sich an dessen Geige. Er erzählt: „Ich erinnere mich noch gut an die Enttäuschung, daß es mir nur gelang, ein Gekratze hervorzubringen, während ich so gern einen schönen Ton können wollte." Daraufhin kaufte ihm seine Mutter eine kleine Geige und ließ ihn vom Geigenlehrer des Ortes unterrichten, „wahrscheinlich eher um die Geige meines Vaters zu schonen als aus der Überlegung, einen zukünftigen Virtuosen aus mir zu machen. Wir hofften, daß ich vielleicht eine Tonleiter spielen könne, wenn mein Vater in ein paar Monaten nach Hause kam".[2]

Als der Krieg vier Jahre später endete, hatte Ralph erheblich mehr gelernt als nur Tonleitern. Nicht nur die Abschlußprüfung des *Associated Board* hatte er mit den besten Noten für Violinspiel abgelegt, sondern war auch schon bei einer Reihe von örtlichen Konzerten aufgetreten.

Ralph war erst acht, als er in den Schulferien von David Martin, dem ausgezeichneten, aus Kanada stammenden Kammermusiker unterrichtet wurde. Er gewann ein Stipendium für den Besuch der Chorschule des New College in Oxford. Obwohl die Schule ein hohes musikalisches Niveau hatte und Ralphs musikalische Ausbildung Fortschritte machte, war er jedoch dort nicht glücklich. „Ich war weder Fisch noch Fleisch und vernachlässigte das Üben auf der Geige."[3] Der Wechsel in eine Internatsgemeinschaft war wohl zu abrupt für den jungen Ralph gekommen, und die Situation verbesserte sich erst, als Ralph mit zehn Jahren ein Schülerstipendium für die Royal Academy of Music gewann, wo er zu seiner Freude bei David Martin studieren konnte.

Drei Jahre später empfahl Martin, Ralph solle im Sommer den Orchesterkurs für Jugendliche in Sherborne besuchen, der von Ernest Read geleitet wurde. Read war so beeindruckt von Ralphs Spiel, daß er ihn einlud, in der Central Hall in Westminster mit dem Philharmonic Orchestra das Mendelssohn-Konzert aufzuführen. Bei diesen Konzerten mit Kindern wurde gewöhnlich nur ein Satz gegeben, Ralph wurde jedoch aufgefordert, das ganze Konzert zu spielen.

Zehn Tage später gab er in der Royal Academy of Music einen Violin-abend. Auf dem Programm standen Werke von Wieniawski, Paganini und Bachs Chaconne. Der *Daily Telegraph* schrieb: „Wir haben hier zweifellos ein Talent. Er spielt nicht wie ein Kind, sondern wie ein energischer junger Mann. Sein technisches Können ist erstaunlich, und sein Vortrag wies von Anfang bis Ende nicht den leisesten Mangel an Selbstvertrauen auf."[4] Damals war Ralph erst dreizehn.

In den nächsten beiden Sommern hatte Holmes Gelegenheit, bei Enesco in Paris zu studieren.

> „Enesco half mir, die Rolle des Interpreten zu verstehen und vermittelte mir, wie man das Wesen der verschiedenen musikalischen Stilrichtungen erfaßt. Da er zahlreiche Sprachen beherrschte, pflegte er sich mit seinen Schülern fließend in ihrer jeweiligen Muttersprache zu unterhalten."

Enesco nahm es sehr genau mit dem Fingersatz. Holmes erinnert sich, daß er bis tief in die Nacht Fingersätze übte, die der Meister ihm gezeigt hatte; er erzählt: „Das war besonders wichtig bei Bach, wo ihm jede Solosonate und Partita eine Passion war. Enesco bestand darauf, daß man beim Fingersatz der Fugen die Führung jeder Stimme genau beachten müsse und für schwie-rig zu greifende Noten nicht auf andere Saiten überwechseln dürfe. Anderer-seits mißbilligte er, wenn man nur um der Wirkung willen auf der G-Saite in hohen Lagen spielte. Sein Grundsatz war Ehrlichkeit."[5]

Holmes erinnert sich an eine Stunde, bei der sie, vor fast dreißig Jahren, Ravels „Tzigane" besprachen. „Enesco hat es mir so verdeutlicht, daß Ravel als Franzose in der *Manier* der Zigeuner schrieb, während Sarasate in den ‚Zigeunerweisen' als Komponist direkt vom Ursprung dieser Musiksprache herkam."[6] Diese geistigen Erfahrungen haben sich bis heute lebendig er-halten.

Es gibt in Holmes Leben keinen Moment, in dem er sich bewußt ent-schlossen hätte, das Geigenspielen zu seinem Beruf zu machen. „Die Vor-stellung, öffentlich aufzutreten und dies als Beruf auszuüben, war mir schon von klein auf ganz selbstverständlich. Nach meinen Studien bei Enesco hat sich dann alles fast von allein ergeben."[7]

Mit sechzehn, im April 1953, spielte Ralph mit dem Dirigenten Walter Susskind und dem National Youth Orchestra das erste Konzert in der Royal Festival Hall. Darauf folgte ein Jahr intensiven Studiums zur Vorbereitung seines alles entscheidenden Debüts als Geigenvirtuose.

Zu Ralphs erstem Violinabend in der Wigmore Hall am 29. Oktober 1954 war der Saal bereits im voraus ausverkauft. Sein Partner am Klavier war Gerald Moore. Die Kritiker waren ohne Ausnahme begeistert, und in der

Times las man: „Alles an ihm läßt uns annehmen, daß er seine Karriere als einer der besten Geiger beenden wird, die dieses Land je hervorgebracht hat . . ."[8]

Yehudi Menuhin konnte einmal nicht rechtzeitig zu den Proben für eine Fernsehsendung der BBC im Studio sein, und so rief der Produzent bei der Royal Academy of Music an, sie solle einen Studenten zur ‚Vertretung' schicken. „Er braucht nicht besonders zu spielen", erklärte er. „Es muß nur für die Kameraleute reichen." Im Studio erschien Ralph Holmes und begann Menuhins Programm ohne mit der Wimper zu zucken von Anfang bis zum Ende zu spielen. Menuhin, der während der Probe eingetroffen war, blieb hinter einem Vorhang, um zuzuhören und sich über das neue Talent zu freuen. Der Dirigent Eric Robinson äußerte sich mit Understatement: „Mit einer normalen Portion Glück wird dieser junge englische Musiker noch zu einem erfolgreichen Konzertgeiger."[9]

Nachdem er seinen Wehrdienst abgeleistet hatte und jetzt endlich die Möglichkeit bestand, den vielen Konzerteinladungen zu folgen – die Weichen für die Zukunft schienen ideal gestellt zu sein –, geriet Holmes 1964 in eine Krise. Obwohl die Kritik stets freundlich war, begann er selbst insgeheim an seinem Spiel zu zweifeln. Besondere Sorgen machte ihm die Bogenführung, doch ignorierte er die möglichen Ursachen, bis er plötzlich mitten in einer Aufführung des Tschaikowski-Konzerts in der Albert Hall spürte, wie sich sein rechter Arm verkrampfte. Als ihm auch das Vibrato Schwierigkeiten zu machen begann, wurde ihm bewußt, daß etwas nicht stimmte.

Die nächsten vier Monate verbrachte Holmes mit einem intensiven Studium bei Galamian in New York, der sich große Mühe mit Holmes Bogenarbeit gab. „Er begrüßte mich mit der Erklärung, er wolle mir zeigen, wie ich selbst meine Probleme bewältigen könne. Und es ist ihm letztlich auch gelungen."[10] Doch Holmes war nicht sogleich in der Lage, seine Bogenhaltung zu ändern, immerhin spielte er bereits seit dreiundzwanzig Jahren Geige. „Ich spürte, daß Galamian ein wundervoller Lehrer war, und natürlich waren viele seiner allgemeinen Ratschläge von unermeßlichem Nutzen, aber im ganzen schien sein Ansatz keine Lösung für mein spezielles Problem zu bieten." Als er wieder in England war, mußte Holmes zu seiner weiteren Entmutigung feststellen, daß er langsam wieder in seinen alten Stil verfiel. Dann probierte er eines Tages einen wundervollen Peccattebogen aus, ohne daß es ihm gelang, richtig mit diesem Bogen zu spielen:

> „Da wußte ich, daß es nicht am Bogen lag, sondern an mir. Ich wiederholte alles, was Galamian mir beigebracht hatte und analysierte jede Einzelheit. Plötzlich erkannte ich, was er gemeint hatte und war in der Lage, es in die Praxis umzusetzen. Vor allem mußte ich es mir beim Halten des Bogens im

> Auf- und Abstrich zur zweiten Natur machen, eine entsprechende Auf- und
> Abbewegung der Finger über dem Daumen zu vollführen und zugleich den
> Arm viel gelöster zu bewegen. Denn der Arm ist für den Geiger so wichtig, wie
> die Lungen für einen Sänger."[11]

Heute läßt sich schwer vorstellen, daß Holmes jemals Schwierigkeiten mit
seiner Bogenführung gehabt hat. Er vermag eine Melodie mit einem harmonischen Gleiten seines Bogenarms wie Vogelgesang klingen zu lassen, andererseits können seine peitschenden Bogenstriche, etwa in Ravels „Tzigane"
oder Bartóks Solosonate, von gewaltiger Schärfe sein.

Holmes' vielfältiges und umfangreiches Repertoire umfaßt gut fünfzig
Konzerte von Bach bis Havergal Brian. Er spielt das schwierige Schönberg-
Konzert, dem nachgesagt wird, es erfordere einen Geiger mit sechs Fingern,
und er ist ebenso vertraut mit sämtlichen Konzerten Mozarts. Als er mit dem
National British Students Orchestra unter Norman del Mar in Wien das
Berg-Konzert spielte, schrieb der *Kurier:* „Es mußte erst ein Engländer
kommen . . . um uns zu zeigen, was für ein subtiler Romantiker Berg war."[12]

GRÜNDER UND PRIMGEIGER BERÜHMTER STREICHQUARTETTE

Die Vorläufer des klassischen Streichquartetts, in dem für viele die Musik
ihren reinsten Ausdruck findet, sind in der Mitte des achtzehnten Jahrhunderts das Divertimento und die Serenade. Diese waren ursprünglich dazu
gedacht, nach Einbruch der Dunkelheit zur Unterhaltung im Freien gespielt
zu werden. Die Form des Streichquartetts wurde von Haydn entwickelt.
Seine Quartette op. 1 und op. 2 komponierte er, während er als Kapellmeister im Landhaus des Barons von Fürnberg zu Gast war: Als Musiker
standen neben ihm selbst, der Bratsche spielte, lediglich der Gemeindepfar-
rer und der Gutsverwalter als Geiger, sowie der Cellist Albrechtsberger zur
Verfügung.

Das Streichquartett entwickelte sich bald zu einer bei vielen Musikfreunden beliebten Gattung und wurde vor allem im Salon dilettierender Adliger
gepflegt. An dem beachtlichen Schwierigkeitsgrad vieler solcher Stücke läßt
sich ablesen, wie hoch das musikalische Niveau jener Zeit gewesen sein muß.
Viele Streichquartette sind für bestimmte Musiker geschrieben worden. Die
virtuosen Stimmen der ersten Geige in Haydns Werken op. 9 und op. 17
etwa waren genau auf die instrumentalen Fähigkeiten des Italieners *Luigi*

Tomasini (1741–1808) zugeschnitten, der aus Pesaro als Kammerdiener an den Hof des Fürsten Esterházy gekommen war. Als Haydn 1761 Kapellmeister beim Fürsten wurde, ernannte er Tomasini zum Konzertmeister des Kirchenorchesters. Tomasini wurde ein enger Freund Haydns, der ihn zu loben pflegte: „Niemand vermag meine Quartette so sehr zu meiner Zufriedenheit zu spielen wie du."[1]

Der erste Musiker, der mit seinem Quartett öffentliche Konzerte gab, war *Ignaz Schuppanzigh* (1776–1830), ein Dirigent und Violaspieler, der später zur Geige wechselte. Von 1794 bis 1795 gehörte er jener Gruppe von Musikern an, die sich jeden Freitagabend beim Fürsten Karl Lichnowsky trafen. Schuppanzigh spielte bei den Quartetten die erste, der Fürst die zweite Geige.

Im Winter 1804/05 gab Schuppanzigh seine ersten Quartett-„Akademien", wie seine Konzerte genannt wurden: mit seinem Schüler Mayseder, zweite Violine, Fürst Lobkowitz, Bratsche, und Anton Kraft, Cello. Als Schuppanzigh 1808 in die Dienste des Grafen (und späteren Fürsten) Rasumowsky eintrat, bildete er das *Rasumowsky-Quartett,* bei dem er selbst die erste, Sina die zweite Violine, Weiss die Bratsche und Kraft das Cello spielten. Wichtigster Teil ihres Repertoires waren die Quartette Beethovens, zu denen der Komponist selbst ihnen genaueste Spielanweisungen erteilte.

Erst nachdem der Palast Rasumowskys 1815 niedergebrannt war, unternahm Schuppanzigh mit seinem Quartett eine Konzertreise. Die Tournee führte durch Deutschland, Polen und Rußland. Die Musiker wurden überall so herzlich gefeiert, daß sie erst 1824 wieder nach Wien zurückkehrten.

Einer der gefeiertsten Quartettmusiker des neunzehnten Jahrhunderts war *Louis Spohr,* der jedoch zu einer solistischen Überbewertung der ersten Violinstimme geneigt haben soll. Seine eigenen Quartette sind eigentlich nichts anderes als Violinsoli mit drei Begleitstimmen. Sein Schüler *Ferdinand David,* der über vierzig Jahre lang das *Leipziger Quartett* leitete, mißbrauchte die Stimme der ersten Violine zur Darstellung der eigenen Virtuosität in noch viel stärkerem Maße als sein Lehrer.

Joseph Hellmesberger (1828–1893) gründete das nach ihm benannte Quartett, in dem er, mit wechselnden Besetzungen, von 1849 bis 1887 die erste Geige spielte. Diesem Quartett gelang es als erstem, beim Publikum ein breiteres Interesse für Beethovens späte Streichquartette zu wecken. „Der schöne Ton, die Anmut und das poetische Gefühl" wurden an Hellmesbergers Streichquartettspiel hochgeschätzt.[2]

Joseph Joachim, der 1869 das *Joachim-Quartett* gründete, war ohne Zweifel der größte Quartettprimarius des neunzehnten Jahrhunderts. Die zweite Geige spielte bei ihm Ernst Schiever, Heinrich de Ahna die Bratsche und Wilhelm Müller das Cello. Joachim verkörperte die seltene Ausnahme von der Regel, daß Solisten sich schlecht für die erste Geige eines Quartetts eignen, da sie gewöhnlich die strenge instrumentale Disziplin vermissen lassen. Doch Joachim hat es sich stets versagt, durch Virtuosität zu dominieren. Er war an Mitspielern interessiert, die nicht nur ihr Instrument meisterhaft beherrschten, sondern auch dem gleichen künstlerischen Ideal klassischer Reinheit verpflichtet waren wie er selbst. Er duldete weder übertriebenes Rubato noch Portamenti und schränkte das Vibrato auf ein Minimum ein. Das Quartett gab in ganz Deutschland Konzerte und wurde schließlich so beliebt, daß kein Musikfestival, das etwas auf sich hielt, auf seine Mitwirkung verzichten konnte.

Im Frühjahr 1905 besuchten die vier Musiker Rom und führten im Palazzo Farnese alle Beethoven-Quartette auf. Nach England reisten sie vergleichsweise spät; ihr Londoner Debüt fand am 25. April 1900 in der St. James' Hall statt. Später führten sie in der Bechstein Hall und der Queen's Hall sämtliche Kammermusikwerke von Brahms auf. Joachim bildete sogar mit Franz Ries als zweitem Geiger, Webb und Piatti als Bratschist und Cellist eine zweite Quartett-Formation in London, bei der er vom Januar bis zum März eines jeden Jahres selbst mitspielte. Bei Joachims Abwesenheit übernahmen entweder Lady Hallé oder Ysaye die erste Violine. Einzigartiges Klang-Merkmal des Joachim-Quartetts war es, daß jeder der vier Musiker ein Instrument aus Stradivaris bester Periode spielte. Der Ton war daher nicht nur rein in jeder Stimme, sondern auch in der Gesamtwirkung wundervoll aufeinander abgestimmt.

Sir Adrian Boult hat das Joachim-Quartett bei einem seiner letzten Auftritte vor Joachims Tod im Jahre 1907 gehört. Er erinnert sich:

> Offenbar war Joachims Ton in den letzten Wochen seines Lebens schwächer geworden, und das ganze Quartett dämpfte seinen Ton als Ausdruck seiner vollkommenen Loyalität, um ihn der Lautstärke seiner ersten Violine anzugleichen. Ich erinnere mich noch an den langsamen Satz in Beethovens op. 18 Nr. 3, als Harleys zweite Geige für vier Takte die erste Geige übertönte und ein wundervolles *Cantabile* erklingen ließ, das sonst niemals von ihm kam.[5]

Adolf Brodsky (1851–1929) aus Taganrog in Rußland gründete 1870 mit Becker, Sitt und Klengel das Brodsky-Quartett. Er hatte bereits als kleines Kind auf sein Talent aufmerksam gemacht und hatte am Wiener Konservatorium studiert. Brodsky wurde Mitglied des Hellmesberger-Quartetts und ging 1890 in die Vereinigten Staaten, um bei Damroschs Symphony Society Konzertmeister zu werden. 1894 kehrte er nach Euorpa zurück und wurde Konzertmeister des Hallé-Orchesters in Manchester. Als er später Rektor des Royal Manchester College of Music wurde, veranstaltete er mit Briggs, Spielman und Fuchs Streichquartettabende und übte großen Einfluß auf das musikalische Leben Manchesters aus.

In den Vereinigten Staaten wurde das Interesse für Kammermusik in ganz besonderem Maße von *Franz Kneisel* (1865–1926) geweckt. Er war in Bukarest geboren und hatte in Wien bei Grün und Hellmesberger studiert. 1885 ging er als Konzertmeister zum Boston Symphony Orchestra. Die Streicherqualität des Orchesters wurde durch sein Wirken erheblich verbessert. Im gleichen Jahr gründete er das *Kneisel-Quartett,* mit dem er quer durch die USA reiste. Neben ihren Konzerten in den großen Städten besuchten die vier Musiker auch Kleinstädte, ja sie spielten selbst vor Bautrupps im Wilden Westen und in Bergwerkssiedlungen. Viele, die später ihre Kinder zum Studium auf die amerikanischen Akademien schickten, haben durch das Kneisel-Quartett zum ersten Mal Bekanntschaft mit Kammermusik gemacht.

Das *Flonzaley-Quartett,* in dem *Adolfo Betty* die erste Geige spielte, wurde 1902 von Edward J. de Coppet, einem Bankmann schweizerischer Abstammung, in New York gegründet. ,Flonzaley' war der Name seines unweit des Genfer Sees gelegenen Sommersitzes, wo die ersten Proben stattfanden. Das Quartett war zunächst nur für private Aufführungen in de Coppets Haus gegründet worden, später wurde es wegen seines makellosen Spiels und seines schönen Klangs international berühmt. Dieses Ensemble war das erste, das sich ausschließlich der Quartett-Literatur widmete, da de Coppet von Anfang an darauf bestand, daß die Musiker sich mit nichts anderem beschäftigten.

Das 1925 von *Antonio Brosa* (1894–1979) gebildete *Brosa-Quartett* galt als eines der großen Streichquartette in der Zeit zwischen den beiden Weltkriegen. Brosa stammte aus Tarragona und hatte seine Ausbildung an der Ainaud Akademie in Barcelona und später bei Crickboom in Brüssel erhalten. Sein Spiel war brillant, flüssig und zeichnete sich durch eine äußerst nuancierende Bogenführung aus. Das Quartett hat sich durch denkwürdige Interpretationen moderner Werke zu einer Zeit einen Namen gemacht, als sich andere Ensembles noch strikt an das herkömmliche klassische Repertoire hielten. Komponisten wie Elgar, Vaughan Williams, Bax, Frank Bridge, Britten, Berkeley und Tippett fanden im Brosa-Quartett aufgeschlossene Interpreten ihrer Musik.

Wegen zunehmender solistischer Verpflichtungen löste Brosa sein Quartett 1939 auf. Ein Jahr danach ging er in die Vereinigten Staaten, um mit den New Yorker Philharmonikern unter Barbirolli bei der Erstaufführung des Violinkonzerts von Britten als Solist mitzuwirken; er blieb acht Jahre lang in

Amerika. Nach dem Tod Onnues, des ersten Violinisten des *Pro Arte-Quartetts*, trat Brosa an dessen Stelle. Vier Jahre reiste das Quartett durch die USA. Das Pro Arte war das erste Quartett, das sich fest an eine amerikanische Universität band und die Unterrichtsverpflichtungen seiner Musiker mit den Konzertengagements in Einklang brachte.

Auch *Adolf Busch* (1891–1952) war nicht nur ein großer Solist; er war ebenso Kammermusiker, Komponist sowie Arrangeur und hat eines der besten Streichquartette dieses Jahrhunderts gegründet. Busch wurde in Siegen als Sohn eines Tischlers und Amateurmusikers geboren, der auch Geigen baute. An der Kölner Hochschule studierte er zuerst bei Willy Hess und dann bei Bram Eldering. Über beide Lehrer bestand eine interessante Verbindung zu anderen bedeutenden Geigern: Der Holländer Eldering hatte bei Hubay in Brüssel studiert und war diesem nach Budapest gefolgt, wo er im Hubay-Popper-Quartett mitspielte. Im Jahre 1888 begann Eldering erneut zu studieren, und zwar an der Berliner Hochschule bei Joachim. So konnte er Busch, als dieser um 1904 sein Schüler wurde, von verschiedenen historischen Einflüssen etwas weitergeben.

Nach seinem Londoner Debüt im Jahre 1912, bei dem Busch das Brahms-Konzert spielte, schrieb der *Strad*-Kritiker: „Keiner außer Kreisler vermag in der Reinheit seines Stils und in der Schönheit des Ausdrucks an ihn heranzureichen."

Mit einundzwanzig Jahren übernahm Busch die Stelle des Konzertmeisters beim Konzertverein-Orchester in Wien, wo er auch das erste *Busch-Quartett* gründete. 1917 wurde er in der Nachfolge Henri Marteaus als Professor für Violine an die Hochschule in Berlin berufen, auf jenen Lehrstuhl also, den noch zehn Jahre zuvor Joseph Joachim innegehabt hatte. Zu dieser Zeit gründete Busch das Streichquartett, das auf der ganzen Welt berühmt werden sollte.

Auch als Solist setzte Busch seine Erfolge fort. 1931 gab er sein Debüt in Amerika, wo Toscanini auf ihn aufmerksam wurde. Der Maestro war so beeindruckt, daß er Busch eine gemeinsame Tournee durch die USA vorschlug. Die enge Zusammenarbeit führte zu einer Freundschaft zwischen den beiden bedeutenden und zugleich völlig gegensätzlichen Musikern, die bis zu Buschs Tod im Jahre 1952 andauerte.

Flesch sah in Busch einen „Charakter", eine „Persönlichkeit" und einen Musiker, der „durch das seelische Erleben von innen heraus" zu großer Leistung gefunden habe. „Es gibt ... viele Geiger, die in klanglicher Hinsicht Busch überragen, aber wenige, deren Persönlichkeit, als Ganzes genommen, an die Bedeutung der seinigen heranreicht."[4] Und Yehudi

Menuhin bekennt: „Adolf Busch verdanke ich den unmittelbaren Zugang zur deutschen Kultur – die ich später durch Menschen und Literatur noch näher kennenlernen sollte – durch die Musik. Er vereinte feinstes Musikempfinden mit klassischer Gelehrsamkeit und war dabei niemals nüchtern."[5]

Buschs Bogenführung galt vielen als unübertrefflich und seine ‚elastischen' Kantilenen, seine makellose Phrasierung sind auf zahlreichen Aufnahmen, auch mit dem Quartett, zu hören. Als Busch und Rudolf Serkin in der Saison 1937–38 sämtliche Violinsonaten Beethovens in der Carnegie Hall spielten, war man sich in dem Urteil einig, daß hier die höchsten Ideale des Ensemblespiels verwirklicht worden seien: „Ihr hervorragendes technisches Können verwenden sie ausschließlich dazu, die ganze Kraft und Schönheit der Musik auszudrücken."[6] Die Wiederveröffentlichung der Aufnahmen des Busch-Quartetts auf Langspielplatten in den letzten Jahren hat großes Interesse geweckt.

Das *Lener-Quartett* entstammte dem Opernorchester von Budapest. Als 1918 die Revolution in Ungarn ausbrach, zogen sich *Teno Lener* und drei seiner Freunde aus dem Orchester in ein abgelegenes ungarisches Dorf zurück, um gemeinsam Kammermusik zu spielen. Ihr erstes Auftreten erfolgte 1920 in Wien, worauf sie von Ravel, der sie dort hörte, nach Paris eingeladen wurden. Bis in die späten vierziger Jahre gehörten sie zu den gefeiertsten Streichquartetten Europas, während zur gleichen Zeit das *Budapester Streichquartett* in den Vereinigten Staaten zu ähnlichen Erfolgen kam.

1935 entstand ein weiteres bedeutendes Quartett in Mitteleuropa. Im *Ungarischen Streichquartett*, das nach Ansicht von Kennern die besten Aufnahmen des Beethoven-Zyklus gemacht hat, spielten zwei Schüler Hubays aus seiner Zeit am Budapester Konservatorium, *Zoltan Székely* (geb. 1903) und *Sandor Végh* (geb. 1905), die erste und zweite Violine. 1940 gründete Végh das nach ihm benannte Quartett, das dann für seine ‚ungarische' Klangfärbung, die sich besonders in der Wiedergabe der Quartette Bartóks äußert, bekannt wurde. Végh übte großen Einfluß aus und gilt noch immer als einer der hervorragendsten Lehrer unserer Zeit. Die Kammermusik nennt er „eine ideale Form der Demokratie – alle Musiker sind gleich".

Auch die Russen haben ausgezeichnete Streichquartettmusiker hervorgebracht. Das *Borodin-Quartett* entstand 1945, als seine Mitglieder noch das Moskauer Konservatorium besuchten. Sie haben sich auf die Werke russischer Komponisten spezialisiert und die Quartette Schostakowitschs in aufregenden Interpretationen gespielt. In der Tschechoslowakei errang das *Prager Streichquartett*, vor allem in den fünfziger Jahren mit *Břetislav Novotný* (geb. 1924) als erstem Geiger, einen hervorragenden Ruf mit Wiedergaben der Werke Smetanas und Dvořáks.

Der Primgeiger des *Aeolian Quartet, Emanuel Hurwitz* (geb. 1919), erinnert sich an seine Eindrücke, als er in den späten vierziger Jahren das Busch-Quartett hörte:

> „Ich habe an ihnen immer die Ursprünglichkeit ihrer späten Beethoven-Quartette bewundert. Sie besaßen ein ungeheures Gefühl für das Bedrängende und Erhabene dieser Musik. Busch hatte einen wunderbaren Strich und einen ausgeprägten Sinn für die Linie einer Mozart- oder Beethovenmelodie. Er ging auf ganz direkte und ehrliche Weise an diese Musik heran."[7]

Der Wunsch, sein Leben als Musiker dem Streichquartett zu widmen, entwickelte sich bei dem jungen Hurwitz, nachdem er das Budapester Streichquartett gehört hatte. Er zieht einen interessanten Vergleich zwischen dem Budapester und dem Busch-Quartett:

> „Das B-Dur-Quartett op. 130 war das einzige Werk der Beethovenschen Spätgruppe, welches das Busch Quartett zu jener Zeit nicht aufgenommen hatte, doch existierte eine Aufnahme mit dem Budapester Quartett, auf der Roisman die erste Geige spielt – ein unglaublich eleganter Musiker. Obwohl ich die Interpretation sehr schön fand, hatte ich das Gefühl, daß sie für diese Beethoven-Komposition zu leicht und zu gefällig war. Als es dann aber eine Aufnahme mit dem Busch-Quartett gab, war sie mir etwas *zu* schwer. Das zeigt aber auch, wie leicht man sich an eine bestimmte Art, etwas zu hören, gewöhnt und dann plötzlich eine ganz andere Richtung bevorzugt."[8]

Hurwitz' Geigenkunst leitet sich aufgrund seiner Ausbildung bei Leon Bergman, einem Auer-Schüler, und bei Robjohns, der bei Joachim studiert hatte, mittelbar von den Italienern her. 1969 schloß er sich dem Aeolian Quartet an, das in der ganzen Welt konzertiert und sämtliche Quartette Haydns eingespielt hat. Die späten Beethoven-Quartette hat das Ensemble im Jahre 1979 aufgenommen.

Ein Musiker, der im Streichquartett spielt, muß anderen technischen Ansprüchen genügen als der Solist, vor allem im Bereich der Dynamik. Hurwitz schreibt dazu:

> „Beim Quartett kann man, von einem Flüstern bis zum *Fortissimo*, so laut oder leise spielen, wie es die vier Instrumente erlauben, ohne den Rahmen des Zusammenspiels zu sprengen. Der Solist spielt meist *Mezzo forte* bis *Fortissimo* und kaum jemals leise. Mit einem Orchester von bis zu hundert Musikern im Rücken hat er dazu auch kaum Gelegenheit. Als Solist braucht man möglicherweise nicht mehr als drei verschiedene Stricharten für kurze Töne. Ein wirklich guter Quartettspieler verfügt dagegen über fünfundzwanzig verschiedene Stricharten und eine Vielzahl von Variationen, den Bogen auf- und abzusetzen. Das Quartettspiel macht Nuancierungen erforderlich, die ein Solist als überflüssig erachten würde."[9]

Hurwitz, der seit seinem fünfzehnten Lebensjahr in Streichquartetten gespielt hat, hält es für unerläßlich, daß jeder einzelne Musiker außer seiner eigenen auch die anderen Stimmen eines Stückes kennt. „Es ist nicht erforderlich, daß man den Cellopart spielen kann, aber man sollte ihn singen können." Es ist letztlich das ‚Geben und Nehmen‘, das für Hurwitz den großen Reiz des Quartettspielens ausmacht. „Das freie Zusammenspiel der Einzelstimmen macht es es zu einem so großen Vergnügen. Es verlangt eine größere Disziplin als alle anderen musikalischen Gattungen, aber durch eben diese Disziplin bereiten die gemeinsamen Proben jedem immer wieder Freude und werden zur Quelle immer neuer Erfahrungen."[10]

Die Lehrerin des Geigers *Norbert Brainin* (geb. 1923), Rosa Hochmann-Rosenfeld, spielte einmal mit ihrem zwölfjährigen Schüler und zwei Kollegen das Mozart-Quartett in d-Moll. Obwohl der junge Brainin damals bereits das Beethoven-Konzert beherrschte, geriet er völlig ins Schwimmen, als er plötzlich die zweite Violine spielen sollte. „Doch zugleich", erinnert er sich, „hörte ich das Stück mit meinem inneren Ohr. Ich wußte genau, wie es klingen mußte, wenn es richtig gespielt würde".[11] Brainin nahm sich fest vor, diese Klangvorstellung eines Tages mit den richtigen Leuten zu verwirklichen. Das *Amadeus-Quartett* hat dieses Ziel seit langem erreicht. In der neueren Geschichte des Quartettspiels steht es im übrigen einzig da: Mit Brainin als Primgeiger spielt es in unveränderter Besetzung seit über vierunddreißig Jahren.

Norbert Brainin wurde in Wien als Sohn einer nicht sonderlich musikalischen Familie geboren. Aber als er mit sieben Jahren eine Viertelgeige geschenkt bekam, wußte er, kaum daß er sie in der Hand hielt, daß er eines Tages Geiger sein würde.

Bis zu seinem zehnten Geburtstag hatte Norbert bereits solche Fortschritte gemacht, daß er in das Wiener Konservatorium bei Ricardo Odnoposoff aufgenommen wurde. Im Alter von zwölf wechselte er zu Rosa Hochmann-Rosenfeld, die ihn in der Wiener Schule des Violinspiels unterrichtete. Die Tradition dieser Schule hatte sie von ihrem Lehrer Jakob Grün, einem Schüler Böhms und Joachims übernommen. Als er fünfzehn war, kam Norbert nach England und studierte ein halbes Jahr bei Carl Flesch – ein Abschnitt seiner Ausbildung, dem Brainin größte Bedeutung zumißt. Kurz nach Ausbruch des Krieges begann Brainin, auf Empfehlung Fleschs, bei dessen Schüler Max Rostal zu studieren.

1940, nach den ersten deutschen Bombenangriffen auf England, wurde Brainin 1940 als sogenannter ‚feindlicher Ausländer‘ in einem Lager in Shropshire interniert. Hier machte er die Bekanntschaft eines anderen Geigers, *Peter Schidlof,* mit dem er sich anfreundete, bis sie getrennt und in zwei verschiedene Lager auf die Isle of Man geschickt wurden, wo Schidloff einen dritten Geiger kennenlernte, *Siegmund Nissel*. Brainin wurde nach zwei Monaten Internierung entlassen, doch Schidlof und Nissel mußten über ein Jahr im Lager verbringen. Gegen Ende 1941 sahen sich alle drei bei Max Rostal, ihrem Lehrer wieder. Dort lernten sie schließlich *Martin Lovett* kennen, der mit Suzanne Rosza, einer anderen Schülerin Rostals, verheiratet war.

1946 nahm Brainin am Carl-Flesch-Wettbewerb teil und gewann die Goldmedaille, doch ging sein Weg, trotz einiger für eine Solistenkarriere günstiger Engagements in London, in eine andere Richtung. Zu Beginn des folgenden Jahres schlossen sich die vier Freunde zu einem Quartett zusammen, bei dem Schidlof die Bratsche spielte. Sie übten fast täglich miteinander und erarbeiteten sich ein Repertoire. Ihr erstes Konzert fand im Januar 1948 statt, Tourneen durch Spanien und Deutschland schlossen sich an. Heute gibt das Amadeus-Quartett etwa hundert Konzerte im Jahr und hat die Quartette von Mozart, Schubert, Haydn, Brahms und Beethoven auf Platten eingespielt.

Brainin besteht darauf, ausschließlich nach dem Urtext zu spielen. Er meidet die Ausgaben des neunzehnten Jahrhunderts, die vor allem für den Amateur und nicht für den professionellen Musiker eingerichtet und bearbeitet sind. „Wenn man bereits mit einer Interpretation anfängt, kann einfach nicht mehr herauskommen als die Interpretation einer Interpretation."[12]

Das Streichquartett ist vielleicht die anspruchsvollste Gattung der Kammermusik, und es überträgt dem ersten Geiger eine schwierige Aufgabe. Von ihm wird nicht nur eine makellose Technik verlangt, er muß auch wissen, welche Klangfarbe einem Werk jeweils zusteht. Ein kluger Primgeiger wird stets dafür sorgen, daß alle Entscheidungen hinsichtlich Phrasierung, Klangfarbe, Tempi und Lautstärke in gegenseitiger Übereinstimmung getroffen werden. Die künstlerische Homogenität ist schon beim klassischen Repertoire, speziell bei den späten Quartetten Beethovens, nicht leicht herzustellen. Die zeitgenössische Musik jedoch hat mit ihrer speziellen Behandlung von Harmonie, Form und Struktur im Technischen wie im Musikalischen neue Probleme geschaffen. So bieten etwa die Quartette von Debussy, Ravel, Bartók, Hindemith, Tippett und Schostakowitsch besondere Probleme im Bereich von Klangfarbe, Aufbau und Rhythmus, die die Musiker auf ganz andere Weise herausfordern als die Kompositionen des achtzehnten und neunzehnten Jahrhunderts. Insbesondere die sechs Quartette Bartóks sind musikalisch und technisch hochkomplizierte Werke. Als ein anderes Beispiel anspruchsvoller neuer Quartettkunst wäre Benjamin Brittens Streichquartett

Nr. 3 op. 94 zu nennen, das für das Amadeus-Quartett geschrieben wurde und das dieses – in Zusammenarbeit mit dem Komponisten – noch vor dessen Tod 1976 für die Uraufführung erarbeitet hat.

Erwähnt werden muß hier das bedeutende *Kolisch-Quartett*, das 1922 von dem 1896 geborenen österreichischen Geiger *Rudolf Kolisch*, dem Schwager Arnold Schönbergs, gegründet wurde. Das Quartett galt als das damals kompetenteste in Sachen Neuer Musik, es konzertierte bis 1935 in ganz Europa, danach hauptsächlich in den USA, wohin Kolisch übersiedelte. Es spielte grundsätzlich nicht aus Einzelstimmen, sondern aus der Partitur, wenn es nicht – auch dafür war das Ensemble berühmt – auswendig spielte.

Auch in den Vereinigten Staaten gibt es heute Streichquartette von Weltgeltung. Das 1946 entstandene *Juilliard-Quartett*, das unter anderem Entscheidendes für die Bartók-Quartette getan hat, sowie das *LaSalle-Quartett*, ebenfalls 1946 gegründet – zu einem Zeitpunkt, als seine Mitglieder noch an der Juilliard School studierten. Die LaSalles haben sich besonders intensiv mit der Musik des zwanzigsten Jahrhunderts auseinandergesetzt und viele zeitgenössische Komponisten angeregt, für sie zu schreiben. Das auf herrlichen Instrumenten musizierende *Guarneri-Quartett* besteht seit 1964 und hat sich seither eine ständig wachsende Reputation erworben. Das 1969 beim Marlboro Festival gegründete *Cleveland-Quartett* spielt ein umfassendes Repertoire, das sich von Haydn über Brahms – von dessen Quartetten es besonders gute Plattenaufnahmen machte – bis Eliot Gardiner erstreckt.

Diese Quartette gastieren heute in aller Welt und sind ausnahmslos – wie auch das *Berg-Quartett*, das *Melos-Quartett*, das *Tokyo String-Quartett* oder das *Quartetto Italiano* – mit hervorragenden Instrumentalisten besetzt. Sie sind überwiegend von vornherein Ensemblegründungen und in selteneren Fällen als zu früheren Zeiten Vereinigungen von Musikern, die sich um einen durch eine solistische Karriere ausgewiesenen „Primarius" scharen – auch wenn der ersten Geige immer noch führende musikalische Aufgaben zukommen.

Technik und Stil des Streichquartettspiels waren im Lauf der Zeit großen Veränderungen unterworfen. Wenn wir heute ein Streichquartett mit Tomasini oder Schuppanzigh hören könnten, würden wir vermutlich kaum Ähnlichkeiten mit der Musik entdecken, an die wir gewöhnt sind. Nur die Rolle des ersten Geigers hat sich über die Jahrhunderte nicht verändert. Ohne ihn besteht das Streichquartett aus drei erstklassigen Ensemblemusikern, doch mit ihm werden sie zu einer Ganzheit, die eine der schönsten, beglückendsten Formen gemeinsamen Musizierens möglich macht.

BLICK IN DIE ZUKUNFT

In den vier Jahrhunderten der Entwicklung des Violinspiels hat das instrumentale Können vermutlich nie ein höheres Niveau gehabt als heute. Es überrascht nicht, daß gerade die jungen Virtuosen, in ihrem Bemühen um Perfektion, das Niveau der Geigenkunst entscheidend bestimmt haben, selbst wenn ihre technischen Fertigkeiten die künstlerische Durchdringung der Werke bisweilen hinter sich lassen. Dafür gibt es Gründe: Die modernen Verkehrsmittel ermöglichen es beispielsweise einem Künstler, heute abend in New York und morgen in Berlin aufzutreten – welch ein Kontrast zu Spohrs geruhsamen Reisen mit der Pferdekutsche oder selbst den Reisen per Schiff und Eisenbahn zu Anfang unseres Jahrhunderts! Heute stehen wir vor dem Dilemma, daß junge Virtuosen ihr Talent vielfach nicht mehr, wie die früheren Geiger, langsam heranreifen lassen können, sondern daß sie gleichsam wie im Treibhaus zu früher Blüte getrieben und vermarktet werden, noch ehe die Persönlichkeit sich herausgebildet hat. Es spricht jedoch sehr für die Kraft heutiger Musiker, daß viele von ihnen dennoch den Druck und die Ansprüche etwa des Fernsehens, der Plattenindustrie und des strapaziösen Reisens überstehen.

Wie kann ein junger Geiger seinen persönlichen Ausdruck finden in einer Zeit, die Perfektion als selbstverständlich ansieht und musikalische Qualitäten häufig den maßlosen technischen Ansprüchen – auch der Aufnahmepraxis – opfert? Dieses Ziel läßt sich nur erreichen, wenn er sich von modischen Trends fernhält und stattdessen felsenfest auf seine „Persönlichkeit", seine individuelle Auffassung von Musik vertraut. Der legendäre Ungar Sandor Végh ist überzeugt, daß Spontaneität und Inspiration dem technischen Können eines Interpreten die Waage halten müssen. Bei dem alle zwei Jahre abgehaltenen Internationalen Musikerseminar in Prussia Cove in Cornwall, dessen musikalischer Leiter Végh ist, vertritt er energisch einen der europäischen Tradition verpflichteten Individualismus: „In meiner Rolle als Europäer bin ich ein Chauvinist. Wir müssen das Erbe unserer Vergangenheit bewahren, wenn wir nicht unsere Identität verlieren wollen." Diese Identität und Individualität läßt sich sogar konservieren:

Die persönliche Eigenart von Geigern wie Ysaye, Kreisler, Thibaud und Heifetz erkennt man sogleich auch auf Plattenaufnahmen, wie alt und zerkratzt sie auch sein mögen. Stern gehört zu den Geigern dieser Art, auch Grumiaux sowie der Holländer Herman Krebbers, den selbst die

Italiener ‚Il Paganini' nennen und von der jüngeren Generation etwa Itzhak Perlman und Kyung-Wha Chung.

Rußland und die osteuropäischen Länder bringen auch weiterhin einen breiten Strom erstklassiger Geiger hervor. Von Viotti bis zu Bériot setzt sich, über Vieuxtemps und Auer in Petersburg sowie Stoljarski in Odessa, eine ungebrochene Tradition hervorragender künstlerischer Leistungen fort. Der 1977 verstorbene David Oistrach, der als Lehrer wie als Künstler große Verehrung genoß, hat viele der brillanten jungen Geiger ausgebildet, die in den letzten Jahren internationalen Ruhm erlangt haben: *Oleg Kagan*, *Walerij Klimow*, *Gidon Kremer* und *Wiktor Pickeisen* waren sämtlich seine Schüler – wie auch *Lydia Mordkowitsch* und die Bulgarin *Stoika Milanowa*.

Zu den führenden Lehrern am Gnessin-Institut in Moskau gehört Jurij Jankelewitsch. Einer seiner erfolgreichsten Schüler ist *Albert Markow* (geb. 1933), der 1976 erstmals in New York auftrat, zusammen mit Milton Kaye, dem langjährigen Begleiter von Jascha Heifetz. Die *New York Post* bescheinigte ihm neben seinen geigerischen und stilistischen Qualitäten „den Sinn eines Schauspielers fürs Dramatische, mit dem er seine Zuhörer in Atem hält."[1]

(Über die junge russische Geigergeneration vgl. S. 286ff.)

Die meisten der in diesem Kapitel erwähnten Musiker sind aus einem oder mehreren Wettbewerben als Preisträger hervorgegangen. Man könnte das zwanzigste Jahrhundert mit gutem Recht als „Das Jahrhundert der Wettbewerbe" bezeichnen. Fast alle der aufstrebenden Virtuosen beteiligen sich an mindestens einem dieser Wettbewerbe, deren Wert von vielen für fragwürdig gehalten wird. Einerseits kann ein Preis einen unbekannten Geiger sofort ins Rampenlicht bringen und – falls der junge Mensch den Belastungen gewachsen ist – durchaus den Beginn einer internationalen Karriere einleiten. Manche Künstler jedoch, deren Entwicklung noch nicht abgeschlossen ist, werden durch einen Sieg den Härten des Musikbetriebs zu früh ausgesetzt und erleiden Schäden, von deren Folgen sie sich nie wieder ganz erholen.

Perlman, Zukerman und Chung gehören zu den Glücklichen, die den amerikanischen Leventritt-Preis als Sprungbrett benutzen konnten und ihren Weg machten, so wie etwa Eugene Fodor seinem Sieg im russischen Tschaikowski-Wettbewerb seinen Erfolg verdankt.

Der erste Internationale *Tschaikowski-Wettbewerb* wurde 1972 in Moskau veranstaltet. Trotz seiner enormen technischen Anforderungen zieht er eine ständig wachsende Zahl von Bewerbern an. Die Teilnehmer müssen in drei Durchgängen die Prüfungsstücke auswendig vorspielen – von den

Bach-Solosonaten bis zum Tschaikowski-Konzert mit Orchesterbegleitung. Bach und Mozart werden nur im ersten Durchgang verlangt, im zweiten und dritten sind wesentlich schwierigere Stücke aus dem romantischen oder zeitgenössischen Repertoire vorgeschrieben. Diese Praxis hat gelegentlich den Vorwurf laut werden lassen, das Preisgericht bewerte eher das technische Können, als daß es nach musikalischen Kriterien urteile.

Als erster Nichtrusse gewann 1978 der junge amerikanisch-portugiesische Geiger *Elmar Oliveira* (geb. 1950) die Goldmedaille im Tschaikowski-Wettbewerb, was beträchtliches Aufsehen erregte und zur Folge hatte, daß dieser Schüler Raphael Bronsteins bislang über achtzig Konzerte in Nord- und Südamerika sowie Europa gegeben hat.

Der New Yorker *Leventritt-Preis* ist einer der angesehensten amerikanischen Wettbewerbe. Bis vor kurzem stellte er dem Gewinner neben einem Geldpreis eine Reihe von Konzerten mit führenden amerikanischen Orchestern in Aussicht. Neuerdings wird dieser Preis in der Form eines Stipendiums vergeben, das dem Sieger eine Fortsetzung seines Studiums ermöglicht und erst nach dessen Abschluß die Gelegenheit zu öffentlichem Auftreten.

Seit einem Vierteljahrhundert wird in Genua der *Paganini-Wettbewerb* abgehalten. Der Gewinner des ersten Preises erhält eine Geldsumme und darf beim Abschlußkonzert des Wettbewerbs sowie bei einem weiteren Konzert in der darauffolgenden Saison auf Paganinis Geige spielen. Bei diesem Wettbewerb haben viele Japaner Preise gewonnen, auch auffallend viele Franzosen und Italiener, darunter – im Alter von fünfzehn Jahren – *Salvatore Accardo* (geb. 1943), der heute einer der bekanntesten italienischen Geiger ist.

Der bedeutendste Beitrag Englands in diesem Reigen der Concours ist der *Internationale Carl-Flesch-Wettbewerb*, der alle zwei Jahre stattfindet. Er wurde 1944 an der Guildhall School of Music and Drama für herausragende Leistungen im Violinspiel und zum Gedenken an Leben und Werk Carl Fleschs eingerichtet. Diese von dem Flesch-Schüler Max Rostal und Eric Cundell ins Leben gerufene Preisveranstaltung hat sich von bescheidenen Anfängen zu einem der bedeutendsten internationalen Geiger-Wettbewerbe entwickelt, der etwa gleiches Ansehen genießt wie der Tschaikowski-Wettbewerb oder der belgische *Königin-Elisabeth-Wettbewerb*. Die Bewerber müssen in drei Etappen je eine Solo-Sonate von Bach, ein Stück von Sarasate und ein modernes Werk vorspielen, das speziell für diesen Anlaß komponiert wird. Die Teilnehmer der Endrunde müssen dann je eine Beethoven-Sonate und eines der großen Konzerte mit Orchester spielen. Unter dem Vorsitz von Yehudi Menuhin beurteilt ein Preisgericht aus namhaften internationalen Geigern die Leistungen.

Leiter des Wettbewerbs ist *Yfrah Neaman,* der bei Flesch, Thibaud und Rostal studiert hat. Von den Preisträgern seien einige erwähnt: Erster Gewinner war 1945 *Raymond Cohen* (geb. 1919), heute ein bedeutender Solist, Kammermusiker und Lehrer. *Erich Gruenberg* (geb. 1924) gewann den Preis 1947; er wurde später Konzertmeister des London Symphony Orchestra und des Royal Philharmonic Orchestra und arbeitet seit 1976 nur noch als Solist. 1970 gewann die Bulgarin *Stoika Milanowa* den ersten Preis; den vierten Preis erhielt *Takayoshi Wanami,* ein blind geborenes Talent aus Japan. Weitere Gewinner waren der ungarische Bratschist *Csaba Erdelyi* (1972), der Bulgare *Mintscho Mintschew* (1974), die Israelin *Dora Schwarzberg* (1976; vor dem Engländer *Andrew Watkinson,* der den zweiten Preis erhielt) und der Rumäne *Eugene Sarbu* (1978).

Blickt man auf die Geschichte des Violinspiels zurück, zeigt sich, daß bestimmte Nationalitäten eine Fülle großartiger Geiger hervorbringen, während bei anderen Völkern nur gelegentlich ein Virtuose von herausragender Bedeutung auf der Bildfläche erscheint. Seit dem frühen neunzehnten Jahrhundert herrscht der Eindruck vor, als besitze das jüdische Volk ein Monopol für große Solisten – vor allem in Ungarn, Polen und Rußland. Die große Zahl jüdischer Geiger aus der russischen Stadt Odessa und ihrer Umgebung, von denen später viele in Amerika zu Ruhm gelangten, legt die Vermutung nahe, daß es sich dabei sicher nicht nur um einen reinen Zufall handelt. Zu dem sowjetisch-amerikanischen Kulturaustausch bemerkte Isaac Stern einmal: „Sie schicken uns ihre Juden aus Odessa, und wir schicken ihnen unsere Juden aus Odessa."[2]

Die siebziger Jahre wiederum verzeichnen den kometenhaften Aufstieg von zahlreichen Talenten aus dem Fernen Osten: *Dong-Suk Kang* (geb. 1946) aus Korea, der 1974 einen Preis im Carl-Flesch-Wettbewerb gewann, und die Japanerin *Mayumi Fujikawa* (geb. 1946) sind nur zwei Beispiele aus der Schar jener exzellenten Geiger, die sich inzwischen einen internationalen Namen gemacht haben.

Die technische Fertigkeit und Musikalität der fernöstlichen Musiker, die in einer völlig anders gearteten Kultur als der unseren aufgewachsen sind, wirken auf den ersten Blick überraschend und fast unerklärlich. Doch gibt es einen Zusammenhang, der nicht übersehen werden sollte: Die Violine hat sich aus uralten östlichen Saiteninstrumenten entwickelt, die mit dem Bogen gespielt wurden: dem ceylonesischen Ravanastron und der chinesischen Fiedel. Jahrhunderte später brachten die Araber die Rebecca in den Westen. Und nachdem die Violine von den romanischen Völkern zu ihrer heutigen Form weiterentwickelt wurde, Hand in Hand mit einer Vervollkommnung ihres Spiels, erreichte die instrumentale Meisterschaft auf der Geige ihren Höhepunkt in den Händen des jüdischen Volks. Es sieht aus, als seien jetzt die fernöstlichen Völker erneut an der Reihe, eine bedeutende Rolle in der Geschichte des Violinspiels einzunehmen.

Das von vielen Völkern im Laufe der Jahrhunderte geformte hohe Niveau des Geigenspiels ist die Grundlage für seine Weiterentwicklung in der Zukunft. Die hervorragende Qualität heutiger Tonaufnahmen hält maßstabsetzende Beispiele fest, die nachfolgenden Generationen Vergleichsmöglichkeiten bieten, wie sie niemals zuvor bestanden haben. Ob wir uns aber Technik und Stil anhand von Lehrbüchern aus dem achtzehnten Jahrhundert aneignen oder mittels der neuesten Digitalaufnahmen – *eine* grundlegende Erkenntnis werden uns beide Wege vermitteln: Die großen Geiger sind vor allem Romantiker, und durch ihre Gabe, Gefühle unmittelbar weiterzugeben, gelingt es uns, die Musik als eine lebendige Kraft zu erleben.

Die folgenden Kapitel wurden speziell für die deutsche Ausgabe dieses Buches von Albrecht Roeseler verfaßt.

DIE „DEUTSCHEN" GEIGER

Georg Kulenkampff – Wolfgang Schneiderhan – Szymon Goldberg – Gerhard Taschner

In Deutschland hat es in diesem Jahrhundert für die Freunde des Geigenspiels wie auch für die Geiger selbst zweimal eine deutlich schmerzhafte Zäsur gegeben. Einmal im Jahr 1933, als mit dem Beginn der Nazi-Herrschaft die internationalen Geigertalente verfemt oder verjagt wurden; zum zweiten Mal 1945, als Hitler-Deutschland in Trümmer sank und das musikalische Leben, wie die Existenz des ganzen Volkes, ganz von vorn, von der berühmtgewordenen Stunde Null an beginnen mußte. Diese beiden Einschnitte, die es in solcher Form in anderen Musiknationen nicht gegeben hat, brachten das Geigenspiel in Deutschland zunächst in eine bedrohliche Krise und schließlich gänzlich zum Stillstand.

Unvergeßlich war dann die erste, politisch umstrittene und zugleich triumphale Geiger-Visite aus dem Ausland: Yehudi Menuhins Auftreten in Berlin 1946 und 1947. Andere sollten zögernd, doch immer häufiger folgen: Thibaud, Szigeti und Oistrach ebenfalls in Berlin – und zum Bonner Beethoven-Fest 1950 der nach Deutschland „heimkehrende" *Adolf Busch,* von dessen großer Bedeutung – insbesondere für die Kammermusik und als Lehrer Menuhins – an anderer Stelle dieses Buches die Rede ist (vgl. S. 262 ff.). Die Erwartungen, ihm wiederzubegegnen, die Legende, die sich um die verklärende Erinnerung an sein eminentes – zugleich als besonders „deutsch" charakterisiertes – Künstlerum gerankt hatte, waren ins schier Unermeßliche gestiegen. Sein Wiederauftritt wurde hingegen zu einer gleichermaßen liebevoll kaschierten Enttäuschung und mit Betretenheit aufgenommen; allenfalls im Mittelsatz des Beethoven-Konzerts erklangen Erinnerungen an einstige Größe und Vollkommenheit.

Eine andere Geigerpersönlichkeit, der man in den Nazi-Jahren überflüssigerweise ein Etikett besonderen „Deutschtums" angeheftet hatte, war unterdessen, 1948, überraschenderweise mit 50 Jahren bereits im Schweizer Exil, in Schaffhausen gestorben: *Georg Kulenkampff.* Bis ein Jahr vor Kriegsende war der geborene Bremer in Mitteleuropa aufgetreten – einer der wenigen, ja vielleicht der einzige Geiger von Weltklasse, der nach 1933 in

Deutschland geblieben war. Zunächst hatte der junge Kulenkampff, der Schüler von Willy Hess war, bei den Berliner Philharmonikern als Konzertmeister gesessen, war daneben als Primarius eines eigenen Streichquartetts aufgetreten; doch von 1920 an entfaltete er eine internationale Solistenkarriere, die bis zum Jahr seines Todes unvermindert erfolgreich andauerte. In späteren Jahren fand er sich mit Edwin Fischer und Enrico Mainardi zu einem Trio-Ensemble zusammen, dessen Ruhm neben dem legendären Trio Cortot-Thibaud-Casals zu bestehen vermochte; früh schon widmete er sich auch pädagogischen Aufgaben – jahrelang als Professor einer Meisterklasse an der Berliner Musikhochschule, später bei den Potsdamer Kursen und schließlich 1944, als Nachfolger von Carl Flesch, seinem einstigen Berliner Kollegen, am Luzerner Konservatorium. Eine Sammlung von „Geigerischen Betrachtungen", posthum erschienen, zeugt von seiner Fähigkeit zu ernsthafter Reflexion über seine Kunst.

So nordisch-hochgewachsen, so blond und ernsthaft-introvertiert auch das äußere Erscheinungsbild wirken mochte: sein Spiel enthielt bei aller Noblesse und Makellosigkeit genügend Elemente, um ihn zu einem großartigen Geigenvirtuosen zu machen, der bei kleinen brillanten Stückchen mit heftigen Portamenti und exzessivem Rubatospiel aufzuwarten vermochte. In seinem letzten Berliner Konzert unter Furtwängler im Frühjahr 1943 spielte er das Sibelius-Konzert – mit der zusammenfassenden Kraft eines machtvollen Barden, der sich in dem üppigen Gebilde rhapsodischer Symphonik mühelos behauptet. Im Grunde hatte sein Spiel überhaupt nichts spezifisch „Deutsches" (was immer das auch sein mag). Seine Interpretationen des Tschaikowski- und des Dvořák-Konzerts (man kann die beiden Werke seit einigen Jahren wieder auf einer „Dokumente"-Platte der Telefunken unter Eugen Jochum, bzw. Arthur Rother nachhören) sind so emphatisch, so „slawisch" und so temperamentvoll gespielt, wie man es nur wünschen kann. Und die Auswahlstücke auf der ersten Folge der Serie „Masters of the Bow" machen bei allen aufnahmetechnischen Mängeln deutlich, welches eminente geigerische Talent und heißblütige Spieltemperament in diesem kraftvoll, ja herrisch interpretierenden Geiger aus Bremen steckte.

Kulenkampffs Repertoire war weitgespannt: Sein Debüt bei Furtwängler (dessen Berliner Konzerte jahrzehntelang den Standard in Mitteleuropa entscheidend bestimmten) galt einer Konzertsuite von Sergej Tanejew als Erstaufführung; im November 1937 hob er das vergessene Geigenkonzert von Robert Schumann aus der Taufe (Menuhin und andere hatten sich ebenfalls um die Premiere bemüht, aber die damalige Reichsregierung bestimmte, das Werk dürfe nicht zuerst im Ausland erklingen). Auch Louis

Spohrs Konzert „in Form einer Gesangsszene" fand in ihm einen überraschend häufigen Interpreten.

Bach, Beethoven, Brahms: auch die Werke dieser Meister standen bei Kulenkampff im musikalischen Zentrum seiner Tätigkeit. Nobel, sonor und ernsthaft klingen seine Interpretationen dieser Konzerte, von Beethoven auch der Kreutzer-Sonate, in unserer Erinnerung, und die vorhandenen oder wiederhergestellten Platten widerlegen diese Erinnerungen nicht. Gebändigter Ausdruck, stupende Beherrschung des spieltechnischen Apparats und ein variationsfähiger Ton – der zur Überwältigung des Hörers durch ein Espressivo ebenso fähig war wie zur sanften Überredung durch äußerste Sensibilität – machten ihn zu einem der überragenden Geiger, die unser Land in diesem Jahrhundert hervorgebracht hat.

In den Jahren, in denen die deutschen Musikfreunde sich immer wieder schmerzlich bewußt machen mußten, daß die Geiger Huberman und Kreisler, Milstein, Menuhin, Szigeti, Flesch und Mischa Elman in Mitteleuropa, im „Großdeutschen Reich", wohl nie wieder zu hören sein würden, gab es eine vielversprechende Wienerische Hoffnung, einen jungen Konzertmeister, der zudem ein treffliches Streichquartett anführte (gemeinsam mit Strasser, Moravec und Krotschak) und darüber hinaus noch Zeit fand für eine beachtliche Solistenkarriere: *Wolfgang Schneiderhan*, der 1915 in Wien Geborene, der, von Otakar Ševčik gründlich ausgebildet, seine Wunderkind-Phase glückhaft überstanden hatte und nun, in den Jahren 1935 bis 1950, sich die solide Grundlage zu einer bedeutenden Geigerlaufbahn zu schaffen schien. Sein Ruhm und sein Ruf waren bereits in den vierziger Jahren so gefestigt und international begründet, daß er 1949 zum Nachfolger des verstorbenen Kulenkampff in das Trio mit Edwin Fischer und Enrico Mainardi aufrückte und als junger prominenter Lehrer auch die Meisterkurse in Luzern übernahm. Seitdem zählte Wolfgang Schneiderhan, neben den ebenfalls aus einer Wunderkindkarriere hervorgegangenen Menuhin und Isaac Stern, zu den anerkannten Begabungen aus der Generation des Ersten Weltkriegs. Schneiderhan galt viele Jahre lang als ein trefflicher Exponent einer akkuraten, bisweilen als etwas akademisch diffamierten Mozart-Interpretation. Kollegenzungen behaupteten, allein mit den Honoraren aus Wiedergaben des A-Dur-Konzerts hätte er seinen ersten Mercedes bezahlt; das soll sowohl Mozart als auch uns recht sein. Abgesehen davon, daß Schneiderhan auch andere Mozart-Konzerte sehr erfolgreich interpretiert hat, gibt es schon relativ frühe, beeindruckende Beispiele seiner Interpretationen des Brahms-Konzerts (mit der Dresdner Staatskapelle unter Karl Böhm während des Kriegs) und desjenigen von Beethoven (mit den Berliner Philharmoni-

kern unter Eugen Jochum). Im Mai 1953, kurz vor dieser Aufnahme, spielte
er es unter Furtwängler im Berliner Titania-Palast, dem vorübergehend zur
Philharmonie erhobenen Kino-Tempel, und der akkurate Ernst, das ruhige,
emphatisch ausgespielte Melos des Werkes (das Schneiderhans Landsmann
Fritz Kreisler eher nonchalant und harmlos-heiter interpretiert hatte) beein-
druckten Hörer und Musiker gleichermaßen.

Schneiderhan, heute ein älterer Herr Ende der Sechzig, ist in seinen
jugendlichen Jahren ein wahrer Feuerkopf gewesen, den die Wiener Philharmoniker kurz nach dem Krieg gern gegen den damals krisengeschüttel-
ten Menuhin auszuspielen beliebten. Seine Aufnahmen der d-Moll-
Brahms-Sonate (mit Carl Seemann) und der Beethoven-Sonaten (vor allem
die frühen Einspielungen mit Wilhelm Kempff) zeigen ihn als einen
Künstler, der geradezu peinlich genau (ohne pedantisch zu werden) arti-
kuliert und der doch dabei nicht auf die melodische Kraft des geigerischen
Gesangs zu verzichten braucht. Mit den Jahren hat sich freilich auch
Wolfgang Schneiderhan, wie jeder sensible Musiker, in vielem gewandelt.
„Neben Anständigkeit und Disziplin ist vom Künstler heute zu fordern,
daß er den Menschen Ruhe (!) bringt. Das ist das größte Gut, das der
Künstler heute ausstrahlen kann. Nicht das Aufpeitschende, das bekommt
die Menschheit ja jeden Tag, wohin sie schaut . . . Ein Künstler muß sich
hüten vor Ungeduld und Ratlosigkeit". Mit diesen Worten hat Schneiderhan in den sechziger Jahren eine der Luzerner Festwochen eröffnet. Wen
wundert es da, wenn Schneiderhan in seinem Geigerrepertoire nicht gerade ein Exponent der experimentierfreudigen Avantgarde genannt werden
kann. Anfang der siebziger Jahre hat er allerdings sich für Karl Amadeus
Hartmanns Concerto funèbre, eine „Musik der Trauer", eingesetzt, ohne
wehleidiges Doloroso, dabei durchaus den dramatischen Grundaffekt
nicht verleugnend, und mit allem nötigen Pathos, ohne in falsche, hohle
Rhetorik zu fallen. Immerhin: Henze und Martin, Liebermann und Bla-
cher haben für ihn und seine singende Gemahlin Irmgard Seefried eigens
neue Werke geschrieben, die das Musiker-Paar von Stadt zu Stadt getragen
haben.

In den letzten Jahren – bei wiederholten Hörproben seiner Mozart- und
Viotti-Wiedergaben – sind die höchst soliden geigerischen Grundlagen
bemerkbar geblieben, aber der fast allzu bewußte Verzicht auf den notwendigen Effekt hat manchem Schneiderhan-Konzert das ersehnte Herz-
klopfen der Zuhörer vorenthalten, das wir bei seinem Auftreten in früheren Jahren wie selbstverständlich quittierten. Das hat bisweilen seine Me-
riten, durchaus: Tartinis geigerisches Brillantfeuerwerk und seine glitzernden bravourösen Triller- und Figurenketten stellt er perfekt, ohne nutzlo-

se Zurschaustellung übertriebener Sinneskraft, genau und plausibel vor; Routine verwandelt sich in eine dankbar empfundene Selbstverständlichkeit.

Die Marotte, als Geiger neue Impulse aus dem Dirigieren zu schlagen (wie es Zukerman und Menuhin mit mäßigem Glück praktizieren) wollte Schneiderhan eigentlich nicht nachmachen. Im Mai 1973 verhieß er: „Ich habe herausgefunden, daß die Geige immer das Primäre bleibt . . . Nein, den Ehrgeiz habe ich nicht. Aber ich kann es gut verstehen". Zwei Jahre später war er diesem einst verschmähten Ehrgeiz selber erlegen.

In die musikalische Szene der ehemaligen Reichshauptstadt Berlin gehören noch zwei Künstler, die, obwohl an derselben Stelle tätig und unter demselben Dirigenten musizierend, sich nach aller Wahrscheinlichkeit niemals begegnet sind: Szymon Goldberg und Gerhard Taschner. Beide saßen als Konzertmeister am ersten Pult des Berliner Philharmonischen Orchesters unter Wilhelm Furtwängler; den einen versuchte der Dirigent vor der Ausweisung durch die Nazi-Behörden vergeblich zu schützen, den anderen hievte er, kaum das er achtzehn Jahre alt war, gegen manchen Widerstand älterer Kollegen auf den Konzertmeistersitz seines Orchesters.

Szymon Goldberg, in Wloclawec in Polen 1909 geboren, studierte zunächst Mandoline, wurde auch von der Cembalistin Wanda Landowska gefördert. Weitere Studien, nunmehr auf der Violine, betrieb er in der Berliner Talentschmiede bei Carl Flesch und debütierte bereits mit vierzehn Jahren in der dortigen Philharmonie. Über Dresden kam er ans Berliner Konzertmeisterpult zurück (da war er zwanzig) und formierte mit dem jungen Paul Hindemith (Bratsche) und dem Cellisten Emanuel Feuermann ein hochkarätig besetztes Streichtrio. Noch im Februar 1933 konnte er unter Furtwängler das Beethoven-Konzert spielen (sein Lehrer Carl Flesch spielte übrigens drei Wochen später am selben Ort noch das Brahms-Konzert), aber Furtwänglers Macht, seinen jungen begabten Schützling zu halten, waren doch begrenzt. Goldbergs Karriere verlief fortan mit wechselndem Glück. Ein Start in den USA führte nicht zu der erhofften Karriere, eine böse Internierung in Japan kostete Kraft und Zeit und beraubte ihn seines Stradivarius-Instruments. Als Kammermusiker und Lehrer lebte er in New York, erschien 1954 beim Aspen-Festival gemeinsam mit seinem jüngeren Ex-Flesch-Kollegen Roman Totenberg und machte dann mit einigen Sonaten-Aufnahmen mit Radu Lupu von sich reden.

Gerhard Taschner (geboren 1922 in Jägerndorf, gestorben 1976 in Berlin) galt in den vierziger Jahren als ein unbändiges, allenfalls sorgsam zu bändigendes Geigertalent, das schon als Kind bei Hubay und Bronislaw Huber-

mann sein geigerisches Rüstzeug erhalten hatte. Im Herbst 1941 stellte ihn
Furtwängler dem Orchester und der philharmonischen Öffentlichkeit vor,
indem er Taschner während eines regulären Orchesterkonzerts die Bach-
sche Chaconne vortragen ließ. Taschner galt damals als große geigerische
Hoffnung, ein scheinbar kaum zu zähmendes Temperament, das während
der Kriegsjahre viel zu spielen hatte und in den Nachkriegsjahren mit
Walter Gieseking eine kammermusikalische Ehe einging und noch einmal,
im Dezember 1949 als Solist vor sein altes Orchester trat, um Wolfgang
Fortners Violinkonzert, für ihn eigens komponiert, auch hier vorzutragen.
Eine Professur an der Berliner Hochschule blieb fortan die Basis für sein
Geigerleben, das auf bedauerliche Weise ganz unspektakulär, ohne die
Erfüllung jener Karriere, die man von ihm erhofft hatte, in den siebziger
Jahren endete.

Die beiden radikalen Einschnitte, von denen am Eingang dieses Kapitels
die Rede war – die Vertreibung der jüdischen Geiger 1933 sowie der
Zusammenbruch der bestehenden musikalischen Aktivitäten 1945 – sie
haben zwei der außerordentlichsten Geigertalente beeinträchtigt und frühzeitig zum Schweigen gebracht. Die Zahl derer, die – über jene beiden
prominenten Beispiele hinaus – unter den politischen Verhältnissen zu
leiden gehabt haben, ist gewiß Legion. Welche Geigerbegabungen der
Krieg zusammenschoß, mag man nur ahnen. Nur die Folgen dieser Umstände – die waren jahrelang spürbar: In Mitteleuropa gab es jahrzehntelang
keinen Nachwuchs. Jene Talente, die in den Jahren 1920 bis 1940 zur Welt
kamen, stammen in aller Regel nicht aus deutschen Landen.

EUROPÄISCHE TEMPERAMENTE

Váša Příhoda – Tibor Varga – Salvatore Accardo – Josef Suk –
Christian Ferras

Inmitten des Aufmarschs internationaler Geigerpersönlichkeiten, die um
1930 die deutschen Konzertpodien bevölkerten, gab es Außenseiter, die für
manche Kenner durchaus die Rolle von Favoriten spielten. Neben den
anerkannten Koryphäen wie Kreisler und Elman, Huberman, Heifetz und
Szigeti (um nur einige der wichtigsten zu nennen) schuf sich ein Prager
Geigenvirtuose eine Art Sonderkarriere, die durch die Nazi-Zeit und den
Zweiten Weltkrieg zwar beeinträchtigt wurde, aber nicht in dem Maße wie
bei den jüdischen Musikern, die aus Deutschland vertrieben wurden. Wir
sprechen von *Váša Příhoda*, einem wahren Hexenmeister der Violine, von
dem Fachleute behaupten, er sei einem Könner wie Jascha Heifetz an

technischem Vermögen in nichts nachgestanden und habe ihn an Variabilität der Tongebung sogar übertroffen.

Konzertgänger, die Příhoda noch in den Nachkriegsjahren hören konnten (von 1949 an konzertierte er wieder in der Bundesrepublik und in Westberlin), erinnern sich an ihn tatsächlich als an einen Zauberer auf seinem Instrument. Dabei war der 1900 in Prag geborene Příhoda, Sohn eines Musikschuldirektors, alles andere als ein ehrfurchtgebietender Exeget der Klassiker; seine Stärke lag in der Interpretation von Werken der französischen Spätromantik und der altitalienischen Geigenmusik. Unübertroffen war er, wenn er Dvořák spielte – sei es die kleine intime Sonatine op. 100, die er mit zauberhaftem, unerhört nuancenreichem Ton vortrug, oder das Violinkonzert, bei dem er bereits durch die traumwandlerisch sicher gespielten Eingangspassagen verblüffte, die zum viergetrichenen e bzw. a hinaufführen. Bei aller Variabilität, die bisweilen in eine Manier auszuarten drohte, war sein Geigenton eigentlich nicht besonders groß, doch die staunenswerte Unfehlbarkeit der linken Hand entschädigte für vieles andere. Zum eigenen Gebrauch hatte Příhoda eine Transkription des Rosenkavalier-Walzers für Geige und Klavier angefertigt, gespickt mit haarsträubend vertrackten Schwierigkeiten, deren souveräne Bewältigung er lächelnd, gleichsam selbstverliebt in die eigene Kunstfertigkeit, zu beobachten pflegte. In der Zeitschrift Fono Forum (Januar 1982) ist eine Liste von Plattenaufnahmen veröffentlicht, die – meistens unter den Cetra-Etikett erschienen – einen guten Überblick über Příhodas Repertoire geben. Allerdings sind alle Aufnahmen, die von etwa 1955 an entstanden sind, nicht mehr ganz zutreffende Spiegelbilder der geigerischen und musikalischen Potenz des Künstlers; als Folge eines Autounfalls ist bisweilen eine Schwäche des Bogenarms bemerkbar, und diejenigen, die dem fast Sechzigjährigen etwa in einem Sonatenabend im Konzertsaal begegnet sind, konnten nur mit Betrübnis konstatieren, daß Příhodas Konzept, Brahms und Schumann (!) etwa als virtuose Geigensoli mit al-Fresco-Begleitung auf dem Klavier aufzufassen, ein Irrweg war.

Vielleicht war er auch ein wenig müde geworden. Sein Lebensweg hatte ihn, nach anfänglichen Erfolgen als Wunderkind in Böhmen, mit 19 Jahren nach Italien geführt, wo – so geht die Fama – kein Geringerer als Arturo Toscanini ihn in einem Caféhaus in Mailand hörte und durch wirksame Fürsprache zu einer glänzenden Serie von Konzerten im Lande verhalf. Ein Jahr später bereiste er Süd- und Nordamerika, sodann – immer wieder umjubelt – Europa und die nordafrikanischen Länder. Der Krieg verursachte einen großen Einschnitt in seiner Laufbahn, zumal er mit seinem Wohnsitz in Prag jahrelang innerhalb des „Großdeutschen Reichs" lebte. Seine tschechischen Landsleute nahmen ihm seine Konzerttätigkeit in Deutschland übel und belegten ihn nach dem Krieg mit Auftrittsverbot. 1948 wurde er türkischer Staatsbürger, später übernahm er dann eine Lehrtätigkeit in Österreich. Erst 1956 – der Zenith seiner Karriere war längst überschritten – machte er seinen Frieden mit der Heimat und erschien als gefeierter Solist beim Prager Frühling. Der physisch und psychisch angegriffene Künstler absolvierte noch ein gewaltiges Konzert-, Platten- und Rundfunkpensum, ehe er am 26. Juli 1960, kaum sechzig Jahre alt, einem Herzinfarkt erlag. Die Schallplattenindustrie, stets auf der Suche nach neuen und vergangenen Sensationen, wird sich vielleicht auch eines Tages des klingenden Nachlasses von Váša Příhoda annehmen, und wir werden feststellen, daß wir uns nicht täuschten, wenn wir Váša Příhoda als einen der aufregendsten Geiger seiner Zeit und einen höchst sensiblen Musiker in Erinnerung behalten haben. Wer ihn kannte, erinnert sich seiner als eines besonders liebenswerten Menschen, dem es die größte Freude war, anderen Freude zu bereiten.

Ende der vierziger Jahre erschien im Westen, nach abenteuerlicher Flucht aus Ungarn, ein 28-jähriger Geiger, der nicht nur infolge seines großen geigerischen Talents, sondern wegen seines intelligenten Engagements für die Neue Musik auf vielen europäischen Musikpodien zu glänzen begann: *Tibor Varga*. Der am 4. Juli 1921 in der ungarischen Provinz Raab Geborene kam mit zehn Jahren an die Bundapester Akademie, war später Schüler von Hubay und Flesch und absolvierte während der Kriegsjahre in der ungarischen Hauptstadt noch ein Studium der Philosophie. Längst war er als Virtuose international tätig, aber der wahre Durchbruch, die gültige Anerkennung kamen1949, als er an der Detmolder Musikakademie eine Meisterklasse übernahm. In jenem Jahr führte er bei den Darmstädter Ferienkursen bzw. bei dem damit verbundenen Fest für Neue Musik in Frankfurt Arnold Schönbergs Violinkonzert erstmals auf. Es entstand eine Plattenaufnahme, die den greisen Schönberg in Los Angeles zu einem ganz außergewöhnlich enthusiastischen Gratulationsbrief veranlaßte: „Ich habe", schreibt er am 27. Juni 1951, „einen unerhörten Eindruck von Ihrer überwältigenden Darstellung meiner Musik empfangen . . . Es klingt wirklich so, als ob Sie das Stück schon 25 Jahre lang kennen würden, so reif, so ausdrucksvoll, so wohlgestaltet ist Ihre Wiedergabe". Er freue sich zu erkennen, „wie deutlich meine Musik zu einem wahren Musiker zu sprechen vermag: er kann mich ohne Erklärungen, bloß durch die Mittel der Notenschrift erkennen".
Dieser Ritterschlag aus dem fernen Kalifornen, längst Geschichte geworden, ist ein beredtes Zeugnis des Engagements, mit dem ein Künstler wie Varga in die Musica Nova einzudringen vermochte. Im selben Jahr, 1951,

entstand eine weitere Plattenaufnahme mit den Berliner Philharmonikern unter Leitung von Vargas Landsmann Ferenc Fricsay: Das zweite Violinkonzert von Béla Bartók. Diese auch technisch hervorragende Aufnahme ist durch die Fricsay-Edition wieder zugänglich gemacht worden. Sie zeigt Vargas interpretatorische Kunst im besten Licht: eine stupende Grifftechnik der linken Hand, die keine Intonationstrübungen kennt, sowie einen sehr behenden, bei aller permanenten Intensität doch sehr modulationsfähigen Geigenton, der sich in leuchtender Klarheit souverän gegen alle Tücken der symphonisch angelegten Partitur behauptet. Wer noch die in jenen Jahren erschienene Einspielung mit Menuhin unter Furtwängler zum Vergleich heranzieht, wird gegenüber dieser breit angelegten, etwas dunkel-orchestral eingefärbten Aufnahme der exakt und durchsichtig gehaltene Interpretation durch Varga und Fricsay wahrscheinlich den Vorrang einräumen.

In seinem klassischen Repertoire hat Varga zwar jahrzehntelang durchaus Erfolg und Anerkennung gefunden, aber die beiden Platten mit Schönberg und Bartók erscheinen im Rückblick doch als *die* Meilensteine, die die Höhepunkte von Vargas Künstlerschaft besonders eindringlich markieren. Als Pädagoge an der Detmolder Akademie, als Organisator eines eigenen Festivals im Schweizerischen Sion (seit 1964) und durch seine Konzerttätigkeit mit einem aus seinen Schülern rekrutierten Kammerorchester wirkt Varga weiterhin unermüdlich. Daß dabei sein musikalisches Weltbild noch immer weitgehend von der zeitgenössischen Musik bestimmt und befruchtet wird, zeugt von der Wachheit und Intelligenz eines Künstlers, für den die Violine kein Instrument der Selbstdarstellung, sondern eines zur Verbreiterung unseres musikalischen Horizontes ist.

Als Vertreter der jüngeren „virtuosen" Generation in Europa ist der Italiener *Salvatore Accardo* zu bezeichnen. Er ist 1941 in Turin geboren, zwanzig Jahre jünger als Varga. Nachdem er im Alter von sechs Jahren den ersten Geigenunterricht bekommen hatte, studierte er zunächst in Neapel und abschließend in Siena, wo er sein Können in Kursen bei Nathan Milstein vervollkommnete. Heute lehrt Accardo selber dort sowie an der Freiburger Musikhochschule. Wie für viele seiner Generationsgenossen war auch für ihn der Sieg in zwei wichtigen Wettbewerben (Genf 1956 und der Paganini-Wettbewerb Genua 1958) ein Sprungbrett, das ihn in eine internationale Karriere katapultierte. Auch für die Schallplatte ist er ein geschätzter Solist geworden, der beispielsweise bei der Deutschen Grammophon Gesellschaft alle sechs Paganini-Konzerte eingespielt hat, bei Philips Mendelssohn und Tschaikowski sowie Haydn, Vivaldi und Bach. Auch das Strawinsky-Konzert spielt er verhältnismäßig häufig.

Ein wichtiger Teil dieses Repertoires spiegelt Accardos interpretatorische Ideale wider. Man sagt bisweilen, sein Ton, dessen makellose Schlankheit bei jeder Begegnung von Neuem besticht, wirke im Konzertsaal – sofern man sich an seinen Platteneinspielungen orientiert habe – ein bißchen dünn. Nun widerfährt einem das sogar mit Geigern, die für ihren „Bombenton" berühmt sind: jedes Mikrophon läßt sich so drehen, daß es auf überproportionale Weise schmeichelt. Allerdings ist *eine* Einspielung, nämlich die des Doppelkonzerts von Brahms – Accardo spielt es mit dem Cellisten Heinrich Schiff – auf hohem Niveau mißglückt: Die Tonvorstellung der beiden Musiker ist – ganz abgesehen vom unterschiedlichen Volumen – zu verschieden, als daß sich ein homogenes Klangergebnis hätte einstellen können.

Accardos Ideale sind fern von jeder Anbetung des Espressivo angesiedelt; kein „fetter", bohrender Geigenton entströmt seiner „ex Reiffenberg"-Stradivarius, sondern ein behender, schlank und direkt sprudelnder Klang, der von einer stupenden Bogentechnik und einer schier unfehlbar greifenden linken Hand geformt wird. Paganini-Capricen von ihm gespielt zu hören, läßt sogar uns in unserer Erinnerung an Ruggiero Riccis Vollkommenheit zweifelnd werden, und im Finale des Konzerts von Strawinsky sind Accardos Präzision, Elastizität und minutiöse Beobachtung aller Feinheiten der komplizierten Partitur nicht zu überbieten.

Das Pathos des Überschwangs, die leidenschaftliche Durchdringung der klassischen und romantischen Partituren mit verklärender Subjektivität ist Accardos erstes Gebot keineswegs, aber was man beim Hören zunächst vielleicht als klanglichen Vitaminmangel zu beklagen mag: nach kurzer Gewöhnungszeit entpuppt sich Accardos Spiel als eine bekömmliche Schlankheitskur, deren Resultate für das vermeintliche Defizit an reinem Volumen mehr als entschädigen. Salvatore Accardo, mittlerweile auf dem Höhepunkt seiner künstlerischen Karriere, ist als Geiger wie als Musiker-Typus überhaupt so eigenständig, so unverwechselbar und von einer – allein im Geigerischen – beglückenden Könnerschaft, daß wir Europäer uns glücklich schätzen können, daß er, der in Italien geboren und musikalisch erzogen ist, in Deutschland seine Kunst an Jüngere weitergibt und in England, mit dem London Philharmonic Orchestra, die Mehrzahl seiner Platten einspielt, übrigens mit Vorliebe unter dem französischen Dirigenten Charles Dutoit.

Josef Suk, der prominenteste Geiger der Tschechoslowakei, ist ein Enkel des Komponisten gleichen Namens, der eine Tochter Antonin Dvořáks geheiratet hatte. Josef Suk II, geboren 1929 in Prag, hat also eine imponierende Ahnenreihe von Musikern. Es war so gut wie selbstverständlich, daß er der

Familientradition treu blieb und Musik studierte – zunächst bei Jaroslav Kocián, dann am Prager Konservatorium und danach an der dortigen Musikakademie. Es folgten kammermusikalische Tätigkeit (als Primarius des Prager Streichquartetts und des von ihm ins Leben gerufenen Suk-Trios) und gleichzeitige Orchesterpraxis. Mit Julius Katchen spielte er (bis zu dessen Tod) die Sonaten-Literatur. Er hatte also eine besonders vielseitige und gründliche musikalische Erfahrung, bevor er seine Solistenkarriere begann.

Josef Suk, ein stämmiger, fast etwas gemütlich wirkender Böhme, ist nicht gerade das Inbild des nervösen, hochgespannten Virtuosen. Vielmehr vermittelt er den Eindruck des böhmischen Musikers par excellence: er verfügt über einen in allen Lagen sonor und breit strömenden Ton, eine mehr als solide oder auch nur zuverlässige linke Hand sowie ein Temperament, das von innerer Energie genährt wird. Er ist ein überzeugender Anwalt der Musik Antonin Dvořáks, seines Urgroßvaters, dessen Konzert und Sonatine op. 100 zu den Selbstverständlichkeiten gehören, die in Prag erwartet werden.

Suks Repertoire ist weit gespannt und bezieht die Kammermusik sowohl im Konzertsaal wie im Plattenstudio stets mit ein. Barocke Werke mit den verschiedensten Kammerorchestern, die Einspielungen der Bach-Sonaten mit der trefflichen Zuzana Ruzickowa und der Zyklus der Beethovenschen Sonaten mit Jan Panenka sollen hier nur stellvertretend genannt werden. Josef Suk gilt in Prag als Paradepferd für den tschechoslowakischen Kulturexport und kann deshalb häufig im westlichen Ausland auftreten, wobei er auch das Erscheinen auf anspruchsvollen kleineren Sommer-Festivals nicht verschmäht. Wenn er dieses mit Begleitern tut, die ihm nicht ganz angemessen erscheinen, gerät man in Versuchung, seine fast statuarische Behäbigkeit als Unbeteiligtsein auszulegen. Josef Suk ist nämlich eine Persönlichkeit, die sich von der Präsenz besonders klassifizierter Kollegen durchaus animieren läßt.

Es gibt aus dem fernen Jahr 1965 eine Supraphon-Aufnahme mit Brahms' Doppelkonzert unter Karel Ancerl, und unter diesem großartigen Dirigenten, im Verein mit dem sehr schwungvoll, doch diszipliniert musizierenden André Navarra, ist eine hinreißend temperamentvolle Aufnahme zustande gekommen. Ähnlich beglückend ist eine Aufnahme von Berlioz' „Harold in Italien", die Dietrich Fischer-Dieskau dirigiert und in der Josef Suk den Viola-Part spielt. Der Zufall brachte eine Parallelaufnahme mit Zukerman unter Barenboim heraus, und der Vergleich mußte zugunsten der tschechischen Platte ausfallen; das liegt am so verschiedenen Klangideal der beiden Solisten, die sowohl auf der Geige wie auf der Bratsche zuhause sind: Zukerman transponiert seinen herrlichen süßen Ton auf das um eine Quinte tiefer gestimmte Instrument; Suk hingegen empfindet den Viola-Part als eine Stimme sui generis, die er in ihrem sonoren, bisweilen auch näselnden Charakter zur vollen Entfaltung bringt. Zudem artikulieren Solist und Orchester weitaus direkter, vitaler, drohender und schmeichelnder. Josef Suk – inzwischen Mitte fünfzig – ist in Ost und West für Jahre ausgebucht – ein großer Geiger auf der Höhe seines Könnens.

Unter den europäischen Spitzengeigern, die nach dem Zweiten Weltkrieg eine internationale Karriere gemacht haben, ist *Christian Ferras* der einzige Franzose. Es ist eigentümlich, daß sich der Beitrag dieses Landes zum Areopag der großen Violinisten auf wenige Künstler beschränkt, die man buchstäblich an einer Hand abzählen kann. Wunderbarerweise hatte die Generation derer, die in der ersten Hälfte dieses Jahrhunderts ihre Triumphe gefeiert haben und die heute rund hundert Jahre alt wären, zwei exemplarische Geiger der französischsprechenden Welt hervorgebracht, die auch jetzt noch – durch wiederhergestellte Schallplattenaufnahmen – in unserem musikalischen Bewußtsein lebendig sind: *Henri Marteau* (1874 bis 1934), den großartigen Mozart-Geiger, der für diesen Komponisten und für die Verbreitung seiner Violinkonzerte mehr getan hat als irgendein anderer Kollege seiner Generation, und den legendären *Jacques Thibaud* (1880 bis 1953), dessen Kunst man bis in sein hohes Alter hinein erleben durfte, nicht zuletzt durch seine Kammermusiktätigkeit mit Pablo Casals und Alfred Cortot.

Die Generation nach ihnen weist lediglich einen einzigen Geiger von Weltruf auf, den 1905 in Marseille zur Welt gekommenen *Zino Francescatti*. Ursprünglich italienischer Herkunft, lebt Francescatti seit Jahrzehnten in den Vereinigten Staaten. Er ist einer der wenigen legitimen geigerischen Nachfahren Paganinis: Sein Vater, ebenfalls Geiger, war Schüler von Ernesto Sivori gewesen, der seinerseits als einer der bedeutendsten Schüler Paganinis gilt. Die legendäre Französin *Ginette Neveu* (1919 bis 1949) haben nur relativ wenige Musikfreunde erleben dürfen, denn der Zweite Weltkrieg unterbrach ihre sensationelle Karriere, und danach erlebte sie ein ebenso frühes wie tragisches Ende, als sie, gerade dreißigjährig, über den Azoren mit dem Flugzeug abstürzte. Eine inzwischen herausgebrachte Kassette mit ihren gesamten Schallplatteneinspielungen vermag uns jedoch ihr einzigartiges Talent und ihre außergewöhnlich beeindruckende musikalische Kraft wieder ins Gedächtnis zu rufen. Seit 1935, als sie sich vor dem zweiten Sieger David Oistrach, beim Wieniawski-Wettbewerb in Warschau den ersten Preis erspielte, galt sie als die große französische Künstlerin, die Thibauds und Marteaus Erbe weitertrug.

Als Ginette Neveu 1949 verunglückte, war der junge Geiger *Christian*

Ferras gerade sechzehn Jahre alt und hatte seine Karriere bereits begonnen. Im Jahr 1933 in der Nähe von Boulogne geboren, war er in jungen Jahren am Pariser Konservatorium unter anderen von Joseph Calvet und Georges Enesco musikalisch erzogen worden und begann rasch eine internationale Konzertlaufbahn sowohl als Solist wie als Kammermusiker. Gemeinsam mit dem Pianisten Pierre Barbizet trat er bereits 1951 in Deutschland auf und überzeugte als ein außergewöhnliches Talent, dessen instrumentale Fertigkeit über jeden Zweifel erhaben war, dessen stilistisches Empfinden jedoch unter den Kennern und Liebhabern gelegentlich zu Diskussionen Anlaß gab.

Ferras' Interpretationen haben oftmals Rätsel aufgegeben und gezeigt, daß er auf keinen Geiger-Typus festzulegen war: In den Anfangsjahren seiner internationalen Tätigkeit schien er der Inbegriff eines vermeintlich typisch „französischen" Geigers (oder was man sich darunter vorstellte) zu sein: sensibler, etwas dünner, wenn auch zärtlicher Ton, gedämpftes Temperament und eine gewisse Glätte bei der Wiedergabe des Repertoires von Mozart bis Tschaikowski. Inzwischen haben wir längst einen anderen Christian Ferras auf dem Podium kennengelernt, einen Geiger, der auf einmal begann, sich durch betont emphatische Interpretationen auszuzeichnen, die vielleicht weniger seinem Temperament entsprangen als dem Kalkül – nämlich einer bewußt herbeigeführten Veränderung des Stils durch geigerische Mittel. Das Tschaikowski-Konzert hörte man plötzlich in einer Auffassung, die „russischer", das heißt affektgeladener und von agogischen Freiheiten weitaus geprägter war, als die „authentischen" Interpretationen etwa von Oistrach oder Kogan. Ferras' von neuem geigerischen Impetus inspirierten Wiedergaben blieben indessen – vor allem bei Werken von Bach und Mozart – nicht unangefochten. Bei den Osterfestspielen in Salzburg, wo er 1967 mit Karajan einige der Brandenburgischen Konzerte musizierte, wurden ihm „salonhafte Nonchalance und verwischte Phrasierung", „Drückerchen und Seufzerchen, als wären sie von Tschaikowski" (K. H. Ruppel) angekreidet, nachdem man ihm beim Beethoven-Konzert, das er im Jahr zuvor in München gespielt hatte, „wohlige Süße, unterbrochen von einigen Geigenschluchzern" (Karl Schumann) vorgehalten hatte. Und daß sich dieser „französische" Geiger *comme il faut* gerade mit dem erzdeutschen Bach-Interpreten Karl Richter zu ausgiebigem Musizieren zusammentat, wurde mit manchem Kopfschütteln begleitet.

Inzwischen ist es – zumindest in Deutschland – um Christian Ferras etwas stiller geworden. Seine Einspielungen – darunter das Brahms-Konzert mit Karajan – sind zwar noch greifbar, er selbst aber hat sich auf den hiesigen Konzertpodien rar gemacht. Ende der siebziger Jahre, als er in einer Fernsehübertragung zu hören und zu sehen war, mußte man feststellen, daß auch

sein äußerer Habitus sich stark verändert hatte: aus dem schlanken, jugendlich agierenden Geiger war ein mächtig in die Breite geratener Künstler
geworden, dessen auffallend veränderte Erscheinung Freunde nicht ohne
Befürchtungen ob seiner Gesundheit wahrnahmen. Aber seit die Presse
berichtet, daß Christian Ferras unverdrossen Konzerttourneen in fernen
Kontinenten absolviert, können wir wohl unbesorgt sein und nur hoffen,
daß er auch wieder den Weg nach Mitteleuropa findet.

DIE JUNGEN RUSSEN

Gidon Kremer – Igor Oistrach – Victor Tretjakow – Liane Issakadse –
Wladimir Spiwakow – Dmitry Sitkovetsky

Karl Klingler, einer der großen Kammermusikspieler unseres Jahrhunderts,
formulierte es so: „Die Fingerspitzen sind für das künstlerische Wollen
verantwortlich", und er meinte damit die Finger der rechten Hand des
Geigers, die den Bogen führt. Sein italienischer Vorfahr Giovanni Battista
Viotti brachte es auf die kurze, paradox klingende Formel: „Le violon? C'est
l'archet!" Und so hat sich sogar unter den Experten wie auch beim Publikum
die Meinung festgesetzt, man müsse einen Geiger (wie auch den Sänger,
mitunter auch einen Bläser) nach seinem „Ton", seinem Timbre, seiner
physiologischen Ausstrahlung beurteilen.

Wir leben bekanntlich in einem alexandrinischen Zeitalter, in welchem der
Inhalt nur bedingt wichtig ist, der Effekt dagegen vieles, ja alles bedeutet.
Man mag es bedauern, wenn wir die Meisterwerke der Vergangenheit daher
nach der jeweils wechselnden „Mode" goutieren, denn wir unterscheiden
Sänger und Geiger – Adorno möge es uns nachsehen – tatsächlich nach ihrem
individuellen „Ton": „Männlich" etwa war ein beliebtes Attribut, das man
dem Geigenspiel des unvergessenen David Oistrach anheftete. Man versucht
eben, herauszufinden und zu belegen, welches persönlich gefärbte Timbre
die Geiger dem musikalischen Material zu geben vermochten – und zwar
über Artikulation, Phrasierung und allgemeinen musikalischen Geschmack
hinaus. Des Geigers Instrument ist „der Bogen". Er muß, wie der Sänger mit
seiner Kehle, den Ton produzieren durch Druck und genau dosierte Wahl
des rechten Standorts auf der Saite sowie durch das unterstützende Vibrato
der linken Hand. So haben ein paar herausragende Geiger eine Art „Perso-
nalstil" entwickelt, der sie für den Kenner unverwechselbar macht: Jascha
Heifetz' stählernes Schluchzen etwa, die spannungsvolle Sonorität bei David
Oistrach oder die heisere Intensität eines Gidon Kremer.

Bei aller Fragwürdigkeit solcher „Personalstile" gibt es in unserem Jahrhundert aber doch so etwas wie zwei grundsätzliche Klangideale, zwei
verschiedenartige Tonvorstellungen, die nicht allein der geigerischen „Mode" unterworfen sind, sondern eigentlich immer nebeneinander bestehen
und ihre Anhänger finden: Da gab es unter den Meistern der älteren Weltelite
etwa einen Mischa Elman auf der einen, einen Joseph Szigeti auf der anderen
Seite. Hier der sonore, sinnliche, ja bisweilen ins „Fette" ausgleitende
Bombenton, der aus dem puren Wohlklang seine Qualität zog; dort der
sensibilisierte, bewußt modulationsfähig gehaltene Ton, dessen Variations-
breite selbst vor der vermeintlichen Sprödheit nicht zurückschreckte. Sinnlicher Wohlklang und vom Intellekt gesteuerte Modulations-Breite des klanglichen Ausdrucks – das sind die beiden Pole, an denen sich die Geiger auch
heute noch orientieren. Keiner von ihnen mag als ein typischer Vertreter
oder gar Verfechter ausschließlich eines dieser Pole gelten. Aber doch gibt es
unter den jüngeren Geigern deutliche Indizien. (Auch bei den Streichquartetten gibt es derartige Merkmale: Jahrzehntelang musizierte das Amadeus-
Quartett unter dem beglückenden Markenzeichen musikantischer, melosbe-
tonter Sinnlichkeit; seit ein paar Jahren durchröntgt das LaSalle-Quartett die
Partituren mit allen Merkmalen analytisch-nervöser Intensität – und Analy-
tiker singen nicht!).

Unter den jüngeren Geigern ist es vielleicht der deutschstämmige, aus dem
Baltikum (geboren 1947 in Riga) kommende in Moskau bei David Oistrach
ausgebildete *Gidon Kremer,* der nach seinem ersten Münchner Konzert als
„der vielleicht interessanteste Geiger der Gegenwart" apostrophiert wurde.
Der langjährige Oistrach-Schüler, der manche der einschlägigen Preise
(Brüssel 1969, Genua, ebenfalls 1969, und Moskau 1970) gewann, hatte eben
mehr zu bieten als nur die blitzende Zurschaustellung geigerischen Blend-
werks. Noch waren wir damals gewöhnt an die Vertreter jener Bombentöne,
die für russische Seele und Sinnlichkeit herhalten mußten; und plötzlich
waren wir konfrontiert mit einem Künstler, der in seinem Violinabend
manche landläufigen Attribute seines Metiers spürbar drosselte, um damit
die ziemlich ungewöhnlichen Stücke seines Programms zu beleben: Stra-
winskys verhuschende Elegie für Solo-Geige erklang wie eine geheimnisvolle
Verheißung; geigerisches Können mischte sich mit einer gewissen beschwö-
renden Ausstrahlung, der dennoch nichts Unsolides anhaftete. Regers
d-Moll-Sonate dagegen kam mit bohrender Intensität, die herrisch genug
auftrat, um nicht in lautem Wohlklang zu versacken. Eines der letzten Werke
waren dann H. W. Ernsts Solo-Variationen über „letzte Rose", ein hanebü-
chen schwieriges Stückchen, das Kremer nicht mit der naiven Spielfreude
eines Příhoda oder Perlman servierte, sondern mit einer abgefeimt wirken-

den Hintergründigkeit, die den Hörer an der klanglichen Schönheit und zugleich an den Zweifeln, ob solche blanke Schönheit heute noch gültig sei, gleichermaßen teilhaben ließ.

Ein Beispiel nur von Hunderten von Programmen, die Gidon Kremer seitdem absolviert hat; drei von Dutzenden Werken, die er in den vergangenen Jahren – mit seiner ersten Frau, der Geigerin Tatjana Gridenko, den Pianisten Oleg Meisenberg und Andrej Gawrilow und Elena Kremer, seiner zweiten Frau, eingespielt hat: Neue und alte Sonaten jeglicher Provenienz (und jeglicher Qualität!), zwei exemplarische Kassetten mit den Solo-Sonaten von Bach und denen von Eugène Ysaye und manches Standardkonzert mit Bernstein und Karajan, Maazel und anderen. Kremers Produktion und Aktivität sind fast beängstigend: jedes europäische Musikfestival beinahe heißt ihn zu Gast; er musiziert sogar in Salzburg Schnittke und Henze, mischte auch in Montepulciano bei Henzes Jedermann-Fest kräftig mit und rief im fernen burgenländischen Lockenhaus ein eignes Musikfest ins Leben, das erholsam unorthodoxe Wege geht, auch wenn das erste dieser Art 1981 eisern auf Kremers Person fixiert blieb.

Daneben ist Kremer für die russischen Behörden seiner Heimat ein jahrelang „störendes" enfant terrible gewesen, das sich ungern von Moskau aus zügeln ließ und schließlich in der Bundesrepublik Deutschland ein neues Zuhause fand. Zwei Ehen, ein handfester Krach, an dem drei wichtige Schallplattenfirmen beteiligt waren, und neben allem diesem noch eine ungestillte Beschäftigung mit neuen Hervorbringungen in Malerei und Literatur – der junge Kremer, mittlerweile in seinen besten Jahren, platzt schier vor Energie, Vielseitigkeit und ungebändigtem Fleiß.

Wir kennen Gidon Kremer (es scheint kaum glaublich) in deutschen Landen erst seit 1975, doch es ist, als wären wir schon seit viel längerer Zeit von seiner geigerischen Meisterschaft und seiner intellektuellen künstlerischen Neugier angesteckt, die so trefflich geeignet ist, auch in uns Neugier zu wecken auf neue bisher gemiedene Zusammenhänge und bisher nicht gekostete musikalische Freuden; das Abenteuer, gemeinsam mit dem Künstler diese Schönheit immer wieder neu zu entdecken, macht die Faszination dieses außergewöhnlichen Menschen aus – und seinen eminenten Erfolg, zu dessen Pflege sich längst eine stattliche Kremer-Gemeinde installiert hat. Hierbei akklamiert sie Kremer wie einem König Midas, dem selbst Zweitrangiges zu geigerischem Gold gerinnt. Und wählerisch ist Gidon Kremer bei seiner verblüffend fleißigen Plattenproduktion nicht immer: Innerhalb Jahresfrist absolviert er sowohl hurtig-brillant gebündelte Kraut-und-Rüben-Programme, die Schnittkes „Stille Nacht" mit „Candy Girl"-Folklore kombinieren und dabei Sarasates „Habanera", Ravels „Berceuse" und allerlei

Oben links: Ivan Galamian
Porträt von Wayman Adams

Oben rechts: Louis Persinger
mit seinem Schüler Yehudi Menuhin

Josef Gingold

Ralph Holmes

Kyung-Wha Chung

Itzhak Perlman

Eugene Fodor

Pinchas Zukerman

Wolfgang Schneiderhan

Tibor Varga

Josef Suk

Salvatore Accardo

Albert Markow

Wladimir Spiwakow

Mayumi Fujikawa

Igor Oistrach

Victor Tretjakow

Gidon Kremer

Dmitry Sitkovetsky

Liane Issakadse

Edith Peinemann

Ulf Hoelscher

Anne-Sophie Mutter

weiteres blühendes Unkraut im Vorübergehen zusammenraffen, mit der sorgsam vorbereiteten Einspielung der Bachschen Solosonaten und -partiten.

Diese Philips-Kassette ist, so glaube ich, Kremers bedeutendste Leistung überhaupt – jedenfalls, was die Schallplattenaufnahmen anlangt. Sie kann durchaus neben der Interpretation durch Eugène Ysaye bestehen. Kaum einen anderen Geiger gibt es, der es versteht, so konsequent, ja bisweilen rücksichtslos die barocke Terrassendynamik in den raschen Bach-Sätzen sich und dem Hörer gegenüber plausibel zu machen. Seine geistige Auseinandersetzung mit dem zu immer neuen Attacken herausfordernden Bachschen Kosmos wird ihm bei aller musikalischen Neugierde nie zur reinen Spekulation; aber immer wieder setzt er sein geigerisches Rüstzeug auf bewundernswerte Weise ein, um neue Möglichkeiten, neue Lösungen, neue Überredungen anzustreben, die stets faszinieren, auch wenn sie in Einzelheiten nicht jeden zu überzeugen vermögen.

Kremers singuläre Neugierde, seine fast beängstigend bohrende Unruhe sind in unserem an vielen Enden schon fast versteinerten Musikleben ein ausgesprochenes Labsal, und das allein verlangt unseren Dank einem Künstler gegenüber, dessen bloßes geigerisches Können ihn zu einer Karriere verleiten könnte, die nur zufriedenstellt, ohne etwas in Frage zu stellen.

Die Fülle und Vielseitigkeit, in der uns in den vergangenen Jahren sowjetische junge Geiger begegnet sind, ist beeindruckend. Einer derjenigen, der, zunächst einmal im Sog des berühmten Vaters, seit Jahren bei uns Station macht, ist *Igor Oistrach*. Mittlerweile ist er fünfzig geworden und seinem Vater in Physiognomie und Statur immer ähnlicher. Von 1953 an kennt ihn die Musikwelt im Westen – seit 1960 als Duopartner seiner Frau Natalie, geb. Serzalowa.

Daß der „junge" Oistrach ein hervorragender Geiger ist, steht seit nun fast Jahrzehnten außer Frage. Einige seiner jüngsten Auftritte im Westen jedoch ließen bedauerliche Schwankungen bemerken. Mozarts große B-Dur-Sonate, eine der besonders schönen Platteneinspielungen von Vater David, erklang bei Igor flüchtig, ohne erkennbaren Klangsinn musiziert, unentschieden pendelnd zwischen auffahrend konzertierender Attitüde und dem Streben nach intimer, liebevoll ziselierter Hausmusik. Igor Oistrach ist bei mancher Unentschlossenheit aber doch stets ein „Herr". Er vermag selbst hohlen Riesen wie der c-Moll-Sonate von Grieg mit unverdrossener Energie und Brillanz auf die musikalisch schwachen Beine zu verhelfen und alle Ernsthaftigkeit in seinen Vortrag zu legen, als gelte es, einen Klassiker-Gipfel zu stürmen. Diese Noblesse, die auf jede geigerische Zurschaustel-

lung bewußt verzichtet, zeichnet ihn als Geiger wie als Musiker aus. Ob dies
stets ein bewußter Akt der Selbstbeherrschung ist oder auch manchmal das
Resultat eines fast ängstlichen Anspruchs an sich selbst, der nicht zuletzt
jedesmal die eigne Leistung an der des großen Vaters mißt, mag dahingestellt
bleiben.

Eine halbe Generation jünger als der Oistrach-Sohn ist der 1946 im sibiri-
schen Krasnojarsk geborene *Victor Tretjakow*. Wie jede außerordentliche
Begabung in Rußland, wurde er von dem Magnet Moskau angezogen,
erwarb sich bei Professor Jankelewitsch das geigerische Rüstzeug, mit dem er
in einem stürmischen Finish 1966 den Tschaikowski-Wettbewerb siegreich
absolvierte. Seitdem haben wir ihn als Solisten mit Orchester wie als Kam-
mermusikpartner erlebt – ein Vorläufer Gidon Kremers gewissermaßen, mit
demselben stupenden, geigerischen Können und mit einer ähnlichen neugierig machenden, fruchtbaren „Nervosität", die ihn übrigens nicht nur mit
leidenschaftlichem Engagement für die Musik unserer Zeit eintreten läßt,
sondern auch noch seine vielseitigen Interessen für Literatur und Malerei
erklärt.

Dennoch ist Tretjakow ein Musiker, dessen Interpretations-Credo auch
das Espressivo einschließt – ein sensibler, doch stets auf Intensität gerichteter
Ausdruckswille, der jede Motivfloskel noch mit Dramatik, jede melodische
Wendung mit geradezu fiebriger Expressivität aufheizt und leise, introver-
tierte Momente einer gespannten, notfalls sogar erstarrten Tongebung unter-
wirft. Einem vermeintlich „spröden" Werk wie der zweiten Sonate von
Bartók verlieh er in seinem Spiel etwas so Natürliches, Plausibles, Unan-
fechtbares, daß alle angeblich schwer verständlichen, als „hart" apostro-
phierten Züge unsichtbar blieben. Ein grandioses, leidenschaftliches Stück
Musik wurde hörbar, das zeitlose Qualität annahm und die Frage nach „alt"
oder „neu" vergessen ließ. Jedes technische Moment stellte Tretjakow in den
Dienst scheinbar spontaner schöpferischer Improvisation, so daß er auf
Anhieb einhellige Begeisterung, sogar oder vor allem bei einem Werk wie
dem von Bartók, hervorruft.

Ein weiteres Beispiel seiner souveränen geigerischen Kraft ist das Sibelius-
Konzert, jener rhapsodische Koloß, der sowohl Durchhaltevermögen verlangt wie eine weiträumige Disposition, damit die vielen selbständig aneinan-
dergereihten Partien nicht zerfallen. Die erste Aufgabe erfüllt Tretjakow mit
herrlicher Vitalität und großer Noblesse. Dabei ist er durchaus jemand, der
imstande ist, quasi sich selbst zuzuhören, ohne seine Suggestionskraft auf die
Zuhörer etwa zu drosseln; es ist verblüffend zu beobachten, wie genau er die
von ihm ausgehenden Klangwirkungen abzuschätzen weiß. Leider ist das

Sibelius-Konzert das einzige der großen Konzerte, das man von Tretjakow auf Platten ohne Mühe bekommen kann. Seine Orchesterauftritte in Berlin, Wien und Salzburg gehören zu den gefeiertsten Erlebnissen der dortigen Saison. Innerhalb des immer wieder verblüffenden russischen Talentreservoires ist Tretjakow eine der beglückendsten Begabungen – ein Musiker, dessen technische Bravour stets von neuem fasziniert, und ein Virtuose, dessen selbstverständliche Sicherheit immer im Dienst der Musik steht.

Liane Issakadse, Tretjakows gleichaltrige Kollegin, stammt aus Tiflis, wo sie erste Unterweisung auf der Geige erhielt. Auch sie führte der Weg unvermeidlicherweise nach Moskau, wo sie bereits mit elf Jahren auftrat, dann aber bald in die liebevoll-strenge Zucht des dortigen Konservatoriums unter David Oistrach genommen wurde. Der erste Preis beim Long-Thibaud-Wettbewerb in Paris 1965 öffnete ihr rasch eine internationale Karriere, die sie inzwischen in alle Welt geführt hat. Wie bei ihren Kollegen Kremer und Tretjakow, bemerkt der Freund zeitgenössischer Musik auch in den Programmen der Issakadse ein erfreuliches Engagement für die Musica viva. In München musizierte sie einmal die (im Programmheft als publikumsfeindlich und spröde annoncierte) Fantasie op. 47 von Arnold Schönberg und rief mit ihrer herrlich klangvollen, phantasiereichen Interpretation den ersten ehrlichen Bravo-Ruf des Abends hervor.

In anspruchsvollen Werken des klassischen Repertoires treten die geigerischen Qualitäten der Issakadse unverstellt zutage. Sie ist eine Künstlerin, deren übergroßer Ernst bei extrovertierten Werken, die mit reiner Brillanz „serviert" zu werden verdienen, sich etwas schwer tut. Der schmachtende Schönklang geht ihrer sensiblen Natur offensichtlich contre coeur, das abgefeimte Lächeln des Nur-Virtuosen bleibt ihr fremd, und es mag geschehen, daß bei aller Leidenschaftlichkeit in der Wiedergabe einer Sonate von Beethoven oder Brahms das befreiende Lächeln der Entspannung völlig ausbleibt.

Unvergeßlich ist ihre Interpretation des ersten Prokofjew-Konzerts: traumwandlerische Sicherheit der linken Hand, großer leidenschaftlicher Ernst bei der Durchdringung der virtuosen und musikalischen Aufgaben. Scheu, bewußt ausdrucksarm, ja beinahe fahl in der Tongebung spielt sie den rhapsodisch sich entfaltenden, schwermütig sinnierenden, schier ins Endlose sich erstreckenden Beginn des Kopfsatzes, der sich erst allmählich den Dialog mit den Hölzbläsern zu ertasten scheint. Das dahinrasende Perpetuum mobile dagegen geht sie mit einer Bravour an, in der spielerische Eleganz und rhythmisch-federnder Elan um die Palme wetteifern. Und in dem elegisch ausufernden Schlußgesang findet sie wieder das rechte Maß geigerischer Disziplin, ohne im mindesten an geigerisch-musikalischer Präsenz einzubüßen: ein bewegendes Beispiel geigerisch-musikalischer Ökonomie, die in keiner Minute die Balance von Sentiment und Bravour aus der Kontrolle verliert.

Ein verblüffenderer Gegensatz zu dem gesammelten Ernst und der introvertierten Lauterkeit der Issakadse läßt sich kaum denken, wenn man *Wladimir Spiwakow* geigen sieht und hört. Der 1944 Geborene, der schon mit 13 Jahren, eigentlich „außer Konkurrenz" ob seiner Jugendlichkeit, den ersten Preis beim Leningrader Festival „Weiße Nächte" einheimste, studierte später, wie Victor Tretjakow, ebenfalls in Moskau bei Professor Jankelewitsch. Spiwakow, schlank und behende in äußerer Erscheinung und mit siegessicherem Auftreten, verkörpert den Typus des bewußt virtuosen Spielers. Wenn er gemeinsam mit den „Moskauer Virtuosen", einer Elite von Geiger-„Generälen", zur glitzernden Parade aufspielt, hält er sich bei barokken Virtuosenwerken nicht mit historischen Skrupeln auf, sondern verblüfft durch blitzende Genauigkeit, kultivierte Phrasierungen und einer Rossinigemäßen Akkuratesse, die erst einmal überwältigt und mögliche Zweifel verbannt.

Problematischer ist Spiwakows Verhältnis zur Kammermusik etwa von Mozart oder Schubert. Hier behandelt er die Klassiker fast wie Säulenheilige, denen man sich gebeugten Hauptes nähert; wie gedrechselt blutarme Wesen, über die man sich nur im Flüsterton, also mit dünnem Strich und äußerster Enthaltsamkeit, äußert: ein Interpretationsideal, das gewiß ein Resultat ausgetüftelter, doch enttäuschender Beschäftigung mit einer Musik ist, die sich nicht durch direkten Zugang geigerischer Könnerschaft erschließt. Das romantische Repertoire ist eher Spiwakows Domäne; und wenn die Hürden für Bogen und Griffbrett sich scheinbar türmen, dann vermag Spiwakow aufzutrumpfen, daß es eine Freude ist. Ein blendender Techniker, dem ein Bravourstück von Paganini oder Ysaye von der Hand geht wie ein Kinderlied. Doch wenn eine schlichte Schubert-Melodie aufgeschlagen ist, bleiben manche Wünsche an den großen Könner offen, weil das vermeintlich Leichte dem Virtuosen Aufgaben stellt, die mit spieltechnischen Mitteln allein unlösbar scheinen.

Eines der jüngsten Talente aus der Sowjetunion ist *Dmitry Sitkovetsky*, der Sieger beim ersten Fritz-Kreisler-Wettbewerb in Wien 1979 wurde. Er stammt aus Baku (geboren 1954), studierte in Moskau und kam vor einigen Jahren nach New York an die Juilliard School. Sitkovetsky gehört nicht zu jenen Anbetern des saftigen Vollklangs, sondern eher zur jüngeren Garde der

Kremer oder Tretjakow, für die das Musikmachen auch nervöse, ja spröde Intensität bedeuten kann. Seine Interpretation des Brahms-Konzerts ist gewiß „eigenwillig", aber dieser eigene Wille machte seine Wiedergabe eben preiswürdig: ein wacher Intellekt, der keine Passage und keine thematische Floskel dem Zufall überläßt; der mit hochentwickeltem Kunstverstand die strahlende Intensität oder die spröde Süße des Geigentons genau zu dosieren versteht und darauf achtet, daß die Musik ihn niemals unvermittelt überflutet, gar überwältigt. Dieses scheinbare Fehlen von Spontaneität ist jedoch kein Mangel an Qualität, sondern eine Frage des Temperaments.

Für den hochgewachsenen, stattlichen dunkelbärtigen Sitkovetsky ist die Violine eben mehr als nur ein Vehikel zur Hervorbringung instrumentalen Belcantos. Bachs a-Moll-Solosonate beginnt er (man kann das auf seiner ersten Platte, einem Live-Mitschnitt innerhalb der Serie Concours der Deutschen Grammophon nachprüfen) weich, sanft, fast „improvisierend", untadelig in der nur vermeintlich beiläufigen Artikulation, die im Grunde genau überlegt ist und zu überreden versteht. Die Fuge entfaltet er gleichermaßen mit einer Sensibilität, die selten geworden ist. Da gibt es kein akkordisches Auftrumpfen und keine Kämpfe im Dickicht des Stimmengeflechts, sondern plausibel entwickelte Analyse, die auch noch hervorragend klingt. Intelligenz und Geschmack regieren hier weise und erstaunlich reif – mit Sentiment und Bravour, doch ohne sentimentale oder triumphierende Geste, wie sie geigende Herrennaturen gern produzieren.

Prokofjews g-Moll-Konzert und das von Mendelssohn haben diesen grundsätzlichen Eindruck bestätigt: kein fetter sinnlicher Schmelz, keine schwächlich nachgebende Melodik führen hier Regie, sondern klare, leuchtende Töne von intensiver Strahlkraft, die selbst einen vollen Orchesterklang mühelos dominieren.

Sitkovetsky setzt sich stets in seinen Programmen hohe Ziele, und wenn er die meisten mühelos erreicht, so macht er sich manchmal das Leben auf der Geige noch ein wenig schwer: Die Strenge der Jugend fordert bisweilen ihren Tribut an Klangschönheit: wenn er etwa die raschen Akkorde im Kopfsatz der Kreutzer-Sonate abrupt quasi von sich fort schleudert, was das Ohr irritiert, ohne den musikalischen Sinn zu befördern; wenn er in der Bachschen Chaconne die Stimmführung zulasten der Klangqualität verkürzt, ja stranguliert, andere Akkorde hingegen ohne erkennbaren Grund arpeggiert. Doch selbst bei solchen Pyrrhussiegen folgt man dem jungen Künstler mit Aufmerksamkeit. Er versteht zu überzeugen, ohne billig zu schmeicheln. Die „jungen" Russen haben dazu beigetragen, in der Kunst des Violinspiels über den Wohlklang ihres Instruments hinaus Entdeckungen zu machen, die man uns bis dahin oft vorenthalten hat.

DIE JUNGEN DEUTSCHEN

Edith Peinemann – Ulf Hoelscher – Anne-Sophie Mutter

Über den Sinn und Widersinn von großen internationalen Musikwettbewer- ben haben sich viele Berufene geäußert – die daran beteiligten Juroren ebenso wie die Aspiranten, und widersprüchlich sind die Antworten auf die Frage, wie sinnvoll ein solcher Wettstreit denn wohl sei. Viele Talente sind, das müssen wir zugeben, beim Tschaikowski-Wettbewerb in Moskau, beim Paganini-Wettbewerb in Genua, beim amerikanischen Leventritt-Wettbe- werb und beim Königin-Elisabeth-Concours in Brüssel ans Licht der Öffent- lichkeit gezogen worden. Seitdem David Oistrach 1937 sich in Brüssel die Siegespalme erstritt, blicken die Europäer gern auf die dortigen Ergebnisse – als ein Barometer dessen, was die internationale Geiger-Elite (die Pianisten und Komponisten sind in den jeweils dazwischenliegenden Jahren an der Reihe) zu bieten hat.

Was eine (wie immer geartete) Geiger-Elite aus Deutschland anlangt – und das betrifft die Bundesrepublik ebenso wie die DDR – so hatte sie beispiels- weise in Brüssel überhaupt nichts zu bestellen. Unter den jeweils ersten zwölf (!) Preisträgern befand sich bei den sieben Wettbewerben zwischen 1951 und 1976 nicht ein einziger Deutscher (Hedi Gigler aus Österreich, 1951 mit dem sechsten Rang ausgezeichnet, ist die rühmliche, wenn auch vergessene Ausnahme). Man soll Brüssel nicht überbewerten, aber der Fall ist symptomatisch für die deutschen Verhältnisse. Systematische Pflege unserer begabten Musiker ist bei aller „Jugend musiziert"-Förderung in der Bundesrepublik so gut wie unbekannt, und wenn tatsächlich herausragende Pianisten-Talente wie Eschenbach, Frantz, Oppitz, Wille oder Zacharias ihren Weg machen, dann gegen alle nur denkbaren Widerstände, und gewiß nicht durch „offizielle" oder gar offiziöse Hilfestellung. Das gilt in nicht minder bedauernswertem Maße für die „jungen" deutschen Geiger, die sich in aller Regel in rein privatem Kampf mit und gegen die Konkurrenz international durchgesetzt haben. Edith Peinemann und Ulf Hoelscher gehören zu diesen seltenen Künstlern. Die ganz jungen – wie Anne-Sophie Mutter, Thomas Zehetmair oder Thomas Goldschmidt – haben es vielleicht nicht mehr ganz so schwer gehabt, auf sich aufmerksam zu machen. Sie gelten auch im eignen Lande etwas, haben vom heimatlichen Zentrum aus ihren Weg zu immer weiterer Anerkennung gefunden.

Die 1937 in Mainz geborene *Edith Peinemann* erhielt zunächst bei ihrem Vater, dem dortigen Konzertmeister, die erste Unterweisung und studierte dann bei Heinz Stanske, später, 1953 bis 56, in London bei Max Rostal. Ein erster Preis beim Münchner ARD-Wettbewerb öffnete ihr dann eine imponierende internationale Karriere, die sie in alle Kontinente, zu vielen bedeutenden Orchestern und Dirigenten geführt hat. Auch in manchen großen Festspielen (Luzern, Athen, Salzburg, Helsinki und anderen) ist sie zu hören gewesen, und sie hat auch bei Rudolf Serkins Marboro Festival in den USA mitgewirkt. Die großen Plattenfirmen, deren Pflege neuer jüngerer, auch deutscher Talente mancherlei Rätsel aufgibt, haben Edith Peinemann jedoch niemals so systematisch „aufgebaut", wie dies andernorts etwa mit ihrer etwas jüngeren Kollegin Kyung-Wha Chung geschah; und so kann sich glücklich schätzen, wer sie im Konzert erlebt, was beispielsweise in München, das sich selbstherrlich zur „Musikhauptstadt" erhoben hat, bestenfalls zweimal alle Jahrzehnte möglich ist.

Edith Peinemanns Repertoire ist beeindruckend umfangreich, ihre Gestaltungskraft (wie auch einem seriösen Lexikon zu entnehmen ist) „außerordentlich". Bei den erwähnten Konzerten in München gab sie das zweite Bartók-Konzert und das Pfitzner-Konzert, das sie – wie auch das Konzert von Alban Berg – so oft wie möglich spielt. Ihr Ton ist großvolumig und intensiv; selbst gegen den fulminanten Orchesterapparat in den genannten drei Werken vermag sie sich mühelos durchzusetzen. Das Espressivo steht im Vordergrund ihres geigerischen Credos. Das läßt sich auch aus den Einspielungen des Dvořák-Violinkonzerts (mit Peter Maag und der Tschechischen Philharmonie) und Ravels Tzigane heraushören: Selbst in der heftigsten symphonischen Debatte bleibt ihre geigerische Artikulation überzeugend, die solistische Haltung unangefochten bestechend in Emphase und Disposition. Ein wenig öfter sollte sich die Plattenindustrie der Kunst dieser bedeutenden deutschen Geigerin schon versichern. Können und Temperament, die sich auf ein herrlich klingendes Guarneri-del-Gesù-Instrument stützen dürfen, verdienten es.

Ulf Hoelscher, geboren 1942 in Kitzingen (übrigens nicht verwandt mit dem bekannten Cellisten gleichen Namens), hat seine Karriere, wie es oft in Deutschland geschieht, auf dem mühseligen, aber schließlich doch lohnenden Umweg über das Ausland gemacht. Als man hierorts seinen Namen nur in Fachkreisen zirkulieren hörte, war ihm in London bereits der Ritterschlag erteilt worden. Hoelscher, der zunächst bei Max Rostal studiert hatte, nahm ein Stipendium zum Anlaß, in den USA bei den pädagogischen Meistern Gingold, Makanowitzky und Galamian intensiv weiter zu lernen, und sogar der große Jascha Heifetz hat ihm mit ein paar Ratschlägen geholfen. Hoelschers Ausbildung war nach drei Jahren USA abgeschlossen, aber die deutsche Heimat war wohl noch nicht darauf vorbereitet, einen Künstler willkommen zu heißen, der an geigerischer Potenz, an überzeugender solistischer Attitüde und an Energie und Brillanz es mit den Großen der Zunft durchaus aufnehmen konnte.

Hier hat die Plattenindustrie, in diesem Fall die EMI, viel Terrain, das verlorenzugehen drohte, wieder eingeholt; sie hat Hoelscher in Deutschland bereits vorgestellt, als er erst nur beim ausländischen Konzertpublikum bekannt war. Sein Repertoire ist von imponierender Vielseitigkeit, wobei er auch seltener gespielte Werke unseres Jahrhunderts (z. B. das frühe Richard Strauss-Konzert sowie die Konzerte von Robert Schumann und Erich Korngold) nicht ausspart. Sein Tonideal zielt auf große sinnliche Qualität, aber der Ton an sich ist schlank und variationsfreudig – herrisch mitunter und bewußt dominierend, wie das einem Solisten wohl ansteht.

Zu Hoelschers Plattenrepertoire zählen ein feuriger Tschaikowski, Sarasate und Wieniawski, Mendelssohn und Schumann. Später folgten sämtliche Werke von Saint-Saëns, und schließlich, jeweils als Co-Produktion mit dem WDR bzw. dem NDR, die Konzerte von Berg und Brahms, die beiden gewichtigsten Platteneinspielungen von Hoelscher. Daneben machte er Aufnahmen mit Werken der Kammermusik – so mit Karl Engel und Michel Beroff – sowie imponierender Solo-Piècen von Bartók bis Paganini.

Das Berg-Konzert, das Hoelscher mit dem WDR-Sinfonieorchester unter Hiroshi Wakasugi musiziert, hat er sich so zu eigen gemacht, daß es ganz in der ihm eigenen Linie der intensiven, bisweilen etwas hochfahrenden Stilisierung steht. Wakasugi hält den komplizierten Orchesterapparat so durchsichtig wie möglich. Fast „keusch" erklingt die kunstvoll verästelte Partitur, und Hoelscher faßt bei aller solistischen Haltung das Werk als einen – wenn auch zeitgenössischen – „Klassiker" auf (ganz im Gegensatz etwa zu Perlman, für den Bergs Konzert ein durch und durch romantisches Werk ist, in dem klangliche Gegensätze eher hinauf- als hinunterstilisiert werden).

Im Brahms-Konzert (unter Klaus Tennstedt) herrscht symphonisches Agreement zwischen Solist und Orchester. Der Solopart ist durchaus breit ausgespielt, aber die Figurationen des Kopfsatzes lassen allen thematischen Verflechtungen der Partitur stets den Vorrang. Hoelschers in früheren Aufnahmen beeindruckende, aber vielleicht etwas naiv und draufgängerisch ausgespielte Brillanz ist hier ganz deutlich einem Interpretationsideal gewichen, bei dem die solistische Position letztlich unangetastet bleibt, die Gesamtschau auf das Werk deswegen aber niemals eingeengt oder gar geopfert wird. Jetzt wäre es Zeit, dem Platten-Star Hoelscher wiederholt auch leibhaftig im Konzertsaal zu begegnen. Unbegreiflicherweise ist sein Terminkalender auf lange Zeit, vor allem im ferneren Ausland, ausgebucht.

Inzwischen gilt der Prophet zwar im eigenen Lande viel, aber zu hören ist er kaum.

Mit sechs Jahren gewann sie 1970 beim Bundeswettbewerb „Jugend musiziert" die höchste bis dahin vergebene Wertung, den Ersten Preis – „Mit besonderer Auszeichnung" –, und aufgrund ihrer außergewöhnlichen Begabung befreite sie das Baden-Württembergische Kultusministerium von der allgemeinen Schulpflicht. Diese Geste einer deutschen Behörde bedeutete nichts anderes, als daß in der Bundesrepublik einer jungen Musikerin quasi amtlich der Status einer „Jahrhundert-Begabung", eines Wunderkindes, attestiert worden war.

Anne-Sophie Mutter, in Rheinfelden als Tochter einer sonst in der Musik keineswegs besonders hervorgetretenen Familie geboren, gilt spätestens seit den Luzerner Festwochen 1976 als eine der begabtesten und – ernsthafte musikalische Kritiker haben sich nicht gescheut, es auszusprechen – auch begnadetsten Geigerinnen unserer Zeit. Schon mit dreizehn Jahren war die Schülerin Aida Stuckis (die ihrerseits Flesch-Schülerin ist) mit Lobeshymnen bedacht worden, was zu einem Vorspiel bei Herbert von Karajan führte, der Anne-Sophie als „die größte musikalische Frühbegabung seit dem jungen Menuhin" bezeichnete. 1977 stellte er sie bei den Salzburger Pfingstfestspielen erstmals mit einem Mozartkonzert vor und hat sich in den folgenden fünf Jahren weiterhin als ihr musikalischer und geistiger Mentor erwiesen. Eine Reihe von Konzerten in Salzburg, Berlin, Tokio und anderswo sowie drei bei der DG produzierte Platteneinspielungen mit Mozarts KV 216 und KV 219, mit dem Mendelssohn- und dem Bruch-Konzert sowie dem von Beethoven, sämtlich mit den Berliner Philharmonikern unter Karajan, haben Anne-Sophie Mutters geigerischen Ruf bestätigt und international gefestigt. Auch in New York, München und anderen Metropolen ist die junge Künstlerin, dort auch unter anderen Dirigenten, mit sensationellem Erfolg aufgetreten.

Ihr Repertoire ist bisher noch verhältnismäßig klein. Das Brahms-Konzert spielte sie (mit Karajan und den Wiener Philharmonikern) im Sommer 1981 in Salzburg – unter dem frischen Eindruck des zwei Tage zuvor gestorbenen Karl Böhm, dessen bei diesem Anlaß mit bewegten Worten Karajans gedacht wurde. Dieser Auftritt offenbarte eine erstaunlich reife, im Kopfsatz insgesamt perfekte, musikalisch ganz erfüllte Interpretation durch die junge Geigerin, die sich in den wenigen Äußerungen, die von ihr bekannt geworden sind, gegen das Etikett „Wunderkind" von früh an immer gewehrt hat.

Gottlob hat sich die Sensationspresse ihrer nur in bescheidenem Ausmaß bemächtigt, und es ist beruhigend dabei zu erfahren, daß die bemerkenswerte Reife ihres Geigenspiels die Überzeugungskraft ihrer wenigen Interview-

Äußerungen noch weiterhin in den Schatten stellt. Über die Methode ihres Unterrichts spricht sie nicht gern, sie hütet sie fast wie ein Geheimnis. Daneben stellt sie die Bewältigung des technischen Moments in ihrem derzeitigen Geigerleben (1981/82) bewußt in den Hintergrund: „Technische Probleme gibt es für mich überhaupt nicht", erklärte sie in einem Rundfunkgespräch. „Tonleitern und Dreiklänge? Das mache ich niemals. Ich studiere das an den Werken." Lampenfieber? „Ist mir unbekannt. Ich weiß ja, daß alles funktioniert." Sehr selbstbewußt klingt das, und die strikte Weigerung, das Wort „Krise" für sich selbst, die inmitten der Pubertät, von einem erstaunlich geigenden Kind zu einer bewußt interpretierenden jungen Frau herangereift ist, auch nur im entferntesten zu akzeptieren, mag verdeutlichen, daß dieser Reifeprozeß noch nicht abgeschlossen ist. Die starre Fixierung auf die solistische Karriere („Ich habe bisher noch niemals in meinem Leben Streichquartett gespielt") mit wenigen, vom Vater-Manager streng dosierten Auftritten pro Saison soll die begabte Künstlerin vor unsinnigem „Verschleiß" bewahren.

Anne-Sophie Mutter ist also noch eine Künstlerin „in progress". Von Jahr zu Jahr werden die Ansprüche an sie strenger, weil sie allmählich als selbstverständlich voraussetzen, was in den Jahren 1977 oder 1978 noch staunende Bewunderung früher Begabung auslöste.

Ihre öffentlichen Auftritte und Platteneinspielungen hinterlassen keine grundsätzlich unterschiedlichen Eindrücke: Anne-Sophie Mutter ist eine Geigerin von ganz natürlicher, gesund-kraftvoller Tongebung und bedacht mit einer linken Hand, die geradezu glockenrein greift. In den beiden Mozart-Konzerten – etliche Male im Saal vorher und nachher erprobt – herrschen gemessene Tempi und ein unverzärtelter, dennoch sensibler Ton vor. Die letzten beiden Einspielungen – Bruch g-Moll und Mendelssohn – sind imponierend in ihrer Sauberkeit und etwas starren klanglichen Entfaltung.

An ihrer Beethoven-Einspielung indes können sich die Geister wohl scheiden. Die lyrische Grundhaltung des Kopfsatzes hat in den letzten Jahrzehnten eine betont „symphonische" Wiedergabe begünstigt, in der jede tiefsinnige Behandlung gekoppelt war mit enormen Tempoverschleppungen. Übergänge im ersten Satz, ganze Themenkomplexe der Durchführung fallen da in einen Andante-Trott, daß ein vermeintlich fremdes Werk entsteht. Nun ist es eigentümlich: Indem sich der larmoyante Tiefsinn einzubürgern begann, nannte man alle noten- (sprich: Beethoven-)getreuen Auffassungen „unernst und oberflächlich", ob sie auch von erlauchten Geigern wie Kreisler oder Heifetz stammten. Inzwischen hat man diese alten, einst geschmähten Aufnahmen wieder ausgegraben und sie auf den Thron histori scher Authentizität gehoben, von dem man dafür die sentimentgeladenen als zu romantisierend und unhistorisch wieder verstieß.

Doch Traditionen sind zäh: Die Aufnahme mit Anne-Sophie Mutter geht offenbar unbeirrt den tiefsinnigen, im Tempo sehr zurückhaltenden Weg, wie er durch Menuhin und Schneiderhan und manche anderen noblen Geiger vorgesteckt ist – auch wenn die willkürlichen Temporückungen Beethoven schier vergewaltigen und aus einem heiteren, das Orchester locker und behende umspielenden Solopart einen zwar imponierenden, aber verbissen anmutenden Etüdengang machen, der die Selbstherrlichkeit der Solostimme peinlich zu vermeiden vorgibt, im Grunde aber mit Beethoven viel selbst-herrlicher umgeht, als dieser in der Partitur es zuläßt. Bedeutungsschwer beladen bis in die kleinste Note zieht Anne-Sophie Mutter den Kopfsatz auf fast 27 (!) Minuten Länge (Kreisler, gewiß ein anderes Temperament, geigt diesen Satz in weniger als 20 Minuten!). Hier scheinen Welten einander gegenüber zu stehen, die beide an Beethovens historischer Wahrheit zu arbeiten vorgeben.

Geigerisch, wohlgemerkt, ist Mutters Einspielung auf höchstem Niveau, und wenn – wie in Kreislers Kadenz des ersten Satzes – auch noch das virtuose Element der jungen Künstlerin sich Bahn bricht, ahnt man, was in ihr an Temperament noch alles steckt.

Anne-Sophie Mutter ist eine Geigerin, die sich vorläufig mit Erfolg dem Sog der verschleißenden Konzertmühle widersetzen konnte. Dem großen Maestro Karajan ist sie, wie gewiß auch alle Bewunderer der großen Geige-rin, zu enormer Dankbarkeit verpflichtet. Seine Hilfe und seine Erfahrung haben sie jahrelang, vom Kindesalter an, begleitet. Der Zeitpunkt, an dem sie sich innerlich verselbständigen wird, ist allerdings wahrscheinlich nicht mehr fern. Von dieser Selbständigkeit sind ihre Platteneinspielungen verheißungs-volle Vorboten. Anne-Sophie Mutters Karriere hat bereits so breite Funda-mente, daß die Bewunderung ihres frühen Talents getrost in die freudige Erwartung ihrer weiteren künstlerischen Entfaltung einmünden kann.

ANHANG

LITERATURVERZEICHNIS

Bei Werken, von denen mehrere Auflagen oder Ausgaben angeführt sind, wurde die jeweils zuerst genannte von der Verfasserin herangezogen. Im Falle von ursprünglich deutschen Schriften wurden diese in der Regel für die deutsche Ausgabe benutzt. Das gleiche gilt für fremdsprachige Werke, falls diese in deutscher Übersetzung vorliegen bzw. greifbar sind.

Abraham, Gerald, A Hundred Years of Music, London 1966
Aldrich, Richard, Concert Life in New York, New York 1941
Applebaum, Samuel und Sada, With the Artists, New York 1955
Auer, Leopold, Violin Playing as I Teach it, London 1960
Axelrod, Herbert R., Heifetz, New Jersey 1976
Bacharach, A. L., The Musical Companion, London 1934
Bachmann, Alberto, An Encyclopedia of the Violin, New York 1975
Beecham, Sir Thomas, A Mingled Chime, London/New York 1973
Berlioz, Hector, Memoiren, hrsg. von Wolf Rosenberg, München 1979
Blunt, Wilfrid, On Wings of Song, London/New York 1974
Boult, Sir Adrian, My Own Trumpet, London 1973
Boyden, David D., The History of Violin Playing, London/New York 1965
Brook, Donald, Violinists of Today, London 1948
Burney, Charles, A General History of Music, New York/London 1957
Busby, Thomas, Concert Room and Orchestra Anecdotes, London 1825
Courcey, G. I. G. de, Paganini the Genoese, Oklahoma 1957
Elkin, Robert, Queen's Hall (1893–1941), London 1944
– Royal Philharmonic (1893–1941), London 1946
– The Old Concert Rooms of London, London 1955
Emery, Frederic B., The Violin Concerto, 2 Bde., New York 1969
Evans, Edwin, Brahms' Chamber and Orchestral Music, London o. J.
Farga, Franz, Violins and Violinists, London 1950
Ferris, George T., Great Pianists and Great Violinists, 3. Aufl., London o. J.
Flesch, Carl, Die Kunst des Violinspiels, 2 Bde., Berlin 1953
– Erinnerungen eines Geigers, Freiburg i. Br. und Zürich 1960
Fuller-Maitland, J. A., Brahms, London o. J.
Gaisberg, Fred W., Music on Record, London 1946
Galamian, Ivan, Principles of Violin Playing and Teaching, New York/London 1962
Gibson, J. C., A Musician's Life, London o. J.
Greer, David, Hamilton Harty, His Life and Music, Belfast 1979
Grove's Dictionary of Music and Musicians, 5. und 6. Auflage, London 1954/New York 1980
Haendel, Ida, Woman with Violin, London 1970
Hanslick, Eduard, Music Criticisms 1846–99, hrsg. von Henry Pleasants, London 1950/Baltimore 1964

– Aus dem Konzertsaal (1848–1868), Berlin 1897
– Die moderne Oper. Kritiken und Studien, 9 Bde., Berlin 1879–1900
– Konzerte, Virtuosen und Komponisten der letzten Jahre, 1870–1875, Berlin 1896
Harley, John, Music in Purcell's London, London 1884
Haweis, R. H., My Musical Life, London 1884
Hill, Ralph, Brahms: A Study in Musical Biography, London 1933
Hill, W. Henry, Arthur F. und Alfred E., Antonio Stradivari, New York/London
    1963
Horton, John, Brahms Orchestral Music, London 1968
International Cyclopedia of Music and Musicians, hrsg. von A. Thompson, 10. Aufl.,
    New York/London 1975
Kolneder, Walter, Antonio Vivaldi, His Life and Work, London/Berkeley, Calif.
    1970
Krause, Ernst, David Oistrach. Ein Arbeitsporträt. Fotografiert von Evelyn Richter,
    Berlin (Ost) 1973
Lahee, Henry C., Famous Violinists of Today and Yesterday, Boston 1899
Laurie, David, Reminiscences of a Fiddle Dealer, Cape Coral 1977
Lochner, Louis P., Fritz Kreisler, London 1951
Macleod, Joseph, The Sisters d'Aranyi, London 1969
Menuhin, Yehudi, Unvollendete Reise. Lebenserinnerungen, München 1976
– Variationen. Betrachtungen zu Musik und Zeit, München 1979
– Violin and Viola, London/New York 1976
Moser, Andreas, Joseph Joachim. Ein Lebensbild, 2 Bde., Berlin 1908–1910
– Briefe an Brahms und Joachim, hrsg. von Andreas Moser, 2 Bde., Berlin 1908–
    1912
Mozart, Leopold, Versuch einer gründlichen Violinschule. Faksimile-Nachdruck der
    1756 in Augsburg erschienenen ersten Auflage. Vorwort von Bernhard Paumgart-
    ner, Wien 1922
Neumann, Werner, Bach. Eine Bildbiographie, München 1960
– Auf den Lebenswegen Johann Sebastian Bachs, Berlin (Ost) 1962
Roger North on Music, hrsg. von John Wilson, London 1959
Penguin Stereo Record Guide, 2. Aufl., London/Baltimore 1977
Pincherle, Marc, Vivaldi, Genius of the Baroque, New York 1957/London 1958
Pleasants, Henry, The Musical Journeys of Louis Spohr, Oklahoma 1961
Pulver, Jeffrey, Paganini the Romantic Virtuoso, London 1936/New York 1970
Ronze-Neveu, M. J., Ginette Neveu, London 1957
Salter, Lionel, The Gramophone Guide to Classical Composers and Recordings,
    London 1978
Scholes, Percy A., The Mirror of Music 1844–1944, 2 Bde., London/Oxford/New
    York 1947
Sonneck, O. G., Beethoven: Impressions by his Contemporaries, New York/London
    1968

Spohr, Louis, Lebenserinnerungen, hrsg. von Folker Göthel, Tutzing 1968

The Strad, London 1898–1979

Straeten, E. van der, The History of the Violin, 2 Bde., New York 1968

– The Romance of the Fiddle, London 1911

Szigeti, Joseph, Zwischen den Saiten. Sechs Jahrzehnte als Geiger in einer sich wandelnden Welt, Rüschlikon-Zürich 1962

– On the Violin, London 1969/New York 1970

Tartini, Giuseppe, Lettera alla Signora Maddalena Lombardini inserviente ad una importante lezione per i suonatori di violino, Europe littéraire, Bd. V, II. Teil, 1. Juni 1770

– Traktat über die Musik gemäß der wahren Wissenschaft von der Harmonie, übers. und erläutert von Alfred Rubeli, Bd. 6 der Orpheus-Schriftenreihe, Düsseldorf 1966

Ysaye, Antoine, Eugène Ysaye, Brüssel 1974

ANMERKUNGEN

Zur Bibliographie der zitierten Werke vgl. Literaturverzeichnis

DIE VIOLINE – DAS HANDWERKSZEUG DES GEIGERS

1 Boyden, S. 32

2 Farga, S. 54

DIE ANFÄNGE

1 Van der Straeten, Romance, S. 68

2 Burney, Bd. 3, S. 462

3 Zitiert in van der Straeten, History, Bd. 1, S. 151

DER ERZENGEL UND DER ROTE PRIESTER: Corelli – Vivaldi

1 Zitiert in van der Straeten, History, Bd. 1, S. 143

2 Ferris, S. 12

3 Zitiert in van der Straeten, History, Bd. 1, S. 139

4 Zitiert in Kolneder, S. 31

5 Pincherle, S. 43

6 Ebd., S. 91

7 Busby, Bd. 2, S. 102

8 Zitiert in van der Straeten, History, Bd. 1, S. 153

LEHRMEISTER DER NATIONEN: Tartini

1 Bücken, Ernst, Musikerbriefe, Sammlung Dieterich, Leipzig 1940

2 Boyden, S. 344

3 Zitiert in E. Heron-Allen, Grove, 5. Aufl., Bd. 8, S. 313

4 Ebd.

5 Tartini, Lettera . . ., zitiert nach I. A. Hiller, Lebensbeschreibungen berühmter Tonkünstler, Allgemeine musikalische Zeitung, 1803, Nr. 9

6 Zitiert in van der Straeten, History, Bd. 2, S. 9

VIOTTI UND DAS FRANZÖSISCHE DREIGESTIRN: Viotti – Baillot de Sales – Rode – Kreutzer

1 Chappel White, Grove, 6. Aufl., S. 3076

2 Ebd.

3 Zitiert in Ferris, S. 29

4 Adrienne Simpson, An Introduction to Czech Baroque Music, The Consort, 1978 (Nr. 34), S. 288

5 Perceval Graves, Grove, 5. Aufl., Bd. 5, S. 554

6 Spohr, S. 11

7 Zitiert in Farga, S. 107

8 Zitiert in E. Heron-Allen, Grove, 5. Aufl., Bd. 8, S. 827

9 Zitiert in F. O. Souper, The Strad, Mai 1930, S. 25

10 P. Donostia, Grove, 5. Aufl., Bd. 1, S. 356

11 Zitiert in Blunt, S. 144

DIE NACHTIGALL UNTER DEN GEIGERN: Louis Spohr

1 Zitiert in Pleasants, S. 53

2 Spohr, Bd. 1, S. 3

3 Ebd., Bd. 1, S. 10

4 Zitiert in P. Donostia, Grove, 5. Aufl., Bd. 2, S. 879

5 Zitiert in Pleasants, S. 16

6 Zitiert ebd., S. 85

7 Wiener Theaterzeitung, Dezember 1806

8 Zitiert in Sonneck, S. 95

9 Spohr, Bd. 1, S. 290

10 Ebd., Bd. 1, S. 268

11 Ebd., Bd. 1, S. 269

12 Ebd., Bd. 2, S. 148

13 Ebd., Bd. 2, S. 165

14 Zitiert in Herman Klein, Grove, 5. Aufl., Bd. 2, S. 219

DAS INBILD DES VIRTUOSEN: Paganini

1 Pulver, S. 44

2 Zitiert in De Courcey, Bd. 1, S. 44

3 Ebd., Bd. 1, S. 27

4 Ebd., Bd. 1, S. 34f.

5 Zitiert Bd. 1, S. 56

6 Zitiert Bd. 1, S. 67

7 Zitiert, ebd., Bd. 1, S. 99

8 Ebd., Bd. 1, S. 265

9 Open University, Kurs A202, The Age of Revolutions

10 Zitiert, ebd.

11 Ebd.

12 De Courcey, Bd. 2, S. 55

13 Zitiert ebd.

14 Zitiert ebd.

15 Zitiert in Haweis, S. 383

16 Zitiert in De Courcey, Bd. 1, S. 47

DIE JÜNGER PAGANINIS: Sivori – Ernst – Bazzini – Bull

1 The Times, 30. Juni 1846

2 Van der Straeten, History, Bd. 2, S. 353

3 Laurie, S. 61

4 Berlioz, S. 538f.

5 Ebd., S. 538

6 Auer, S. 91

7 Ebd., S. 5

8 Spohr, Bd. 2, S. 15

9 Lahee, S. 200

10 Zitiert ebd., S. 183

11 Zitiert, ebd., S. 188

12 Ebd., S. 193

13 Ebd., S. 203

DAS ZEITALTER DES ÜBERGANGS: Böhm – David – de Bériot

1 Zitiert in Blunt, S. 241f.

2 Zitiert in van der Straeten, S. 134

LÜTTICH – EINE „GEIGERBRUTSTÄTTE": Massart – Marsick – Thomson

1 Flesch, Erinnerungen, S. 58

2 Lahee, S. 269

3 Flesch, Erinnerungen, S. 45

4 Lahee, S. 268f.

WIE IN EINEM ZAUBERKREIS: Vieuxtemps

1 Robert Schumann, Gesammelte Schriften, 1834, Bd. 1, S. 467

2 Berlioz, S. 538

3 Laurie, S. 112

DER SLAWISCHE MAGIER: Wieniawski

1 Harold Schonberg, The Great Pianists (London 1974, S. 260)
2 Lahee, S. 224

3 Zitiert in C. R. Halski, Grove, 5. Aufl., Bd. 9, S. 288
4 Ebd.

EIN DIENER DER KUNST: Joachim

1 Moser, Bd. 1, S. 63 f.
2 Honmuvesz, 21. März 1839
3 Zitiert in Moser, Bd. 1, S. 9
4 Zitiert ebd., Bd. 1, S. 45
5 Zitiert ebd., Bd. 1, S. 60
6 Zitiert ebd., Bd. 2, S. 60
7 Auer, S. 6
8 Flesch, Erinnerungen, S. 35 f.
9 Joachim an Brahms, Brief vom 24. August 1878, zitiert in Moser, Bd. 2, S. 239
10 Joachim an Brahms, Brief vom 20. Mai 1879

11 Brahms an Joachim, Brief Mai 1879
12 Joachim an Brahms, Ende März 1879
13 Moser, zitiert nach der engl. Ausgabe: *Joseph Joachim*, London 1901
14 Zitiert in Hill, S. 152
15 Hanslick, S. 78–91
16 Flesch, Erinnerungen, S. 34
17 Ebd., S. 37
18 Ebd., S. 38
19 Zitiert in Moser, S. 78

DIE LADY MIT DEM BOGEN: Wilma Norman-Neruda

1 Zitiert in Haweis, S. 296
2 Lahee, S. 302
3 Zitiert in The Strad, August 1897, S. 107

4 Zitiert in Scholes, Bd. 2, S. 834 f.
5 Zitiert in Lahee, S. 315
6 Gibson, S. 50

DER CHARMEUR: Sarasate

1 Van der Straeten, Bd. 2, S. 419
2 Zitiert in Lahee, S. 229
3 Zitiert in Scholes, Bd. 1, S. 347
4 Zitiert ebd.
5 Zitiert ebd.
6 Lahee, S. 231
7 Flesch, Erinnerungen, S. 39
8 Arthur Symons, Illustrated London News, 21. November 1891, S. 658

9 Arthur Symons, Double Dealer, New Orleans, November 1921
10 Flesch, Erinnerungen, S. 42
11 D. C. Parker, The Strad, Januar 1966, S. 323
12 Ebd., S. 43
13 Ebd., S. 44
14 Ebd., S. 40

DIE GROSSEN LEHRER: Wilhelmj – Auer – Ševčik – Hubay – Flesch

1 Zitiert in Dettmar Dressel, The Strad, Februar 1952, S. 296
2 Flesch, Erinnerungen, S. 48
3 Van der Straeten, History, Bd. 2, S. 264
4 Gespräch mit M. C.
5 Flesch, Erinnerungen, S. 149
6 Ebd., S. 149
7 Zitiert in Reid Stewart, The Strad, Juni 1933, S. 59
8 Zitiert ebd., S. 58
9 Zitiert in Granville Casey, The Strad, Oktober 1966, S. 207
10 Zitiert in Reid Stewart, The Strad, Juni 1933, S. 58
11 Zitiert in Andrée Alvin, Monde Musical, 28. Februar 1934
12 Ebd.
13 Flesch, Erinnerungen, S. 106
14 Ebd., S. 106
15 Szigeti, Zwischen den Saiten, S. 95
16 Flesch, Erinnerungen, S. 59
17 Ebd., S. 111
18 Ebd., S. 114
19 Haendel, S. 43
20 Ebd.
21 Zitiert in Flesch, Erinnerungen
22 Gespräch mit M. C.

WIE EIN VOGEL SINGT: Ysaye

1 Ysaye, S. 21
2 Ebd., S. 29
3 Zitiert ebd., S. 47
4 G. B. Shaw, The World, 1. April 1891
5 Ebd., 20. Mai 1891
6 Flesch, Erinnerungen, S. 46f.
7 Ebd., S. 46
8 Gespräch mit M. C.
9 Lahee, S. 272f.
10 Ysaye, S. 155
11 Gespräch mit M. C.
12 Ebd.
13 Ysaye, S. 154
14 Van der Straeten, History, S. 145
15 Ysaye, S. 90

SYMBOL EINER EPOCHE: Kreisler

1 Szigeti, Zwischen den Saiten, S. 96
2 Hanslick, Neue Freie Presse, 25. Januar 1898
3 Neues Wiener Journal, 26. Januar 1898
4 Lochner, S. 196
5 Zitiert ebd., S. 365
6 Zitiert ebd., S. 38
7 Ebd., S. 393
8 Flesch, Erinnerungen, S. 91
9 Josef Gingold, Rede zum 100. Geburtstag von Fritz Kreisler an der Indiana University am 2. Februar 1975

EIN FRANZOSE NACH HUNDERT JAHREN: Thibaud

1 Flesch, Erinnerungen, S. 126f.
2 Ebd., S. 127
3 Ebd., S. 127
4 Brook, S. 178
5 Gespräch mit M. C.

In Ketten tanzen: Enesco – Kubelik

1 Zitiert in Menuhin, S. 80
2 Gespräch mit M. C.
3 Zitiert in Menuhin, S. 81 f.
4 Gespräch mit M. C.
5 Ebd.
6 Flesch, Erinnerungen, S. 119
7 Boult, S. 141
8 Gespräch mit M. C.

9 Haendel, S. 90
10 Ebd.
11 Ebd., S. 172
12 Menuhin, S. 83
13 Aldrich, S. 118
14 Lochner, S. 70
15 The Strad, Dezember 1938, S. 352

Ein faszinierender Aussenseiter: Huberman

1 Haendel, S. 30 f.
2 Arthur Herman, The Strad, Februar 1932, S. 531
3 A. S. Ruppa, The Strad, März 1934, S. 439
4 Zitiert in A. S. Ruppa, The Strad, Februar 1936, S. 439

5 Menuhin, S. 109
6 Arthur Herman, The Strad, Februar 1932, S. 530
7 Zitiert ebd.
8 Flesch, Erinnerungen, S. 118
9 Hans Keller in Flesch, Erinnerungen, zit. nach der engl. Ausgabe

Ein grosser Engländer: Sammons

1 Brook, S. 145
2 Beecham, S. 81
3 Zitiert in Brook, S. 148

4 Zitiert ebd., S. 156
5 Gespräch mit M. C.
6 Ebd., zitiert in Brook, S. 155

Die russische Avantgarde: Zimbalist – Elman

1 Aldrich, S. 338
2 Ebd., S. 339
3 Brook, S. 191
4 Zitiert in Applebaum, S. 2
5 Brook, S. 37
6 Auer, S. 42 f.

7 Brook, S. 37
8 Gaisberg, S. 207
9 Flesch, Die Kunst des Violinspiels, Bd. 1, S. 51
10 Flesch, Erinnerungen, S. 150
11 Brook, S. 38

Der gelehrte Virtuose: Szigeti

1 The Strad, April 1951, S. 432 (Rezension)
2 Szigeti, Zwischen den Saiten, S. 38 f.
3 Ebd., S. 54
4 Ebd., S. 56
5 Ebd., S. 223
6 Ebd., S. 228
7 Brook, S. 172

8 Ebd., S. 171
9 Flesch, Erinnerungen, zitiert nach der engl. Ausgabe
10 Gespräch mit M. C.
11 Henry Roth, The Strad, Dezember 1972, S. 413
12 Zitiert in Szigeti, Zwischen den Saiten, S. 88

KÖNIG DER GEIGER: Jascha Heifetz

1 G. B. Shaw, Brief vom 5. Mai 1920
2 Axelrod, S. 33
3 Ebd., S. 126
4 Ebd., S. 128
5 Ebd., S. 46
6 Ebd.
7 Flesch, Erinnerungen, S. 183
8 Richard Aldrich, New York Times, 28. Oktober 1917
9 Musical Times, Juni 1920
10 A. Bryan, The Strad, Juli 1930, S. 148
11 Axelrod, S. 280
12 Ebd., S. 263
13 Ebd.
14 Flesch, Erinnerungen, S. 182
15 Ebd., S. 183
16 Applebaum, S. 38
17 Axelrod, S. 277
18 Gespräch mit M. C.
19 Axelrod, S. 473
20 Gespräch mit M. C.
21 Ebd.

EIN KIND DER REVOLUTION: Milstein

1 Szigeti, Zwischen den Saiten, S. 202
2 Gespräch mit M. C.
3 Ebd.
4 Ebd.
5 Ebd.
6 Ebd.
7 Simon Collins, The Strad, August 1976, S. 267
8 Gespräch mit M. C.

DER VIRTUOSE DES BEL CANTO: Campoli

1 Gespräch mit M. C.
2 Morning Post, 19. Mai 1923
3 Westminster Gazette, 19. Mai 1923
4 Daily Express, 23. Mai 1923
5 Gespräch mit M. C.
6 Ebd.
7 Ebd.
8 Ebd.
9 Ebd.
10 Ebd.
11 Daily Mail, 4. September 1945
12 Gespräch mit M. C.

DIE ENTERRAINER: Sandler – Jenkins – Jaffa – Leopold – Georgiadis

1 Robert Lewin, The Strad, März 1978, S. 1049
2 Ebd. April 1929, S. 706
3 Gespräch mit M. C.
4 The Strad, März 1934, S. 448 (Anm.)
5 Hastings and St. Leonhards Observer, Konzert beim Brahms Festival am 25. April 1933
6 Zitiert in „Max Jaffa" (BBC-Sendung von Gale Pedrick)
7 Ebd.
8 Gespräch mit M. C.
10 Ebd.
11 Gespräch mit M. C.
12 Ebd.
13 Ebd.
14 Ebd.
15 Ebd.

HEISSE RHYTHMEN AUF DER GEIGE: South – Smith – Venuti – Grappelli

1 Gunther Schuller, Early Jazz: Its Roots and Musical Development, New York 1968, Anhang
2 Ebd., S. 368
3 Ebd., S. 372
4 Charles Fox, Peter Grammond, Alun Morgan, Jazz on Record: A Critical Guide, London 1960, S. 287
5 Ebd., S. 285
6 Jazz Journal International, November 1978
7 Gespräch mit M. C.
8 Ebd.
9 Ebd.
10 Ebd.
11 Ebd.
12 Ebd.
13 Whitney Balliet, The New Yorker, 19. Januar 1976
14 Gespräch mit M. C.
15 Ebd.
16 Gespräch mit M. C.
17 Programmheft

SO JUNG WIE DAS JAHRHUNDERT: Hall – Powell – Morini – de Vito

1 Morini, Brief an M. C.
2 Ebd.
3 Zitiert ebd.
4 New York Post, 9. Februar 1976
5 Morini, Brief an M. C.
6 Ebd.
7 Applebaum, S. 88
8 Simon Collins, The Strad, Oktober 1977, S. 481
9 Eric Blom, Grove, 5. Aufl., Bd. 9, S. 23

HERZ UND HIRN – DIE UNTRENNBARE EINHEIT: D. Oistrach

1 Gespräch mit M. C.
2 Zitiert in Krause, S. 13
3 Ebd.
4 Haendel, S. 51
5 Ysaye, Auszug in Journal des Beaux-Arts, 1955, S. 175
6 Gespräch mit M. C.
7 The Times, 11. November 1954
8 Zitiert in Krause, S. 19
9 Gespräch mit M. C.
10 Gespräch mit M. C.
11 Menuhin, Brief an M. C. vom 30. Oktober 1978

EIN MUSIKALISCHES UNIVERSUM: Menuhin

1 Menuhin, S. 35
2 Ebd., S. 60
3 Ebd., S. 77
4 Ebd., S. 78
5 Ebd., S. 78
6 Ebd., S. 68
7 Ebd., S. 83
8 Ebd., S. 84
9 Ebd., S. 97
10 Ebd., S. 113
11 Gaisberg, S. 237
12 Ebd.
13 Menuhin, S. 132
14 Ebd., S 132
15 Gaisberg, S. 238
16 Gaisberg, op. cit., Brief vom 22. November 1932
17 Menuhin, S. 177
18 Zitiert ebd., S. 179
19 Ebd., S. 181

20 Ebd., S. 181
21 Zitiert ebd., S. 182
22 Gespräch mit M. C.

23 Ebd.
24 Ebd.

Der geborene Virtuose: Ricci

1 Alix B. Williamson, Werbebroschüre
2 Henry Roth, The Strad, August
   1976, S. 303
3 Gespräch mit M. C.
4 Ebd.

5 Henry Roth, The Strad, August
   1976, S. 303
6 Gespräch mit M. C.
7 Ebd.
8 Ebd.

Das Streben nach Schönheit: Neveu – Haendel

1 Haendel, S. 45
2 Zitiert in Ronze-Neveu, S. 31
3 Ebd., S. 36
4 Zitiert ebd., S. 36f.
5 Ebd., S. 41
6 Zitiert ebd., S. 41f.
7 Zitiert ebd., S. 67
8 Zitiert ebd., S. 90
9 Zitiert ebd., S. 92
10 Zitiert ebd., S. 49f.
11 Zitiert ebd., S. 79

12 Zitiert ebd., S. 52
13 Zitiert in Haendel, S. 201
14 Ronze-Neveu, S. 81
15 Haendel, S. 54
16 Ebd., S. 53
17 Ebd., S. 56
18 Gespräch mit M. C.
19 The Gazette, Montreal, 7. Oktober
   1975
20 Haendel, S. 224

The elder Statesman: Isaac Stern

1 Simon Collins, The Strad, August
   1977
2 Olin Downes, New York Times,
   12. Oktober 1937
3 Zitiert in Simon Collins, a.a.O.,
   S. 293
4 New York Times, 9. Januar 1943
5 Gespräch mit M. C.

6 Zitiert in Simon Collins, a.a.O.,
   S. 291
7 Gespräch mit M. C.
8 Carnegie Hall: Looking Ahead
9 Philadelphia Guide, Master Fiddler,
   Juni 1978
10 Ebd.
11 Zitiert in Simon Collins, a.a.O.,
   S. 295

Nach dem Herzen eines jeden Musikers: Grumiaux

1 Grumiaux, Brief an M. C.
2 Ebd.
3 Ebd.
4 Ebd.
5 Brooklyn Eagle, 16. Januar 1953
6 Philips Werbebroschüre

7 Interview, Bernadette Morand (Grumiaux)
8 Stereo Review, November 1968,
   S. 87
9 Interview, Bernadette Morand (Grumiaux)
10 Philips Werbebroschüre

DER DIPLOMAT UND DER „POLENJUNGE": Szeryng – Hassid

1 Simon Collins, The Strad, Mai 1978, S. 11
2 Zitiert ebd., S. 13
3 Zitiert ebd., S. 57
4 International Herald Tribune, 29. Januar 1973
5 Flesch, Erinnerungen, S. 196
6 Zitiert in Haendel, S. 65
7 Gerald Moore, Brief an M. C. vom 2. Dezember 1978
8 Haendel, S. 115
9 Carl Flesch an Josef Hassid, 6. Juni 1943

DIE GROSSEN AMERIKANISCHEN LEHRER: Persinger – Gingold – Galamian

1 Gespräch mit M. C.
2 Ebd.
3 Menuhin, S. 43/44
4 Ebd., S. 46
5 Gespräch mit M. C.
6 Applebaum, S. 282
7 Zitiert ebd.
8 Gespräch mit M. C.
9 Galamian, S. 8
10 New York Times, 23. November 1977
11 Galamian, S. 8
12 Gespräch mit M. C.
13 Galamian, Brief an M. C. vom 12. Mai 1977
14 New York Times, a.a.O.
15 Ebd.
16 Galamian, S. 6
17 New York Times, a.a.O.

DAS „GALAMIAN-TRIO": Perlman – Zukerman – Kyung-Wha Chung

1 Gillian Widdecombe, Records and Recording, Mai 1973
2 Violin Society of USA Journal, Bd. 3, Nr. 2, Frühjahr 1977, S. 21
3 New York Times, 30. Oktober 1965
4 Violin Society of USA Journal, a.a.O., S. 12
5 Galamian, S. 7
6 William Bender, New York Herald Tribune, 30. Okt. 1964
7 Joan Chissell, The Times, 25. August 1969
8 Gillian Widdecombe, a.a.O.
9 New York Times, 6. Februar 1969
10 Gespräch mit M. C.
11 Gespräch mit M. C.
12 Ebd.
13 Gillian Widdecombe, Financial Times, 14. Mai 1970
14 Edward Greenfield, The Guardian, 11. Juni 1971
15 Gespräch mit M. C.
16 Ebd.
17 Ebd.
18 Ebd.

DAS ENGLISCHE PHÄNOMEN: Holmes

1 Louis Biancolli, World Telegram, New York, 1. April 1966
2 Gespräch mit M. C.
3 Ebd.
4 Daily Telegraph, 9. Februar 1951
5 Gespräch mit M. C.
6 Ebd.
7 Ebd.
8 The Times, 1. November 1954
9 Zitiert in The Strad, Februar 1956, S. 365
10 Gespräch mit M. C.
11 Ebd.
12 Wiener Kurier, 23. Dezember 1959

GRÜNDER UND PRIMGEIGER BERÜHMTER STREICHQUARTETTE

1 Van der Straeten, History, Bd. 2, S. 37
2 C. Ferdinand Pohl, Grove, 5. Aufl., Bd. 4, S. 230
3 Boult, S. 18
4 Flesch, Erinnerungen, S. 156
5 Menuhin, S. 109
6 New York Times
7 Gespräch mit M. C.
8 Ebd.
9 Ebd.
10 Ebd.
11 Gespräch mit M. C.
12 Ebd.

BLICK IN DIE ZUKUNFT

1 Harriett Johnson, New York Post, 12. November 1976
2 Stagebill, Philadelphia, Bd. 2, Nr. 1, 1978

DANKSAGUNG DER VERFASSERIN

An erster Stelle verpflichtet bin ich Harold C. Schonberg, den ich persönlich nicht kenne. Seine geistreichen und informativen Bücher *Great Pianists* und *Great Conductors* waren mir ein stetiges Vergnügen, und seine Art zu schreiben hat mich angeregt; dafür schulde ich ihm Dank.

Ich danke ferner allen Geigern und allen Musikern, die mir in persönlichen Gesprächen geholfen haben. Viele Einzelheiten hätte ich ohne ihre Mitarbeit nie in Erfahrung gebracht. Besonders erwähnen möchte ich Professor Josef Gingold, der trotz seiner wöchentlich vierzig Lehrstunden an der Indiana University noch die Zeit fand, ein Erinnerungsprotokoll über seine erste Begegnung mit Isaye für mich auf Band zu sprechen. Ebenso habe ich Helen Dowling für ihre farbige Schilderung der Person Georges Enescos zu danken.

Jennifer Wilkins hat mir bei den Übersetzungen aus dem Französischen geholfen, Jeanne Huckstepp und Sylvia Rotter recherchierten ehrenamtlich für mich: ohne sie hätte dieses Buch bestimmt nicht so bald erscheinen können. Sylvia Rotter hat nicht nur für die Originalausgabe die deutschen Texte übersetzt, sondern auch die endgültige Fassung des Manuskripts sorgfältig ins Reine geschrieben.

Dank gebührt ferner Dr. Baird und seinen Mitarbeitern an der Musical Library der University of London, Philip Robinson an der County Music Library in Welwyn Garden City, den Mitarbeitern der British Library in Colindale und der Public Library Hemel Hempstead, der Society for Cultural Relations with the UDSSR und den Old Town Records in Hemel Hempstead. Emanuel Hurwitz und Nicholas Roth verdanke ich wertvolle Hinweise auf technischem Gebiet, und hinsichtlich der Konstruktion und Entwicklung der Geige durfte ich mich auf Patricia Naismiths Fachwissen und Erfahrungen stützen. Edmund Kurtz und Jan White sind mir stets anregende Gesprächspartner gewesen, und John Bishop hat gewissenhaft das ganze Manuskript durchgesehen: Manche seiner Anregungen sind in den Text eingearbeitet worden.

Außerdem möchte ich nachstehend genannten Personen für ihre Hilfe bei meinen Forschungen danken: Dr. Gerald Abraham, Miss Juliette Alvin, Mr. Toby Appel, Mr. Philip Bate, Mr. Hugh Bean, Mr. Charles Beare, Professor Karl Beckson, Miss Suzanne Bloch, Sir Adrian Boult, Mr. Norbert Brainin, Mr. Frank A. Clarkson, Professor Robert Donington, Mr. Paul Fishman, Professor Ivan Galamian, Mr. Brian Hedley, Mr. und Mrs. V. Hochhauser, Mr. Edgar Hunt, Mr. Alexander Knapp, Sir Robert Mayer, Mr. Yehudi Menuhin, Professor Jean Mongredien, Madame Bernadette Morand, Miss Ursula Müller, Miss Jessica Nasmyth, Miss Mavis Oswald, Mr. und Mrs. Sergio Peresson, Mr. Barrie Perrins, Prem, Dr. Stanley Sadie, Mr. Lionel Salter, Mr. Joseph Saxby, Mr. Peter Schidlof, Mr. Istvan Somos, Miss Hope Stoddard, Mr. John Thomson, M. Hervé Thys, Professor Alan Tyson, Professor Chapell White, M. Antoine Ysaye.

Während der Entstehungszeit dieser Arbeit hat mein Mann mir geholfen; seine Geduld und sein Verständnis haben wesentlich zu ihrem Abschluß beigetragen.

Piccotts End, 1980   *Margaret Campbell*

BILDQUELLENVERZEICHNIS

Folgende Eigentümer und Archive stellten dankenswerterweise Reproduktions-
vorlagen für die Abbildungen zur Verfügung:

Arcangelo Corelli, Porträt von Hugh Howard, *Royal College of Music (RCM)*

Antonio Vivaldi, Stich von F. M. La Cave 1724

Giuseppe Tartini, *Mansell Collection (MC)*

Giovanni Battista Viotti, Stich von Fremy nach Vigée le Brun, *RCM*

Rodolphe Kreutzer, *Mary Evans Picture Library*

Louis Spohr, Lithographie von Stott, *RCM*

Niccolo Paganini, Daguerrotypie 1840, *BBC Hulton Picture Library (BBCHP)*, Zeichnung von Ingres, *MC*, Gemälde nach Isola, *MC*

Heinrich Wilhelm Ernst, Gemälde, früher im Besitz von *W. E. Hill & Sons*

Ole Bull, *RCM*

Joseph Böhm, *Archiv für Kunst und Geschichte (AKG)*, Berlin

Ferdinand David, Lithographie von Prinzhofer, 1845, *RCM*

Charles Auguste de Bériot, Lithographie von Baugniet, 1838, *RCM*

Henri Vieuxtemps, Lithographie von Baugniet, 1845, *MC*

Henri Wieniawski, Lithographie von Pressow nach Mora, *AKG*

Wilma Norman-Neruda (Lady Hallé), *RCM*

Joseph Joachim, 1868, *BBCHP*

Das Joachim Quartett, *MC*

Pablo de Sarasate, *BBCHP*

August Wilhelmj, Holzschnitt nach einer Zeichnung von Koegler, 1878, *AKG*

Leopold Auer, *AKG*

Otakar Ševčik, *Juliette Alvin*

Jenö Hubay, *RCM*

Carl Flesch, *Carl Flesch Jr.*

Eugène Ysaye, *MC*

Jan Kubelik, *RCM*

Fritz Kreisler, Georges Enesco und Jacques Thibaud, *Helen Dowling*

Bronislaw Huberman, *BBCHP*

Albert Sammons, *Mrs. M. C. Boswell-Cumming*

Efrem Zimbalist, *BBCHP*

Mischa Elman, *MC*

Joseph Szigeti, *RCM*

Jascha Heifetz, *MC*

Nathan Milstein, *Clive Barda*

Alfredo Campoli, *Alfredo Campoli*

Reginald Leopold, *Ken Thomas*

Joe Venuti, *Culver Pictures/Decca Record Company Limited*

Stephane Grappelli, *Jean-Pierre Leloir*

Erica Morini, *Erica Morini*

Gioconda de Vito, *Gioconda de Vito*

Yehudi Menuhin, *Klaus Hennch, Zürich*

Ginette Neveu, *BBCHP*

Ida Haendel, *Clive Barda*

Ruggiero Ricci, *Phot. Ken Saunders, Copyright The Guardian*

Arthur Grumiaux, *Arthur Grumiaux*

Henryk Szeryng, *Henryk Szeryng*

Josef Hassid, *Paul Fishman*

Louis Persinger mit seinem Schüler Yehudi Menuhin, *Yehudi Menuhin*

Josef Gingold, *Josef Gingold*

Ivan Galamian, Gemälde von Wayman Adams, 1958, *Ivan Galamian*

Itzhak Perlman, *Clive Barda*

Pinchas Zukerman, *Clive Barda*

Eugene Fodor, *Clive Barda*

Ralph Holmes, *Jeremy Grayson*

Kyung-Wha Chung, *Clive Barda*
Das Amadeus-Quartett, *Decca Record Company Limited*
Das Guarneri-Quartett, *RCA Records*
Albert Markow, *Maxim Gershunoff Inc.*
Wladimir Spiwakow, *Phot. Reg Wilson, Copyright EMI*
Mayumi Fujikawa, *Sophie Baker*
Wolfgang Schneiderhan, *Werner Neumeister,* München
Tibor Varga, *Werner Neumeister,* München
Josef Suk, *Werner Neumeister,* München

Salvatore Accardo, *Werner Neumeister,* München
Igor Oistrach, *Ariola-Eurodisc*
Victor Tretjakow, *Ariola-Eurodisc*
Gidon Kremer, *Siegfried Lauterwasser,* Überlingen
Dmitry Sitkovetsky, *Werner Neumeister,* München
Liane Issakadse, *Ariola-Eurodisc*
Edith Peinemann, *Konzertdirektion Dr. Rudolf Goette,* Hamburg
Ulf Hoelscher, *EMI Electrola*
Anne-Sophie Mutter, *Siegfried Lauterwasser,* Überlingen

Diskographie

SALVATORE ACCARDO

Antonín Dvořák, Konzert für Violine und Orchester a-Moll op. 53 + Romanze für Violine und Orchester f-Moll op. 11 (Colin Davis: Concertgebouw-Orchester, Amsterdam)
Philips 9500406

Joseph Haydn, Konzerte für Violine und Streicher C-Dur Nr. 1 Hob. VIIa,1, G-Dur Nr. 4 Hob. VIIa,4 + Konzert für Violine und Kammerorchester A-Dur Nr. 3 Hob. VIIa,3 + Sinfonia concertante für Violine, Violoncello, Oboe, Fagott und Orchester B-Dur Hob. I,105 (mit Heinrich Schiff, Neill Black und Graham Sheen; Salvatore Accardo: English Chamber Orchestra)
Philips 6769059*

Felix Mendelssohn-Bartholdy, Konzert für Violine und Orchester e-Moll op. 64 + Konzert für Violine und Streichorchester d-Moll (Charles Dutoit: Philharmonia Orchestra, London)
Philips 9500154

Niccolò Paganini, Konzerte für Violine und Orchester D-Dur Nr. 1 op. 6, h-Moll Nr. 2 op. 7, E-Dur Nr. 3, d-Moll Nr. 4, a-Moll Nr. 5, e-Moll Nr. 6 (Charles Dutoit: London Philharmonic Orchestra)
Deutsche Grammophon 2740121 (5 LP)

---

* ENTHÄLT WEITERE WERKE MIT ANDEREN INTERPRETEN

HUGH BEAN

Ralph Vaughan Williams, The Lark Ascending (Adrian Boult: New Philharmonia Orchestra, London)
EMI Angel 36469*

HYMAN BRESS

Ferruccio Busoni, Sonaten für Violine und Klavier e-Moll Nr. 1 op. 29, e-Moll Nr. 2 op. 36a (mit Bengt Johnsson)
Oiseau-Lyre SOL 296

Louis Spohr, Konzerte für Violine und Orchester a-Moll Nr. 8 „In Form einer Gesangsszene" op. 47, d-Moll Nr. 9 op. 55
Oiseau-Lyre SOL 278

ADOLF BUSCH

Ludwig van Beethoven, Sonate für Violine und Klavier F-Dur Nr. 5 „Frühlings-Sonate" op. 24 (mit Rudolf Serkin)
EMI Electrola 1C 181–01822/23 (2 LP)*

Franz Schubert, Fantasie für Violine und Klavier C-Dur op. 159 D. 934 (mit Rudolf Serkin) + Trio für Klavier, Violine und Violoncello Es-Dur Nr. 2 op. 100 D. 929 (mit Rudolf Serkin und Hermann Busch)
EMI Electrola 1C 137–53032/36 (5 LP)*

ALFREDO CAMPOLI

Ludwig van Beethoven, Konzert für Violine und Orchester D-Dur op. 61 (Josef Krips: London Symphony Orchestra)
Decca ECS 521

Max Bruch, Konzert für Violine und Orchester g-Moll Nr. 1 op. 26 (Kisch: New Symphony Orchestra, London) + *Felix Mendelssohn-Bartholdy*, Konzert für Violine und Orchester e-Moll op. 64 (Eduard van Beinum: London Philharmonic Orchestra)
Decca Eclipse ECS 505

Edward Elgar, Konzert für Violine und Orchester h-Moll op. 61 (Adrian Boult: London Philharmonic Orchestra)
Decca ECS 675

Niccolò Paganini, Konzert für Violine und Orchester D-Dur Nr. 1 op. 6 + *Peter Tschaikowski*, Konzert für Violine und Orchester D-Dur op. 35 (Ataulfo Argenta: London Symphony Orchestra)
London STS 15263

Camille Saint-Saëns, Konzert für Violine und Orchester h-Moll Nr. 3 op. 61 + *Pablo de Sarasate*, Zigeunerweisen op. 20,1 + *Henri Wieniawski*, Legende g-Moll op. 17 (Pierino Gamba: London Philharmonic Orchestra)
Decca Eclipse ECS 663

Pablo de Sarasate, Navarra op. 33 (mit Belinda Bunt, Violine) + Spanische Tänze op. 21, 22, 23, 26 (mit Daphne Ibbott, Klavier)
Oiseau-Lyre DSLO 22

KYUNG-WHA CHUNG

Max Bruch, Konzert für Violine und Orchester g-Moll Nr. 1 op. 26 + Schottische Fantasie op. 46 (Rudolf Kempe: Royal Philharmonic Orchestra, London)
Decca 6.41483 AW

Serge Prokofjew, Konzerte für Violine und Orchester D-Dur Nr. 1 op. 19, g-Moll Nr. 2 op. 63 (André Previn: London Symphony Orchestra)
Decca 6.42176 AS

Camille Saint-Saëns, Konzert für Violine und Orchester h-Moll Nr. 3 op. 61 + *Henri Vieuxtemps*, Konzert für Violine und Orchester a-Moll Nr. 5 op. 37 (Lawrence Foster: London Symphony Orchestra)
Decca 6.42152 AN

Jean Sibelius, Konzert für Violine und Orchester d-Moll op. 47 + *Peter Tschaikowski*, Konzert für Violine und Orchester D-Dur op. 35 (André Previn: London Symphony Orchestra)
Decca 6.41451 AW

Igor Strawinsky, Konzert für Violine und Orchester D-Dur + *William Walton*, Konzert für Violine und Orchester (André Previn: London Symphony Orchestra)
Decca SXL 6601 AW

MISCHA ELMAN

Ludwig van Beethoven, Konzert für Violine und Orchester D-Dur op. 61 (Georg Solti: London Philharmonic Orchestra)
Decca ECS 813

Peter Tschaikowski, Konzert für Violine und Orchester D-Dur op. 35 + *Henri Wieniawski*, Konzert für Violine und Orchester d-Moll Nr. 2 op. 22 (Adrian Boult: London Philharmonic Orchestra)
Decca ACL 25

GEORGES ENESCO

Johann Sebastian Bach, Partiten für Violine solo h-Moll Nr. 1 BWV 1002, d-Moll Nr. 2 BWV 1004, E-Dur Nr. 3 BWV 1006 + Sonaten für Violine solo g-Moll Nr. 1 BWV 1001, a-Moll Nr. 2 BWV 1003, C-Dur Nr. 3 BWV 1005
Continental CLP 104/6 (3 LP)

Georges Enesco, Sonate für Violine und Klavier f-Moll Nr. 2 op. 6 (mit Celiny Chaillez-Richez)
Connaisseur Varèse Sarabande VC 81048*

Georges Enesco, Sonate für Violine und Klavier a-Moll Nr. 3 op. 25 (mit Dinu Lipatti)
EMI Electrecord ECD-95*

CARL FLESCH

Johann Sebastian Bach, Konzert für zwei Violinen und Streicher d-Moll BWV 1043 (mit Joseph Szigeti; Dirigent: Walter Goehr)
EMI His Master's Voice HQM 1127

EUGENE FODOR

Felix Mendelssohn-Bartholdy, Konzert für Violine und Orchester e-Moll op. 64 + *Niccolò Paganini*, Konzert für Violine und Orchester D-Dur Nr. 1 op. 6 (Peter Maag: New Philharmonia Orchestra, London)
RCA ARLI 11565

MAYUMI FUJIKAWA

Max Bruch, Konzert für Violine und Orchester g-Moll Nr. 1 op. 26 + *Peter Tschaikowski*, Konzert für Violine und Orchester D-Dur op. 35 (Edo de Waart: Philharmonisches Orchester, Rotterdam)
Philips 6500708

JOHN GEORGIADIS

Edward Elgar, La Capricieuse op. 17 + Chanson de matin op. 15,1 + Chanson de nuit op. 15,2 + weitere Werke für Violine und Klavier (mit John Parry)
Pearl SHE 523

JOSEF GINGOLD

Zoltán Kodály, Duo für Violine und Violoncello op. 7 (mit Janos Starker)
Fidelio F 003*

Fritz Kreisler, verschiedene Werke
Fidelio F 001

SZYMON GOLDBERG

Wolfgang Amadeus Mozart, Sonaten für Violine und Klavier C-Dur KV 303, D-Dur KV 306, F-Dur KV 376,

B-Dur KV 454, Es-Dur KV 481 (mit
Radu Lupu)
Decca 6.48088 EK

STEPHANE GRAPPELLI

At the Talk of the Town (mit Alan
Clare, Klavier und Celesta)
Logo Black Lion BLP 30165

Best of Stephane Grappelli (mit Barney
Kessel und Diz Disley, Gitarre, und
anderen)
Logo Black Lion BLM 51001

Fascinatin' Rhythm (mit Yehudi Menuhin)
EMI Electrola 1C 061–02690

Jalousie (mit Yehudi Menuhin)
EMI SHZE 407

Swing '35–'39 (mit Django Reinhardt,
Quintet of the Hot Club of France)
Decca Eclipse ECM 2051

Violinspiration (Diz Disley Trio)
EMI 68058

ERICH GRUENBERG

Franz Reizenstein, Sonaten für Violine
solo op. 20, op. 46
Oiseau-Lyre SOL 348*

ARTHUR GRUMIAUX

Johann Sebastian Bach, Partiten für
Violine solo h-Moll Nr. 1 BWV 1002,
d-Moll Nr. 2 BWV 1004, E-Dur Nr. 3

BWV 1006 + Sonaten für Violine solo
g-Moll Nr. 1 BWV 1001, a-Moll Nr. 2
BWV 1003, C-Dur Nr. 3 BWV 1005
Philips 6768017 (3 LP)

Ludwig van Beethoven, Sämtliche Sonaten für Violine und Klavier (mit Clara Haskil)
Philips 6733001 (4 LP)

Alban Berg, Konzert für Violine und
Orchester „Dem Andenken eines En-
gels" (Igor Markevitch: Concertge-
bouw-Orchester, Amsterdam) + *Igor
Strawinsky*, Konzert für Violine und
Orchester D-Dur (Ernest Bour: Con-
certgebouw-Orchester, Amsterdam)
Philips 802785 LY

Johannes Brahms, Konzert für Violine
und Orchester D-Dur op. 77 (Eduard
van Beinum: Concertgebouw-Orchester, Amsterdam) + *Max Bruch*, Konzert für Violine und Orchester g-Moll
Nr. 1 op. 26 (Bernard Haitink: Concertgebouw-Orchester, Amsterdam)
Philips 6570015

Johannes Brahms, Sonaten für Violine
und Klavier G-Dur Nr. 1 op. 78,
A-Dur Nr. 2 op. 100, d-Moll Nr. 3
op. 108 (mit György Sebok)
Philips 6768146 (15 LP)*

Joseph Haydn, Konzert für Violine
und Streicher C-Dur Nr. 1 Hob.
VIIa,1 (Raymond Leppard: English
Chamber Orchestra) + Konzert für
Violine und Streicher G-Dur Nr. 4
Hob. VIIa,4 (Raymond Leppard:
New Philharmonia Orchestra, Lon-
don)
Philips 6570019*

Wolfgang Amadeus Mozart, Divertimento für Violine, Viola und Violoncello Es-Dur KV 563 (mit Georges Janzer und Eva Czako) + Duos für Violine und Viola G-Dur Nr. 1 KV 423, B-Dur Nr. 2 KV 424 (mit Arrigo Pelliccia) + Fugen für Streichtrio KV 405 (mit Georges Janzer und Eva Szabo)
Philips 6747382 (15 LP)*

Wolfgang Amadeus Mozart, Sonaten für Violine und Klavier G-Dur KV 301, e-Moll KV 304, F-Dur KV 376, B-Dur KV 378, B-Dur KV 454, A-Dur KV 526 (mit Clara Haskil)
Philips 6780017 (2 LP)

Peter Tschaikowski, Konzert für Violine und Orchester D-Dur op. 35 (Bernard Haitink: Concertgebouw-Orchester, Amsterdam)
Philips 6527067

IDA HAENDEL

Benjamin Britten, Konzert für Violine und Orchester + *William Walton,* Konzert für Violine und Orchester (Paavo Berglund: Bournemouth Symphony Orchestra)
EMI ASD 3483

Arcangelo Corelli, Sonate für Violine und Basso continuo d-Moll „La Follia" op. 5,12 + *Pietro Nardini,* Violinsonate + *Giuseppe Tartini,* Sonate für Violine und Basso continuo g-Moll „Teufelstriller-Sonate" op. 1,4 + *Tommaso Antonio Vitali,* Ciacona g-Moll (mit Geoffrey Parsons, Klavier)
EMI His Master's Voice ASD 3352

Edward Elgar, Konzert für Violine und Orchester h-Moll op. 61 (Adrian Boult: London Philharmonic Orchestra)
EMI ASD 3598

Édouard Lalo, Symphonie espagnole d-Moll op. 21 + *Maurice Ravel,* Tzigane (Karel Ančerl: Tschechische Philharmonie, Prag)
Supraphon SUAST 50615

Jean Sibelius, Konzert für Violine und Orchester d-Moll op. 47 (Paavo Berglund: Bournemouth Symphony Orchestra)
EMI His Master's Voice ASD 3199

JOSEF HASSID

Edward Elgar, La Capricieuse op. 17 + *Peter Tschaikowski,* Mélodie (mit Gerald Moore, Klavier)
EMI His Master's Voice B 9074

Pablo de Sarasate, Spanische Tänze op. 23 (mit Gerald Moore, Klavier)
EMI His Master's Voice C 3185

JASCHA HEIFETZ

The Heifetz Collection 1 (mit Isidor Achron, Samuel Chotzinoff und André Benoist, Klavier; Dirigent: Josef Pasternack)
RCA RL 00942 FK (4 LP)

The Jascha Heifetz Collection 2 (mit Isidor Achron und Arpad Sandor, Klavier; John Barbirolli: Philharmonia Orchestra, London)
RCA RL 00943 FK (4 LP)

The Jascha Heifetz Chamber Music Collection: Werke von *Beethoven, Grieg, Händel, Mozart, Sinding* (mit William Primrose, Viola, Emanuel Feuermann und Gregor Piatigorsky, Violoncello, Emanuel Bay und Brooks Smith, Klavier; Malcolm Sargent: London Symphony Orchestra; Alfred Wallenstein: Los Angeles Philharmonic Orchestra)
RCA RL 02264 FX (6 LP)

Die zehn schönsten Violinkonzerte: Violinkonzerte von *Bach* (Doppelkonzert; mit Erick Friedman), *Beethoven, Brahms, Bruch* (Nr. 1), *Glasunow, Mendelssohn-Bartholdy, Mozart* (Nr. 5), *Prokofjew* (Nr. 2), *Sibelius* und *Tschaikowski* (Walter Hendel: RCA Symphony Orchestra; Charles Munch: Boston Symphony Orchestra; Fritz Reiner: Chicago Symphony Orchestra; Malcolm Sargent: New Symphony Orchestra, London)
RCA RL 00720 GX (6 LP)

Johann Sebastian Bach, Partiten für Violine solo h-Moll Nr. 1 BWV 1002, d-Moll Nr. 2 BWV 1004, E-Dur Nr. 3 BWV 1006 + Sonaten für Violine solo g-Moll Nr. 1 BWV 1001, a-Moll Nr. 2 BWV 1003, C-Dur Nr. 3 BWV 1005
RCA 26.35052 EK (3 LP)

Ludwig van Beethoven, Sämtliche Streichtrios (mit William Primrose und Gregor Piatigorsky)
RCA 26.35128 EK (3 LP)

Max Bruch, Schottische Fantasie op. 46 (Malcolm Sargent: New Symphony Orchestra, London) + *Erich Wolfgang Korngold,* Konzert für Violine und Orchester D-Dur op. 35 (Al-

fred Wallenstein: Los Angeles Philharmonic Orchestra)
RCA 26.41236 AN

César Franck, Sonate für Violine und Klavier A-Dur + *Richard Strauss* Sonate für Violine und Klavier Es-Dur op. 18 (mit Brooks Smith)
Columbia M2 33444

Felix Mendelssohn-Bartholdy Konzert für Violine und Orchester e-Moll op. 64 + *Wolfgang Amadeus Mozart* Konzert für Violine und Orchester D-Dur Nr. 4 KV 218 (Thomas Beecham: Royal Philharmonic Orchestra, London)
EMI Electrola 1C 053–01365

ULF HOELSCHER

Béla Bartók Sonate für Violine solo Sz 117 + *Niccolò Paganini* Introduktion und Variationen „Nel cor più" + *Serge Prokofjew* Sonate für Violine solo op. 115
EMI Electrola 1C 063–28980

Alban Berg, Konzert für Violine und Orchester „Dem Andenken eines Engels" (Hiroshi Wakasugi: Sinfonieorchester des Westdeutschen Rundfunks, Köln)
EMI Electrola 1C 065–99848*

Johannes Brahms, Konzert für Violine und Orchester D-Dur op. 77 (Klaus Tennstedt: Sinfonieorchester des Norddeutschen Rundfunks, Hamburg)
EMI Electrola 1C 067–30975

César Franck, Sonate für Violine und Klavier A-Dur + *Richard Strauss*, Sonate für Violine und Klavier Es-Dur op. 18 (mit Michel Béroff)
EMI Electrola 1C 065–02995

Camille Saint-Saëns, Sämtliche Werke für Violine und Orchester (Pierre Dervaux: New Philharmonia Orchestra, London)
EMI Electrola 1C 157–02917/19 (3 LP)

Franz Schubert, Sämtliche Werke für Violine und Klavier (mit Karl Engel)
EMI Electrola 1C 157–30822/23 (2 LP)

Robert Schumann, Sonaten für Violine und Klavier a-Moll Nr. 1 op. 105, d-Moll Nr. 2 op. 121 (mit Michel Béroff)
EMI Electrola 1C 065–30233

RALPH HOLMES

Frederick Delius, Sonaten für Violine und Klavier Nr. 1–3 (mit Fenby)
Unicorn UNS 248

Béla Bartók, Sonate für Violine solo Sz 117 + *Serge Prokofjew*, Sonate für Violine solo op. 115 + *Max Reger*, Chaconne op. 117,4
Argo ZK 36

BRONISLAW HUBERMAN

Ludwig van Beethoven, Konzert für Violine und Orchester D-Dur op. 61 (George Szell: Wiener Philharmoniker)
CBS ML 4769

LIANE ISSAKADSE

Felix Mendelssohn-Bartholdy, Konzert für Violine und Orchester e-Moll op. 64 (Eduard Serow: Staatliches Sinfonieorchester der UdSSR) + *Otar Taktakischwili*, Konzert für Violine und Orchester f-Moll (Otar Taktakischwili: Großes Rundfunk-Sinfonieorchester der UdSSR)
Ariola-Eurodisc 200077–366

JOSEPH JOACHIM

Johann Sebastian Bach, Präludium g-Moll + *Johannes Brahms*, Ungarischer Tanz Nr. 1
Pearl GEMM 101*

OLEG KAGAN

Ludwig van Beethoven, Sonaten für Violine und Klavier a-Moll Nr. 4 op. 23, F-Dur Nr. 5 „Frühlings-Sonate" op. 24 (mit Svjatoslav Richter)
EMI His Master's Voice ASD 3295

LEONID KOGAN

Ludwig van Beethoven, Sonaten für Violine und Klavier D-Dur Nr. 1 op. 12,1, Es-Dur Nr. 3 op. 12,3 (mit Grigorij Ginsburg)
Ariola-Eurodisc Z 78433 K

Édouard Lalo, Symphonie espagnole d-Moll op. 21 (Kyrill Kondrashin: Philharmonia Orchestra, London)
EMI Angel S 35721

HERMAN KREBBERS

Ludwig van Beethoven, Konzert für Violine und Orchester D-Dur op. 61 (Bernard Haitink: Concertgebouw-Orchester, Amsterdam)
Philips Universo 6580115

Johannes Brahms, Konzert für Violine und Orchester D-Dur op. 77 (Bernard Haitink: Concertgebouw-Orchester, Amsterdam)
Philips Universo 6580087

Wolfgang Amadeus Mozart, Konzerte für Violine und Orchester D-Dur Nr. 2 KV 211, D-Dur Nr. 4 KV 218 (David Zinman: Niederländisches Kammerorchester)
Philips Universo 6580120

FRITZ KREISLER

Johann Sebastian Bach, Konzert für zwei Violinen und Streicher d-Moll BWV 1043 (mit Efrem Zimbalist) + *Wolfgang Amadeus Mozart*, Konzert für Violine und Orchester D-Dur Nr. 4 KV 218 (Landon Ronald: London Symphony Orchestra)
Pearl GEMM 132

Ludwig van Beethoven, Konzert für Violine und Orchester D-Dur op. 61 (John Barbirolli: London Philharmonic Orchestra)
EMI Angel COLH 11

Ludwig van Beethoven, Konzert für Violine und Orchester D-Dur op. 61 (Leo Blech: Orchester der Staatsoper Berlin)
EMI Electrola 1C 047–01243

Ludwig van Beethoven, Sonaten für Violine und Klavier F-Dur Nr. 5 „Frühlings-Sonate" op. 24, A-Dur Nr. 9 „Kreutzer-Sonate" op. 47 (mit Franz Rupp)
EMI Electrola 1C 049–00783

Ludwig van Beethoven, Sonate für Violine und Klavier G-Dur Nr. 8 op. 30,3 + *Edvard Grieg*, Sonate für Violine und Klavier c-Moll Nr. 3 op. 45 + *Franz Schubert*, Duo für Violine und Klavier A-Dur op. 162 D. 574 (mit Sergej Rachmaninow)
RCA ARM 30295

Johannes Brahms, Konzert für Violine und Orchester D-Dur op. 77 (John Barbirolli: London Philharmonic Orchestra)
EMI World Records SH 115

Fritz Kreisler, Caprice Viennois
Pearl GEMM 132

GIDON KREMER

Die Kunst des Gidon Kremer: Werke von *Bach, Barkauskas, Beethoven, Brahms, Chandoschkin, Dinicu, Ernst, Fibich, Fiser, Kreisler, Liszt, Mussorgski, Paganini, Schostakowitsch, Telemann, Tschaikowski* und *Vieuxtemps* (mit Oleg Maisenberg, Klavier)
Ariola-Eurodisc 300425–406 (2 LP)

Recital: Werke von *Chausson, Geminiani, Haydn, Kreisler, Locatelli, Paganini, Schtschedrin* und *Wieniawski* (mit Hermann Braun und Yuri Smirnow, Klavier)
Ariola-Eurodisc XC 88237 K (2 LP)

Johann Sebastian Bach, Partiten für Violine solo h-Moll Nr. 1 BWV 1002, d-Moll Nr. 2 BWV 1004, E-Dur Nr. 3 BWV 1006 + Sonaten für Violine solo g-Moll Nr. 1 BWV 1001, a-Moll Nr. 2 BWV 1003, C-Dur Nr. 3 BWV 1005
Philips 6769053 (3 LP)

Ludwig van Beethoven, Konzert für Violine und Orchester D-Dur op. 61 (Waldemar Nelsson: Moskauer Staatliche Philharmonie)
Ariola-Eurodisc K 89482 K

Leonard Bernstein, Serenade nach Plato: Symposium (mit Leonard Bernstein)
Deutsche Grammophon 2531196*

Johannes Brahms, Konzert für Violine und Orchester D-Dur op. 77 (Herbert von Karajan: Berliner Philharmoniker)
EMI Electrola 1C 065–02781

Alfred Schnittke, Preludio in memoriam D. Schostakowitsch für Violine und Tonband + *Dmitrij Schostakowitsch*, Sonate für Violine und Klavier op. 134 (mit Andrej Gawrilow)
Ariola-Eurodisc K 28752 K

Alfred Schnittke, Konzert für Violine und Kammerorchester Nr. 3 (Waldemar Nelsson: Philharmonisches Kammerensemble, Berlin) + *Karlheinz Stockhausen*, Tierkreis (Auszug: Nr. 1–3, 6, 7, 11 für Violine solo) + *Igor Strawinsky*, Die Geschichte vom Soldaten. Suite für Violine, Klarinette und Klavier (mit Karl Leister und Aloys Kontarsky) + Pastorale für Violine und vier Bläser (mit Karl Leister,

Günter Passin, Gerhard Stempnik und Henning Trog)
Ariola-Eurodisc 201234–405

Peter Tschaikowski, Konzert für Violine und Orchester D-Dur op. 35 + Sérénade mélancolique op. 26 (Lorin Maazel: Berliner Philharmoniker)
Deutsche Grammophon 2532001

Eugène Ysaye, Sonaten für Violine solo op. 27
Ariola-Eurodisc M 27264 K

JAN KUBELIK

Zdenko Fibich, Poème op. 41,6 + *Niccolò Paganini*, Moto perpetuo op. 11 + *Pablo de Sarasate*, Tarantella + *Henri Wieniawski* Scherzo-Tarantelle op. 16
Pearl GEMM 102*

GEORG KULENKAMPFF

Sammelprogramm: Werke von *Brahms, Bruch, Schubert, Spohr, Svendsen* und anderen
Master of the Bow Vol. I MB 1015

Antonín Dvořák, Konzert für Violine und Orchester a-Moll op. 53 (Eugen Jochum: Berliner Philharmoniker)
Telefunken 6.41978 AJ

Peter Tschaikowski, Konzert für Violine und Orchester D-Dur op. 35 (Arthur Rother: Orchester des Opernhauses, Berlin)
Telefunken 6.41978 AJ

REGINALD LEOPOLD

An Evening at the Palm Courts Vol. 1
und 2 (mit Jack Byrfield, Klavier, und
Reginald Kilby, Violoncello)
EMI His Master's Voice CSD 1621,
3566

ALAN LOVEDAY

Antonio Vivaldi, Die vier Jahreszeiten
op. 8,1–4 (Neville Marriner: Academy
of St. Martin-in-the-Fields)
Argo ZRG 654

ALBERT MARKOW

Niccolò Paganini, Konzert für Violine
und Orchester D-Dur Nr. 1 op. 6 +
Werke von *Corelli/Kreisler, de Falla,
Kreisler* und *Paganini* (Gennadij Roshdestwenski: Moskauer Rundfunkorchester)
Gershunoff M 101 A

EDUARD MELKUS

Johann Sebastian Bach, Konzerte für
Violine und Streicher a-Moll Nr. 1
BWV 1041, E-Dur Nr. 2 BWV 1042 +
Konzert für zwei Violinen und Strei-
cher d-Moll BWV 1043 (mit Spiros
Rantos; Capella Academica, Wien)
Deutsche Grammophon Archiv Pro-
duktion 2533075

Heinrich Ignaz Franz Biber, Rosen-
kranz-Sonaten (mit Huguette Dreyfus,
Cembalo, Lionell Rogg, Orgel, Karl
Scheit, Laute, Gerald Sonneck, Vio-

loncello und Gambe, Alfred Planyav-
sky, Violone, und Hans-Jürg Lange,
Barockfagott)
Deutsche Grammophon Archiv Produktion 2708012 (2 LP)

Arcangelo Corelli, Sonaten für Violine
und Basso continuo op. 5,1–3,
op. 5,7–9 (mit Huguette Dreyfus,
Cembalo, Garo Atmacayan, Violoncello, und Karl Scheit, Laute)
Deutsche Grammophon Archiv Produktion 2533132

Arcangelo Corelli, Sonaten für Violine
und Basso continuo op. 5,4–6,
op. 5,10–12 (mit Huguette Dreyfus,
Cembalo, und Garo Atmacayan, Violoncello)
Deutsche Grammophon Archiv Produktion 2533133

YEHUDI MENUHIN

Johann Sebastian Bach, Konzerte für
Violine und Streicher a-Moll Nr. 1
BWV 1041, E-Dur Nr. 2 BWV 1042 +
Konzert für zwei Violinen und Strei-
cher d-Moll BWV 1043 (mit Christian
Ferras; Yehudi Menuhin: Bath Festival
Orchestra) + *Ludwig van Beethoven*,
Konzert für Violine und Orchester
D-Dur op. 61 (Otto Klemperer: New
Philharmonia Orchestra, London) +
Johannes Brahms, Konzert für Violine
und Orchester D-Dur op. 77 + *Max
Bruch*, Konzert für Violine und Orche-
ster g-Moll op. 26 (Rudolf Kempe:
Berliner Philharmoniker) + *Felix Men-
delssohn-Bartholdy*, Konzert für Violi-
ne und Orchester e-Moll op. 64 (Ef-
rem Kurtz: Philharmonia Orchestra,
London) + *Wolfgang Amadeus Mo-*

zart, Konzerte für Violine und Orchester G-Dur Nr. 3 KV 216, A-Dur Nr. 5 KV219 (Yehudi Menuhin: Bath Festival Orchestra)
EMI Electrola 1C 127–53644/48 (5 LP)

Ludwig van Beethoven, Sonaten für Violine und Klavier F-Dur Nr. 5 „Frühlings-Sonate" op. 24, A-Dur Nr. 9 „Kreutzer-Sonate" op. 47 (mit Hephzibah Menuhin)
EMI Electrola 1C 037–00170

Georges Enesco, Sonate für Violine und Klavier a-Moll Nr. 3 op. 25 (mit Hephzibah Menuhin)
EMI Electrola 1C 061–00312*

Giovanni Battista Viotti, Konzerte für Violine und Orchester e-Moll Nr. 16, a-Moll Nr. 22 (Yehudi Menuhin: Menuhin Festival Orchestra)
EMI Electrola 1C 063–02895

Malcolm Williamson, Konzert für Violine und Orchester (Adrian Boult: London Philharmonic Orchestra)
EMI His Master's Voice SLS 5085

Fascinatin' Rhythm (mit Stephane Grappelli)
EMI Electrola 1C 061–02690

Jalousie (mit Stephane Grappelli)
EMI SHZE 407

STOIKA MILANOWA

Pipkow, Sonate für Violine solo Nr. 2 op. 73 + *Serge Prokofjew*, Melodien op. 35 + *Camille Saint-Saëns*, Etüde op. 52,6 + *Franz Schubert*, Sonatine

für Violine und Klavier a-Moll op. 137,2 D. 385
United Artists UACL 10009

NATHAN MILSTEIN

Johann Sebastian Bach, Partiten für Violine solo h-Moll Nr. 1 BWV 1002, d-Moll Nr. 2 BWV 1004, E-Dur Nr. 3 BWV 1006 + Sonaten für Violine solo g-Moll Nr. 1 BWV 1001, a-Moll Nr. 2 BWV 1003, C-Dur Nr. 3 BWV 1005
Deutsche Grammophon 2709047 (3 LP); EMI Electrola 1C 187–81814/15 (2 LP)

Ludwig van Beethoven, Konzert für Violine und Orchester D-Dur op. 61 (William Steinberg: Pittsburgh Symphony Orchestra)
EMI MFP 2098

Ludwig van Beethoven, Romanzen für Violine und Orchester G-Dur Nr. 1 op. 40, F-Dur Nr. 2 op. 50 (Nathan Milstein: Philharmonia Orchestra, London) + *Karl Goldmark*, Konzert für Violine und Orchester a-Moll (Harry Blech: Philharmonia Orchestra, London)
EMI Seraphim 60238

Johannes Brahms, Konzert für Violine und Orchester D-Dur op. 77 (Eugen Jochum: Wiener Philharmoniker)
Deutsche Grammophon 2530592

Felix Mendelssohn-Bartholdy, Konzert für Violine und Orchester e-Moll op. 64 + *Peter Tschaikowski*, Konzert für Violine und Orchester D-Dur op. 35 (Claudio Abbado: Wiener Philharmoniker)
Deutsche Grammophon 2530359

Serge Prokofjew, Konzert für Violine und Orchester D-Dur Nr. 1 op. 19 (Carlo Maria Giulini: Philharmonia Orchestra, London) + Konzert für Violine und Orchester g-Moll Nr. 2 op. 63 (Rafael Frühbeck de Burgos: Philharmonia Orchestra, London)
EMI His Master's Voice SXLP 30235

SONYA MONOSOFF

Francesco Geminiani, Sonaten für Violine und Basso continuo d-Moll op. 1,2, E-Dur op. 1,10, D-Dur op. 4,1, h-Moll op. 4,11 (mit James Weaver, Cembalo, und Judith Davidoff, Violoncello)
Musical Heritage Series MHS 3744

LYDIA MORDKOVICH

Maurice Ravel, Sonate für Violine und Klavier g-Moll (mit Allen Sternfield)
RCA RL 25166

ERICA MORINI

Max Bruch, Konzert für Violine und Orchester g-Moll Nr. 1 op. 26 + *Alexander Glasunow*, Konzert für Violine und Orchester a-Moll op. 82 (Ferenc Fricsay: Rundfunk-Sinfonieorchester Berlin)
Deutsche Grammophon Heliodor 2548170

Peter Tschaikowski, Konzert für Violine und Orchester D-Dur op. 35 (Artur

Rodzinski: London Philharmonic Orchestra)
EMI His Master's Voice Concert Classics SXLP 20053

ANNE-SOPHIE MUTTER

Ludwig van Beethoven, Konzert für Violine und Orchester D-Dur op. 61 (Herbert von Karajan: Berliner Philharmoniker)
Deutsche Grammophon 2531250

Max Bruch, Konzert für Violine und Orchester g-Moll Nr. 1 op. 26 + *Felix Mendelssohn-Bartholdy*, Konzert für Violine und Orchester e-Moll op. 64 (Herbert von Karajan: Berliner Philharmoniker)
Deutsche Grammophon 2532016

Wolfgang Amadeus Mozart, Konzerte für Violine und Orchester G-Dur Nr. 3 KV 216, A-Dur Nr. 5 KV 219 (Herbert von Karajan: Berliner Philharmoniker)
Deutsche Grammophon 2531049

GINETTE NEVEU

Johannes Brahms, Konzert für Violine und Orchester D-Dur op. 77 (Issay Dobrowen: Philharmonia Orchestra, London)
EMI His Master's Voice SLS

Jean Sibelius, Konzert für Violine und Orchester d-Moll op. 47 (Walter Susskind: Philharmonia Orchestra, London) + *Josef Suk*, Vier Stücke für Violine und Klavier op. 17 (mit Jean Neveu)
EMI His Master's Voice

DAVID OISTRACH

Ein Vermächtnis 1: Werke von *Bach, Bartók, Beethoven, Brahms, Chausson, Dvořák, Glasunow, Hindemith, Khachaturian, Mendelssohn-Bartholdy, Mozart, Prokofjew, Ravel, Schostakowitsch, Sibelius, Szymanowski, Tschaikowski* und *Viotti* (mit verschiedenen Solisten, Dirigenten und Orchestern)
Ariola-Eurodisc XP 88665 K (14 LP)

Ein Vermächtnis 2: Werke von *Bach, Bartók, Beethoven, Brahms, Haydn, Janáček, Leclair, Mozart, Prokofjew, Sarasate, Schostakowitsch, Schubert, Suk, Szymanowski, Tartini, Vieuxtemps, Wieniawski* und *Ysaye* (mit Peter Bondarenko und Igor Oistrach, Violine, Michail Terian, Viola, Svjatoslav Knushewitzky, Violoncello, Paul Badura-Skoda, Frieda Bauer, Lev Oborin, Svjatoslav Richter und Wladimir Yampolski, Klavier)
Ariola-Eurodisc XR 27315 K (8 LP)

Johann Sebastian Bach, Konzerte für Violine und Streicher a-Moll Nr. 1 BWV 1041, E-Dur Nr. 2 BWV 1042 (David Oistrach: Wiener Symphoniker) + *Ludwig van Beethoven,* Romanzen für Violine und Orchester G-Dur Nr. 1 op. 40, F-Dur Nr. 2 op. 50 (Eugene Goossens: Royal Philharmonic Orchestra, London)
Deutsche Grammophon Resonance 2535109

Béla Bartók, Sonate für Violine und Klavier Nr. 1 Sz 75 (mit Svjatoslav Richter)
Ariola-Eurodisc M 87955 K*

Ludwig van Beethoven, Sonaten für Violine und Klavier A-Dur Nr. 2 op. 12,2, G-Dur Nr. 10 op. 96 (mit Lew Oborin)
Philips 835151 AY

Johannes Brahms, Konzert für Violine und Orchester D-Dur op. 77 (George Szell: Cleveland Orchestra)
Ariola-Eurodisc M 80184 K

Johannes Brahms, Konzert für Violine, Violoncello und Orchester a-Moll op. 102 (mit Mstislav Rostropowitsch; George Szell: Cleveland Orchestra)
EMI Electrola 1C 065–02009

Johannes Brahms, Sonate für Violine und Klavier G-Dur Nr. 1 op. 78 (mit Frieda Bauer) + Sonaten für Violine und Klavier A-Dur Nr. 2 op. 100, d-Moll Nr. 3 op. 108 + *César Franck,* Sonate für Violine und Klavier A-Dur (mit Svjatoslav Richter)
Ariola-Eurodisc 300609–420 (2 LP)

Max Bruch, Schottische Fantasie op. 46 (Jascha Horenstein: London Symphony Orchestra) + *Paul Hindemith,* Konzert für Violine und Orchester (Paul Hindemith: London Symphony Orchestra)
Decca SXL 6035

Antonín Dvořák, Trio für Klavier, Violine und Violoncello f-Moll Nr. 3 op. 65 (mit Lev Oborin und Svjatoslav Knushewitzky)
Ariola-Eurodisc Z 78417 K

Antonín Dvořák, Trio für Klavier, Violine und Violoncello e-Moll Nr. 4

„Dumky-Trio" op. 90 (mit Lev Oborin und Svjatoslav Knushewitzky)
Ariola-Eurodisc Z 78417 K

Serge Prokofjew, Konzert für Violine und Orchester g-Moll Nr. 2 op. 63 (Alceo Galliera: Philharmonia Orchestra, London)
EMI His Master's Voice SXLP 30155*

Dmitrij Schostakowitsch, Konzert für Violine und Orchester a-Moll op. 99 (Jewgenij Mrawinskij: Leningrader Philharmonie)
Ariola-Eurodisc Z 79829 K

Igor Strawinsky, Konzert für Violine und Orchester D-Dur (Bernard Haitink: Orchestre Lamoureux, Paris)
Philips Universo 6580003

Karol Szymanowski, Konzert für Violine und Orchester Nr. 1 op. 35 (Kurt Sanderling: Leningrader Philharmonie)
EMI His Master's Voice SLS 5058

Eugène Ysaye, Sonate für Violine solo d-Moll op. 27,3
Ultraphon E 23327

IGOR OISTRACH

Ernest Chausson, Poème Es-Dur op. 25 (Gennadij Roshdestwenski: Moskauer Rundfunkorchester)
EMI His Master's Voice ASD 2813*

Wolfgang Amadeus Mozart, Sonaten für Violine und Klavier C-Dur KV 296, G-Dur KV 301, Es-Dur KV 302, C-Dur KV 303, e-Moll KV 304, A-Dur KV 305, D-Dur KV 306, F-Dur KV 376, F-Dur KV 377, B-Dur KV 378, G-Dur KV 379, Es-Dur KV 380, B-Dur KV 454, Es-Dur KV 481, A-Dur KV 526, F-Dur KV 547 (mit Natalia Serzalowa)
Ariola-Eurodisc 301098–445 (5 LP)

ITZHAK PERLMAN

Johann Sebastian Bach, Konzert für Violine und Streicher E-Dur Nr. 2 BWV 1042 + Konzert für zwei Violinen und Streicher d-Moll BWV 1043 (mit Pinchas Zukerman; Daniel Barenboim: English Chamber Orchestra)
EMI Electrola 1C 065–02236*

Béla Bartók, Konzert für Violine und Orchester Nr. 2 Sz 112 (André Previn: London Symphony Orchestra)
EMI Electrola 1C 063–02518

Ludwig van Beethoven, Sämtliche Sonaten für Violine und Klavier (mit Vladimir Ashkenazy)
Decca 6.35354 FX (5 LP)

Max Bruch, Konzert für Violine und Orchester d-Moll Nr. 2 op. 44 + Schottische Fantasie op. 46 (Jesus Lopez-Cobos: New Philharmonia Orchestra, London)
EMI Electrola 1C 063–02804

Max Bruch, Konzert für Violine und Orchester g-Moll Nr. 1 op. 26 (André Previn: London Symphony Orchestra) + *Antonín Dvořák*, Konzert für Violine und Orchester a-Moll op. 53 + Romanze für Violine und Orchester f-Moll op. 11 (Daniel Barenboim: Philharmonia Orchestra, London) + *Felix Mendelssohn-Bartholdy*, Konzert

für Violine und Orchester e-Moll
op. 64 (André Previn: London Symphony Orchestra) + *Niccolò Paganini*,
Konzert für Violine und Orchester
D-Dur Nr. 1 op. 6 + *Pablo de Sarasate*, Carmen-Fantasie op. 25 (Lawrence
Foster: Royal Philharmonic Orchestra, London)
EMI Electrola 1C 197–52796/98 (3 LP)

Niccolò Paganini, Capricen für Violine
solo op. 1
EMI Electrola 1C 063–02264

Antonio Vivaldi, Die vier Jahreszeiten
op. 8,1–4 (Itzhak Perlman: London
Philharmonic Orchestra)
EMI Electrola 1C 063–02803

Henri Wieniawski, Konzerte für Violine und Orchester fis-Moll Nr. 1
op. 14, d-Moll Nr. 2 op. 22 (Seiji
Ozawa: London Philharmonic Orchestra)
EMI Electrola 1C 063–02360

MAUD POWELL

Ludwig van Beethoven, Menuett
G-Dur
Pearl GEMM 101*

VÁŠA PŘÍHODA

Antonín Dvořák, Konzert für Violine
und Orchester a-Moll op. 53
Master of the Bow MB 1028 (in Vorbereitung)

Antonín Dvořák, Slawischer Tanz +
Strauss/Příhoda, Rosenkavalier-Walzer + *Giuseppe Tartini*, Sonate für Vio-

line und Basso continuo g-Moll „Teufelstriller-Sonate" op. 1,4 + *Tommaso
Antonio Vitali*, Ciacona für Violine
und Basso continuo g-Moll (mit
Orlovetsky, Klavier, und anderen)
Cetra LPU 0053

*Kreisler, Paganini, Sarasate, Tartini,
Toselli* und andere
Master of the Bow MB 1004

Giovanni Battista Viotti, Sinfonia concertante für zwei Violinen und Orchester (mit Novello; Gerelli: Orchester
der RAI, Turin)
Cetra LPU 0059

RUGGIERO RICCI

Max Bruch, Konzert für Violine und
Orchester g-Moll Nr. 1 op. 26 + *Felix
Mendelssohn-Bartholdy*, Konzert für
Violine und Orchester e-Moll op. 64
(Pierino Gamba: London Symphony
Orchestra)
Decca 6.42222 AH

Aram Khachaturian, Konzert für Violine und Orchester d-Moll (Anatole
Fistoulari: Philharmonia Orchestra,
London)
Fono Turnabout 34519

Felix Mendelssohn-Bartholdy, Konzert
für Violine und Orchester e-Moll
op. 64 + *Peter Tschaikowski*, Konzert
für Violine und Orchester D-Dur
op. 35 (Jean Fournet: Niederländisches Philharmonisches Rundfunkorchester)
Decca 6.42713 BA

Niccolò Paganini, Capricen für Violine solo op. 1
Fono Turnabout 34528

Camille Saint-Saëns, Havanaise op. 83 + Introduktion und Rondo capriccioso op. 28 + *Pablo de Sarasate,* Carmen-Fantasie op. 25 + Zigeunerweisen op. 20,1 (Pierino Gamba: London Symphony Orchestra)
Decca 6.41971 AN

AARON RONSAND

Georges Enesco, Prélude für Violine solo op. 9 + *Jenö Hubay,* Hejre Kati op. 32 (Louis de Froment: Orchester von Radio Luxemburg) + *Joseph Joachim,* Konzert für Violine und Orchester d-Moll op. 11 (Siegfried Köhler: Orchester von Radio Luxemburg)
Fono Candide 31064

ALBERT SAMMONS

Frederick Delius, Konzert für Violine und Orchester (Malcolm Sargent: Liverpool Philharmonic Orchestra)
EMI World Records SH 224

Edward Elgar, Konzert für Violine und Orchester h-Moll op. 61 (Henry Wood: New Queen's Hall Orchestra)
EMI World Records SH 288

PABLO DE SARASATE

Pablo de Sarasate, Introduktion und Tarantella op. 43 + Spanischer Tanz op. 23,2 + Zigeunerweisen op. 20,1
Pearl GEMM 101*

WOLFGANG SCHNEIDERHAN

Ludwig van Beethoven, Konzert für Violine und Orchester D-Dur op. 61 (Wilhelm Furtwängler: Berliner Philharmoniker)
Deutsche Grammophon Resonance 2535809

Ludwig van Beethoven, Konzert für Violine und Orchester D-Dur op. 61 (Eugen Jochum: Berliner Philharmoniker)
Deutsche Grammophon Resonance 2535120

Johannes Brahms, Konzert für Violine und Orchester D-Dur op. 77 (Karl Böhm: Sächsische Staatskapelle, Dresden)
EMI Electrola 1C 137–53505/07 (3 LP)*

Wolfgang Amadeus Mozart, Adagio für Violine und Orchester E-Dur KV 261 + Konzerte für Violine und Orchester B-Dur Nr. 1 KV 207, D-Dur Nr. 2 KV 211, G-Dur Nr. 3 KV 216, D-Dur Nr. 4 KV 218, A-Dur Nr. 5 KV 219 + Rondos für Violine und Orchester B-Dur Nr. 1 KV 269, C-Dur Nr. 2 KV 373 (Wolfgang Schneiderhan: Berliner Philharmoniker)
Deutsche Grammophon 2740116

DMITRY SITKOVETSKY

Johann Sebastian Bach, Sonate für Violine solo a-Moll Nr. 2 BWV 1003 +

Niccolò Paganini, Caprice für Violine solo a-Moll op. 1,24 „La Campanella" + *Serge Prokofjew*, Sonate für Violine und Klavier f-Moll Nr. 1 op. 80 (mit Ralf Gothoni)
Deutsche Grammophon Resonance 2535017

EDDIE SOUTH

Continental Story
Storyville SLP 1003

WLADIMIR SPIWAKOW

Johannes Brahms, Ungarische Tänze d-Moll Nr. 2, D-Dur Nr. 6, e-Moll Nr. 9, f-Moll Nr. 16 + *Niccolò Paganini*, Cantabile D-Dur op. 17 + Le streghe op. 8 + *Franz Schubert*, Sonatine für Violine und Klavier a-Moll Nr. 2 op. 137,2 D. 385 (mit Boris Bechterew)
EMI Electrola 1C 063–03582

Wolfgang Amadeus Mozart, Konzerte für Violine und Orchester D-Dur Nr. 2 KV 211, A-Dur Nr. 5 KV 219 (Wladimir Spiwakow: English Chamber Orchestra)
EMI Electrola 1C 063–03478

Wolfgang Amadeus Mozart, Konzert für Violine und Orchester G-Dur Nr. 3 KV 216 + Sinfonia concertante für Violine, Viola und Orchester Es-Dur KV 364 (mit Juri Baschmet; Wladimir Spiwakow: English Chamber Orchestra)
EMI Electrola 1C 063–03813

ISAAC STERN

Béla Bartók, Sonaten für Violine und Klavier Nr. 1 Sz 75, Nr. 2 Sz 76 (mit Alexander Zakin)
CBS 72972

Ludwig van Beethoven, Konzert für Violine und Orchester D-Dur op. 61 (Leonard Bernstein: New York Philharmonic)
CBS 61941

Johannes Brahms, Konzert für Violine und Orchester D-Dur op. 77 (Eugene Ormandy: Philadelphia Orchestra)
CBS 61325

Ernest Chausson, Poème Es-Dur op. 25 + *Camille Saint-Saëns*, Konzert für Violine und Orchester h-Moll Nr. 3 op. 61 (Daniel Barenboim: Orchestre de Paris)
CBS 76530

Claude Debussy, Sonate für Violine und Klavier g-Moll + *César Franck*, Sonate für Violine und Klavier A-Dur (mit Alexander Zakin)
CBS 61864

Felix Mendelssohn-Bartholdy, Konzert für Violine und Orchester e-Moll op. 64 + *Peter Tschaikowski*, Konzert für Violine und Orchester D-Dur op. 35 (Eugene Ormandy: Philadelphia Orchestra)
CBS 61942

Wolfgang Amadeus Mozart, Sinfonia concertante für Violine, Viola und Orchester Es-Dur KV 364 + *Karl Stamitz*, Sinfonia concertante für Violine, Viola und Orchester D-Dur (mit Pin-

chas Zukerman, Viola; Daniel Barenboim: English Chamber Orchestra)
CBS 73030

Serge Prokofjew, Konzerte für Violine und Orchester D-Dur Nr. 1 op. 19, g-Moll Nr. 2 op. 63 (Eugene Ormandy: Philadelphia Orchestra)
CBS 61796

JOSEF SUK

Ludwig van Beethoven, Konzert für Violine und Orchester D-Dur op. 61 (Adrian Boult: New Philharmonia Orchestra, London)
EMI Electrola 1C 037–02120*

Ludwig van Beethoven, Sämtliche Sonaten für Violine und Klavier (mit Jan Panenka)
Ariola-Eurodisc XG 80193 K (5 LP)

Ludwig van Beethoven, Trios für Klavier, Violine und Violoncello c-Moll Nr. 3 op. 1,3, D-Dur Nr. 5 „Geister-Trio" op. 70,1 (mit Jan Panenka und Josef Chuchro)
Ariola-Eurodisc H 25944 K

Ludwig van Beethoven, Romanze für Violine und Orchester F-Dur Nr. 2 op. 50 + *Hector Berlioz*, Rêverie et Caprice op. 8 + *Zdenko Fibich*, Romanze für Violine und Orchester B-Dur op. 10 + *Johan Severin Svendsen*, Romanze für Violine und Orchester G-Dur op. 26 + *Peter Tschaikowski*, Sérénade mélancolique op. 26 + *Henri Wieniawski*, Konzert für Violine und Orchester d-Moll Nr. 2

op. 22: 2. Satz (Vaclav Smetaček: Prager Symphonieorchester)
Ariola-Eurodisc K 26004 K

Ludwig van Beethoven, Romanzen für Violine und Orchester G-Dur Nr. 1 op. 40, F-Dur Nr. 2 op. 50 + *Wolfgang Amadeus Mozart*, Adagio für Violine und Orchester E-Dur KV 261 + Rondo für Violine und Orchester C-Dur Nr. 2 KV 373 + *Franz Schubert*, Rondo für Violine und Streicher A-Dur D. 438 (Neville Marriner: Academy of St. Martin-in-the-Fields)
EMI Electrola 1C 037–02096

Hector Berlioz, Harold in Italien. Symphonie mit obligater Viola op. 16 (Dietrich Fischer-Dieskau: Tschechische Philharmonie, Prag)
Ariola-Eurodisc K 27970 K

Johannes Brahms, Konzert für Violine, Violoncello und Orchester a-Moll op. 102 (mit André Navarra; Karel Ančerl: Tschechische Philharmonie, Prag)
Supraphon SV 8121 G

Antonín Dvořák, Konzert für Violine und Orchester a-Moll op. 53 + Romanze für Violine und Orchester f-Moll op. 11 (Karel Ančerl: Tschechische Philharmonie, Prag)
Ariola-Eurodisc 200453–250

Wolfgang Amadeus Mozart, Concertone für zwei Violinen und Orchester C-Dur KV 190 (mit Vaclav Snitil) + Konzert für Violine und Orchester D-Dur Nr. 7 KV 271a (Libor Hlaváček: Kammerorchester Prag)
Ariola-Eurodisc K 87655 K

Wolfgang Amadeus Mozart, Konzerte für Violine und Orchester B-Dur Nr. 1 KV 207, D-Dur Nr. 2 KV 211 (Libor Hlaváček: Kammerorchester Prag)
Ariola-Eurodisc K 87652 K

Wolfgang Amadeus Mozart, Konzerte für Violine und Orchester G-Dur Nr. 3 KV 216, D-Dur Nr. 4 KV 218 (Libor Hlaváček: Kammerorchester Prag)
Ariola-Eurodisc K 87653 K

Wolfgang Amadeus Mozart, Konzerte für Violine und Orchester A-Dur Nr. 5 KV 219, Es-Dur Nr. 6 KV 268 (Libor Hlaváček: Kammerorchester Prag)
Ariola-Eurodisc K 87654 K

Franz Schubert, Notturno für Klavier, Violine und Violoncello Es-Dur op. 148 D. 897 + Trio für Klavier, Violine und Violoncello B-Dur Nr. 1 op. 99 D. 898 (mit Jan Panenka und Josef Chuchro)
Ariola-Eurodisc K 28376 K

HENRYK SZERYNG

Johann Sebastian Bach, Partiten für Violine solo h-Moll Nr. 1 BWV 1002, d-Moll Nr. 2 BWV 1004, E-Dur Nr. 3 BWV 1006 + Sonaten für Violine solo g-Moll Nr. 1 BWV 1001, a-Moll Nr. 2 BWV 1003, C-Dur Nr. 3 BWV 1005
EMI Electrola 1C 147–28561/63 (3 LP); Deutsche Grammophon 2709028 (3 LP)

Ludwig van Beethoven, Sonaten für Violine und Klavier D-Dur Nr. 1 op. 12,1, A-Dur Nr. 2 op. 12,2, Es-Dur Nr. 3 op. 12,3, F-Dur Nr. 5 „Frühlings-Sonate" op. 24, G-Dur Nr. 8 op. 30,3, A-Dur Nr. 9 „Kreutzer-Sonate" op. 47 (mit Arthur Rubinstein)
RCA 26.35053 EK (3 LP)

Johannes Brahms, Konzert für Violine und Orchester D-Dur op. 77 (Pierre Monteux: London Symphony Orchestra)
RCA 26.41166 AF

Niccolò Paganini, Konzert für Violine und Orchester E-Dur Nr. 3 (Alexander Gibson: London Symphony Orchestra)
Philips 6500175

Giuseppe Tartini, Sonate für Violine und Basso continuo g-Moll „Teufelstriller-Sonate" op. 1,4 (mit Fritz Reiner, Klavier) + *Peter Tschaikowski*, Konzert für Violine und Orchester D-Dur op. 35 (Charles Munch: Boston Symphony Orchestra)
RCA 26.41168 AG

JOSEPH SZIGETI

Johann Sebastian Bach, Konzert für zwei Violinen und Streicher d-Moll BWV 1043 (mit Carl Flesch; Dirigent: Walter Goehr)
EMI His Master's Voice HQM 1127

Ernest Bloch, Konzert für Violine und Orchester a-Moll (Charles Munch: Conservatoire-Orchester, Paris)
Vox Turnabout THS 65007

JACQUES THIBAUD

Ludwig van Beethoven, Trio für Klavier, Violine und Violoncello B-Dur Nr. 7 „Erzherzog-Trio" op. 97 (mit Alfred Cortot und Pablo Casals)
EMI Electrola 1C 047–00857

Joseph Haydn, Trio für Klavier, Violine und Violoncello G-Dur Nr. 25 „Zigeuner-Trio" Hob. XV,25 + *Franz Schubert*, Trio für Klavier, Violine und Violoncello B-Dur Nr. 1 op. 99 D. 898 (mit Alfred Cortot und Pablo Casals)
EMI Electrola 1C 047–01148

Felix Mendelssohn-Bartholdy, Trio für Klavier, Violine und Violoncello d-Moll Nr. 1 op. 49 + *Robert Schumann*, Trio für Klavier, Violine und Violoncello d-Moll Nr. 1 op. 63 (mit Alfred Cortot und Pablo Casals)
EMI Electrola 1C 049–01808

VICTOR TRETJAKOW

Niccolò Paganini, Konzert für Violine und Orchester D-Dur Nr. 1 op. 6 (Nesme Jarwi: Moskauer Staatliche Philharmonie) + I Palpiti op. 13 (mit Ludmilla Kurakowa, Klavier)
Ariola-Eurodisc 200455–250

Niccolò Paganini, Konzert für Violine und Orchester D-Dur Nr. 1 op. 6 + *Peter Tschaikowski*, Konzert für Violine und Orchester D-Dur op. 35 (Nesme Jarwi: Moskauer Staatliche Philharmonie) + *Jean Sibelius*, Konzert für Violine und Orchester d-Moll op. 47 (Alexander Dmitrijew: Staatliches Akademisches Sinfonieorchester der UdSSR)
Ariola-Eurodisc XC 89289 K (2 LP)

Serge Prokofjew, Sonaten für Violine und Klavier f-Moll Nr. 1 op. 80, D-Dur Nr. 2 op. 94a (mit Michail Jerochin)
Ariola-Eurodisc K 28754 K

TIBOR VARGA

Béla Bartók, Konzert für Violine und Orchester Nr. 2 Sz 112 (Ferenc Fricsay: Berliner Philharmoniker)
Deutsche Grammophon Resonance 2535704*

JOE VENUTI

Joe Venuti and his Orchestra 1934
Decca London HMG 5023

EUGÈNE YSAYE

Felix Mendelssohn-Bartholdy, Konzert für Violine und Orchester e-Moll op. 64 (Auszüge) + *Henri Vieuxtemps*, Rondino op. 32 + *Henri Wieniawski*, Mazurkas op. 19
Pearl GEMM 101*

EFREM ZIMBALIST

Johann Sebastian Bach, Konzert für zwei Violinen und Streicher d-Moll BWV 1043 (mit Fritz Kreisler; Landon Ronald: London Symphony Orchestra)
Pearl GEMM 132*

PINCHAS ZUKERMAN

Johann Sebastian Bach, Konzert für Violine und Streicher g-Moll (nach

dem Cembalokonzert BWV 1056) + Konzert für zwei Violinen und Streicher d-Moll BWV 1043 (mit Itzhak Perlman; Daniel Barenboim: English Chamber Orchestra)
EMI Electrola 1C 065–02236*

Edward Elgar, Konzert für Violine und Orchester h-Moll op. 61 (Daniel Barenboim: London Philharmonic Orchestra)
CBS 76528

Felix Mendelssohn-Bartholdy, Konzert für Violine und Orchester e-Moll op. 64 (Leonard Bernstein: New York Philharmonic) + *Peter Tschaikowski*, Konzert für Violine und Orchester D-Dur op. 35 (Antal Dorati: London Symphony Orchestra)
CBS 72768

AEOLIAN QUARTET

Ludwig van Beethoven, Streichquartette Es-Dur Nr. 12 op. 127, B-Dur Nr. 13 op. 130, cis-Moll Nr. 14 op. 131, a-Moll Nr. 15 op. 132, F-Dur Nr. 16 op. 135 + Große Fuge B-Dur op. 133
Decca 6.35482 FK (4 LP)

Joseph Haydn, Sämtliche Streichquartette
London STS 15325/48, 15447/58

ALLEGRI-QUARTETT

Benjamin Britten, Streichquartette D-Dur Nr. 1 op. 25, C-Dur Nr. 2 op. 36
Decca SXL 6564

Wolfgang Amadeus Mozart, Streichquartette B-Dur Nr. 17 „Jagd-Quartett" KV 458, C-Dur Nr. 19 „Dissonanzen-Quartett" KV 465
EMI Gloria 1C 045–91168

AMADEUS-QUARTETT

Ludwig van Beethoven, Quartette für Klavier und Streicher Es-Dur Nr. 1 WoO 36,1, D-Dur Nr. 2 WoO 36,2, C-Dur Nr. 3 WoO 36,3 (mit Christoph Eschenbach)
Deutsche Grammophon Resonance 2535174

Ludwig van Beethoven, Sämtliche Streichquartette + Große Fuge B-Dur op. 133
Deutsche Grammophon 2721071 (10 LP)

Benjamin Britten, Streichquartette
C-Dur Nr. 2 op. 36, Nr. 3 op. 94
Decca SXL 6893

BORODIN-QUARTETT

Dmitrij Schostakowitsch, Streichquartette Nr. 1–13
EMI Seraphim 6034/35 (6 LP)

BUDAPESTER STREICHQUARTETT

Ludwig van Beethoven, Streichquartett Es-Dur Nr. 12 op. 127
CBS SBRG 72100

Ludwig van Beethoven, Streichquintett C-Dur Nr. 2 op. 29 + *Antonín Dvořák,* Streichquintett Es-Dur Nr. 2 op. 97 (mit Walter Trampler, Viola)
CBS 61775

Johannes Brahms, Streichquartette c-Moll Nr. 1 op. 51,1, a-Moll Nr. 2 op. 51,2
CBS 61404

Johannes Brahms, Streichquartett B-Dur Nr. 3 op. 67 + *Robert Schumann,* Quintett für Klavier und Streicher Es-Dur op. 44 (mit Rudolf Serkin)
CBS 61406

BUSCH-QUARTETT

Ludwig van Beethoven, Streichquartette F-Dur Nr. 1 op. 18,1, C-Dur Nr. 9 „Rasumowsky-Quartett Nr. 3" op. 59,3, f-Moll Nr. 11 op. 95
EMI Electrola 1C 181–01822/23 (2 LP)*

Ludwig van Beethoven, Streichquartette Es-Dur Nr. 12 op. 127, cis-Moll Nr. 14 op. 131, a-Moll Nr. 15 op. 132, F-Dur Nr. 16 op. 135
EMI Electrola 1C 147–01668/70 (3 LP)

Ludwig van Beethoven, Streichquartett B-Dur Nr. 13 op. 130
CBS 61664

Johannes Brahms, Quartette für Klavier und Streicher g-Moll Nr. 1 op. 25, A-Dur Nr. 2 op. 26 (mit Rudolf Serkin)
EMI Electrola 1C 147–01555/56 (2 LP)

Johannes Brahms, Quintett für Klavier und Streicher f-Moll op. 34 (mit Rudolf Serkin)
Vox Turnabout THS 65061

Franz Schubert, Streichquartett d-Moll Nr. 14 „Der Tod und das Mädchen" D. 810
EMI Electrola 1C 047–01374

CHILINGIRIAN QUARTET

Erich Wolfgang Korngold, Streichquartette A-Dur Nr. 1, D-Dur Nr. 3
RCA RL 25097

GABRIELI-QUARTETT

Benjamin Britten, Phantasie-Quartett op. 2 (mit J. Craxton, Oboe) + Streichquartett D-Dur Nr. 1 op. 25
Decca Ace of Diamonds SDD 497*

Antonín Dvořák, Streichquartette
Es-Dur op. 51, As-Dur op. 105
Decca Ace of Diamonds SDD 479

GUARNERI-QUARTETT

Béla Bartók, Sämtliche Streichquartette
RCA CRL 3 2412

Franz Schubert, Streichquartett d-Moll
Nr. 14 „Der Tod und das Mädchen"
D. 810 + *Hugo Wolf*, Italienische Serenade G-Dur
RCA RL 11994 AW

JUILLIARD STRING QUARTET

Béla Bartók, Sämtliche Streichquartette
CBS 77330 (3 LP)

Ludwig van Beethoven, Sämtliche
Streichquartette + Große Fuge B-Dur
op. 133
CBS GM 101

Joseph Haydn, Streichquartette G-Dur
Nr. 57 op. 54,1 Hob. III,57, C-Dur
Nr. 58 op. 54,2 Hob. III,58, E-Dur
Nr. 59 op. 54,3 Hob. III,59
CBS 61549

Felix Mendelssohn-Bartholdy, Streichquartette a-Moll Nr. 2 op. 13, D-Dur
Nr. 3 op. 44,1
CBS 61687

Wolfgang Amadeus Mozart, Streichquartette G-Dur Nr. 14 „Frühlings-Quartett" KV 387, d-Moll Nr. 15

KV 421, Es-Dur Nr. 16 KV 428,
B-Dur Nr. 17 „Jagd-Quartett" KV
458, A-Dur Nr. 18 KV 464, C-Dur
Nr. 19 „Dissonanzen-Quartett" KV
465
CBS 77349 (3 LP)

Wolfgang Amadeus Mozart, Streichquartette D-Dur Nr. 20 KV 499,
D-Dur Nr. 21 KV 575, B-Dur Nr. 22
KV 589, F-Dur Nr. 23 KV 590
CBS 79204 (2 LP)

LASALLE-QUARTETT

Alban Berg, Lyrische Suite für Streichquartett + Streichquartett op. 3 + *Arnold Schönberg*, Streichquartette
D-Dur (1897), d-Moll Nr. 1 op. 7 +
Streichquartett fis-Moll Nr. 2 op. 10
(mit Margaret Price, Sopran) +
Streichquartette Nr. 3 op. 30, Nr. 4
op. 37 + *Anton von Webern*, Bagatellen op. 9 + Fünf Sätze für Streichquartett op. 5 + Streichquartett (1905) +
Streichquartett op. 28
Deutsche Grammophon 2720029
(5 LP)

Claude Debussy, Streichquartett
g-Moll op. 10 + *Maurice Ravel*,
Streichquartett F-Dur
Deutsche Grammophon 2530235

LINDSAY QUARTET

Michael Tippett, Streichquartette
Nr. 1–3
Oiseau-Lyre DSLO 10

MEDICI QUARTET

Joseph Haydn, Streichquartette Nr. 63–68 op. 64 Hob. III,63–68 EMI His Master's Voice SLS 5077

MELOS-QUARTETT

Franz Schubert, Sämtliche Streichquartette Deutsche Grammophon 2740123 (7 LP)

Franz Schubert, Streichquintett C-Dur D. 956 (mit Mstislaw Rostropowitsch, Violoncello) Deutsche Grammophon 2530980

PRAGER STREICHQUARTETT

Antonín Dvořák, Streichquartette a-Moll op. 12, E-Dur op. 80 Deutsche Grammophon 2530719

QUARTETTO ITALIANO

Ludwig van Beethoven, Sämtliche Streichquartette + Große Fuge B-Dur op. 133 Philips 6747272 (10 LP)

Claude Debussy, Streichquartett g-Moll op. 10 + *Maurice Ravel*, Streichquartett F-Dur Philips 835361 AY

Wolfgang Amadeus Mozart, Adagio und Fuge c-Moll KV 546 + Divertimenti D-Dur KV 136, B-Dur KV 137, F-Dur KV 138 + Sämtliche Streichquartette Philips 6747097 (9 LP)

TOKYO STRING QUARTET

Joseph Haydn, Streichquartette Nr. 44–49 „Preußische Quartette" op. 50 Hob. III,44–49 Deutsche Grammophon 2740135 (3 LP)

UNGARISCHES STREICHQUARTETT

Ludwig van Beethoven, Sämtliche Streichquartette + Große Fuge B-Dur op. 133 EMI His Master's Voice SLS 857 (10 LP)

Joseph Haydn, Streichquartette d-Moll Nr. 76 „Quinten-Quartett" op. 76,2 Hob. III,76, D-Dur Nr. 79 op. 76,5 Hob. III,79 Fono Turnabout 34012

VÉGH-QUARTETT

Béla Bartók, Sämtliche Streichquartette Telefunken 6.35023 FK (3 LP)

Personenregister

DIE BEZIEHUNGEN VON LEHRERN UND SCHÜLERN VON CORELLI BIS IN UNSERE ZEIT

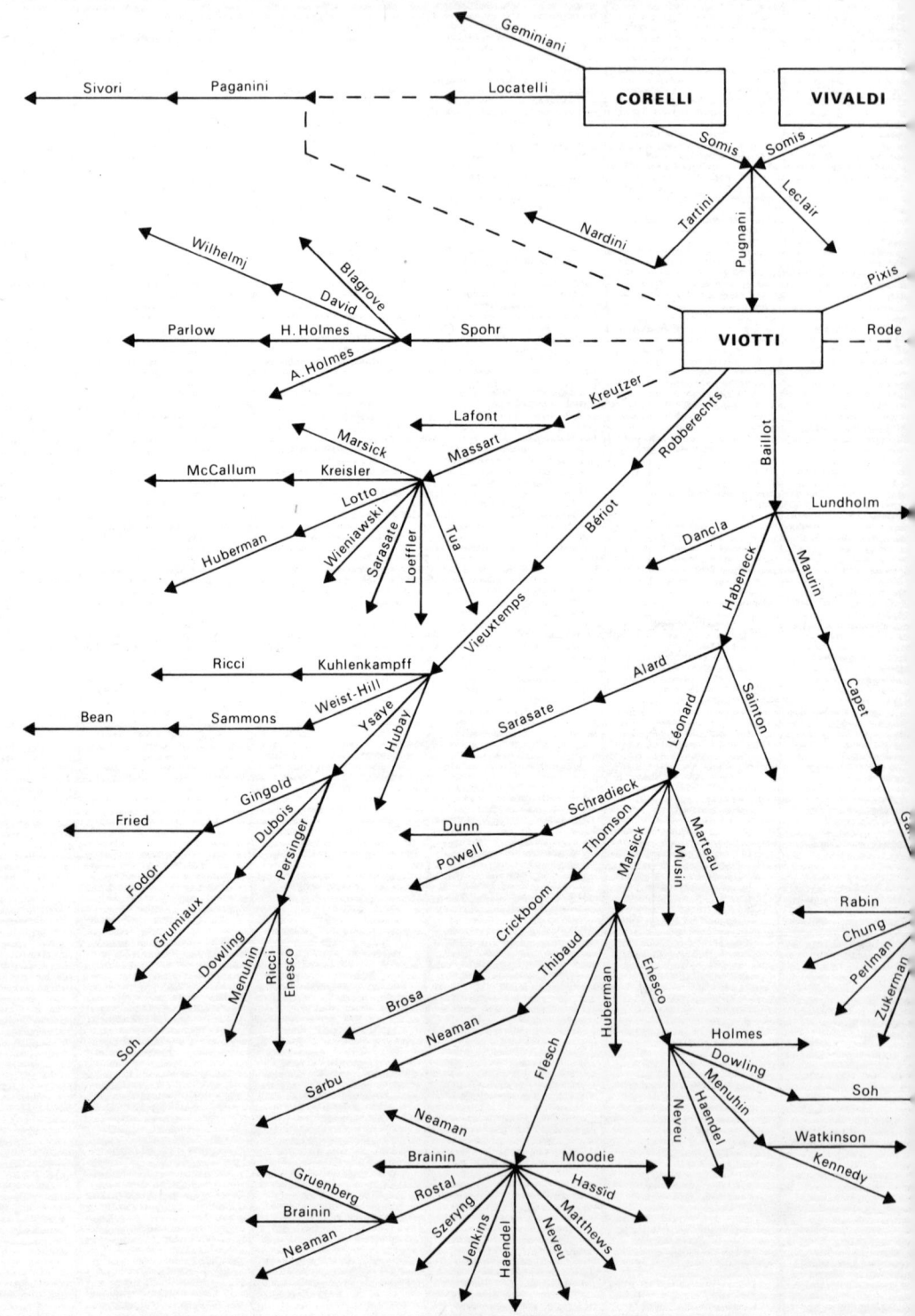